高等院校法学精品课教材

刑法学

汪明亮 编著

格致出版社 上海人民出版社

作者简介

汪明亮，复旦大学法学院副教授，法学博士。在《中国法学》等杂志发表学术论文三十余篇。曾主持国家社科项目《基于社会基本解释范式的刑事政策研究》，曾获上海市哲学社会科学优秀成果二等奖。个人专著有：《定罪量刑社会学模式》、《犯罪生成模式研究》、《“严打”的理性评价》、《审判中的智慧：多维视野中的定罪量刑问题》等。

前　言

本书分为绪论、总论和分论三篇。绪论部分就刑法的宏观问题进行了研究,这些问题主要是刑法总则中规定的,具体包括刑法概述、刑法的基本原则、刑法的效力等三章内容。总论部分就犯罪和刑罚的基本理论问题进行了研究,这些问题主要是刑法总则中规定的,具体包括犯罪、刑事责任和刑罚三部分理论,其中,犯罪论包括犯罪概念、犯罪构成、正当化事由、犯罪形态以及罪数等五章内容;刑事责任论包括刑事责任一章内容;刑罚论包括刑罚概说、刑种、量刑、行刑以及刑罚的消灭等五章内容。分论部分就各种具体犯罪及其刑事责任问题进行了研究,这些问题主要是刑法分则、刑法修正案及司法解释中规定的,具体包括刑法分论概说、危害国家安全罪、危害公共安全罪、破坏社会主义市场经济秩序罪、侵犯公民人身权利、民主权利罪、侵犯财产罪、妨害社会管理秩序罪、危害国防利益罪、贪污贿赂罪、渎职罪以及军人违反职责罪等十一章内容。

本书具有如下点:

第一,观点权威。本书的理论观点大都建立在刑法理论通说基础之上,特别是犯罪构成理论、犯罪形态理论以及罪数理论等。由于众所周知的原因,刑法理论通说对我国刑事司法实践活动具有指导意义,是办理刑事案件的重要理论根据。另外,本书也吸收了刑法理论界的一些最新研究成果,如中断的因果关系、片面共犯、部分犯罪共同说等,这些理论的引入将有利于实践部门正确认定刑事案件。

第二,应用性强。刑法学是理论性与应用性高度统一的一门学科。本书从三个方面强调理论与应用的结合:一是在分析各理论问题的时候,往往配以一些小的案例进行说明;二是在多数章节都以专题的形式进行案例分析;三是把最新的立法解释、司法解释贯穿于各章节知识点中。

第三,结构合理。本书在体系安排方面具有一定特色,力求结构合理。这主要表现在两个方面:一是从整体上把本书分为三部分,即绪论、总论和分论;二是把犯罪论分为犯罪概念、犯罪构成、正当化事由、犯罪形态以及罪数等五部分,把刑罚论分为刑罚概说、刑种、量刑、行刑以及刑罚的消灭等五部分。

本书既可以作为法学院学生的教材、公检法等实务部门的办案参考用书,也可以作为司法考试的辅导用书。

CONTENTS 目 录

第一篇　绪　　论

第一章 刑法概述

【本章学习目的】

通过本章的学习，了解刑法的概念、特征和分类；理解刑法的任务和制定根据；了解刑法的体系；掌握刑法解释的分类。

第一节 刑法概念和分类

一、刑法概念

刑法是规定犯罪、刑事责任以及刑罚的法律。具体说，就是规定犯罪的成立条件，哪些行为是犯罪和应负刑事责任，并对犯罪人处以何种刑罚处罚的法律。

刑法作为一个独立的部门法，具有两方面特征。

（一）强制性最为严厉

任何部门法都具有强制力，但与其他法律相比，刑法的强制性最为严厉。首先，刑法多采用的是禁止性规范。这与刑法的公法性质有关，因为公法多采用禁止性和命令性规范；而私法多采用授权性规范。其次，刑法的强制方式与手段最为严厉。民法的强制方式主要有赔偿损失、支付违约金、消除影响、赔礼道歉、返还财产、恢复原状等；行政法，如《治安管理处罚条例》，最多也就是行政拘留、勒令停业等；而刑法的强制手段主要是刑罚，其不仅可以剥夺人的自由和财产权利，甚至可以剥夺人的生命权利，这是其他任何法律的强制手段所不能比拟的。

（二）调整和保护的社会关系最为广泛

部门法都是调整一定范围内的社会关系的。凡调整同一类社会关系的法律规范的总和，就构成一个独立的部门法。例如：民法是调整一定范围内的财产关系和人身关系的法律规范的总和；经济法调整的是一定范围内的经济关系。但刑法是一个例外，其不以特定的社会关系为调整对象，而是以特定的调整方法使它与其他部门法区别开来。刑法的调整对象不限于某一类社会关系，而是调整各个领域的社会关系。仅以调整对象为标准，无法把刑法与其他部门法区别开来。任何一种社会关系，只要受到犯罪行为的侵犯，刑法就规定对这种行为予以一定的刑罚处罚，从而使这种社会关系进入刑法调整范围。在这个意义上，刑法是其他法律的保障法，没有刑法作后盾和保证，其他部门法往往很难得到彻底的贯彻实施。就惩治违法行为而言，其他部门法可以说是“第一道防线”，刑法则充任“第二道防线”的角色。

二、刑法的分类

根据刑法规定范围的大小，可将刑法分为广义刑法和狭义刑法。广义刑法是指一切规定犯罪、刑事责任和刑罚的法律规范的总和，包括刑法典、单行刑法、附属刑法等。狭义刑法仅指系统规定犯罪与刑罚的一般原则和各种具体犯罪及其刑罚的规范的刑法典。

（一）刑法典

刑法典是以国家名义颁布的、系统规定犯罪及其刑事责任和处罚的完整性法律。新中国成立以来，我国先后颁布了两部刑法典，即1979年刑法典和1997年刑法典。1979年7月1日，第五届全国人民代表大会第二次会议通过了新中国第一部刑法典（即1979年刑法典），该法典自1980年1月1日起施行。经过17年的实践，总的来看，1979年刑法典所规定的任务和基本原则是正确的，许多具体规定也是可行的；但也存在一些问题，不能适应市场经济条件下保护合法权益、惩罚犯罪行为的需要。1997年3月在第八届全国人民代表大会第五次会议上对旧的刑法典进行了修订，形成了新的刑法典（即1997年刑法典），该法典自1997年10月1日起施行。

（二）单行刑法

单行刑法，又称特别刑法，是指在刑法典之外，为了弥补刑法典之不足，立法机关针对特定的犯罪人、特定的时间、地点或特定的事项而制定的修改或补充性刑法规范，其中既有新类型犯罪的增加,也有构成要件的修改和法定刑的调整。单行刑法一般以《决定》或《修正案》的方式出现。截至2009年上半年,立法机关共颁布了一个《决定》和七个《修正案》。具体包括:(1)1998年12月29日颁布《关于惩治骗购外汇、逃汇和非法买卖外汇犯罪的决定》;(2)1999年12月25日颁布《中华人民共和国刑法修正案》(以下简称《刑法修正案》);(3)2001年8月31日颁布《中华人民共和国刑法修正案(二)》(以下简称《刑法修正案(二)》);(4)2001年12月29日颁布《中华人民共和国刑法修正案(三)》(以下简称《刑法修正案(三)》);(5)2002年12月28日颁布《中华人民共和国刑法修正案(四)》(以下简称《刑法修正案(四)》);(6)2005年2月28日颁布《中华人民共和国刑法修正案(五)》(以下简称《刑法修正案(五)》);(7)2006年6月29日颁布《中华人民共和国刑法修正案(六)》(以下简称《刑法修正案(六)》);(8)2009年2月28日颁布《中华人民共和国刑法修正案(七)》(以下简称《刑法修正案(七)》)。

(三)附属刑法

附属刑法是指附带规定于经济法、行政法等非刑事法律中的刑法规范。如在一些非刑事法律中涉及的刑事条款,即"构成犯罪按刑法规定追究刑事责任或处理",并规定了"参照"、"比照"等字样。这些刑事条款通常只讲罪状,没有单独的法定刑,确切些说不是一个完备的刑法条文。例如,《中华人民共和国证券法》第205条规定:"证券监督管理机构的工作人员和发行审核委员会的组成人员,不履行本法规定的职责,徇私舞弊、玩忽职守或者故意刁难有关当事人的,依法给予行政处分。构成犯罪的,依法追究刑事责任。"

第二节 刑法的制定根据和任务

一、刑法的制定根据

我国刑法第1条规定:"为了惩罚犯罪,保护人民,根据宪法,结合我国同犯罪作斗争的具体经验及实际情况,制定本法。"这一规定明确了我国刑法的制定根据,包括法律根据和实践根据。

(一) 法律根据

宪法作为国家的根本大法,是我国刑法制定的法律根据。我国宪法规定的是我国社会制度和国家制度的根本原则,国家机关组织和活动的基本原则,以及公民的基本权利和义务等根本性的问题。而各个部门法律则都是从不同的领域,用不同的手段,为保障和实施宪法所规定的基本内容和各项基本原则服务的。因此,宪法是我国其他一切法律的制定根据,当然也是刑法的制定根据。刑法以宪法为其制定根据,就必须在自己的领域内具体贯彻宪法的规定,刑法的规定及其解释都不能与宪法相抵触,否则便没有法律效力。刑法的有关具体规定,都是以宪法为依据,并且通过惩治有关的犯罪行为,保障宪法有关内容的实施。

(二) 实践根据

同犯罪作斗争的司法实践经验和实际情况,是刑法制定的实践根据。按照这一原则,制定刑法,既不能凭主观想象,也不能照抄照搬前人或外国现成的东西,而应当系统地进行调查研究,认真总结我国长期同犯罪作斗争的经验,立足于我国的实际情况。事实说明,现实生活决定法律的废、改、立,法律只有立足于客观实际,才有生命力,刑法也不例外。

二、刑法的任务

我国刑法第 2 条规定:“中华人民共和国刑法的任务,是用刑罚同一切犯罪行为作斗争,以保卫国家安全,保卫人民民主专政的政权和社会主义制度,保护国有财产和劳动群众集体所有的财产,保护公民私人所有的财产,保护公民的人身权利、民主权利和其他权利,维护社会秩序、经济秩序,保障社会主义建设事业的顺利进行。”

可见,刑法的任务包括四个方面:一是保卫国家安全、人民民主专政政权和社会主义制度;二是保护社会主义经济基础;三是保护公民的人身权利、民主权利和其他权利;四是维护良好的社会秩序。上述刑法的任务可概括为保护合法权益,保护的主要方法是禁止和惩罚侵犯合法权益的犯罪行为。惩罚与保护密切联系:不使用惩罚手段抑制犯罪行为,就不可能保护合法权益;为了保护合法权益,必须有效地惩罚各种犯罪;惩罚是手段,保护是目的。我国刑法的任务是明确的、全面的。明确性表现在,它清楚地告诉人们,刑法的任务是保护各种合法权益;全面性表现在,它全面保护各种重要的合法权益,刑法任务的全面性,是由刑法调整和保护范围的广泛性决定的。

第三节 刑法的体系和解释

一、刑法的体系

刑法体系有广义、狭义之分,广义的刑法体系是指刑法的各种渊源及其相互关系,具体包括刑法典、单行刑法和附属刑法及其相互间的关系;狭义刑法体系是指刑法典内容上的相互排列、组成和结构,具体是指刑法典中各种刑法规范按顺序、规律、联系有机地排列、组合而成的内容统一的整体。这里只讨论狭义刑法体系。刑法典由两编组成,第1编为总则,第2编为分则,此外还有一条附则。编之下基本上按章、节、条、款、项等顺序层层展开。

(一) 编

编是刑法典的第一级单位。我国刑法将总则和分则列为两编,附则不另立一编,但性质上与总则、分则并列。把各种刑法规范科学而系统地纳入总则和分则之中,并使两者有机地结合起来。

(二) 章

编之下设章,章是总则和分则两编之下的单位。刑法总则和分则各自独立设章,刑法的第1编总则分设5章,即刑法的任务、基本原则和适用范围,犯罪,刑罚,刑罚的具体运用,其他规定。第2编分则分设10章,即危害国家安全罪,危害公共安全罪,破坏社会主义市场经济秩序罪,侵犯公民人身权利、民主权利罪,侵犯财产罪,妨害社会管理秩序罪,危害国防利益罪,贪污贿赂罪,渎职罪,军人违反职责罪。各章的排列有一定顺序,形成一个有机整体。

(三) 节

在章下设节,节是刑法总则和分则的某些章根据需要而下设的单位。刑法总则除第1、5章外,其余各章下均设若干节;刑法分则大多数章下不设节,但由于第3、6章涉及罪名多、范围广、内容复杂,因而在该两章下均设有节。

（四）条

在节下设条，条是表达刑法规范的最基本单位。刑法规范通常都是以条文形式出现的，因而条是刑法规范的基本构成元素。配置在各编、章、节中的刑法条文，全部用统一的顺序进行编码。刑法条文采用统一编码，既可以达到系统化的目的，又可以保证查阅的方便，以便引用。

（五）款

条下设款，款是设于某些条之下的单位。有些条文表达的内容比较简单，只有一段，因而没有必要设款。但有些条文所表达的内容比较丰富，有若干层次，因而需要分为若干款。对条下的款，我国刑法统一采用另起一行的办法来表示。

二、刑法的解释

刑法的解释，是指对刑法规范含义的阐明。任何法律规范，都具有抽象性的特点，刑法规范也不例外。刑法条文的真实含义，往往要通过解释阐明。

（一）立法解释、司法解释与学理解释

根据解释的效力，刑法解释可以分为立法解释、司法解释和学理解释。

（1）立法解释是由全国人民代表大会及其常务委员会对刑法规范本身需要明确界限，或者为解决最高人民法院和最高人民检察院有关刑法的原则性分歧而进行的解释。立法解释具有与法律同等的效力。立法解释对于弥补刑法规范中的漏洞，使刑法规范适应复杂多变的犯罪活动，维护刑法规范的稳定性，具有重要作用。刑法立法解释包括三种情况：①在刑法中用条文对有关刑法术语所作的解释。例如，刑法第 91 条到第 102 条对“公共财产”、“公民私人所有的财产”、“国家工作人员”、“司法工作人员”、“重伤”、“违反国家规定”的含义和范围所作的阐明；刑法第 357 条、第 367 条分别对“毒品”、“淫秽物品”的含义所作的解释；②由国家立法机关在法律的起草说明或修订说明中所作的解释。例如，1997 年 3 月 6 日，全国人民代表大会常务委员会副委员长所作的《关于中华人民共和国刑法修订草案的说明》；③刑法在施行中如发生歧义，由全国人民代表大会常务委员会进行解释。例如，2002 年 4 月 28 日全国人民代表大会常务委员会《关于〈中华人民共和国刑法〉第二百九十四条第一款的解释》（对黑社会性质的组织的立法解释）和《关于〈中华人民共和国刑法〉第三百八十四条第一款的解释》（对挪用公款归个人使用的立法解释），是在刑法实施以来，第一次在有关的法律

问题已有司法解释的情况下，由于司法机关对法律规定认识不一致，而由全国人大常委会又作出立法解释。这两个问题最高人民法院都曾经作过司法解释，最高人民检察院存在不同意见，因而全国人大常委会作出立法解释。这些立法解释对于明确法律规定的立法本意，进一步规范司法解释具有重要意义。

(2) 司法解释是由司法机关对刑法含义所作的解释。有权进行司法解释的司法机关是最高人民法院和最高人民检察院。我国司法解释的范围只限于审判工作和检察工作中如何具体运用刑法规范的问题，解释的效力只限于全国的审判工作和检察工作。从1997年刑法颁行以来，最高人民法院和最高人民检察院就审判和检察工作中具体适用刑法的问题分别进行了大量的司法解释，同时就一些刑法适用的共同性问题，最高人民法院和最高人民检察院联名作出司法解释。此外，最高人民法院和最高人民检察院还与有关行政部门共同对刑法适用中的问题进行解释，这可以视为一种准司法解释。我国的司法解释就内容而言，可以分为规范性解释与个案性解释。规范性解释通常以《规定》、《解释》等形式发布，而个案性解释则通常以《批复》、《答复》等形式发布。此外，还有以座谈会纪要的形式出现的司法解释性文件，也同样具有司法解释的性质，只是在法律效力上略逊于正式的司法解释。

(3) 学理解释是由国家宣传机构、社会组织、教学科研单位或专家学者从学理上对刑法含义所作的解释。如刑法教科书、专著、论文、案例分析中对刑法规范的含义所作的解释。立法解释和司法解释属于正式解释，具有法律约束力；学理解释属于非正式解释，不具有法律约束力。尽管学理解释不具有法律效力，但对于刑事司法乃至立法活动具有重要参考价值。

(二) 文理解释与论理解释

按照解释的方法，刑法解释可以分为文理解释和论理解释。

(1) 文理解释是对法律条文的字义，包括单词、概念、术语以及标点符号，从文理上所作的解释。对于法律解释来说，文理解释是一种首选的解释方法。如果文理解释的结论合理，则没有必要采取论理解释的方法；如果文理解释的结论不合理或者产生多种结论，则必须进行论理解释。

(2) 论理解释是按照立法精神，联系有关情况，从逻辑上所作的解释。其主要特点是，从条文的内部结构关系及条与条之间的相互联系上，探求立法的意图，阐明立法的主要精神。论理解释可以分为以下几种：①扩张解释。扩张解释是指根据立法精神，结合社会的现实需要，将刑法条文的含义作扩大范围的解释。例如，刑法第49条规定："审判的时候怀孕的妇女，不适用死刑。"从词义上来看，审判是指与侦查、起诉相对应的刑事诉讼程序,因而审判的时候不包括侦查、起诉的时候,但根据有关司法解释的规定,这里的审判的时候是指从羁押到执行的整个诉讼过程,而不是仅指法院审理阶段。即使在法院作出死刑立即执行的终审判决以后,在执行死刑时发现被执行的妇女怀孕的,也应停止死刑的执行,并依法予以改判。由此可见,对审判的时候所作的是扩大解释,将含义扩大到文义字面范围之外。②限制解释。限制解释是指将刑法条文的含义作限制范围的解释,即解释的内容较之刑法条文的词义范围为小。例如,将刑法第111条规定的"情报"限定为"关系国家安全和利益、尚未公开或者依照有关规定不应公开的事项",就是限制解释。③当然解释。当然解释是指刑法规定虽未明示某一事项,但依刑法规范目的、事物属性和形式逻辑,将该事项当然包括在该规范适用范围内的解释。

【案例分析】

[案情] 李某自2003年元旦以来先后伙同刘某、冷某等人采取张贴广告、登报招聘"公关"的手段,招募、组织多名男青年在其原经营的"金麒麟"、"廊桥"及"正麒"酒吧内与男性消费者从事同性卖淫嫖娼活动,短短几个月时间李某从中牟利12.47万元。8月17日,南京警方将李某等11名涉嫌组织同性恋卖淫团伙成员抓获。同年9月,警方以涉嫌组织卖淫罪、协助组织卖淫罪,将李某等人刑事拘留,向检察机关提请批捕。检察机关认定我国刑法对组织同性卖淫行为没有明确界定,李某等人行为并不构成"组织卖淫罪",检方作出不批捕决定,警方只得将李某等人无罪释放。由于这宗组织卖淫案,提供性服务的全是男性,在全国同类案件中极为罕见,江苏省政法委为此召开了案件研讨会,会议决定,由省高级法院立即向最高人民法院请示。最高法院接到请示后,随即向立法机关全国人大常委会汇报。该年10月下旬,人大常委会下属专业委员会作出口头答复:刑法规定的"组织他人卖淫"中的"他人"既包括"女人",也包括"男人"。得到这样的答复,警方再次行动,将李某等两名组织同性卖淫者擒获。2004年2月17日,李某被秦淮区法院以组织卖淫罪,判处有期徒刑8年,并处罚金6万元。一审判决后,李某不服,以"组织同性卖淫不构成犯罪及量刑过重"为由,向南京中院提起上诉。南京中院经审理后认定一审判决事实清楚,遂作出终审裁定,驳回上诉,维持原判。问题:从刑法解释角度对此案进行分析。

[分析] 由于刑法没有明确组织他人卖淫的含义,因此在本案的处理过程中,不同部门对卖淫进行了不同的解释。其中,全国人大常委会下属专业委员会作出的口头答复是一种立法解释;检察院对组织他人卖淫的理解是一种司法解释;公安机关、政法

委领导及有关学者对组织他人卖淫的理解则属于学理解释。依据司法解释的效力原理,立法解释最具效力,因此,在全国人大常委会作出有罪解释后,法院依此解释对李某等人进行有罪判决是正确的。

【本章小结】

刑法是规定犯罪、刑事责任以及刑罚的法律。与其他部门法相比,刑法具有两方面特征:一是强制性最为严厉;二是调整和保护的社会关系最为广泛。根据刑法规定范围的大小,可将刑法分为广义刑法和狭义刑法。宪法是我国刑法制定的法律根据,同犯罪作斗争的司法实践经验和实际情况,是刑法制定的实践根据。刑法的任务在于保护各种合法权益。刑法体系有广义、狭义之分。刑法典由两编组成,第1编为总则,第2编为分则,此外还有一条附则。根据解释的效力,刑法解释可以分为立法解释、司法解释和学理解释;按照解释的方法,刑法解释可以分为文理解释和论理解释。

本章思考题

1. 如何理解刑法的概念和特征?
2. 如何理解刑法的任务和制定根据?
3. 什么是立法解释、司法解释和学理解释?
4. 什么是文理解释和论理解释?
5. 什么是扩张解释、限制解释和当然解释?

第二章　刑法的基本原则

【本章学习目的】

通过本章的学习，掌握罪刑法定原则的基本含义、思想渊源、基本要求、立法表现及司法适用；了解平等适用刑法原则的基本含义、思想渊源、立法表现及司法适用；了解罪刑相适应原则的基本含义、思想渊源、立法表现及司法适用。

第一节　罪刑法定原则

一、罪刑法定原则的基本含义和思想渊源

罪刑法定原则的基本含义是：法无明文规定不为罪，法无明文规定不处罚。具体而言，就是指什么样的行为构成犯罪，构成什么样的犯罪，以及应承担什么样的刑事责任和处以什么样的刑罚，都必须依据法律的明文规定来判断。刑法第3条明确规定了罪刑法定原则，即“法律明文规定为犯罪行为的，依照法律定罪处刑；法律没有明文规定为犯罪行为的，不得定罪处刑”。罪刑法定原则产生的思想渊源是三权分立学说与心理强制说。

（一）三权分立学说

三权分立是资本主义国家宪法的一项重要原则。分权思想最早源于古希腊政治思想家亚里士多德，他把政府权力分为讨论权、执行权和司法权。而现在所讲的分权思想主要是由17、18世纪英国的洛克倡导、由法国的孟德斯鸠加以发展和形成

的。洛克在《政府论》一书中把国家权力划分为立法、执法和对外三权，并主张立法权优于其他权。三权分立论的代表人物孟德斯鸠在《论法的精神》一书中系统阐述了分权思想，他把国家权力划分为立法、行政和司法三权，并分别由三个不同的国家机关行使，使三权互相牵制和约束，保持三个权力的平衡，以保障人民的权利，限制政府的权力。三权分立理论至此形成。以后许多资本主义国家都不同程度地按照三权分立原则建立了自己的国家机构。1789 年法国《人权宣言》第十六条规定："凡权利无保障和分权未确立的社会，就没有宪法。"1791 年法国宪法把《人权宣言》作为其组成部分，忠实地运用分权理论建立其国家制度。在西方国家中，受三权分立理论影响最大的国家是美国。美国建国初期一些州宪法中就对三权划分有了规定。后来美国政治家和联邦宪法起草人进一步发展了孟德斯鸠的三权分立理论，提出了"三权分立"和"相互制衡与平衡"的观点，并在 1787 年制定的联邦宪法中得到了充分体现。

（二）心理强制说

心理强制说由德国的刑事古典学派代表人物费尔巴哈所倡导。他认为，所有违法行为的根源都在于趋向犯罪行为的精神动向，它驱使人们违背法律。因此，国家制止犯罪的第一道防线便应该是道德教育。然而，教育远非万能，总会有不服教育而产生违法的精神动向，这就决定了国家还必须建立起以消除违法精神动向为目的的第二道防线，即求助于心理强制。这种观点认为，人之违法精神动向的形成并非无中生有，而是受了潜在于违法行为中的快乐，以及不能得到该快乐所带来的不快所诱惑与驱使。这样，费尔巴哈就转向功利主义的"趋利避害"原则中寻找理论根据了。他指出，使违法行为中蕴含着某种痛苦，已具有违法精神动向的人就不得不在违法行为可能带来的乐与苦之间进行细致的权衡，当违法行为所蕴含的苦大于其中的乐时，主体便会基于舍小求大的本能，回避大于不违法之苦的苦，而追求大于违法之乐的乐，自我抑制违法的精神动向，使之不发展为犯罪行为，这就是费尔巴哈心理强制说的全部内涵。那么，怎样才能实现心理强制呢？费尔巴哈认为，刑罚与违法的精神动向相联系必须借助于一定的中介，这就是市民对痛苦与犯罪不可分的确信，即确信一定的违法行为必将招致一定的刑罚制裁。没有这种确信，市民就不可能认识到违法行为包含有痛苦，更不可能会出于回避这一痛苦的动机而放弃违法的精神动向。而建立痛苦与犯罪不可分的确信的唯一途径就是用法律进行威吓。法律明确规定各种犯罪应受的刑罚，同时也就宣布了任何犯罪都必将受到惩罚。在这样的基础上，费尔巴哈主张罪刑法定，认为刑法应该具备确定性与绝对性这双重属性。确定性就是法律要明确,而不能含糊其辞、捉摸不定。绝对性就是刑法要做到有罪必罚,且具有权威性。只有罪刑法定才能做到这两点,因此费尔巴哈极力倡导罪刑法定。

二、罪刑法定原则的基本要求

罪刑法定原则从产生之日起发展演变到今天,已经经历了几百年的历史。在此历史长河中,世界各国的政治、经济、文化、社会状况都发生了巨大的变化。这些变化必然反映到立法上,使法律在不断地修改和完善,以适应社会生活的需要。与此相适应,罪刑法定原则也完成了从绝对的罪刑法定到相对的罪刑法定的转变,两种类型的罪刑法定原则在要求上存在着差别。

(一) 绝对罪刑法定原则的基本要求

绝对的罪刑法定原则是一种严格的、不容变通的原则,它要求犯罪和刑罚的法律规定必须是绝对确定的,法官没有任何自由裁量的权力。其基本要求是:(1)绝对禁止适用类推和扩大解释,把刑法的明文规定作为定罪的唯一根据。对于法律没有明文规定的行为,不能通过类推或者类推解释以犯罪论处。(2)绝对禁止适用习惯法,把成文法作为刑法的唯一渊源。对于刑法上没有明文规定的行为,不允许通过适用习惯法定罪。(3)绝对禁止刑法溯及既往,把从旧原则作为解决刑法溯及力问题的唯一原则。对于行为的定罪量刑,只能以行为当时有效的法律为依据,行为后颁行的新法没有溯及既往的效力。(4)绝对禁止法外刑和不定期刑,刑罚的名称、种类和幅度,都必须由法律加以确定,并且刑期必须是绝对确定的,既不允许存在绝对的不定期刑,也不允许规定相对的不定期刑。

(二) 相对罪刑法定原则的基本要求

相对罪刑法定原则是对传统的绝对罪刑法定原则的修正,其基本要求是:(1)在定罪的根据上,允许有条件地适用类推和严格限制的扩大解释。(2)在刑法的渊源上,允许习惯法成为刑法的间接渊源,但必须以确有必要或不得已而用之为前提。只有当构成犯罪的要件确定后,必须借助习惯法加以说明时,习惯法才能成为对个案定性处理的依据。(3)在刑法的溯及力上,允许采用从旧兼从轻的原则,作为禁止刑法溯及既往的例外。新法对其颁布施行前的行为,原则上没有追溯的效力。但是,当新法不认为是犯罪或处罚较轻时,则可以适用新法。(4)在刑罚的种类上,允许采用相对的不定期刑,即刑法在对刑罚种类作出明文规定的前提下,可以规定出具有最高刑和最低刑的量刑幅度,法官有权根据案件的具体情况,在法定的量刑幅度内选择确定适当的刑种和刑度。

从当今世界各国的刑事立法和司法状况看,早期的绝对罪刑法定原则已受到严重的挑战,代之而起的相对罪刑法定已成为各国刑法改革的方向。

三、罪刑法定原则的立法体现

我国刑法除明文规定罪刑法定原则外,在立法内容上也始终贯穿着罪刑法定原则的思想。这一原则在刑法中的具体表现是:

(一)刑法总则中的体现

刑法总则实现了犯罪的法定化和刑罚的法定化。犯罪的法定化具体表现是:(1)刑法明确规定了犯罪的概念,认为犯罪是危害社会的、触犯刑法的、应当受到刑罚处罚的行为;(2)刑法明确规定了犯罪构成的共同要件,例如犯罪故意、犯罪过失、刑事责任能力等。刑罚的法定化具体表现在:(1)刑法明确规定了刑罚的种类,即把刑罚分为主刑和附加刑两大类。主刑包括管制、拘役、有期徒刑、无期徒刑和死刑;附加刑包括罚金、剥夺政治权利和没收财产。(2)刑法明确规定了量刑的原则,即对犯罪人裁量决定刑罚,必须以犯罪事实为根据,以刑事法律为准绳。

(二)刑法分则中的体现

在分则罪名方面,刑法典和其后的刑法修正案已相当完备。分则条文由1979年的103条增加到350条,罪名数由1979年的130个增加到400多个。在具体犯罪的构成要件或罪状以及各种犯罪的法定刑的设置方面,刑法典和其后的刑法修正案也增强了法条的可操作性。对于大量犯罪,尽量使用叙明罪状;在犯罪的处罚规定上,注重量刑情节的具体化。

四、罪刑法定原则的司法适用

司法机关在贯彻这一原则时,必须注意以下三方面问题:

(一)树立人权保障观念

保障人权,限制国家刑罚权,是罪刑法定原则题中应有之义。在司法实践中,衡量一种行为是否构成犯罪,首先应当考虑这种行为在刑法上是否被规定为犯罪。在某一行为虽然具有严重社会危害性,但法律并未明文规定为犯罪的情况下,不能以保护社会需要为借口而对行为人滥定罪滥处刑。

(二) 正确寻找条文

在罪刑法定原则的司法适用中,首先面临的是寻找条文活动,也即正确地理解法的明文规定。必须注意的是,法的明文规定不仅是指法律的字面规定,而且指法律的逻辑包容。换言之,法的明文规定包括两种情况:一是显形规定,二是隐形规定。显形规定是指字面上的直观规定,而隐形规定是指内容上的包容规定。显形规定通过字面就可以确定,而隐形规定则一般通过字面难以确定,还必须通过对内容的逻辑分析才能确定。因此,显形规定固然是法的明文规定,隐形规定也同样是法的明文规定。

(三) 合理解释条文

在罪刑法定原则要求下,司法机关对刑法条文的解释必须受到一定的限制。例如,只允许严格限制的扩大解释,也就是说,进行扩大解释必须以不超越解释权限为前提,以符合立法精神为原则,不允许越权解释或违背立法本意作任意解释,不允许不利于被告人的扩大解释。

【案例分析】

[案情] 张某,女,36周岁,家庭主妇。某年9月15日,张某在家中利用计算机通过ADSL拨号上网,以E话通的方式,用视频与多人共同进行裸聊时,被某市治安支队民警与分局科技信通处民警抓获。问题:张某的行为是否构成犯罪?

[分析] 张某的行为不构成犯罪。刑法第3条规定:“法律明文规定为犯罪行为的,依照法律定罪处刑;法律没有明文规定为犯罪行为的,不得定罪处刑。”根据刑法分则规定,张某的行为不构成聚众淫乱罪,因为张某等人的行为不具有地理概念上的空间同一性;张某的行为也不构成传播淫秽物品罪,因为不具有淫秽物品载体。据此,张某的行为属于一般违法行为,由公安机关按照《治安管理处罚条理》处理。

第二节　平等适用刑法原则

一、平等适用刑法原则的基本含义和思想渊源

平等适用刑法原则的基本含义是:任何人犯罪,都应当受到法律的追究;任何人不得享有超越法律规定的特权;不论犯罪人的社会地位、家庭出身、职业状况、财产状况、政治面貌、才能业绩如何,都一律平等地适用刑法,在定罪、量刑、行刑时一视同仁,依法惩处。刑法第4条明确规定了平等适用刑法原则,即“对任何人犯罪,在适用法律上一律平等。不允许任何人有超越法律的特权”。

平等适用刑法原则是宪法所规定的“法律面前人人平等原则”的具体应用和发挥,因此,法律面前人人平等原则的思想渊源也就是平等适用刑法原则的思想渊源。法律面前人人平等原则源于西方“人权理论”,人权理论中最主要的观念就是平等权的观念。从古希腊罗马时期的斯多葛派的自然法观念,到洛克、卢梭等的“天赋人权”学说,都强调个人权利。斯多葛派认为,自然法是理性的法律,是所有人的法律,因此,世间一切人都是平等的。洛克认为,人类在自然状态中是自由、平等的,但每个人的权利经常会受到他人的侵犯,于是人们互相订约建立国家,将由自己执行自然法和惩罚违反自然法者的权利交给国家。卢梭也认为,每个人都是生而自由平等的,放弃自己的自由就是放弃做人的资格,就是放弃人类的自身权利。在他们看来,自然法的本质是理性,制定法必须以自然法为基础,国家应该以正式公布的和被接受的法律进行统治,对富人和穷人、权贵与平民应一视同仁,并强调只有法律才是识别善与恶的真正标尺。

二、平等适用刑法原则的立法体现

我国刑法除明文规定平等适用刑法原则外,在立法内容上也始终贯穿着平等适用刑法原则的思想。这一原则在刑法中的具体表现是:

(一)关于定罪上平等的规定

平等适用刑法原则在刑事立法中首先体现的是定罪上的平等。一方面,刑法总则第6条至第8条,明确规定了我国刑法适用的空间范围。这些规定表明,只要实施了我

国刑法规定的犯罪行为,无论是在我国领域内还是领域外,也不论是中国人还是外国人,除法律另有规定以外,在适用我国刑法上一律平等,不存在任何超越法律的特权。另一方面,我国刑法分则关于具体犯罪的规定,同样体现了平等适用刑法原则。例如,将1979年刑法第125条规定的破坏集体生产罪,修改为1997年刑法第276条规定的破坏生产经营罪,将保护范围从集体生产扩大到个体生产。

(二)关于量刑上平等的规定

刑法第61条规定:"对于犯罪分子决定刑罚的时候,应当根据犯罪的事实、犯罪的性质、情节和对于社会的危害程度,依照本法的有关规定判处。"这一量刑原则体现了以事实为根据,以法律为准绳的精神,同时也包含着对一切犯罪人都应当公正、平等地依法量刑的内容。

(三)关于行刑上平等的规定

刑法第79条规定:"对于犯罪分子的减刑,由执行机关向中级以上人民法院提出减刑建议书。人民法院应当组成合议庭进行审理,对确有悔改或者立功事实的,裁定予以减刑。非经法定程序不得减刑。"这一规定,体现了行刑上的平等。

三、平等适用刑法原则的司法适用

司法机关在贯彻这一原则时,应当注意两方面问题:

(一)反对封建特权

受封建等级特权思想的影响,目前司法实践中仍然存在刑法的适用有悖于平等适用刑法原则的特权现象,从而使该原则不能很好地被贯彻执行。例如,对领导干部及其子女、亲朋好友等定罪轻,或者只给予党纪处分、政纪处分或经济处罚,而对普通公民则处罚重。因此,必须树立严肃执法的观念,严格依照刑法条文的规定处理刑事案件,坚决反对特权。只有这样,才能真正做到平等适用刑法。

(二)正确理解平等

平等适用刑法并不意味着绝对的同罪同罚,因此,在司法实践中应当正确地协调平等与差别的关系,注意刑罚个别化。所谓刑罚个别化,是指根据犯罪人个人的具体情况,人格形成过程以及复归社会的可能性大小,来适用相应的刑罚。平等并不完全否认差别,而恰恰是建立在对不同情况的正确区别的基础之上的,没有差别也就不可能存在平等,没有刑罚个别化就不可能真正实现公正。平等的要旨在于公正,只要是有助于实现刑法公正性的差别都是应当承认的,都不违背平等适用刑法原则。

第三节 罪刑相适应原则

一、罪刑相适应原则的基本含义和思想渊源

罪刑相适应,亦称罪责刑相适应、罪刑相当、罪刑相称、罪刑均衡。罪刑相适应原则的基本含义是:犯多大的罪就应承担多大的刑事责任,以及依据其承担的刑事责任给予相应的刑罚处罚。也即重罪重罚,轻罪轻罚,刑当其责,罚当其罪,罪责刑相称。刑法第5条明确规定了罪刑相适应原则,即"刑罚的轻重,应当与犯罪分子所犯罪行和承担的刑事责任相适应"。罪刑相适应原则的思想渊源,主要有两种学说,一是报应主义,二是功利主义。

(一)报应主义

报应主义强调满足人类报应观念的需要。报应主义以德国古典哲学家康德、黑格尔为代表,认为刑罚是对犯罪的一种回报。在刑与罪的具体标准认定上,存有等量说和等价说。等量说为康德所主张,其强调刑罚与犯罪之间外在形态上的同一性。康德把正义比作天平,认为只有同害报复的原则,使体现正义报应的刑罚所施加于罪犯的痛苦与犯罪加于被害人的恶害保持数量的绝对等同,才能维持正义和天平的均衡。即所谓"如果你诽谤别人,你就是诽谤了你自己;如果你偷了别人的东西,你就是偷了你自己的东西;如果你打了别人,你就是打了你自己;如果你杀了别人,你就杀了你自己"。等价说为黑格尔所主张,其反对康德的等量报应观点,强调犯罪与刑罚之间内在价值上的同一性。尽管等量报应与等质报应存在差别,但他们所主张的罪刑相适应都是指刑罚与已然的犯罪相适应。

(二)功利主义

功利主义强调防卫社会的需要。意大利著名刑法学家贝卡利亚首倡刑罚目的的

功利观,并以双面预防理论(一般预防和特殊预防)而著称。他指出:“我们看到,刑罚的目的既不是要摧残折磨一个感知者,也不是要消除业已犯下的罪行。”“刑罚的目的仅仅在于,阻止罪犯再重新侵害公民,并规诫其他人不要重蹈覆辙。”①因此,要使刑罚成为公正的刑罚,就不应当超过足以制止人们犯罪的严厉程度。英国法学家、思想家边沁从人的趋利避害的天性出发,认为功利主义就是“当我们对任何一种行为予以赞成或不赞成的时候,我们是看该行为是增多还是减少当事者的幸福;换句话说,就是以该行为增进或者违反当事者的幸福为准。”②因而,边氏说:绞死盗马贼,是为了别的马不被盗窃。可见,功利主义所主张的罪刑相适应不是刑罚与已然的犯罪相适应,而是应当与足以有效地制止其他人犯罪相适应。

二、罪刑相适应原则的立法体现

我国刑法除明文规定罪刑相适应原则外,在立法内容上也始终贯穿着罪刑相适应的思想。这一原则在刑法中的具体表现是:

(一)规定了科学严密的刑罚体系

我国刑法总则确定了一个科学的刑罚体系,此一刑罚体系按照刑罚方法的轻重次序分别加以排列,各种刑罚方法相互区别又互相衔接,能够根据犯罪的各种情况灵活地运用,从而为刑事司法实现罪刑相适应奠定了基础。

(二)规定了区别对待的处罚原则

我国刑法总则根据各种行为的社会危害性程度和人身危险性的大小,规定了轻重有别的处罚原则。例如对于防卫过当、避险过当而构成犯罪者应当减轻或免除处罚;预备犯可以比照既遂犯从轻、减轻或者免除处罚;未遂犯可以比照既遂犯从轻或者减轻处罚,等等。此外,刑法总则还侧重于刑罚个别化的要求,规定了一系列刑罚裁量与执行制度,例如累犯制度、假释制度,等等。

(三)规定了轻重不同的量刑幅度

我国刑法分则不仅根据犯罪的性质和危害程度,建立了一个犯罪体系,而且还为各种具体犯罪规定了可以分割、能够伸缩、幅度较大的法定刑。这就使得司法机关可

① [意]贝卡利亚:《论犯罪与刑罚》,中国大百科全书出版社1993年版,第42页。
② 转引自陈兴良:《刑法的启蒙》,法律出版社1998年版,第77页。

以根据犯罪的性质、罪行的轻重、犯罪人主观恶性的大小,对犯罪人判处适当的刑罚。

三、罪刑相适应原则的司法适用

司法机关在贯彻这一原则时,应当解决下列问题:

(一) 正确定罪

在司法实践中贯彻罪刑相适应原则,必须正确定罪。定罪的准确与否直接关系到量刑的正误,从而影响着罪刑相适应原则的实现。定罪内容具体包括:(1)确定行为是否构成犯罪,以区别罪与非罪;(2)确定行为构成何种犯罪,以区别此罪与彼罪;(3)确定犯罪的严重程度,以区别重罪与轻罪;(4)确定犯罪的形态,以区别一般构成与特殊构成;(5)确定行为所包含的罪数,以区别一罪与数罪。可以说,正确定罪是实现罪刑相适应原则的前提条件。

(二) 重视量刑活动

在司法实践中贯彻罪刑相适应原则,必须纠正重定罪轻量刑的错误倾向,把量刑与定罪置于同等重要的地位。长期以来,在刑事审判活动中,对于量刑工作的重要性,有些人存在错误认识,认为我国刑法对犯罪规定的量刑幅度颇大,因此,只要定性准确即可,至于多判几年或少判几年则无关紧要。针对这种错误倾向,为了切实贯彻罪刑相适应原则,必须提高审判机关和法官对量刑工作重要性的认识,把定性准确和量刑适当作为衡量刑事审判工作质量好坏的不可分割的统一标准,以此来检验每一个具体刑事案件的处理结果。

(三) 纠正重刑主义

在司法实践中贯彻罪刑均衡原则,还必须纠正重刑主义的错误思想,强化量刑公正的执法观念。由于种种复杂的历史和现实原因,重刑主义的思想倾向在人们的心目中根深蒂固,这在一定程度上也反映到法官们的判案工作中。必须指出,重刑主义是一种粗暴落后的刑罚思想,是与罪刑相适应原则根本对立的。重刑主义必然使罪刑相适应原则遭到破坏。

(四) 实现量刑平衡

在司法实践中贯彻罪刑相适应原则,还应当纠正量刑轻重悬殊的现象,以实现量刑平衡。量刑平衡,是指法院在对犯罪人裁量刑罚时,要综合考虑影响量刑的各要素,使每一案件的各方面量刑情节都得以考虑,并且对于情节相同或类似的案件,适用相同或相近的刑罚,从而使刑罚处于一种稳定并和所犯罪行相适应状态。从我国的实际情况来看,量刑不平衡现象还比较严重。造成这种现象的原因既有立法上的粗疏,也有司法实践中的没有统一标准可循,还有法官个人业务素质等各种复杂因素。实现量刑平衡的途径是多方面的,例如,加快刑事立法改革,对量刑自由裁量权进行制约;建立量刑指南制度,对自由裁量权进行引导;加强司法解释;采用科学的量刑方法;改革法官任管理命制度,提高法官自身综合素质;建立具有中国特色的刑事判例制度;保证司法独立等等。

【本章小结】

罪刑法定原则的基本含义是:法无明文规定不为罪,法无明文规定不处罚。罪刑法定原则产生的思想渊源是三权分立学说与心理强制说。绝对的罪刑法定和相对的罪刑法定原则在要求上存在差别。我国刑法除明文规定罪刑法定原则外,在立法内容上也始终贯穿着罪刑法定原则的思想。平等适用刑法原则是宪法所规定的"法律面前人人平等原则"的具体应用和发挥。法律面前人人平等原则源于西方"人权理论"。我国刑法除明文规定平等适用刑法原则外,在立法内容上也始终贯穿着平等适用刑法原则的思想。罪刑相适应,亦称罪责刑相适应、罪刑相当、罪刑相称、罪刑均衡。罪刑相适应原则的思想渊源,主要有两种学说,一是报应主义,二是功利主义。我国刑法除明文规定罪刑相适应原则外,在立法内容上也始终贯穿着罪刑相适应的思想。

本章思考题

1. 罪刑法定原则的基本含义是什么?
2. 罪刑法定原则的思想渊源和基本要求是什么?
3. 如何理解罪刑法定原则的立法表现及司法适用?
4. 平等适用刑法原则的基本含义是什么?
5. 如何理解平等适用刑法原则的立法表现及司法适用?
6. 罪刑相适应原则的基本含义是什么?
7. 如何理解罪刑相适应原则的思想渊源、立法表现及司法适用?

第三章　刑法的效力

【本章学习目的】

通过本章的学习,了解刑法效力的含义以及刑事管辖原则;掌握我国刑法关于属地管辖、属人管辖、保护管辖以及普遍管辖方面的规定;理解我国刑法关于刑法的溯及力方面的规定。

刑法的效力,也称刑法的适用范围,是指刑法在什么时间、什么空间及对什么人具有效力。它不仅涉及国家主权,而且涉及国际关系、民族关系以及新旧法律关系,是任何国家的刑法在具体适用前所必须解决的原则性问题。

第一节　刑法的空间效力

一、刑事管辖原则

刑法的空间效力,是指刑法对地和对人的效力,它实际上要解决的是刑事管辖权的范围问题。这里的刑事管辖权,是指一个国家根据主权原则所享有的、对在其主权范围内所发生的一切犯罪进行起诉、审判和处罚的权力。刑事管辖权的行使,事关国家主权,各国刑法对此都有明文规定。我国刑法亦不例外。由于各国社会政治情况和历史传统习惯的差异,在解决刑事管辖权范围问题上所主张的原则不尽相同。一般而言,刑事管辖包括以下原则:

(一) 属地原则

属地原则以地域为标准,凡是在本国领域内犯罪,无论是本国人还是外国人,都适用本国刑法;反之,在本国领域外犯罪,都不适用本国刑法。

(二) 属人原则

属人原则以人的国籍为标准,凡是本国人犯罪,不论是在本国领域内还是在本国领域外,都适用本国刑法。

(三) 保护原则

保护原则以保护本国利益为标准,凡侵害本国国家或者公民利益的,不论犯罪人是本国人还是外国人,也不论犯罪地在本国领域内还是在本国领域外,都适用本国刑法。

(四) 普遍原则

普遍原则以保护各国的共同利益为标准,凡发生国际条约所规定的侵害各国共同利益的犯罪,不论犯罪人是本国人还是外国人,也不论犯罪地在本国领域内还是在本国领域外,都适用本国刑法。

上述原则,都有其合理性,也有其局限性。属地原则直接维护了国家领土主权,但无法解决本国人在本国领域外犯罪或外国人在本国领域外侵害本国国家或公民利益的犯罪的刑事管辖问题。属人原则,就对本国公民实行管辖而言无可非议,但根据这个原则,外国人在本国领域内犯罪,不能适用本国刑法,显然有悖于国家主权原则。保护原则,能够有效的保护本国利益,但如果犯罪人是外国人,犯罪地又在国外,这就涉及本国与他国之间的主权交叉与刑法冲突问题,因此实行这个原则存在一定的限制。普遍原则的法律基础不是本国刑法,而是国际公约、条约,涉及国际犯罪,诸如灭绝种族、劫持航空器、侵害外交人员等,其适用范围本身就是狭窄的,只能是刑事管辖的补充原则。由此可见,上述原则不能只取其一,而排斥其他。尽管从历史传统上看,英美法系国家大多采取属地原则,大陆法系国家大多采取属人原则。但及至近代,世界大多数国家的刑法,都是以属地原则为主,兼采其他原则。我国刑法关于空间效力的规定,采取的也是这种以属地原则为主、兼采其他原则的刑事管辖体制。

二、刑法的属地管辖

刑法第6条第1款规定:“凡在中华人民共和国领域内犯罪的,除法律有特别规定

的以外,都适用本法。"这是我国刑法关于刑法空间效力的基本原则,它包括以下两项主要内容:

(一) 中华人民共和国领域内的含义

所谓中华人民共和国领域内,是指我国国境以内的全部空间区域,具体包括:(1)领陆,即国境线以内的陆地及其地下层,这是国家领土的最基本和最重要的部分;(2)领水,即国家领陆以内和与陆地邻接的一定宽度的水域,包括内水、领海及其地下层。内水包括内河、内湖、内海以及同外国之间界水的一部分,通常以河流中心线或主航道中心线为界。领海即与海岸或内水相邻接的一定范围的水域,包括海床和底土。根据我国政府1958年9月4日发表的声明,我国的领海宽度为12海里。(3)领空,即领陆、领水的上空。

同时,根据国际条约和惯例,以下两部分属于我国领土的延伸,适用我国刑法:(1)我国的船舶、飞机或其他航空器。刑法第6条第2款规定:"凡在中华人民共和国船舶或者航空器内犯罪的,也适用本法。"这里所说的船舶、航空器,既可以是民用的,也可以是军用的;既可以是航行途中的,也可以是处于停泊状态的;既可以是航行或停泊于我国领域内的,也可以是航行或停泊于我国领域外或公海及公海上空的。这些船舶或飞机,包括其他航空器,必须在我国登记注册,悬挂我国国旗、国徽或军徽等标志。(2)我国驻外使领馆。根据我国承认的《维也纳外交关系公约》的规定,各国驻外大使馆、领事馆不受驻在国的司法管辖而受本国的司法管辖。这些地方亦视同为我国领域,在其内发生的任何犯罪都适用我国刑法。

除此之外,根据犯罪行为与犯罪结果在时间或地点方面存在跨越国界等情况,我国刑法又进一步明确了属地管辖的具体标准。刑法第6条第3款规定:"犯罪的行为或者结果有一项发生在中华人民共和国领域内的,就认为是在中华人民共和国领域内犯罪。"这里包括三种情况:(1)犯罪行为与犯罪结果均发生在我国境内,这是通常的情况;(2)犯罪行为在我国领域内实施,但犯罪结果发生于国外。例如在我国境内向被害人食物中投毒,被害人坐飞机到境外后中毒身亡;(3)犯罪行为在国外实施,但犯罪结果发生在我国境内。例如在我国境外开枪,打死境内居民。根据刑法的规定,上述三种情况均适用我国刑法。

(二) 法律有特别规定的含义

刑法第6条在确立属地管辖基本原则的同时,法律还对例外情况作了特别规定。这些特别规定主要是指:

(1) 刑法第11条规定:"享有外交特权和豁免权的外国人的刑事责任,通过外交途径解决。"所谓外交特权和豁免权,是指根据国际公约,在国家间互惠的基础上,为保证驻在本国的外交代表机构及其工作人员正常执行职务而给予的一种特别权利和待遇。1961年在联合国主持下签订的《维也纳外交关系公约》,是关于外交特权和豁免权的基本法律文件,我国于1975年加入该公约,1986年9月5日通过了《中华人民共和国外交特权与豁免条例》,详细规定了外交特权与豁免权的具体内容,涉及刑事、民事、行政等诸方面。与刑事有关的规定主要包括:使馆馆舍不受侵犯,外交代表、外交信使人身不受侵犯,不受逮捕或者拘留,外交代表享有刑事管辖豁免权,非中国公民的外交代表的配偶及未成年子女,来中国访问的外国国家元首、政府首脑、外交部长及其他具有同等身份的官员等,也享有与外交代表相同的特权与豁免权。这些人都不受我国刑法管辖。但这里需要注意的是:①外交代表和非中国公民的与外交代表共同生活的配偶及未成年子女所享有的豁免权,可以由派遣国政府明确表示放弃。如果那样,将可以适用我国刑法。②享有外交特权和豁免权的有关人员承担着尊重我国法律、法规的义务,不得侵犯我国国家主权,违反我国法律。一旦发生违法犯罪现象,我们当然不能听之任之,而应通过外交途径加以解决,诸如要求派遣国召回,宣布其为不受欢迎的人,限期离境等。

(2) 刑法第90条规定:"民族自治地方不能全部适用本法规定的,可以由自治区或者省的人民代表大会根据当地民族的政治、经济、文化的特点和本法规定的基本原则,制定变通或者补充的规定,报请全国人民代表大会常务委员会批准施行。"这是为了照顾少数民族的风俗习惯和文化传统,切实保证民族自治权的行使,巩固多民族国家的团结、稳定与发展。但在实施这一例外规定时,应注意以下几点:①少数民族地区对刑法效力的限制不同于外交特权和豁免权,它不是完全排斥刑法的适用,而仅仅是不适用其中的一部分,即与少数民族特殊的风俗习惯、宗教文化传统相关的部分,诸如情节轻微的械斗、聚众扰乱公共场所秩序等。这种变通或补充规定相对于刑法全文而言,只是一小部分。因此,从总体上看,刑法基本上还是适用于少数民族自治地方的。②免于适用刑法的部分必须有明确的法律依据,即由自治区或者省的国家权力机关制定变通或补充规定,并报请全国人民代表大会常务委员会批准,而不能由有关当事人、各级司法机关或行政机关随意解释,随意行事。③少数民族地区制定的变通或者补充规定不能与刑法的基本原则相冲突。

(3) 刑法施行后国家立法机关制定的特别刑法的规定,包括单行刑法和附属刑法。若出现新法与旧法对同一事项规定相矛盾,而新法又未明令废止旧法时,应当按照"新法优于旧法"的原则适用新法。

(4) 我国香港特别行政区和澳门特别行政区基本法作出的例外规定。由于政治历史的原因,我国刑法的效力还无法及于港澳地区,这属于对刑法属地管辖权的一种事实限制。例如,《香港特别行政区基本法》第2条规定:“全国人民代表大会授权香港特别行政区依照本法的规定实行高度自治,享有行政管理权、立法权、独立的司法权和终审权。”可见,我国除了恢复对香港行使国家主权,统一管理外交与国防事务外,香港的政治、经济、法律制度保持不变,刑法对其没有适用的效力。这就构成了对刑法属地管辖权的又一特别法限制。澳门的情况与香港相同。

三、刑法的属人管辖

刑法第7条第1款规定:“中华人民共和国公民在中华人民共和国领域外犯本法规定之罪的,适用本法,但是按本法规定的最高刑为三年以下有期徒刑的,可以不予追究。”第7条第2款规定:“中华人民共和国国家工作人员和军人在中华人民共和国领域外犯本法规定之罪的,适用本法。”根据上述规定,我国公民在我国领域外犯罪的,无论按照当地法律是否认为是犯罪,亦无论罪行是轻是重,以及是何种罪行,也不论其所犯罪行侵犯的是何国或何国公民的利益,原则上都适用我国刑法。只是按照我国刑法的规定,该中国公民所犯之罪的法定最高刑为三年以下有期徒刑的,才可以不予追究。所谓可以不予追究,不是绝对不追究,而是保留追究的可能性。此外,如果是我国的国家工作人员或者军人在域外犯罪,则不论其所犯之罪按照我国刑法的规定法定最高刑是否为三年以下有期徒刑,我国司法机关都要追究其刑事责任。这主要是考虑到对国家工作人员和军人在域外犯罪管辖应从严要求。

刑法第10条规定:“凡在中华人民共和国领域外犯罪,依照本法应当负刑事责任的,虽然经过外国审判,仍然可以依照本法追究,但是在外国已经受过刑罚处罚的,可以免除或者减轻处罚。”这条规定表明,我国作为一个独立自主的主权国家,其法律具有独立性,外国的审理和判决对我国没有约束力。但是,从实际情况及国际合作角度出发,为了使被告人免受过重的双重处罚,又规定对在外国已经受过刑罚处罚的犯罪人,可以免除或者减轻处罚。这样既维护了我国的国家主权,又从人道主义出发对被告人的具体情况做了实事求是的考虑,充分体现了原则性与灵活性的统一。

四、刑法的保护管辖

刑法第8条规定:“外国人在中华人民共和国领域外对中华人民共和国国家或者公民犯罪,而按本法规定的最低刑为三年以上有期徒刑的,可以适用本法,但是按照犯罪地的法律不受处罚的除外。”根据这一规定,外国人在我国领域外对我国国家或者公民犯罪,我国刑法有权管辖,但是,这种管辖权是有一定限制的:一是这种犯罪按照我国刑法规定的最低刑必须是三年以上有期徒刑;二是按照犯罪地的法律也应受刑罚处罚。当然,要实际行使这方面的管辖权存在一定的困难,因为犯罪人是外国人,犯罪地点又是在国外,如果该犯罪人不能依法引渡,或者没有在我国领域内被抓获,我国就无法对其进行刑事追究。但是,如果刑法对此不加以规定,就等于放弃自己的管辖权。因此,作出这样的规定,是为了在法律上表明我国的立场,这对于保护我国国家利益,保护我国驻外工作人员、考察访问人员、留学生、侨民的利益是完全必要的。

五、刑法的普遍管辖

刑法第 9 条规定:"对于中华人民共和国缔结或者参加的国际条约所规定的罪行,中华人民共和国在所承担条约义务的范围内行使刑事管辖权的,适用本法。"根据这一规定,凡是我国缔结或者参加的国际条约中规定的罪行,不论罪犯是中国人还是外国人,也不论其罪行是发生在我国领域内还是领域外,在我国所承担条约义务的范围内,如不引渡给有关国家,我国就应当行使刑事管辖权,依照我国刑法的有关规定对罪犯予以惩处。

为惩治国际犯罪,保护国际社会秩序,在有关国际组织的主持下,国际上先后制定了一系列旨在加强国际合作,以有效防止和惩处国际犯罪的国际条约,如 1970 年 12 月 16 日在海牙签订的《关于制止非法劫持航空器的公约》(简称海牙公约),1971 年 9 月 23 日在蒙特利尔签订的关于《关于制止危害民用航空安全的非法行为的公约》(简称蒙特利尔公约),1973 年 12 月 4 日联合国大会通过的《关于防止和惩处侵害应受国际保护人员包括外交代表的罪行的公约》,1979 年 12 月 17 日联合国大会通过的《反对劫持人质国际公约》等。我国分别已于 1980 年 10 月和 1987 年 6 月加入了上述公约。这些公约强调各缔约国应将非法劫持航空器、危害国际民航安全、侵害应受国际保护人员等行为定为国内法上的犯罪,予以惩处;有关缔约国应采取必要措施,对任何这类犯罪行使刑事管辖权,而不论罪犯是否其本国人,罪行是否发生于其国内。这些国际条约也就在实质上确立了普遍管辖权原则。我国既然批准或加入了这些条约,就应当承担起打击条约所规定的犯罪的义务。

【案例分析】

案例 1

[案情] 严某,男,38 周岁,中国公民,我国驻某国大使馆的汽车司机。严某先后

利用驾车去机场接送外国人员、代表团成员的机会,在驻在国首都机场行李处多次进行盗窃,陆续窃得大量外币现钞,以及手表、照相机等财物,共折合人民币10万余元。问题:严某在我国领域外犯罪是否应依我国刑法处理?

[分析] 严某在我国领域外犯罪应该依我国刑法论处,已经构成盗窃罪。刑法第7条规定:"中华人民共和国公民在中华人民共和国领域外犯本法规定之罪的,适用本法,但是按本法规定的最高刑为三年以下有期徒刑的,可以不予追究。""中华人民共和国国家工作人员和军人在中华人民共和国领域外犯本法规定之罪的,适用本法。"据此可知,其一,严某的盗窃行为,按照犯罪地的法律应受处罚;其二,严某的盗窃数额特别巨大,依照我国刑法第263条规定,其法定最低刑为10年;其三,严某是中华人民共和国国家工作人员。

案例2

[案情] 甲某,男,35周岁,美国公民。甲某在上海旅游期间,先后多次在上海南京路步行街珠宝商店进行盗窃,先后窃得大量金银首饰,价值20余万元。问题:甲某在我国境内犯罪是否应依我国刑法处理?

[分析] 甲某在我国境内犯罪应依我国刑法处理,已经构成盗窃罪。刑法第6条规定:"凡在中华人民共和国领域内犯罪的,除法律有特别规定的以外,适用本法。""除法律有特别规定的以外"指的是属地管辖原则的例外情形,其中最突出的例外情形是刑法第11条的规定:"享有外交特权和豁免权的外国人的刑事责任,通过外交途径解决。"本案中的甲某不属于上述享有外交特权和豁免权的人员之列,因而不享有外交特权和豁免权。

第二节 刑法的时间效力

刑法的时间效力,是指刑法的生效时间、失效时间以及对刑法生效前所发生的行为是否具有溯及力的问题。

一、刑法的生效时间

刑法的生效时间与其他法律的生效时间相似,主要有两种方式:一是从公布之日起生效。例如,1990 年全国人大常委会通过的《关于禁毒的决定》中规定:“本决定自公布之日起施行。”二是公布之后经过一段时间再施行,这是世界上多数国家关于刑法生效时间的通行作法。例如,我国刑法于 1979 年 7 月 1 日通过,自 1980 年 1 月 1 日起生效;1997 年 3 月 14 日修订通过后的刑法从 1997 年 10 月 1 日起施行。这样做是考虑到国家幅员辽阔,人们对新法较为生疏,通过一定时间的宣传、教育,便于广大人民群众及司法工作人员做好实施新法的心理、组织及业务准备工作,确保新法在全国范围内的统一实施。

二、刑法的失效时间

法律的失效时间,即法律终止效力的时间,通常要由立法机关作出决定。从世界范围看,法律失效的方式有很多种,诸如新法公布实施后旧法自然失效,立法机关明确宣布废止某一法律,某一法律在制定时即规定了有效期限等。我国刑法的失效基本包括两种方式:一是由立法机关明确宣布某些法律失效。例如,刑法第 452 条第 2 款规定,列于本法附件一的全国人大常委会制定的《关于严惩严重破坏经济的罪犯的决定》等 15 件单行刑法,自 1997 年 10 月 1 日起予以废止。二是自然失效,即新法施行后代替了同类内容的旧法,或者由于原来特殊的立法条件已经消失,旧法自行废止。

三、刑法的溯及力

刑法的溯及力,是指刑法生效以后,对于其生效以前未经审判或者判决尚未确定的行为是否适用的问题。如果适用,就是有溯及力;如果不适用,就是没有溯及力。

(一) 刑法溯及力的原则

对刑法的溯及力问题,各国采用的原则有所不同。概括起来,大致包括以下几种原则:

1. 从旧原则

新法对过去的行为一律没有溯及力,完全适用旧法。这一原则充分考虑了犯罪当时的法律状况,反对适用事后法,对行为人比较公平。但如果某一行为按旧法构成犯罪而新法不认为是犯罪,再依旧法进行处罚就不能实现刑法目的,因而也存在弊端。

2. 从新原则

新法对于其生效前未经审判或判决尚未确定的行为,一律适用,即新法具有溯及力。这一原则强调新法,适应当前的社会情况,有利于预防犯罪。但是,对行为时法未规定为犯罪的行为,依新法按照犯罪进行处罚,违背罪刑法定原则,因而有失妥当。

3. 从新兼从轻原则

新法原则上有溯及力,但旧法不认为是犯罪或者处刑较轻时,则按照旧法处理。这一原则弥补了绝对从新原则的不足,既充分发挥了新法适应当前形势的优点,又认真考虑了旧法当时的具体规定,但为了避免事后刑法之嫌,采用的国家不多。

4. 从旧兼从轻原则

原则上适用旧法,新法没有溯及力,但新法不认为是犯罪或者处刑较轻时,则按照新法处理。这一原则弥补了绝对从旧原则的缺陷,既符合罪刑法定原则,又适应当前需要,因而为绝大多数国家所采纳。

(二) 刑法溯及力的法律规定

我国刑法规定了罪刑法定原则,从罪刑法定原则中必然引申出刑法不溯及既往的派生原则。因此,我国刑法原则上否认刑法具有溯及力。但从有利于被告的原则出发,对于那些旧法认为是犯罪或者处刑较重,而新法不认为是犯罪或者处刑较轻的行为,例外地承认刑法的溯及力。可见,我国刑法关于刑法的溯及力,采用的是从旧兼从轻原则。

刑法第 12 条第 1 款规定:"中华人民共和国成立以后本法施行以前的行为,如果当时的法律不认为是犯罪的,适用当时的法律;如果当时的法律认为是犯罪的,依照本法总则第四章第八节的规定应当追诉的,按照当时的法律追究刑事责任,但是如果本法不认为是犯罪或者处刑较轻的,适用本法。"第 12 条第 2 款规定:"本法施行以前,依照当时的法律已经作出的生效判决,继续有效。"根据这一规定,对于 1949 年 10 月 1 日中华人民共和国成立至 1997 年 10 月 1 日新刑法施行前这段时间内发生的行为,应按以下不同情况分别处理:

(1) 当时的法律不认为是犯罪,而修订后的刑法认为是犯罪的,适用当时的法律,即修订后的刑法没有溯及力。对于这种情况,不能以修订后的刑法规定为犯罪为由而追究行为人的刑事责任。

(2) 当时的法律认为是犯罪,但修订后的刑法不认为是犯罪的,只要这种行为未经审判或者判决尚未确定,就应当适用修订后的刑法,即修订后的刑法具有溯及力。

(3) 当时的法律和修订后的刑法都认为是犯罪,并且按照修订后的刑法总则第四章第八节的规定应当追诉的,原则上按当时的法律追究刑事责任,即修订后的刑法不具有溯及力。但是,如果修订后的刑法处刑较轻的,则应适用修订后的刑法,即修订后的刑法具有溯及力。这里的处刑较轻,根据1997年12月23日最高人民法院《关于适用刑法第十二条几个问题的解释》第1条的规定,是指刑法对某种犯罪规定的刑罚即法定刑比修订前刑法轻。法定刑较轻是指法定最高刑较轻;如果法定最高刑相同,则指法定最低刑较轻。前引司法解释第2条还规定:如果刑法规定的某一犯罪只有一个法定刑幅度,法定最高刑或者最低刑是指该法定刑幅度的最高刑或者最低刑;如果刑法规定的某一犯罪有两个以上的法定刑幅度,法定最高刑或者最低刑是指具体犯罪行为应当适用的法定刑幅度的最高刑或者最低刑。

【本章小结】

刑法的效力包括刑法的空间效力和刑法的时间效力。刑法的空间效力,是指刑法对地和对人的效力,它实际上要解决的是刑事管辖权的范围问题。刑事管辖的原则包括属地原则、属人原则、保护原则、普遍原则。当前世界大多数国家的刑法,都是以属地原则为主,兼采其他原则。我国刑法亦是如此。刑法第6条至第9条就刑法的属地管辖、属人管辖、保护管辖以及普遍管辖予以明确规定。刑法的时间效力,是指刑法的生效时间、失效时间以及对刑法生效前所发生的行为是否具有溯及力的问题。刑法的溯及力,是指刑法生效以后,对于其生效以前未经审判或者判决尚未确定的行为是否适用的问题。如果适用,就是有溯及力;如果不适用,就是没有溯及力。对刑法的溯及力问题,各国采用的原则有从旧原则、从新原则、从新兼从轻原则以及从旧兼从轻原则。其中,从旧兼从轻原则为绝大多数国家所采纳。我国亦是如此。

本章思考题

1. 什么是刑法的效力?
2. 什么是刑法的空间效力?
3. 如何理解我国刑法对属地管辖权的规定?
4. 如何理解我国刑法对属人管辖权的规定?
5. 如何理解我国刑法对保护管辖权的规定?
6. 如何理解我国刑法对普遍管辖权的规定?
7. 什么是刑法的溯及力? 我国刑法对此有哪些规定?

第二篇　总　　论

第四章 犯罪概念

【本章学习目的】

通过本章的学习,了解刑法第13条规定的犯罪概念;理解犯罪的三个特征;理解犯罪概念与犯罪成立的关系。

第一节 刑法第13条规定的犯罪概念

犯罪一词可以在多种语境下使用,在不同学科中有着不同的表述。如社会学中的犯罪是指:"由当局所禁止,并且运用正式制裁予以惩罚的行为。"①犯罪学中的犯罪,有两种观点,一是将犯罪严格限定在刑法范围内,即犯罪是刑法所禁止的行为;二是将犯罪的视野超出刑法所界定的范围,认为犯罪是危害社会的侵犯人类基本权利的行为。②刑法学中的犯罪,即前述犯罪学的犯罪概念的第一种。

刑法第13条规定:"一切危害国家主权、领土完整和安全,分裂国家、颠覆人民民主专政的政权和推翻社会主义制度,破坏社会秩序和经济秩序,侵犯国有财产或者劳动群众集体所有的财产,侵犯公民私人所有的财产,侵犯公民的人身权利、民主权利和其他权利,以及其他危害社会的行为,依照法律应当受刑罚处罚的,都是犯罪,但是情节显著轻微危害不大的,不认为是犯罪。"

据此,可以把犯罪定义为:具有社会危害性、刑事违法性与应受刑罚处罚性的行为。相应的,犯罪具有三个特征。

---

① [美]戴维·波普诺:《社会学》(第十版),李强等译,中国人民大学出版社1999年版,第222页。
② [美]理查德·昆尼等著:《新犯罪学》,陈兴良等译,中国国际广播出版社1988年版,第11页。

一、社会危害性

社会危害性是犯罪的本质特征。所谓社会危害性,是指行为对刑法所保护的社会关系的侵犯性,即刑法第13条所列举的对国家利益、公共利益、集体利益以及公民合法权益的侵犯性。具体表现为:危害国家主权、领土完整与安全,分裂国家、颠覆人民民主专政的政权和社会主义制度,破坏社会秩序和经济秩序,侵犯国有财产或者劳动群众集体所有的财产,侵犯公民私人所有的财产,侵犯公民的人身权利、民主权利和其他权利,以及侵犯其他合法权益。某一行为是否构成犯罪,首先取决于它是否具有社会危害性。

社会危害性是质与量的统一。并非具有社会危害性的行为都是犯罪,某一行为只有严重侵犯了刑法所保护的社会关系,才可能构成犯罪。社会危害性是一切违法行为包括犯罪行为的共有的特征。社会危害性的有无是区分违法行为与合法行为的重要标准,但据此无法将犯罪行为与一般违法行为区分开。犯罪行为是违法行为中最重要的部分,其社会危害性程度要重于一般违法行为,因而社会危害性只有达到一定的量才能构成犯罪。从刑法的规定来看,将达到一定量的社会危害性作为犯罪的本质特征,也是有充足的根据的。刑法第13条规定:"……以及其他危害社会的行为,依照法律应当受刑罚处罚的,都是犯罪,但是情节显著轻微危害不大的,不认为是犯罪。"这里明确指出危害不大的,不是犯罪,意味着只有危害严重的行为,才能认为是犯罪。从刑法分则条文的规定看,许多条文都明确规定要以"数额较大"、"造成严重后果"、"造成重大损失"、"情节严重"等为犯罪构成的要件。这也表明,对于刑法分则规定的具体犯罪而言,只有行为具有严重的社会危害性,才可能构成犯罪。社会危害性的定量要求,对于区分犯罪和一般违法行为,具有十分重要的意义。

社会危害性包括实害性和危险性两种情形。实害是指行为对社会关系造成的现实侵害,例如故意杀人,已经将人杀死,造成对他人生命权的侵害。危险是指行为对社会关系具有侵害的可能,在这种情况下,实际损害并未发生,但社会关系处于遭受侵害的危险状态,因而同样被认为具有社会危害性,并具有刑事可罚性。在刑法中,大多数行为是因为具有社会危害性的实害性而被规定为犯罪,例如以发生一定的社会关系侵害结果为法定犯罪构成要件的结果犯就是如此。也有少数行为是因为具有社会关系侵害的危险性而被规定为犯罪,例如以发生一定的社会关系侵害危险性为法定犯罪构成要件的危险犯就是如此。此外,犯罪的预备行为、未遂行为和中止行为,也都是没有造成社会关系侵害的实害结果,也是因其具有社会关系侵害的危险而被处罚。

社会危害性的考察存在宏观和微观视角。从宏观角度考察社会危害性,应当注意以下几个方面:一是要用历史的观点看问题。社会危害性是一个历史范畴,现实社会条件的变化可能导致社会危害性的有无与大小也会随之变化。二是要有全面的观点。社会危害性是由多种因素决定的,衡量社会危害性的大小不能只看一种因素,应全面综合各种主客观情况。不仅要看到有形的、物质性的危害,而且要看到对人们的社会心理所带来的危害。三是要透过现象看本质。比如某人把另一人杀了,就要问是什么性质的杀人,有无社会危害性,危害性有多大,等等。人命案件中,有的是故意杀人,有的是过失致人死亡,也有的是正当防卫杀人,这都需要通过仔细调查才能判明。从微观角度考察社会危害性,应当主要从以下几方面把握社会危害性的轻重大小:一是行为侵犯的客体,即行为侵犯了什么样的社会关系。刑法所保护的社会关系的重要程度有差异,便会导致侵犯社会关系的行为在社会危害程度上有所不同。二是行为的手段、后果以及时间、地点。犯罪的手段是否残忍,使用还是不使用暴力,对行为的社会危害性程度有很大影响。三是行为造成的危害结果。如行为是否造成了现实的危害结果、造成的危害结果的种类和程度等,这些因素与行为的社会危害性及其程度直接相关。四是行为人的情况及其主观因素。如是成年人还是未成年人,是出于故意还是出于过失,是偶犯还是累犯,有无预谋,动机、目的的卑劣程度,等等。

二、刑事违法性

刑事违法性是犯罪的法律特征。刑事违法性,是指违反刑法条文中所包含的刑法规范。违反刑法并不只是违反刑法典,凡是违反广义刑法的禁止性规范的行为,均具有刑事违法性。只有当危害社会的行为触犯刑法的时候才构成犯罪。刑事违法性这一特征是罪刑法定原则在犯罪概念上的体现。

刑事违法性与社会危害性具有统一性。刑法之所以禁止某种行为,是因为该行为具有严重的社会危害性,行为的社会危害性是刑事违法性的基础,统治阶级不可能以法律的形式把没有社会危害性的行为宣布为犯罪,而刑事违法性则是社会危害性在法律上的体现。只有当行为不仅具有社会危害性质,而且违反了刑法时,才能被认定为犯罪。反之,某种行为虽然具有一定程度的社会危害性,但如果该行为没有触犯刑法,就不能把它作为犯罪处理。故严重的社会危害性是刑事违法性的前提或基础,刑事违法性是严重的社会危害性的法律表现。

三、应受刑罚处罚性

应受刑罚处罚性是指犯罪行为是应当受刑罚处罚的行为。[①]任何违法行为，都要承担相应的法律后果；但如果某种行为只应承担民事责任、行政责任等法律后果，则不可能成立犯罪；只有当该行为应当受到刑罚处罚时，才能成立犯罪。

应受刑罚处罚性以行为的严重社会危害性和刑事违法性为前提，行为如果没有严重的社会危害性和刑事违法性，自然不应受刑罚处罚。同时，应受刑罚处罚性是对具有严重的社会危害性和刑事违法性的行为评价。不需给予应受刑罚处罚评价的行为，不可能是犯罪。犯罪是应受刑法处罚的行为。犯罪是适用刑罚的前提，刑罚则是犯罪的法律后果，因此，应受刑罚处罚性应是犯罪的一个基本特征。

值得注意的是，应受刑罚处罚与是否实际受到刑罚处罚，这是两个不同的概念。某一行为如果缺乏应受刑罚处罚性，就不构成犯罪。但犯罪不一定都实际受到刑罚处罚。刑法第37条规定："对于犯罪情节轻微不需要判处刑罚的，可以免予刑事处罚。"这种免予刑事处罚是以行为构成犯罪行为为前提的。这种情节轻微的犯罪行为虽然具有应受刑罚处罚性，但因其不需要判处刑罚而免予刑事处罚。

犯罪的以上三个基本特征紧密联系，缺一不可。一定量的社会危害性是犯罪的本质特征，反映了犯罪与社会的关系，说明了国家将一种行为规定为犯罪并以刑罚处罚的根据，揭示了犯罪的社会政治内容。刑事违法性是犯罪的法律特征，揭示了犯罪与刑法的关系，反映了罪刑法定原则中罪刑法定的基本要求。应受刑罚处罚性反映了犯罪与刑罚的关系，揭示了犯罪的法律后果。一定量的社会危害性是刑事违法性与应受刑罚处罚性的基础，缺乏此基础，行为不但不会在刑法上规定为犯罪，而且也无需承当刑事责任，刑事违法性和应受刑罚处罚性由此便不能存在。但如果没有刑事违法性的法定量化，严重的社会危害性就没有衡量的尺度。而如果没有应受刑罚处罚性，一定量的社会危害性和刑事违法性便失去最终的归宿，也难以显示犯罪行为与其他违法行为在法律后果方面的区别，难以实现刑法的目的。

---

① 这里的应受刑罚处罚性，其实指的就是应当承担刑事责任。由于承担刑事责任的主要方式是刑罚方法，因此刑法第13条把应受刑罚处罚性规定为犯罪的特征。

第二节 犯罪概念与犯罪成立的关系

一、犯罪概念与犯罪成立的关系概述

刑法第13条规定的犯罪概念是决定一种行为是否成立犯罪的总标准。某一行为究竟是犯罪还是非罪,是犯罪还是其他违法行为、不道德行为,从总体上说,就是看该行为是否具有一定量的社会危害性,并且是否达到触犯刑律、应受刑罚处罚的程度。

刑法第13条通过定性与定量两方面规定来决定一种行为是否成立犯罪。从定性角度看,犯罪必须是刑法规定的应当受到刑罚处罚的行为,如果某一具有一定量的社会危害性,但法律没有规定其为犯罪,或者没有规定对这种行为的刑罚处罚,那么也就不能认定为犯罪。

从定量角度看,刑法第13条"但书"部分明确规定,符合刑法关于犯罪的定性描述的行为,如果"情节显著轻微危害不大的,不认为是犯罪",从而将虽然具有刑事违法性,但又情节显著轻微危害不大的行为排除在犯罪的范围之外。

刑法分则大体上通过以下几种方式对社会危害性进行定量规定,从而区分罪与非罪的:(1)以情节严重、恶劣与否作为划分罪与非罪的界限。如虐待罪、遗弃罪以"情节恶劣"作为构成犯罪的条件,侮辱罪、诽谤罪则以"情节严重"作为构成犯罪的条件。(2)以后果严重与否作为划分罪与非罪的界限。如交通肇事罪、危险物品肇事罪、生产销售劣药罪、挪用特定款物罪等。(3)以是否有引起某种结果的严重危险作为划分罪与非罪的界限。如生产、销售假药罪等。(4)以数额大小作为划分罪与非罪的界限。如诈骗罪、抢夺罪、虚报注册资本罪等。(5)以是否使用法律规定的犯罪方法作为划分罪与非罪的界限。如暴力干涉婚姻自由罪等。(6)以行为是否在特定时间内或地点实施作为划分罪与非罪的界限。如资敌罪、拒绝履行军事义务罪只有在战时实施才构成。(7)以是否具有法律规定的特定犯罪对象为划分罪与非罪的界限。如抢夺、窃取国有档案罪等。(8)以是否"明知"作为划分罪与非罪的界限。如掩饰、隐瞒犯罪所得罪等。(9)以是否具有特定犯罪目的或意图作为划分罪与非罪的界限。如诬告陷害罪,破坏生产经营罪,拐卖妇女、儿童罪等。(10)以是否具有首要分子、直接责任人员、领导人等特定身份作为划分罪与非罪的界限。如聚众扰乱公共场所秩序、交通秩序罪,打击、报复会计、统计人员罪等。

除了刑法分则的具体规定外,期待可能性也是对社会危害性进行定量考察的一个重要因素。所谓期待可能性,是指根据具体情况,有可能期待行为人不实施违法行为而实施其他适法行为。如果不能期待行为人实施其他适法行为,就不能对其进行法的非难,因而不存在刑法上的责任。①可见,一种行为即便具有刑事违法性,但若不具有期待可能性,犯罪不成立。

此外,为了统一刑事司法,最高人民法院也通过司法解释的形式对社会危害性进行量化。例如,2006 年 1 月 23 日最高人民法院《关于审理未成年人刑事案件具体应用法律若干问题的解释》第 9 条规定,已满 16 周岁不满 18 周岁的人实施盗窃行为未超过 3 次,盗窃数额虽已达到"数额较大"标准,但案发后能如实供述全部盗窃事实并积极退赃,且具有下列情形之一的,可以认定为"情节显著轻微危害不大",不认为是犯罪:(1)系又聋又哑的人或者盲人;(2)在共同盗窃中起次要或者辅助作用,或者被胁迫;(3)具有其他轻微情节的。已满 16 周岁不满 18 周岁的人盗窃未遂或者中止的,可不认为是犯罪。已满 16 周岁不满 18 周岁的人盗窃自己家庭或者近亲属财物,或者盗窃其他亲属财物但其他亲属要求不予追究的,可不按犯罪处理。

【案例分析】

[案情] 2007 年 3 月 26 日凌晨 1 时许,犯罪嫌疑人徐甲,伙同徐乙(1990 年 1 月 1 日出生)在衢州市柯城区某网吧门口,盗得一辆红色两轮摩托车,两人连夜将摩托车开到开化县城关镇,以 350 元的价格销赃给方某,所得赃款除分给徐乙 100 元外,其余被徐甲挥霍。后经鉴定,该被盗摩托车的价值为 3 220 元。接到公安机关起诉意见书后,开化县人民检察院依法进行了审查,发现了徐乙系未成年犯,而且是第一次实施盗窃犯罪,案发后又如实供述了全部盗窃事实并且积极地退出赃款,在共同犯罪中起辅助作用,系从犯。综合以上情况,检察机关认为徐乙的行为属于情节显著轻微危害不大,不认为是犯罪。为此,检察机关及时与侦查部门联系和沟通并建议撤回起诉。1 月 5 日,当地侦查部门撤回对徐乙的起诉并对其作了行政处罚。问题:徐乙的行为是否构成盗窃罪?当地司法机关做法是否妥当?

[分析] 徐乙的行为不构成盗窃罪,当地司法机关做法妥当。根据刑法第 13 条"但书"部分规定,"情节显著轻微危害不大的,不认为是犯罪"。最高人民法院《关于审理未成年人刑事案件具体应用法律若干问题的解释》第 9 条明文规定,已满 16 周岁

① 参见国家司法考试辅导用书编辑委员会:《国家司法考试辅导用书》(第二卷),法律出版社 2008 年版,第 40 页。

不满18周岁的人实施盗窃行为未超过3次,盗窃数额虽已达到"数额较大"标准,但案发后能如实供述全部盗窃事实并积极退赃,且在共同盗窃中起次要或者辅助作用,或者被胁迫的,可以认定为"情节显著轻微危害不大",不认为是犯罪。本案中,一方面,徐乙虽然实施了盗窃行为,而且数额也较大,但因为徐乙犯罪时未满18周岁,在与徐甲共同犯罪中起的只是次要作用,属于从犯。另一方面,徐乙只实施了一次盗窃,案发后不仅如实供述全部盗窃事实,还积极退出了所得赃款,悔罪表现较好,完全符合上述"情节显著轻微危害不大的,不认为是犯罪"的司法解释规定条件。

【本章小结】

刑法中的犯罪,是具有社会危害性、刑事违法性与应受刑罚处罚性的行为。我国刑法第13条对此予以明确规定。犯罪具有三个特征:一是社会危害性;二是刑事违法性;三是应受刑罚处罚性。刑法第13条规定的犯罪概念是决定一种行为是否成立犯罪的总标准。某一行为究竟是犯罪还是非罪,是犯罪还是其他违法行为、不道德行为,从总体上说,就是看该行为是否具有一定量的社会危害性,并且是否达到触犯刑律、应受刑罚处罚的程度。

本章思考题

1. 什么是犯罪? 犯罪有哪些特征?
2. 如何理解犯罪概念与犯罪成立的关系?

第五章 犯 罪 构 成

【本章学习目的】

通过本章学习，了解犯罪构成的定义和分类；了解犯罪客体的定义与分类；了解犯罪客观方面的定义和具体表现形式，掌握不作为犯罪的成立条件，掌握刑法上因果关系的特征和认定；理解犯罪主体的定义和分类，掌握自然人犯罪主体和单位犯罪主体的成立条件；了解犯罪主观方面的定义和分类，掌握犯罪故意和犯罪过失的认定，了解犯罪目的和犯罪动机的关系，了解不可抗力与意外事件的定义，理解刑法上的认识错误的分类和认定。

第一节 犯罪构成概述

一、犯罪构成的概念

犯罪构成，是刑法规定的，决定某一行为的社会危害性及其程度，而为该行为成立犯罪所必须具备的一切客观要件与主观要件的有机整体。犯罪构成具有以下特征：

（一）犯罪构成是一系列主客观要件的有机整体

犯罪构成是一系列主客观要件的有机整体，这是主客观相统一原则在犯罪构成中的体现。刑法规定了四百多种具体犯罪，每一种具体犯罪都有自己的犯罪构成，而每一种犯罪构成，都是一系列主客观要件的有机整体。所谓有机整体，是指犯罪构成并非成立犯罪所需的各个主客观要件的简单相加，而是由各个要件按照犯罪构成的要求相互联系、相互作用,共同组成一个说明犯罪规格与标准的有机整体。

(二)犯罪构成是对犯罪性质和危害性具有决定意义的事实

任何一种犯罪都可以由许多事实特征来说明,但并非每一个事实特征都是犯罪构成的要件,只有对行为的社会危害性及其程度具有决定意义而为该行为成立犯罪所必需的事实特征,才是犯罪构成的要件。犯罪构成的各个要件从不同角度说明行为的社会危害性;犯罪构成的整体说明行为的社会危害性达到了构成犯罪的程度。考察某一行为是否具有社会危害性并构成犯罪,必须看它是否具有符合该罪犯罪构成的事实(犯罪构成要件)。

(三)犯罪构成是刑法加以规定的

行为成立犯罪所必须具备的诸要件是由刑法加以规定的,事实特征只有经过法律的选择才能成为犯罪构成要件。尽管我国刑事法律中没有出现"犯罪构成"这一术语,但刑法确实规定了构成各种犯罪必须具备的要件,刑法理论也正是将刑法的这种规定概括为犯罪构成,所以,刑法实际上规定了犯罪构成。在我国,刑法总则与分则作为有机整体规定了犯罪构成,表现在总则规定了一切犯罪必须具备的要件,分则只规定具体犯罪所特别需要具备的要件。由于犯罪构成是刑法规定的,因此,行为符合犯罪构成就表明其行为具有刑事违法性。

二、犯罪构成的分类

对犯罪构成可以从不同角度进行分类。

(一)基本的犯罪构成与修正的犯罪构成

一般认为,基本的犯罪构成,是指分则性条文就单独的既遂犯所规定的犯罪构成;修正的犯罪构成,是指总则性条文以基本的犯罪构成为基础并对之加以修正而就共犯、未遂犯等所规定的犯罪构成。

(二)完结的犯罪构成与待补充的犯罪构成

完结的犯罪构成,也称关闭的犯罪构成,是指刑法完整地规定了所有要件的犯罪构成;待补充的犯罪构成,也称开放的犯罪构成,是指刑法仅规定了部分要件,其他要件需要司法机关适用时进行补充的犯罪构成。当刑法规定了完结的犯罪构成时,司法机关应严格依法适用,不得附加或减少要件;当刑法规定了待补充的犯罪构成时,司法机关应依照刑法体系与相关规定补充构成要件。

(三)单一的犯罪构成与复杂的犯罪构成

单一的犯罪构成,是指刑法规定的各个要件均属单一的犯罪构成,即当刑法规定的犯罪构成中只含单一客体、单一行为、单一主体、单一罪过形式时,便是单一的犯罪构成。复杂的犯罪构成,是指刑法规定的要件内容可供选择或互有重叠的犯罪构成。

三、犯罪构成要件

犯罪构成要件是犯罪构成的组成要素,即要件的总和形成犯罪构成。犯罪构成要件可以分为具体要件与共同要件。犯罪构成的具体要件,是指具体犯罪的成立必须具备的要件,是具体犯罪的社会危害性的法律标志。每一个犯罪都有其具体构成要件;任何行为只有符合某种犯罪的具体构成要件,才能成立犯罪;此罪与彼罪的界限,也是由具体构成要件决定的。犯罪构成的共同要件,是指任何犯罪的成立都必须具备的要件。共同要件是从具体要件中抽象出来的,即犯罪构成的具体要件形形色色、千姿百态,但根据普遍与特殊、共性与个性的原理,可以从各种犯罪的具体要件中,科学地概括出各种不同犯罪构成的共同组成要素,这便是犯罪构成的共同要件。根据刑法理论的通说,犯罪构成有四个方面的共同要件,即犯罪客体、犯罪客观要件、犯罪主体与犯罪主观要件。

四、犯罪构成与犯罪成立的关系

与犯罪概念一样,犯罪构成也是决定某一行为是否成立犯罪的标准。犯罪构成是决定某一行为是否成立犯罪的具体标准。

犯罪构成与犯罪概念是两个既有密切联系又有区别的概念。犯罪概念是犯罪构成的基础,犯罪构成是犯罪概念的具体化。犯罪概念回答的是什么是犯罪、犯罪有哪些基本特征的问题,从总体上划清罪与非罪的界限,是确定犯罪的总标准,是对犯罪基本特征的高度概括。犯罪构成则是进一步回答犯罪是怎样成立的、其成立需要具备哪些法定要件,其所要解决的是成立犯罪的具体标准、规格问题,是划清罪与非罪、此罪与彼罪的具体标准。

犯罪构成与犯罪成立的关系具体体现在两个方面:(1)区分罪与非罪。犯罪构成为区分罪与非罪提供了明确而具体的法律标准。这些标准有些规定在刑法总则中,更多的是规定在刑法分则中。(2)区分此罪与彼罪。犯罪构成不仅为罪与非罪的区分提供法律依据。而且为此罪与彼罪的区分提供了法律标准。一切犯罪虽然都必须具有共同的犯罪构成要件,但各种不同的犯罪又存在各自不同的犯罪构成。因此,只要掌握了每个犯罪的犯罪构成要件。就可以正确区分此罪与彼罪的界限。

第二节 犯罪客体

一、犯罪客体的概念

犯罪客体,是指刑法所保护的,为犯罪行为所侵害的社会关系。犯罪客体是行为构成犯罪的必备要件之一。某一行为如果没有或者不可能侵害任何一种刑法所保护的社会关系,那就不可能构成犯罪。犯罪客体具有以下特征:

(一)犯罪客体表现为社会关系

社会关系即人们在生产和共同生活活动过程中所形成的人与人之间的相互关系。具体表现为国家主权、领土完整与安全,人民民主专政的政权,社会主义制度,社会秩序和经济秩序,国有财产或者劳动群众集体所有的财产,公民私人所有的财产,公民的人身权利、民主权利和其他权利等。

(二)犯罪客体必须是刑法所保护的社会关系

如果某种社会关系只是由道德规范或者其他社会规范调整与保护,而不是由刑法或者不需要由刑法调整与保护,则不可能成为犯罪客体。

(三)犯罪客体必须是犯罪行为所侵害的社会关系

社会关系是客观存在的,客观存在的社会关系如果没有受到犯罪行为的侵害,就不可能成为犯罪客体。这里的“侵害”包括两种情况:一是对刑法所保护的社会关系已经造成了实际侵害,如伤害行为已经造成被害人伤害;二是对刑法所保护的社会关系有侵害的可能,如杀人行为虽然没有造成他人死亡,但有导致他人死亡的可能性。

二、犯罪客体的分类

犯罪客体分为一般客体、同类客体与直接客体。

(一)一般客体

一般客体,是指一切犯罪所共同侵犯的客体,即刑法所保护的社会关系的整体。一般客体反映着犯罪行为的共同本质,说明任何行为都侵犯了刑法所保护的社会关系。刑法第 2 条关于刑法任务的规定,刑法第 13 条关于犯罪概念的规定,从不同角度说明了犯罪一般客体的主要内容。研究犯罪的一般客体,就是把刑法保护的所有社会关系作为一个整体来研究,揭示一切犯罪的共同属性,认识犯罪的社会危害性。

(二)同类客体

同类客体,是指某一类犯罪所共同侵犯的某一类社会关系,或者说是某一类犯罪所共同侵犯的社会关系的某一方面或者某一部分。例如,放火、爆炸、投放危险物质、决水等罪侵犯的是公共安全,即公共安全是这类犯罪的同类客体。正确认识犯罪的同类客体,有利于对犯罪进行合理分类,有利于正确区分此罪与彼罪的界限。刑法分则根据犯罪的同类客体,将犯罪分为十大类,即危害国家安全罪,危害公共安全罪,破坏社会主义市场经济秩序罪,侵犯公民人身权利、民主权利罪,侵犯财产罪,妨害社会管理秩序罪,危害国防利益罪,贪污贿赂罪,渎职罪,以及军人违反职责罪。

(三)直接客体

直接客体,是指某一犯罪行为所直接侵犯的具体的社会关系,即刑法所保护的某种具体的社会关系。例如故意杀人罪所直接侵害的是他人的生命权利,故意伤害罪所直接侵害的是他人的健康权利,这些受到故意杀人罪、故意伤害罪直接侵害的社会关系就是这两种犯罪所侵害的直接客体。犯罪的直接客体揭示了具体犯罪所侵害社会关系的性质以及该犯罪的社会侵害性的程度。研究犯罪的直接客体,对于区分各种具体犯罪的界限,在量刑中决定刑罚的轻重,都具有重要的意义。

犯罪直接客体又可以划分为简单客体和复杂客体。简单客体,是指一种犯罪行为只直接侵犯一种具体的社会关系。复杂客体,是指犯罪行为直接侵犯两种以上的具体社会关系。例如抢劫罪,不仅直接侵犯公私财产权,也直接侵犯他人的人身权利;绑架罪，也同时直接侵犯他人的人身权利和财产权利。

三、犯罪客体与犯罪对象的关系

犯罪对象，是指刑法分则规定的犯罪行为直接作用的具体人或者具体物。从类型上看，犯罪对象包括物体和人体两种。物体是指货币、物品等一切具有价值、归属关系的东西，按其归属关系可以分为国家所有物、集体所有物、混合所有物、个人所有物；按其存在形态可以分为货币、实物、生产资料、生活资料，动产与不动产等。人体是指人的身体，受犯罪行为作用主要表现在其生命、健康、名誉、安宁等受到损害或胁迫。

犯罪对象不同于犯罪所用之物。犯罪所用之物，是指犯罪人进行犯罪活动所使用的金钱或者物品。例如，使用伪造的信用卡进行诈骗时，伪造的信用卡不是犯罪对象，而是供犯罪行为使用之物；又如，进行走私犯罪所用来运输走私货物的汽车等交通工具不是犯罪对象，而是供犯罪行为使用之物。犯罪对象不同于组成犯罪行为之物。例如，贿赂是组成受贿罪、行贿罪之物，而不能认为是受贿罪、行贿罪的对象；又如，赌资是组成赌博罪之物，而不是赌博罪的对象。

犯罪客体与犯罪对象是两个既有联系又有区别的概念。犯罪客体与犯罪对象的联系在于：作为犯罪对象的具体物是作为犯罪客体的具体社会关系的物质表现；作为犯罪对象的具体人是作为犯罪客体的具体社会关系的承担者。一般来说，犯罪客体总是通过一定的犯罪对象表现它的存在，也即犯罪分子的行为就是通过犯罪对象即具体物或者具体人来侵害一定的社会关系的。

犯罪客体与犯罪对象又存在明显区别：(1)犯罪对象是具体的人或物，因此可以凭借人的感觉器官来感知；而犯罪客体则是生命权、财产权、公共安全等凭借人的思维才能认识的观念上的东西，二者具有具体与抽象的差别。(2)犯罪对象所呈现的是事物的外部特征，它一般不能决定犯罪的性质；而犯罪客体所表现的是行为的内在本质，因而决定犯罪的性质。比如，同样是盗窃电线，某甲盗窃的是库房里备用的电线，某乙盗窃的是输电线路上正在使用中的电线，那么前者构成盗窃罪，后者则构成破坏电力设施罪，二者的区别就在于犯罪对象所体现的社会关系不同：一是侵犯公共财产所有权，一是危害公共安全。(3)特定的犯罪对象只是某些犯罪的构成要件；而犯罪客体是一切犯罪的共同构成要件。(4)犯罪对象并非在任何犯罪中都受到侵害；而犯罪客体在一切犯罪中都受到了侵害或者威胁。例如，盗窃犯将他人的电视机盗走，侵犯了主人的财产权利，但作为犯罪对象的电视机本身则未必受到损害。而一般情况下，盗窃犯总是把窃来的东西好好保护，以供自用或卖得高价。(5)犯罪对象不是犯罪分类的根据,因为犯罪对象相同并不意味着犯罪性质相同;而犯罪客体则是犯罪分类的根据,因为犯罪客体要件相同意味着犯罪性质相同。

【案例分析】

[案情] 2001年10月间,被告人肖某通过新闻得知炭疽杆菌是一种白色粉末的病菌,国外已经发生因接触夹有炭疽杆菌的邮件而致人死亡的事件,认为社会公众对收到类似的邮件会产生恐慌心理。同年10月18日,肖某将家中粉末状的食品干燥剂装入两只信封内,在收件人一栏上书写了"上海市政府"和"东方路2000号"(上海东方电视台)后,乘车至上海市闵行区莘庄镇,将上述信件分别邮寄给上海市人民政府某领导和上海东方电视台新闻中心陈某。同年10月19日、20日,上海市人民政府信访办公室工作人员陆某等人及东方电视台陈某在拆阅上述夹带有白色粉末的信件后,造成精神上的高度紧张,同时引起周围人们的恐慌。经相关部门采取大量措施后,才逐渐消除了人们的恐慌心理。2001年12月,上海市第二中级人民法院根据《刑法》第一百一十四条以危险方法危害公共安全罪判处被告人肖某有期徒刑四年。问题:肖某的行为能否构成以危险方法危害公共安全罪?

[分析] 肖某的行为不构成以危险方法危害公共安全罪,法院判决值得商榷。以危险方法危害公共安全罪的犯罪客体是公共安全,也即危害到不特定多数人的生命、健康或者重大公私财产安全。这里的危害包括已经危害和可能危害两种情形。本案中,被告人肖某以食品干燥剂假冒炭疽杆菌装入两只信封内,并寄给上海市政府某领导和上海东方电视台某工作人员,其结果引起了收件当事人及周围人们的心理恐慌,其行为虽然具有一定的社会危害性,但没有也不可能危害到不特定多数人的生命、健康或者重大公私财产安全,因而不具备以危险方法危害公共安全罪的犯罪客体要件,不构成以危险方法危害公共安全罪。

其实,肖某的行为只是一种妨碍社会管理秩序的违法行为,其侵害的客体是社会管理秩序,应该按照妨碍社会管理秩序罪中的罪名定性。但由于肖某的行为发生的时候,刑法中并没有相应罪名的规定,因而其行为不构成犯罪。值得一提的是,在肖某案发生后的2001年12月29日,第九届全国人民代表大会常务委员会第二十五次会议通过了《刑法修正案(三)》,规定了投放虚假危险物质罪,即"投放虚假的爆炸性、毒害性、放射性、传染病病原体等物质,或者编造爆炸威胁、生化威胁、放射威胁等恐怖信息,或者明知是编造的恐怖信息而故意传播,严重扰乱社会秩序的,处五年以下有期徒刑、拘役或者管制;造成严重后果的,处五年以上有期徒刑"。显然,肖某的行为已经构成投放虚假危险物质罪,但由于其行为发生在《刑法修正案(三)》生效之前,按“从旧兼从轻”原则,也不能以此罪追究肖某的刑事责任。

第三节 犯罪客观方面

一、犯罪客观方面概述

犯罪客观方面,是指刑法规定的,说明行为对刑法所保护的社会关系造成侵害的客观外在表现。犯罪客观方面说明某种犯罪是通过什么行为、在什么情况下对刑法所保护的社会关系造成了什么后果。犯罪客观方面在犯罪构成的四个要件中居于主导地位。犯罪客观方面的要件具体表现为危害行为、危害结果、犯罪的方法、时间、地点等。在这些要件中,危害行为是一切犯罪在客观方面都必须具备的要件,是一切犯罪构成要件的核心要件;危害结果是大多数犯罪成立在客观方面必须具备的要件;犯罪的方法、时间、地点则只是某些犯罪成立在客观方面所必须具备的要件。因此,危害行为在传统的刑法理论中常被称为犯罪客观方面的必要要件,而危害结果、犯罪的方法、时间、地点则被称为犯罪客观方面的选择要件。

犯罪客观方面具有以下几个特征:首先,犯罪客观方面具有法定性。刑法总则在对犯罪的故意、过失等范畴作规定时,包含了犯罪客观方面的内容;刑法的分则性条文则通常比较明确、具体地规定了各种犯罪的客观方面的内容,如刑法第 305 条规定:“在刑事诉讼中,证人、鉴定人、记录人、翻译人对与案件有重要关系的情节,故意作虚假证明、鉴定、记录、翻译,意图陷害他人或者隐匿罪证的,处……”;有的犯罪,由于人们对其客观特征比较熟悉,法律没有详细描述其客观特征,如刑法第 266 条规定:“诈骗公私财物,数额较大的,……”这里虽然没有详细描述诈骗罪的客观特征,但我们可以从法律对罪名的规定中把握其客观方面。其次,犯罪客观方面具有客观性。犯罪行为作为人的一种活动,可以分为客观和主观两个方面的事实。犯罪的客观方面同犯罪的主观有着密切的联系,是主观见之于客观的事实情况,是犯罪心理态度的客观外在表现。作为人活动的外在表现,犯罪客观方面能为人们所直接感知。第三,犯罪客观方面具有多样性。在犯罪构成的四个方面的要件中,犯罪客观方面的内容最为复杂、多样。犯罪客观方面,涉及与犯罪行为实施有关的客观事实情况,它表现为在一定条件下，行为人使用一定的方法，对一定的客体进行侵害，造成一定的后果。刑法上有四百多个罪名，各有自己的特殊性，从而显示出各种具体犯罪的差别性、复杂性和多样性。而犯罪的复杂性和多样性的特点，突出地表现在各自客观方面的复杂、多样化。

二、危害行为

危害行为，是指在人的意识支配下实施的危害社会的身体活动。首先，危害行为是人的身体活动或者动作，包括积极活动与消极活动。由于危害行为是人的身体活动，是客观的、外在的现象，故思想被排除在危害行为之外，随之被排除在犯罪之外。其次，危害行为是人的意识支配的产物，或者说是意识的外在表现，因此，无意识的举动被排除在危害行为之外。例如，人在睡梦中或者精神错乱下的举动，在不可抗力作用下的举动，在身体完全受强制下的举动等，就不属于刑法上的危害行为。最后，危害行为必须是在客观上侵害或者威胁了社会关系的行为，故正当行为（如正当防卫、紧急避险等）被排除在危害行为之外。

危害行为的表现形式多种多样，主要有作为、不作为与持有三种类型。

（一）作为

作为，是指行为人以积极的行动实施刑法所禁止的行为。作为的核心在于，行为人在外部形式上表现为一种积极的身体活动，如举刀杀人的动作。刑法分则规定的绝大多数犯罪，都是以作为的形式实施的，而且有许多犯罪只能以作为的形式完成，例如，抢劫罪、敲诈勒索罪、诈骗罪、侮辱罪、诽谤罪等等。应当指出，不能把作为的犯罪形式理解为必须是犯罪者本人与被侵害对象发生直接接触实施的行为。除了直接接触实施的积极活动以外，还包括犯罪人借助自然力（如借助气候变化）、利用动物（如狗、毒蛇等）、借助不具备犯罪主体条件的人（如儿童、精神病人）或借助他人的过失行为来实施犯罪，这些情况也应该视为犯罪者本人实施了作为的犯罪行为。

（二）不作为

不作为，是指行为人在能够履行自己应尽义务的情况下不履行该义务。从表现形式上看，不作为是消极的身体动作；从违反法律规范的性质上看，不作为不仅违反了刑法的禁止性规范，而且直接违反了某种命令性规范。例如，遗弃罪中的不提供扶助的行为，表现为没有扶养不具有独立生活能力的人，该行为不仅违反了刑法第 261 条的禁止性规范，而且直接违反了婚姻法中的命令性规范。成立不作为犯罪在客观上必须具备以下条件：

1. 行为人负有实施特定积极行为的具有法律性质的义务

这种义务一方面要求是法律性质的义务，另一方面要求的内容是实施特定的积极行为。这种义务的来源主要有：(1)法律、法规明文规定的义务。例如，我国婚姻法规定，父母对子女有抚养教育的义务，子女对父母有赡养扶助的义务。因此，拒不抚养、赡养的行为，可能构成不作为犯罪。(2)职务或者业务要求的义务。例如，国家机关工作人员有履行相应职责的义务，值勤的消防人员有消除火灾的义务，等等。(3)法律行为引起的义务。例如，合同行为、自愿接受行为等可能导致行为人负有实施一定积极行为的义务。(4)先前行为引起的义务。这是指由于行为人的某种行为使刑法所保护的合法权益处于危险状态时，行为人负有的排除危险或者防止危害结果发生的特定积极义务。例如，成年人带着儿童游泳时，就负有保护儿童生命安全的义务。值得注意的是，这里的先前行为不包括犯罪行为。①因为对于故意犯罪来说，行为人之所以实施犯罪就是希望或放任自己行为所引起的危害结果；对于过失犯罪来说，造成严重后果是过失犯罪的必要条件。

2. 行为人能够履行特定义务

法律不可以强人所难。如果行为人虽有某项法律义务，但由于种种原因其不具备履行该项义务的条件，则不构成不作为犯罪。例如，家庭成员之间有相互扶养的义务，如果某人确无能力扶养不能独立生活的其他家庭成员的，不能认定其构成遗弃罪。至于行为人能否履行义务，则应从行为人履行义务的主观能力与客观条件两方面进行判断。

3. 行为人不履行特定义务，造成或者可能造成危害结果

刑法理论一般将不作为犯罪分为纯正不作为犯和不纯正不作为犯两种类型。纯正不作为犯是指刑法规定只能以不作为构成的犯罪。纯正不作为犯在刑法中都有明文规定。例如，刑法第 261 条规定："对于年老、年幼、患病或者其他没有独立生活能力的人，负有扶养义务而拒绝扶养，情节恶劣的，处五年以下有期徒刑、拘役或者管制。"这是纯正不作为犯的立法适例。不纯正不作为犯是指以不作为形式犯通常以作为形式实施的犯罪。不纯正不作为由于在刑法上没有明文规定，因而司法机关在认定不纯

① 先前行为是否包括犯罪行为，在理论上存在争议：一种观点认为，先前行为包括犯罪行为，即犯罪行为引起的危险也能成为义务来源；另一种观点认为，先前行为不包括犯罪行为，否则会使绝大多数一罪演变为数罪；还有一种观点认为，在刑法就某种犯罪行为规定了结果加重犯，或者因发生严重结果而成立重罪时，由于可以将加重结果评价在相应的结果加重犯或者另一重罪中，先前的犯罪行为并不导致行为人具有防止严重结果发生的义务。在刑法没有就某种犯罪行为规定结果加重犯，也没有规定发生某种严重结果而成立其他严重犯罪的情况下，如果先前的犯罪行为导致另一法益处于危险状态，则宜认为该犯罪行为导致行为人具有防止另一法益受侵害的义务。

正作为犯的时候,应当注重考察不作为与作为是否具有等价性。只有在具有等价性情况下,才能认定为不纯正的不作为犯罪。例如刑法关于故意杀人罪的规定,包括作为的故意杀人与不作为的故意杀人。这种不作为的故意杀人就是不纯正的不作为犯。例如,母亲故意不喂养婴儿,致使婴儿饥饿而死亡。这一不喂养的行为作为一种不纯正的不作为,与作为的故意杀人具有价值上的等同性,应以不纯正的不作为犯罪论处。

(三) 持有

持有,是指对于某些法律所禁止的物品之间存在支配关系的状态。在刑法中规定了某些以持有为行为方式的犯罪。例如,刑法第128条规定的非法持有枪支、弹药罪,第172条规定的持有假币罪,第282条规定的非法持有国家绝密、机密文件、资料、物品罪,第348条规定的非法持有毒品罪,第352条规定的非法持有毒品原植物种子、幼苗罪等。

三、危害结果

危害结果,指的是危害行为对于犯罪对象所造成的客观影响,该影响直接反映了行为的社会危害性。由于危害结果具有多样性,故有必要从不同角度进行分类,以便深入理解危害结果的内涵与意义。

(一) 直接危害结果与间接危害结果

这是根据危害结果与危害行为之间是否存在必然联系所作的分类。直接危害结果是指危害行为所必然造成的侵害事实,它与危害行为之间具有直接的因果关系。例如,甲开枪击中乙的头部,乙死亡。乙死亡的结果就是甲杀人行为的直接危害结果。间接危害结果,是由危害行为间接造成的侵害事实。也就是说,这种危害结果并不是由危害行为必然造成的,而是由于在危害行为的作用下,再加上其他因素的介入从而导致了结果的发生。如男甲强奸女乙,乙羞愤而自杀身亡,乙的死亡就是甲强奸行为的间接危害结果。

区分直接危害结果与间接危害结果的意义在于,直接危害结果是否发生对定罪有着重要的作用,而间接危害结果只是我们在量刑时予以考虑的情节。

(二) 属于构成要件的危害结果和不属于构成要件的危害结果

从犯罪构成的标准出发,危害结果可以分为属于构成要件的危害结果和不属于构成要件的危害结果。属于构成要件的危害结果,是指由法律所规定的成立某一犯罪所必须具备的危害结果,以及对犯罪形态产生影响的危害结果。以危害结果作为犯罪构成要件的情况,主要有以下几种:(1)根据刑法的规定,过失犯罪均以发生法定的危害结果为构成要件。例如,刑法第133条规定的交通肇事罪,行为人违反交通运输法规,发生重大事故,致人重伤、死亡或者使公私财产遭受重大损失的,才可构成此罪。这里的"发生重大事故",就属于构成要件的危害结果。如果没有发生重大事故,即使行为人违反了交通运输法规,也不能构成交通肇事罪。(2)根据间接故意的基本特征,间接故意犯罪的成立也要求发生特定危害结果作为构成要件。(3)在某些直接故意犯罪中,危害结果是否发生影响着犯罪的形态。例如,在直接故意杀人罪中,如果杀人行为导致了被害人死亡结果的出现,则行为人构成故意杀人罪的既遂,如果行为人的行为没有造成被害人死亡结果的出现,则其就不能成立故意杀人罪的既遂,而成立其他的犯罪形态。

作为构成要件的结果都是直接结果,但直接结果并不都是构成要件的结果,如在行为犯、危险犯中,危害结果发生了,行为人构成犯罪,行为人所希望的危害结果没有发生,行为人同样构成犯罪,危害结果是否发生,并不影响犯罪的成立。

不属于犯罪构成要件的危害结果,是指不是成立犯罪所必需的,对认定行为人的性质没有影响的危害结果。这种危害结果是否发生以及轻重如何,并不影响犯罪的成立,只是在确定犯罪的社会危害性方面,对社会危害性的大小起一定影响作用。因此在量刑时需要对这样的危害结果予以考虑,也就是说,不属于构成要件的危害结果对行为人刑事责任的轻重产生一定的作用。比如我们上面提到的间接结果,就是此种情况。

将危害结果区分为属于构成要件的危害结果与不属于构成要件的危害结果,对我们正确理解危害结果在具体犯罪构成中所处的地位,从而正确认定犯罪有积极意义。

(三)物质性的危害结果与非物质性的危害结果

这是根据危害结果的现象形态所作的分类。前者是指现象形态表现为物质性变化的危害结果,它往往是有形的,可以具体认定和测量的,如致人死亡、致人伤害、毁损财物等,都是物质性结果。后者是指现象形态表现为非物质性变化的危害结果,它往往是无形的,不能或者难以具体认定和测量,如对人格的损害、名誉的毁损等,属于非物质性危害结果。将危害结果划分为物质性危害结果与非物质性危害结果,有利于合理确定危害结果的范围,有利于准确评价犯罪的社会危害性。即在认识犯罪行为的社会危害性大小时,既要注重物质性的危害结果,也要注重非物质性的危害结果。

四、刑法上的因果关系

（一）刑法上因果关系的概念

因果关系是哲学上的一个重要范畴，它是指一种现象在一定的条件下引起另一种现象，引起其他现象的现象是原因，被引起的现象是结果。刑法上的因果关系与哲学上的因果关系是个性与共性、特殊与一般的关系。刑法理论一般认为，刑法上的因果关系，是危害行为与危害结果之间的一种引起与被引起的关系。在刑法中，将某一结果归咎于某人的时候，往往需要查明其行为与结果之间是否存在刑法上的因果关系。因此，因果关系在犯罪客观方面中具有重要意义。

（二）刑法上因果关系的特点

1. 因果关系的客观性

因果关系作为客观现象间引起与被引起的关系，它是客观存在的，并不以人们的意志为转移。例如，甲、乙两人因为工作上的矛盾发生争吵，甲一气之下朝乙胸部打了一拳，乙被打倒在地昏迷不醒，后被送至医院，经抢救无效死亡。经鉴定得知，乙患有严重的先天性心脏病。这里，乙死亡的结果就与甲的行为有因果关系，不能以甲不知道乙患有先天性心脏病为借口来否认因果关系的存在。这就是因果关系的客观性，其一经发生，就不以人的意志为转移，行为人主观上的认识不能影响因果关系的有无，这就要求我们在认定刑法因果关系的过程中，要实事求是，不能主观臆断，凭想象、推测来确定因果关系。

2. 因果关系的相对性

辩证唯物主义认为，世界上的一切事物都是普遍联系和相互制约的“锁链”，一现象是某一现象的结果，其本身又可以是另一现象的原因，换言之，原因和结果的区别在现象普遍联系的整个链条中只是相对的，而不是绝对的。因此，要确定哪个是原因哪个是结果，必须把其中的一对现象从普遍联系中抽出来，孤立地考察它们，也就是说，只有抓住整个链条中的某一特定环节，才能具体地考察这一对现象之间的因果联系，即谁为原因，谁为结果。至于哪一对现象需要抽出被研究，则要取决于研究的目的和对象。因为刑法中研究因果关系的目的，是要解决行为人对所发生的危害结果应否负刑事责任的问题，所以此处所研究的因果关系，只能是人的危害行为与危害结果之间的因果联系。因此，合法行为、自然力作用等及其所引起的某种结果并不属于刑法中因果关系的范畴。

3. **因果关系的条件性和具体性**

人的行为不可能超时空而孤立存在和发展;人的行为引起某种危害结果,总是同当时的具体时间、地点以及其他各种条件相结合、相互作用的过程。一种行为在一般情况下可能不会造成某种危害结果,但在具体的环境中、特定条件下,就可能造成某种危害结果。因此,考察某人的行为同某种危害结果的因果关系,绝不可能脱离案件的各种具体条件孤立地看行为本身,而应全面考虑危害行为实施的时间、地点、条件等具体情况,否则,难以正确判明因果关系。比如,行为人与被害人产生争执,向被害人胸部打了一拳,致使被害人的心脏病发作,在送往医院的途中遇交通堵塞而不治身亡。在这一案例中,在一般情况下一拳是不会致人死亡的,但恰巧被害人有心脏病,而且又没能及时送往医院,否则被害人是可以得救的。但并不能因此否定行为人的击拳行为与被害人死亡之间的因果关系;行为人的行为正是在被害人具有心脏病和交通堵塞等具体条件下,造成了被害人死亡的结果。在全面分析对于结果发生的诸因素时,要注意把原因与条件严格区分开来。原因是引起结果诸因素中的决定性因素,而条件虽然对结果的发生起着一定的作用,但它只是围绕原因对结果起加速或延缓的作用,而非决定性的作用。

4. **因果关系的时间序列性**

所谓时间序列性,就是从发生时间上看,原因在先,结果在后,二者的顺序不能颠倒。因此,在刑法因果关系中,只能从危害结果发生以前的行为中去找原因。如果查明行为人的行为是在危害结果发生之后实施的,那么就可以肯定,这个行为与这一危害结果之间没有因果关系。例如,甲把乙打倒在地后逃走,后丙从此路过,看到自己的仇人乙躺在地上,以为他昏过去了,就用尖刀扎了乙的要害部位。后经法医鉴定,丙扎乙的刀伤是死后伤,即丙扎乙时实际上乙已经死亡。由于丙的杀害行为是在乙死亡结果之后实施的,因而二者之间不可能有因果关系。因此,对丙只能以犯罪未遂论。

5. **因果关系复杂性**

刑法上的因果关系与哲学上的因果关系一样都具有复杂性与多样性。这种复杂性和多样性主要表现为一因多果和多因一果。一因多果,指的是一个危害行为同时引起多种结果的情况。比如,行为人破坏公共汽车,致其倾覆,导致多人伤亡,又如,行为人抢劫被害人,并致其死亡。在一行为引起多种结果的情况下,要分析主要结果与次要结果、直接结果与间接结果,以便正确定罪量刑。多因一果,指的是多个原因导致某一危害结果发生的情况。比如,在共同犯罪中,每个共同犯罪人的行为都是造成危害结果的原因。又如,在责任事故类的过失犯罪中,事故的发生通常涉及许多人的过失,而且还是主客观原因交织在一起。在多行为导致某一危害结果发生的情况下,应该区别原因的程度,分清什么是主要原因,什么是次要原因。这是因为这些原因在导致危害结果发生中所起的作用不同,相应的,危害程度也有差别。通过分清主次原因,使各行为人承担各自的刑事责任。

(三) 因果关系的联系性质

必然联系和偶然联系反映了因果关系的两种联系性质。因果关系一般表现为一对现象之间存在内在的、必然的、合乎规律的引起与被引起的关系。这种联系称为必然因果关系,它是因果关系基本的和主要的表现形式。但是自然和社会现象十分复杂,因果关系的表现也不例外,其也可能既不是一般的联系,也不是必然的联系,而只是单一的和偶然的联系。这种单一的和偶然的联系,又被称为偶然因果联系,指的是某种行为本身并不包含产生某种危害结果的必然性,但在其发展过程中,偶然又有其他原因加入其中,由后来介入的这一原因合乎规律地引起了这种危害结果的情况。

一般而言,必然因果关系影响定罪,而偶然因果关系则对量刑具有一定的意义。比如,行为人抢劫被害人,被害人逃跑。在横穿马路时,被害人由于慌乱被正常行驶的汽车轧死。在这个案例中,行为人的行为与被害人的死亡结果之间存在偶然的因果关系,因此行为人不仅对抢劫犯罪承担刑事责任,而且对被害人的死亡也须负责任。当然,这种责任并不是杀人罪的刑事责任,而是在对抢劫罪进行量刑时体现出来。

(四) 因果关系的联系形式

刑法上的因果关系,根据原因行为的单复或在因果发展过程中介入新的原因,表现为简单的因果关系、复杂的因果关系和中断的因果关系三种基本形式。①

简单的因果关系,是指一个危害行为直接而合乎规律地引起一个或几个危害结果的发生。复杂的因果关系,是指两个或两个以上的危害行为共同作用或先后衔接,产生了一个或几个危害结果。中断的因果关系,是指某种危害行为引起或正在引起某种危害结果,在因果关系发展的过程中,介入了另一个原因,从而切断了原来的因果关系,行为人只对另一原因介入前的现实情况负责;介入原因引起的最后结果,与前行为之间没有因果关系。成立中断的因果关系,必须具备三个条件:(1)必须有另一原因介入。(2)介入原因必须是异常原因。所谓异常原因,指通常情况下不会介入的某种行

① 参见马克昌主编:《犯罪通论》,武汉大学出版社1990年版,第225—227页。

为或自然力。(3)中途介入的原因必须合乎规律地引起最后结果的发生。

(五)不作为犯罪的因果关系

不作为与作为一样,都是危害行为的表现形式,都是人的意志的外在表现,都是一种客观存在,都会造成一定的危害结果。不作为与危害结果之间也存在因果关系。不作为的原因在于,行为人负有特定义务,而且其有履行该义务的能力。如果行为人履行该义务,就有可能避免危害结果的发生。正是由于行为人没有履行义务,从而直接导致了危害结果的发生。但是,不作为与作为是两种不同的行为方式,因而表现在因果关系上,具有不同的特点。在作为方式下,行为人是以积极的行为促使危害结果的发生,因而行为与结果的关系表现得比较直观、明显。而在不作为方式下,行为人应当实施某种行为以避免危害结果的发生,但没有实施该行为,以致危害结果发生。

(六)刑法上因果关系与刑事责任

分析某人的行为与危害结果有无因果关系,对于解决这一行为人对于该危害结果应否负刑事责任问题,具有重要意义。因为,根据刑法的罪责自负原则,如果行为人的行为与危害结果之间不存在因果关系,那么其当然不对该结果负刑事责任。当然,认定因果关系不等于认定刑事责任。刑法中的犯罪构成是主客观诸要件的统一,行为符合犯罪构成才能追究行为人的刑事责任。刑法上的因果关系是为了解决已经发生的危害行为是由谁的行为造成这一问题,因此只是确立了行为人对特定危害结果负刑事责任的客观基础,并不等于解决了其刑事责任问题。行为人应否负刑事责任不仅取决于客观事实,还取决于行为人对自己行为及所造成的结果的心理态度;在具有因果关系的情况下,行为人可能没有刑法所要求的故意与过失,因而不可能追究行为人的刑事责任。所以,有因果关系不等于有刑事责任。

五、行为的时间、地点与方法

对于大多数犯罪而言,刑法并没有要求行为人在特定的时间、地点,以特定方法实施,在此意义上说,行为的时间、地点、方法不是犯罪构成的共同要件。但在刑法将特定的时间、地点和方法明文规定为某些犯罪构成必备的要件时,这些因素就对某些行为是否构成该种犯罪具有决定性作用,即具有犯罪构成必备要件的意义。作为构成要件的时间,是指刑法规定的构成某些犯罪必须具备的犯罪发生的特定时间;作为构成要件的地点,是指刑法规定的构成某些犯罪必须具备的犯罪发生的特定场所;作为构成要件的方法,是指刑法规定的构成某些犯罪必须具备的实施危害行为的特定方式。比如,刑法第340条就把“禁渔期”、“禁渔区”、“禁用的工具、方法”等规定为构成非法捕捞水产品罪的必备要件,因而实施的捕捞水产品行为是否具备这些因素,就成为非法捕捞水产品罪成立与否的重要条件。又如,刑法第434条规定:“战时自伤身体,逃避军事义务的,处3年以下有期徒刑。”因此,对于战时自伤罪来说,战时这一特定时间就成为该罪构成要件。

【案例分析】

案例1

[案情] 刘某,某幼儿园教师,一日,刘某带小朋友们去郊区游玩,路过一个农民菜地旁边的粪池时,小朋友乙不小心掉入粪池。刘某不愿跳进粪池营救,而是高声呼救。过来一个中学生,想用树枝把小孩挑上来,未能成功。用树枝丈量粪池,发现该粪池只有不到一米深。后过来一个农民,跳入粪池将小孩救出,但小孩已经淹死。问题:刘某的行为是否构成不作为犯罪?

[分析] 刘某的行为已经构成不作为犯罪。不作为构成犯罪需要具备三方面条件:行为人负有实施特定积极行为的具有法律性质的义务;行为人能够履行特定义务;行为人不履行特定义务,造成或者可能造成危害结果。本案中,刘某身为幼儿园教师,在带小朋友们外出游玩过程中,当乙出现危险时,其有义务实施救助。其次,由于粪池只有不到一米深,刘在有能力实施救助条件下却未跳进粪池营救,而是高声呼救。最后,刘某的不救助行为导致了乙的死亡结果发生,其不作为与乙的死亡之间存在刑法上的因果关系。

案例2

[案情] 李某为了实现与第三者结婚的目的,决定除掉妻子乙。某日,李某故意破坏乙汽车的刹车装置。如果乙驾车外出,15分钟后遇一陡坡,必定会坠下山崖死亡。但是,乙将汽车开出5分钟后,即遇山洪暴发,泥石流将其冲下山摔死。问题:李某的行为与乙的死亡之间有无刑法上的因果关系?

[分析] 李某的行为与乙的死亡之间因果关系中断,不存在刑法上的因果关系。本案中,李某的行为与乙的死亡之间是一种中断的因果关系。因为在李某实施杀害乙的行为过程中,介入了山洪暴发这一原因,而山洪暴发是一种异常原因,正是该原因合乎规律地引起了乙的死亡结果发生。

第四节 犯 罪 主 体

一、犯罪主体概述

犯罪主体,是指刑法规定的实施犯罪并且承担刑事责任的人(包括自然人与单位)。犯罪主体要件由刑法明文规定。刑法总则规定了犯罪主体的一般要件,如刑法第 17 条对犯罪主体的年龄条件作了规定,第 18 条对精神状况条件作了规定;刑法分则的部分条文规定了犯罪主体的特殊要件,如有的条文规定犯罪主体必须是国家机关工作人员,有的条文规定犯罪主体必须是现役军人等。

根据刑法的规定,犯罪主体分为两类,即自然人犯罪主体与单位犯罪主体。自然人犯罪主体是刑法中最基本的、具有普遍意义的犯罪主体。单位主体在刑法中不具有普遍意义。根据刑法第 30 条的规定,单位成为犯罪主体应以刑法分则有明文规定者为限。

二、自然人犯罪主体

自然人犯罪主体,是指具备刑事责任能力,实施危害社会的行为并且依法应当承担刑事责任的自然人。

(一)刑事责任能力

刑事责任能力,是指行为人对自己行为的辨认能力与控制能力。辨认能力,是指行为人认识自己特定行为的性质、结果与意义的能力;控制能力,是指行为人支配自己实施或者不实施特定行为的能力。辨认能力与控制能力密切联系。辨认能力是控制能力的基础和前提,没有辨认能力就谈不上有控制能力。控制能力则反映辨认能力。有控制能力就表明行为人具有辨认能力。

一般说来,当人达到一定的年龄之后,智力发育正常,就自然具备了这种能力。当然,这种能力也可能因年龄原因或精神状况、生理功能缺陷的原因而不具备、丧失或者减弱。具备刑事责任能力者可以成为犯罪主体并被追究刑事责任;不具备刑事责任能力者即使实施了客观上危害社会的行为,也不能成为犯罪主体,不能被追究刑事责任;

刑事责任能力减弱者,其刑事责任也相应地适当减轻。刑事责任能力作为犯罪主体的核心和关键要件,对于犯罪主体的成立具有至关重要的作用和意义。

影响和决定人的刑事责任能力程度的,有两个方面的因素:一是人的知识和智力成熟程度,二是精神即人的大脑功能正常与否的状况。前者主要受到人幼年向成年成长的年龄因素的制约。后者则受到人是否患精神疾病及精神疾病的种类、程度和特点的影响。此外,重要器官生理功能的丧失对刑事责任能力的程度也会有一定的影响。因此,决定人刑事责任能力的有无及影响刑事责任能力程度的因素,包括人的年龄情况、精神状况和重要的生理功能状况等。刑法关于这些因素及其意义的规定,形成自然人犯罪主体领域的具体内容。

(二)刑事责任年龄

刑事责任年龄,是指刑法所规定的行为人对自己实施的刑法所禁止的危害社会行为负刑事责任必须达到的年龄。如果行为人没有达到刑事责任年龄,就不具备刑事责任能力,其实施的行为就不可能成立犯罪。

刑法基于我国的政治、经济、文化的发展水平,少年儿童接受教育的条件,依据我国的地理、气候条件,根据国家对少年儿童的政策,对刑事责任年龄作了如下规定:(1)不满 14 周岁的人,一律不负刑事责任,即不满 14 周岁的人所实施的任何行为,都不构成犯罪。刑法理论称之为绝对无刑事责任时期或完全无刑事责任时期。(2)已满 14 周岁不满 16 周岁的人,犯故意杀人、故意伤害致人重伤或者死亡、强奸、抢劫、贩卖毒品、放火、爆炸、投放危险物质罪的,应当负刑事责任。此即相对负刑事责任时期。刑法作出这样的限定,除了考虑犯罪的严重性之外,还考虑了犯罪的常发性。还有一些犯罪或许重于这里所列举的犯罪,但由于处于这一年龄阶段的人不可能实施或者很少实施,刑法未作规定。刑法第 17 条第 2 款规定的八种犯罪,是指具体犯罪行为而不是具体罪名。"犯故意杀人、故意伤害致人重伤或者死亡",是指只要故意实施了杀人、伤害行为并且造成了致人重伤、死亡后果的,都应负刑事责任。对司法实践中出现的已满 14 周岁不满 16 周岁的人绑架人质后杀害被绑架人,拐卖妇女、儿童而故意造成被拐卖妇女、儿童重伤或死亡的行为,依据刑法是应当追究其刑事责任的;已满 14 周岁不满 16 周岁的人在拐卖妇女、儿童的过程中,强奸妇女或者幼女的,也应追究刑事责任。(3)已满 16 周岁的人犯罪,应当负刑事责任。即已满 16 周岁的人对一切犯罪承担刑事责任,此即完全负刑事责任时期。(4)已满 14 周岁不满 18 周岁的人犯罪,应当从轻或者减轻处罚。此即减轻刑事责任时期。除上述规定之外,刑法第 17 条第 4 款还规定,因不满 16 周岁不予刑事处罚的,责令他的家长或者监护人严加管教;在必要的时候,也可以由政府收容教养。

认定刑事责任年龄应该注意以下几个方面问题:(1)刑法所规定的年龄是指实足年龄,而不是指虚岁。实足年龄以日计算,并且按公历的年、月、日计算。行为人分别过了14周岁、16周岁、18周岁生日,从第二天起,才是分别已满14周岁、16周岁、18周岁。(2)犯罪嫌疑人不讲真实姓名、住址、年龄不明的,可以委托进行骨龄鉴定或其他科学鉴定,经审查,鉴定结论能够准确确定犯罪嫌疑人实施犯罪行为时的年龄的,可以作为判断犯罪嫌疑人年龄的证据使用。如果鉴定结论不能准确确定犯罪嫌疑人实施犯罪行为时的年龄,而且鉴定结论又表明犯罪嫌疑人年龄在刑法规定的应负刑事责任年龄上下的,应当依疑罪从无原则处理。

(三)精神障碍

一般来说,达到一定年龄而精神健全的人,由于其知识和智力得到一定程度的发展,因而其刑事责任能力即辨认和控制自己行为的能力就开始具备,并以年龄作为其责任能力完备的标志。但是,人即使达到负刑事责任的年龄,如果存在精神障碍尤其是存在精神病性精神障碍,就可能影响其责任能力,而使责任能力减弱甚至不具备,从而使其实施危害行为时的刑事责任也受到一定的影响。

刑法第18条专门规定了精神病人的刑事责任问题:(1)完全无刑事责任的精神病人。刑法第18条第1款规定:"精神病人在不能辨认或者不能控制自己行为的时候造成危害结果,经法定程序鉴定确认的,不负刑事责任,但是应当责令他的家属或者监护人严加看管和医疗;在必要的时候,由政府强制医疗。"根据这一规定,认定精神障碍者为无责任能力,必须同时具备两个标准:一是医学标准,亦称生物学标准,简言之即实施危害行为者是精神病人,确切地讲,是指从医学上看,行为人是基于精神病理的作用而实施特定危害社会行为的精神病人;二是心理学标准,亦称法学标准,是指从心理学、法学的角度看,患有精神病的行为人的危害行为,不但是由其精神病理机制直接引起的,而且由于精神病理的作用,使其行为时丧失了辨认或者控制自己触犯刑法之行为的能力。(2)完全负刑事责任的精神障碍人。刑法第18条第2款规定:"间歇性的精神病人在精神正常的时候犯罪,应当负刑事责任。"我国司法精神病学一般认为,刑法中所说的"间歇性精神病",是指具有间歇发作特点的精神病,包括精神分裂症、躁狂症、抑郁症、癫痫性精神病、周期精神病、分裂情感性精神病、癔症性精神病等。所谓"间歇性精神病人的精神正常时期",包括上述某些精神病(如癫痫性精神病)的非发病期。(3)限制刑事责任的精神障碍人。刑法第18条第3款规定:"尚未完全丧失辨认或者控制自己行为能力的精神病人犯罪的,应当负刑事责任,但是可以从轻或者减轻处罚。”这里的“精神病人”,从立法意图来说,应作广义的理解,一般包括以下两类:一是处于早期(发作前趋期)或部分缓解期的精神病(如精神分裂症等)患者;二是某些非精神病性精神障碍人,包括轻至中度的精神发育迟滞(不全)者,脑部器质性病变(如脑炎、脑外伤)或精神病(如精神分裂症、癫痫症)后遗症所引起的人格变态者,神经官能症中少数严重的强迫症和癔症患者等。

(四) 生理功能丧失

一般说来,精神正常的人,其智力和知识随着年龄的增长而发展,达到一定的年龄即开始具有刑事责任能力,达到16周岁即标志着刑事责任能力的完备。但是,人也可能由于重要的生理功能(如听能、语能、视能等)的丧失而影响其接受教育,影响其学习知识和开发智力,并因而影响到其刑法意义上的辨认或控制行为能力的不完备。刑法第19条规定:“又聋又哑的人或者盲人犯罪,可以从轻、减轻或者免除处罚。”这就是刑法对生理功能缺陷者刑事责任的特殊规定。

正确适用刑法第19条规定,应当注意以下几点:(1)本条的适用对象有两类:一是又聋又哑的人,即同时完全丧失听力和语言功能者,其中主要是先天聋哑和幼年聋哑者;二是盲人,即双目均丧失视力者,主要也是指先天和幼年丧失视力者。(2)对又聋又哑的人、盲人犯罪坚持应当负刑事责任与适当从宽处罚相结合的原则。

(五) 生理醉酒

醉酒主要包括生理醉酒和病理醉酒两类情况。病理醉酒属于精神病的范畴,按精神障碍规定处理。

生理醉酒,又称普遍醉酒、单纯性醉酒,简称醉酒,是指因饮酒过量而致精神过度兴奋甚至神志不清的情况。生理醉酒多发生于一次大量饮酒后。从医学上看,生理醉酒确实减弱了行为人的辨认和控制能力,但为了防止和减少酒后犯罪,维护社会秩序,刑法还是认为生理醉酒人具备完全刑事责任能力。刑法第18条第4款规定:“醉酒的人犯罪,应当负刑事责任。”

(六) 特殊身份

犯罪主体的特殊身份,是指刑法规定的影响行为人刑事责任的行为人人身方面特定的资格、地位或状态。如国家工作人员、军人、司法工作人员、辩护人、诉讼代理人、证人、依法被关押的罪犯、男女、亲属等。这些特殊身份不是自然人犯罪主体的一般要件,而是某些犯罪的自然人主体所必须具备的条件。

根据刑法分则的规定,特殊身份主要包括以下几类:(1)以特定公职为内容的特殊身份,如国家工作人员、司法工作人员、邮政工作人员、税务机关工作人员等;(2)以特定职业为内容的特殊身份,如航空人员、铁路职工、医务人员等;(3)以特定法律义务为内容的特殊身份,如纳税人、扣缴义务人等;(4)以特定法律地位为内容的特殊身份,如证人、鉴定人、记录人、翻译人等;(5)以持有特定物品为内容的特殊身份,如依法配备公务用枪的人员等;(6)以参与某种活动为内容的特殊身份,如投标人、公司发起人等;(7)以患有特定疾病为内容的特殊身份,如严重性病患者;(8)以居住地和特定组织成员为内容的特殊身份,如境外的黑社会组织的人员等。

作为犯罪主体要件的特殊身份,只是针对该犯罪的实行犯而言,至于教唆犯与帮助犯,则不受特殊身份的限制。例如,贪污罪的主体必须是国家工作人员或者受国家机关、国有公司、企业、事业单位、人民团体委托管理、经营国有资产的人员,但这只是就实行犯而言,不具有上述特殊身份的人教唆或者帮助具有上述特殊身份的人犯贪污罪的,成立共犯。

三、单位犯罪主体

(一)单位犯罪主体概述

单位犯罪主体,是指刑法规定的实施了危害行为,依照法律应当受刑罚处罚的公司、企业、事业单位、机关、团体。

公司是以营利为目的组织其生产和经营活动的经济组织,包括有限责任公司与股份有限公司,前者是指全体股东以各自的出资额为限对公司债务承担清偿责任的公司;后者是指由一定人数的股东发起设立的,全部资本划分为股份,股东以所购的股份承担财产责任的公司。企业,是指以从事生产、流通、科技等活动为内容,以获取赢利和增加积累、创造社会财富为目的的一种营利性的社会经济组织。公司也是企业的一种,但这里的企业是指公司以外的企业。事业单位,是指依法成立的从事各种社会公益活动的组织,包括国家事业单位与集体事业单位。除法律有特别规定的以外,公司、企业、事业单位的所有制性质,不影响其作为单位犯罪主体。换言之,刑法第 30 条规定的“公司、企业、事业单位”,既包括国有、集体所有的公司、企业、事业单位,也包括依法设立的合资经营、合作经营企业和具有法人资格的独资、民营等公司、企业、事业单位。机关,是指履行国家的领导、管理职能和保卫国家安全职能的机构,包括立法机关、行政机关、司法机关、军事机关等。团体,是指各种群众性组织,如工会、共青团、妇联、协会,等等。

单位犯罪主体,应是依法成立、拥有一定财产或者经费、能以自己的名义承担责任的公司、企业、事业单位、机关、团体。个人为进行违法犯罪活动而设立的公司、企业、事业单位实施犯罪的,或者公司、企业、事业单位设立后,以实施犯罪为主要活动的,不以单位犯罪论处,而应以自然人犯罪论处。依法成立意味着单位成立的目的与宗旨合法,而且履行了规定的登记、报批手续。

(二) 单位犯罪

所谓单位犯罪,是指公司、企业、事业单位、机关、团体为本单位或者本单位全体成员谋取非法利益,由单位的决策机构按照单位的决策程序决定,由直接责任人员具体实施的犯罪。与自然人犯罪主体实施的犯罪相比,单位犯罪主体实施的犯罪有其自身的特点:

(1) 单位犯罪是由单位的决策机构按照单位的决策程序决定,由直接责任人员实施的。单位犯罪虽然是单位本身犯罪,但具体犯罪行为需要决定者与实施者。单位犯罪是在单位整体意志支配下实施的。单位意志不是单位内部某个成员的意志,也不是各个成员意志的简单相加,而是单位内部成员在相互联系、相互作用、协调一致的条件下形成的意志,即单位的整体意志。

(2) 单位犯罪是为本单位谋取非法利益或者以单位名义为本单位全体成员谋取非法利益。为单位谋取合法利益的行为,不可能成立犯罪;仅仅为单位少数成员谋取非法利益的行为,也不成立单位犯罪。为本单位谋取非法利益,是指为单位本身谋取非法利益,违法所得由单位本身所有,但不排除以各种理由将非法所得分配给单位全体成员享有。

对单位犯罪的处罚,主要有两种原则:一是双罚制,即单位犯罪的,对单位和单位直接责任人员均予以处罚;二是单罚制,即单位犯罪的,只对单位予以处罚而对直接责任人员不予处罚,或只对直接责任人员予以处罚而不处罚单位。刑法第 31 条规定:"单位犯罪的,对单位判处罚金,并对其直接负责的主管人员和其他直接责任人员判处刑罚。本法分则和其他法律另有规定的,依照规定。"这表明除了对单位犯罪实行双罚制外,在刑法和其他法律对单位犯罪另有规定的,则采取单罚制。如对强迫劳动罪、私分国家资产罪、私分罚没财物罪等,不实行双罚,只处罚直接负责的主管人员与其他直接责任人员。

【案例分析】

案例 1

[案情] 某甲,男,13 周岁,某中学二年级学生。某年寒假的一天,某甲来到自己

读书的中学,见本校初一学生某乙(女,12周岁)独自一人在校值班室,遂起歹念,将某乙骗至防空洞内进行猥亵,某乙进行反抗,并说要将此事告诉老师。某甲用石头将某乙砸昏后,又用随身携带的小刀在某乙的喉部、胸部和腹部连刺20余刀,并割掉某乙的舌头,剜出某乙的眼睛,致某乙当场死亡。破案后,某甲对公安人员声称:“我懂得法律,未满14周岁的人不负法律责任。”该案发生后,引起当地群众的极大愤慨,社会舆论强烈要求严惩凶手,为死者申冤。问题:某甲应否承担刑事责任?

[分析]　某甲不承担刑事责任。已满14周岁不满16周岁的人,犯故意杀人、故意伤害致人重伤或者死亡、强奸、抢劫、贩卖毒品、放火、爆炸、投放危险物质罪的,应当负刑事责任。本案中,由于某甲未满14周岁,因而不承担刑事责任。当然,由于某甲所实施的杀人行为危害极其严重,应该由政府收容教养。

案例2

[案情]　林某,某金属制品公司(集体性质)会计。某年10月,林某在给某房地产开发公司开具销售发票时,因单位资金紧张,为达到给单位少缴税款的目的,擅自做主,采取重复填写多联发票的手段,在发票联如实填写所销货物的金额交给客户,存根联、记账联另行开具比发票联金额少的金额,存根联应付税收人员检查,记账联记账纳税,共隐瞒收入19.9万元,使单位少缴税款3万元。问题:本案是否构成单位犯罪?

[分析]　本案不构成单位犯罪。成立单位犯罪,必须具备两个条件:一是由单位的决策机构按照单位的决策程序决定,由直接责任人员实施的;二是为本单位谋取非法利益或者以单位名义为本单位全体成员谋取非法利益。本案中,林某未经公司领导同意,擅自做主,采取开具首尾相异的发票隐瞒收入使单位少缴3万余元税款。但是这种结果的产生,不是单位意志的直接支配下实施的,所以本案不是单位逃税。林某作为公司的会计,不具有单位的决策权,其擅自做主,所产生的结果属超越职权的行为所致。

第五节　犯罪主观方面

一、犯罪主观方面概述

犯罪主观方面,是刑法规定的成立犯罪所必须具备的行为人对自己实施的危害社会的行为及其结果所持的心理态度。包括犯罪故意、犯罪过失、犯罪目的和犯罪动机。

刑法理论上把犯罪故意和犯罪过失称为罪过。罪过是犯罪主观方面最主要的内容,是构成任何犯罪不可缺少的主观要件,即必要要件;犯罪目的只是某些犯罪构成所必备的主观要件,所以又被称为选择要件;犯罪动机不是犯罪构成必备的主观要件,一般不影响定罪,但可以影响量刑。

罪过与犯罪客观方面密切联系:罪过是对危害行为与危害结果的故意与过失;罪过必须表现在一定的危害行为中;罪过只能是行为时的心理态度,罪过的有无以及罪过形式与内容都应以行为时为准,而不以行为前或行为后为准。刑法总则明文规定了故意与过失的含义,任何犯罪的成立都要求行为人主观上具有故意或者过失;不具有故意与过失的行为,称为无罪过事件,不可能成立犯罪。在某些情况下行为人可能对法律或者客观事实发生认识错误,这种认识错误既可能影响罪过的有无与形式,也可能影响行为人实施犯罪的既遂与未遂,因而需要研究,但认识错误本身不是犯罪主观方面的内容。

二、犯罪故意

(一)犯罪故意的概念

刑法第14条第1款规定:“明知自己的行为会发生危害社会的结果,并且希望或者放任这种结果发生,因而构成犯罪的,是故意犯罪。”根据这一规定,所谓犯罪故意,是指行为人明知自己的行为会发生危害社会的结果,并且希望或者放任这种结果发生的一种主观心理态度。犯罪故意是罪过形式之一,是故意犯罪的主观心理态度,故意犯罪是在故意心理支配下实施的犯罪。犯罪故意包括两个要素,即认识因素和意志因素,实施危害行为的行为人在主观方面必须同时具备这两个方面的要素,才能认定他具有犯罪的故意而构成故意犯罪。

1. 犯罪故意的认识因素

行为人明知自己的行为会发生危害社会的结果,是构成犯罪故意的认识因素,是一切故意犯罪在主观方面必须具备的特征。

明知的内容是犯罪构成要件的客观事实,具体包括以下三项:首先,对行为本身的认识,即行为人对刑法规定的危害社会行为的内容及其性质的认识。要“明知自己的行为会发生危害社会的结果”,必须首先对行为本身的性质、内容与作用有所认识。其次,对行为结果的认识,即行为人对行为产生或将要产生何种性质危害结果的认识。例如,故意伤害他人身体时,行为人认识到自己的行为会发生他人伤害的结果。第三,对与危害行为和危害结果相联系的其他犯罪构成要件事实的认识。例如,掩饰、隐瞒犯罪所得罪的故意,要求行为人明知自己掩饰、隐瞒的是犯罪所得,如果其不知道是犯罪所得,则不构成掩饰、隐瞒犯罪所得罪;非法捕捞水产品罪、非法狩猎罪要求行为人明知自己的正在实施的行为发生在特定的地点(禁渔区、禁猎区)、时间(禁渔期、禁猎期)或者使用了特定的工具(禁用的工具)。

犯罪故意会发生包括两种情况:一是明知自己的行为必然发生某种特定的危害结果;二是明知自己的行为可能要发生某种危害结果。

2. 犯罪故意的意志因素

行为人对自己行为所要导致的危害结果的发生所抱的希望或者放任的心理态度,是构成犯罪故意的意志因素,是犯罪故意在意志方面的特征。它表明行为人通过自己的行为来追求或者放任危害社会的结果的发生。犯罪故意的意志因素有希望和放任结果发生两种表现形式。

希望危害结果发生,是指行为人对危害结果持积极追求的心理态度。行为人之所以实施危害行为,就是意图使危害结果成为现实,从而满足自己主观上的需求。例如,拐卖妇女、儿童罪,行为人的意志就是希望通过自己的行为将犯罪对象控制在自己的手中,然后再将其贩卖出去。

放任危害结果发生,是指行为人对危害结果的发生不积极追求,但对自己的行为可能造成的危害结果不否定、不阻止,而是听任这种结果的发生;危害结果发生了,不违背其意愿,危害结果没有发生,也不违背其意愿。对危害结果的是否发生持听之任之的态度。

(二) 犯罪故意的类型

根据行为人对危害社会的结果的发生所持心理态度的不同,犯罪故意可以分为直接故意和间接故意两种类型。

1. 直接故意

直接故意,是指行为人明知自己的行为必然或者可能发生危害社会的结果,并希望这种结果发生的心理态度。由于直接故意的认识因素中包括必然与可能两种情况,因而直接故意又可以分为两种基本的类型:一是行为人明知自己的行为必然发生危害社会的结果,并且希望这种结果的发生,例如行为人用手枪抵着被害人脑袋射击,他明知这种行为必然导致被害人的死亡而仍决意为之,追求被害人死亡结果的发生;二是行为人明知自己的行为可能会发生危害社会的结果,并且希望这种结果的发生,例如行为人从远处向被害人射击,由于距离远,对于能否射杀被害人并不确知,但仍决意为之。在直接故意犯罪中,行为人的行为目标是明确的,其一切活动的目的都是为了使危害结果成为现实。可见,直接故意的意志因素,是以希望危害结果的发生为其必要特征。

2. 间接故意

间接故意,是指行为人明知自己的行为可能发生危害社会的结果,并且放任这种结果发生的心理态度。

从认识因素看,间接故意表现为行为人认识到自己的行为"可能"发生危害社会的结果。行为人对危害结果发生的"可能性"的认识,是把握间接故意必须注意的一个方面。如果行为人认识到的不是危害结果发生的可能性,而是认识到了危害结果发生的必然性,则行为人不能成立间接故意,而属于直接故意的情况。从意志因素看,间接故意表现为行为人放任危害结果发生的心理态度。所谓放任,是指在当时的情况下,行为人对危害结果是否发生不能肯定,危害社会的结果不是行为人实施行为的目的所在。行为人既不是希望危害结果的发生,也不是希望危害结果不发生。行为人之所以要实施犯罪行为,目的在于追求这种危害社会结果之外其他结果。因此,行为人对行为将会发生的危害社会的结果采取了听之任之的态度,即结果发生也可以,不发生也无所谓,两种结局都不违背行为人的意志。

在司法实践中,间接故意通常发生在以下三种情形中:(1)行为人为追求某一犯罪目的而放任另一危害结果的发生。例如,行为人在其夫碗里投毒杀夫,明知幼子可能分食毒药,但由于杀夫心切而放任幼子中毒死亡。此案中,行为人在预见到幼子可能中毒死亡的情况下,为追求其夫死亡的结果,而放任幼子中毒死亡结果的发生。(2)行为人为追求一个非犯罪目的而放任某种危害结果的发生。例如,行为人为了打野兔而对可能打中放牛娃这种危害结果采取放任的态度,结果把放牛娃打死。此案中,行为人在预见到放牛娃可能中枪死亡的情况下,为了追求一个非犯罪目的,而放任放牛娃中枪死亡结果的发生。(3)在突发性案件中,行为人不计后果地实施危害行为,放任危害结果的发生。例如,行为人与一陌生人在公共场合因一点小事发生争吵,在瞬间情绪冲动下掏出随身携带的水果刀向陌生人腹部捅了一刀,随即扬长而去,结果陌生人被捅至要害部位不治身亡。此案中,行为人对于行为会给对方造成何种损害并无明确的认识和追求,但无论出现什么结果,都在行为人主观预见范围内,并持放任其发生的态度。

3. 直接故意与间接故意的异同

犯罪的直接故意与间接故意同属于犯罪故意,从认识因素上看,二者都要求行为人对自己的行为造成的危害结果是一种明知的态度。从意志因素上看,二者都不否定危害结果的发生。虽然直接故意与间接故意有这些相同之处,但也存在明显的不同:

(1)认识因素的不同。直接故意包括行为人明知危害结果发生的必然性,也包括明知危害结果发生的可能性;而间接故意仅指行为人明知危害结果发生的可能性。(2)意志要素的不同。直接故意是希望危害结果的发生,对危害结果积极的追求;而间接故意则是放任危害结果的发生,对危害结果采取听之任之的态度。(3)是否造成特定危害结果的发生,对是否成立犯罪有不同的影响。对于直接故意来说,只要行为人主观上有犯罪的直接故意,客观上有危害社会的行为,就可构成故意犯罪。特定危害结果是否发生,不影响犯罪的成立,只是对犯罪的形态产生影响。对间接故意犯罪来说,特定危害结果的发生对间接故意犯罪的成立起着非常关键的影响。

司法实践中,大多数犯罪只能由直接故意构成,少数犯罪既可以由直接故意构成,也可以由间接故意构成,如故意杀人罪等。在理论上之所以将犯罪的故意区分为直接故意与间接故意,主要在于通过对两种不同犯罪故意的认识,正确的认定不同故意状态下行为的社会危害性大小的不同。

(三) 认定犯罪故意应该注意的问题

(1) 犯罪故意与一般生活意义上的"故意"是不同的两个概念。犯罪故意具有社会危害性的特定内容,具体表现为对自己实施的危害行为及其危害结果的认识与希望或放任态度,而一般生活意义上的"故意"只是表明行为人有意识地实施某种行为。

(2) 总则条文规定的"明知"与分则条文规定的"明知"既有联系又有区别。刑法总则规定犯罪故意的认识因素是"明知"自己的行为会发生危害社会的结果,刑法分则某些条文对犯罪规定了"明知"的特定内容。总则上的"明知"是故意的一般构成要素,分则上的"明知"是故意的特定构成要素;只有具备分则中的"明知",才能产生总则中的"明知",但分则中的"明知"不等于总则中的"明知",只是总则中的"明知"的前提。

(3) 直接故意和间接故意只是刑法理论上的概括,在刑法条文中并没有具体规定,因此,在确定罪名时,一般不应有直接故意×××罪或间接故意×××罪的提法,而应确定为故意×××罪(如故意杀人罪)。

三、犯罪过失

(一) 犯罪过失的概念

刑法第15条规定:"应当预见自己的行为可能发生危害社会的结果,因为疏忽大意而没有预见,或者已经预见而轻信能够避免,以致发生这种结果的,是过失犯罪。"根据刑法的这一规定,所谓犯罪过失,是指行为人应当预见自己的行为可能发生危害社会的结果,因为疏忽大意而没有预见,或者已经预见而轻信能够避免,以致发生这种结果的心理态度。犯罪过失是罪过形式之一,是过失犯罪的主观心理态度,过失犯罪是在过失心理支配下实施的犯罪。

犯罪过失与犯罪故意均统一于罪过的概念之下,都是认识因素与意志因素的统一,这是它们的共性。但是,犯罪过失与犯罪故意又是两种不同的罪过形式,各自的认识因素与意志因素的具体内容不同,过失所反映的主观恶性明显小于故意,所以刑法对过失犯罪的规定不同于故意犯罪:(1)过失犯罪均以发生危害结果为要件,而故意犯罪并非一概要求发生危害结果。(2)刑法规定"过失犯罪,法律有规定的才负刑事责任","故意犯罪,应当负刑事责任",这体现了刑法以处罚故意犯罪为原则,以处罚过失犯罪为例外的精神。(3)刑法对过失犯罪规定了较故意犯罪轻得多的法定刑。

(二)犯罪过失的类型

犯罪过失可以分为疏忽大意的过失和过于自信的过失两种类型。

1. 疏忽大意的过失

疏忽大意的过失,是指行为人应当预见到自己的行为可能发生危害社会的结果,因为疏忽大意而没有预见,以致发生这种结果的心理态度。

从认识因素看,疏忽大意的过失表现为应当预见但由于疏忽大意而没有预见。所谓"应当预见",是指行为人在行为时负有预见到行为可能发生危害结果的义务,并具有预见的可能性。应当预见是一种预见义务,不仅包括法律、法令和各种规章制度所确定的义务,也包括日常生活准则所提出的义务。但是,法律不强人所难,不会要求公民去做他实际上不可能做到的事情,而只是对有实际预见可能的人赋予其预见的义务。因此,预见义务是以预见可能为前提。如果行为人不可能预见而造成危害结果的,即使结果再严重,也不应让其承担刑事责任。如何判断行为人能否预见危害结果?刑法理论对此见解不一,主观说认为,应以行为人本人的注意能力为标准进行判断;客观说认为,应以一般人或平均人的注意能力为标准进行判断;折中说认为,行为人的注意能力高于一般人时应以一般人的注意能力为标准,行为人的注意能力低于一般人时应以行为人的注意能力为标准。我们认为,应当根据主客观相统一的原则来确定行为人能否预见危害结果,综合考察三方面因素:一般人的认知能力、行为时的客观情况和行为人本人认知能力(如行为人的年龄、所从事的职业、技术熟练程度、社会阅历、智力发育情况等)。详言之,在既定的客观情况下,一般人能够预见的,行为人具备了一般人的认知能力也可以预见;一般人能够预见的,行为人可以因为本人的认知能力较低而不能预见;一般人不能预见的,行为人也可以因为本人的认知能力较高而能够预见。

从意志因素上,疏忽大意的过失表现为行为人反对危害结果的发生或希望危害结果不发生,即危害结果的发生是违背行为人的意志的。而行为人之所以实施行为,且未采取避免危害结果发生的必要措施,以致危害结果发生,是因为他根本没有预见到自己的行为会发生这种危害结果。

2. 过于自信的过失

过于自信的过失,是指行为人已经预见到自己的行为可能发生危害社会的结果,但轻信能够避免,以致发生这种结果的心理态度。

从认识因素看,过于自信的过失表现为行为人已经预见到自己的行为可能发生危害社会的结果,同时又轻信能够避免危害结果。如果行为人在行为时,根本没有预见到自己的行为会导致危害结果的发生,则不是过于自信的过失,而可能成立疏忽大意的过失或意外事件;如果行为人预见到自己的行为必然发生而不是可能发生危害社会的结果,则属于直接故意,而不是过于自信的过失。所谓轻信能够避免,是指行为人在预见到结果可能发生的同时,又凭借一定的主客观条件,相信自己能够避免结果的发生,但所凭借的主客观条件并不可靠。轻信能够避免主要表现为行为人过高地估计了可以避免危害结果发生的其自身的和客观的有利因素,或者过低地估计了自己的行为导致危害结果发生的可能程度。

从意志因素看,由于行为人实施该行为的原因,是轻信能够避免危害结果的发生,所以其对危害结果持否定态度。正是由于行为人认识到了危害结果发生的可能性,但不是希望或者放任危害结果的发生,而是对危害结果持否定态度,所以才能成立过于自信的过失。

过于自信过失与间接故意有相似之处,都认识到危害结果可能发生,都不是希望危害结果发生,但二者是不同的心理态度,有着本质的区别:(1)在认识因素上,对危害结果是否由可能性转化为现实性的认识不同。在间接故意中,行为人不仅认识到了危害结果发生的可能性,而且认为这种可能性可能转化为现实;而过于自信的过失,行为人虽然认识到了危害结果发生的可能性,但认为在当时情况下,这种可能性根本不可能转化为现实。(2)在意志因素上,间接故意行为人虽然不是希望危害结果的发生,但对危害结果的发生并不排斥,而是听之任之,放任危害结果的发生;过于自信的过失则是对危害结果持否定的态度,根本不希望危害结果发生。(3)在间接故意态度下,行为人一般不可能采取积极措施避免危害结果的出现;而在过于自信的过失态度下,行为人在认识到危害结果将要发生的情况下,往往会采取积极措施避免或者减少危害结果。

认定过于自信的过失应该注意以下几个问题:(1)不能将合理信赖认定为过于自

信的过失。例如,汽车司机在绿灯路口驾驶汽车时,因合理信赖行人不会闯红灯而正常行驶,如果行人违反交通规则闯红灯而被汽车撞死的,该汽车司机不承担过失犯罪的刑事责任。(2)不能将遵循了行为规则的行为认定为过于自信的过失。例如,从事科学试验的人总是预见了试验失败的可能性,但只要他们遵循了科学试验规则,即使试验失败造成了损失,也不能认定为过于自信的过失。(3)不能将存在"侥幸"心理的行为认定为过于自信的过失。行为人认识到了危害结果发生的可能性,但凭借侥幸心理,认为自己的行为不会造成危害结果的发生,以致最终发生了危害结果。从形式上看,行为人对危害结果是不希望发生的,但是这种情况下根本不存在避免危害结果发生的任何现实依据,而是在碰运气的心理态度支配下实施了造成危害结果发生的行为。因此,本质上行为人对危害结果发生持放任的态度,在这种情况下,如果发生了危害结果,不是过于自信的过失,而是间接故意犯罪。

四、无罪过事件

刑法第16条规定:"行为在客观上虽然造成了损害结果,但不是出于故意或者过失,而是由于不能抗拒或者不能预见的原因所引起的,不是犯罪。"此即无罪过事件。无罪过事件包括不可抗力与意外事件。

所谓不可抗力,是指行为虽然在客观上造成了损害结果,但不是出于故意或者过失,而是由于不能抗拒的原因所引起的。这里的不能抗拒,是指行为人虽然认识到自己的行为会发生损害结果,但由于当时主客观条件的限制,不可能排除或者防止结果的发生。

所谓意外事件,是指行为虽然在客观上造成了损害结果,但不是出于故意或者过失,而是由于不能预见的原因所引起的。意外事件与疏忽大意的过失有相似之处,即都没有预见自己行为的结果,客观上又都发生了结果,但前者是不能够预见、不应当预见,后者是能够预见、应当预见,只是疏忽大意才没有预见。

五、犯罪动机与目的

(一)犯罪动机

所谓犯罪动机,是指刺激行为人实施犯罪行为的内心起因或者内心冲动。人的任何犯罪行为,都是在一定动机的作用下实施的,犯罪动机是行为人实施犯罪行为的原因。例如,盗窃罪,行为人之所以实施盗窃行为,其动机可以是贪财、嫉妒、报复的心理。产生犯罪的动机需要具备两个条件:一是行为人内在的需要和愿望;二是外界的诱因与刺激。

犯罪动机是某些犯罪的构成要件要素。例如,刑法第399条规定,“司法工作人员徇私枉法、徇情枉法,对明知是无罪的人而使他受追诉、对明知是有罪的人而故意包庇不使他受追诉,或者在刑事审判活动中故意违背事实和法律作枉法裁判的……”这里的“徇私”、“徇情”,就属于构成要件要素。此外,在以情节严重、情节恶劣为构成要件的犯罪中影响定罪,即当刑法分则规定情节严重、情节恶劣是犯罪的构成要件时,其中的情节包含了犯罪动机,因而动机的内容可能影响定罪。当然,动机的主要作用是影响量刑。同一犯罪的动机多种多样,不同的犯罪动机能够说明行为人的主观恶性不同,反映出改造犯罪人的难易程度,这是量刑所考虑的一个酌定情节。

(二)犯罪目的

所谓犯罪目的,是指行为人希望通过实施犯罪行为实现某种危害结果的心理态度,也就是危害结果在犯罪人主观上的表现。由于直接故意犯罪主观方面都包含犯罪目的的内容,因而刑法对犯罪目的一般不作明文规定,这样的犯罪目的便不能作为犯罪构成的要件。但是,对于某些犯罪,刑法条文又特别载明了犯罪目的,作为犯罪构成的必备条件。例如,制作、复制、出版、贩卖、传播淫秽物品牟利罪要求行为人必须是出于以牟利为目的才能成立本罪;拐卖妇女、儿童罪要求行为人必须是出于出卖目的才能成立本罪。

(三)犯罪动机与犯罪目的的关系

犯罪动机与犯罪目的同属于犯罪主观方面的内容,二者既有密切的联系,又有根本性的区别。二者的联系表现在:(1)二者都是犯罪人的主观心理活动,都反映着行为人主观恶性程度。(2)犯罪目的以犯罪动机为基础,犯罪目的源于犯罪动机,犯罪动机促使犯罪目的的实现。

犯罪动机与犯罪目的的区别主要有:(1)从作用上看,犯罪动机起的是推动、发动犯罪行为的作用;犯罪目的起的是为犯罪行为定向、确定犯罪目标和侵害程度的作用。(2)从产生顺序上看,犯罪动机产生在前,犯罪目的产生在后。(3)相同犯罪的犯罪目的相同,而且一般是一个犯罪一个目的;但相同的犯罪往往因人或者因具体情况的不同而有不同的犯罪动机。(4)同一个犯罪动机可以导致几个犯罪目的或者导致不同的犯罪目的。

六、刑法上的认识错误

刑法上的认识错误,是指行为人对自己的行为在法律上的意义有不正确理解或者对有关客观事实存在不符合真相的认识。认识错误包括法律认识错误与事实认识错误。

(一)法律认识错误

法律认识错误,是指行为人在有意识地实施某种行为时,对自己行为的法律性质或意义有误解。一般认为包括以下三种情况:

(1)误以为犯罪。即行为人误认为自己实施的是刑法所禁止的犯罪行为,其实该行为并非刑法禁止的犯罪行为。例如,行为人以为与他人通奸是犯罪,在实施通奸行为后自动投案。但刑法并没有将这种行为规定为犯罪。这种情况称为幻觉犯。既然某种行为并非刑法所禁止的行为,就不能因为行为人误认为是犯罪而认定为有罪。

(2)误以为不犯罪。即行为人误认为自己实施的行为不是刑法规定的犯罪行为,其实该行为是刑法规定的犯罪行为。例如,行为人嫖宿未满14周岁的幼女,误认为自己只是嫖娼,不成立犯罪,却不知道法律规定嫖宿未满14周岁幼女的,成立犯罪。想象的不犯罪原则上不能因行为人对自己行为法律性质的误解而不负刑事责任,以防止犯罪人在实施犯罪后,以不知法律为借口来逃避法律的制裁。但是,如果行为人确实不了解国家法律的某种规定,从而影响行为人对行为及其危害结果的社会危害性的认识,这种情况下应当排除犯罪故意,行为不成立犯罪。

(3)行为人对自己实施的犯罪行为在罪名、罪数、量刑等方面有不正确的理解。行为人的这种认识错误既不影响定罪,也不影响量刑,因为司法机关只能根据案件事实及法律规定定罪量刑,追究行为人的刑事责任。

(二)事实认识错误

事实认识错误,是指行为人对与自己行为有关的事实情况有不正确理解。这类错误是否影响行为人的刑事责任,要根据不同的情况作不同的处理:如果属于对犯罪构成要件的事实情况的错误认识,就要影响行为人的刑事责任;如果属于对犯罪构成要件以外的事实情况的认识错误,则不影响行为人的刑事责任。

1. 对象认识错误

对象认识错误有三种情况:(1)同一犯罪构成内的对象认识错误,即行为人误把甲对象当做乙对象加以侵害,而甲对象与乙对象体现相同的社会关系,行为人的认识内容与客观事实仍属同一犯罪构成的情况。例如,行为人本欲杀甲,黑夜里误将乙当做甲进行杀害。同一犯罪构成内的对象错误不影响行为的定性。(2)不同犯罪构成间的对象认识错误,即行为人误把甲对象当做乙对象加以侵害,而甲对象与乙对象体现不同的社会关系,分属不同的犯罪构成。例如,行为人本欲盗窃一般财物,却误将枪支当做一般财物进行盗窃。这种认识错误超出了犯罪构成的范围,行为人所认识的事实(盗窃财物)与现实所发生的事实(盗窃枪支)分别属于不同的犯罪构成。对于不同犯罪构成间的对象认识错误,应当在主客观统一的范围内认定犯罪。前述例中行为人客观上虽然实施了盗窃枪支的行为,但主观上没有盗窃枪支的故意,该客观行为与主观故意没有统一起来,故不能认定为盗窃枪支罪;行为人具有盗窃罪的故意,也实施盗窃行为,枪支同时具有财产价值,因而可以评价为财物,于是,在盗窃罪的范围内主客观相统一了,故应认定为盗窃罪。(3)犯罪对象与非犯罪对象间的认识错误。又分为两种情形:一是行为人误将非犯罪对象当做犯罪对象加以侵害的,例如行为人本欲强奸妇女甲,黑夜里误将男子乙当做甲强奸,对行为人应按犯罪未遂论;二是行为人误将犯罪对象当做非犯罪对象加以侵害的,例如行为人本欲杀死有害野兽,黑夜里误认为邻人为野兽而开枪射击致人死亡,对行为人应按过失犯罪或意外事件处理。

2. 打击错误

打击错误也称方法错误,是指由于行为本身的差误,导致行为人所欲攻击的对象与实际受害的对象不一致。与对象认识错误一样,打击错误也分三种情况:一是同一犯罪构成内的打击错误,例如行为人举枪射击甲,但因没有瞄准而击中了乙,导致乙死亡;二是不同犯罪构成间的打击错误,例如行为人本欲射击乙,但因没有瞄准,而将乙身边价值近十万元的文物打坏;三是犯罪对象与非犯罪对象间的打击错误,例如行为人举枪射击行人甲,但因没有瞄准而击中了路边一只野猫,或者例如行为人举枪射击路边一只野猫,但因没有瞄准而击中行人甲。对于打击错误的处理,与对象认识错误处理一样。

3. 行为认识错误

行为认识错误包括两种情况:(1)行为人对自己行为的实际性质发生了错误的理解。例如,行为人把不存在的侵害行为误认为是正在进行的不法侵害而实行防卫,致人死伤。这种情况下,由于行为人不存在故意犯罪的故意,因而不应论以故意犯罪,而应根据实际情况成立过失犯罪或是意外事件。(2)行为人对自己行为手段存在错误认识。手段错误有三种形式:其一,行为人由于愚昧无知或者迷信使用了在任何情况下都不能导致危害结果发生的方法。例如,行为人企图用画符念咒的方法达到杀人的目的。这种情况下,由于这种手段本身缺乏危害社会的可能性,行为不具社会危害性,因此,不能成立犯罪。其二,行为人意图采用的犯罪手段具有产生危害社会结果的可能性,但由于认识错误而使用了不能导致危害结果发生的手段。例如,行为人误以砂糖为砒霜,实行杀人。这种情况下,行为人主观上存在犯罪的故意,客观上实施了危害社会的行为,只是由于认识错误,采用了不能使犯罪得逞的手段,因此成立犯罪未遂。其三,行为人不具有危害社会的意图,但由于误解工具或拿错物品造成损害结果。例如行为人误把砒霜当作砂糖给人服用,造成他人死亡。在这种情况下,成立过失犯罪或是意外事件。

4. 因果关系错误

因果关系错误,是指侵害的对象没有错误,但造成侵害的因果关系的发展过程与行为人所预想的发展过程不一致,以及侵害结果推后或者提前发生的情况。因果关系的错误主要有三种情况:狭义的因果关系的错误,事前的故意,犯罪构成的提前实现。

狭义的因果关系的错误,是指结果的发生不是按照行为人对因果关系的发展所预见的进程来实现的情况。例如,甲为了使乙溺死而将乙推入井中,但井中没有水,乙摔死在井中。又如,甲以杀人故意向乙开枪射击,乙为了避免子弹打中自己而爬窗,结果坠楼而亡。狭义的因果关系的错误不影响故意犯罪既遂的成立。

事前的故意,是指行为人误认为第一个行为已经造成结果,出于其他目的实施第二个行为,实际上是第二个行为才导致预期的结果的情况。例如,甲以杀人故意对乙实施暴力(第一行为),造成乙休克后,甲以为乙已经死亡,为了隐匿罪迹,将乙扔至水中(第二行为),实际上乙是溺死于水中。在这种场合,第一行为与死亡结果之间的因果关系并未中断,即仍应肯定第一行为与结果之间的因果关系,而且现实所发生的结果与行为人意欲实现的结果完全一致,故应以故意犯罪既遂论处。

犯罪构成的提前实现,是指提前实现了行为人所预想的结果。例如,甲准备使乙吃安眠药熟睡后将其活埋,但未待甲实施活埋行为时,乙由于吃了过量的安眠药而死亡。在此种情形下,应认定为故意犯罪既遂。

【案例分析】

案例1

[案情] 朱某因婚外恋产生杀害妻子李某之念。某日晨,朱某在给李某炸油饼时投放了可以致死的"毒鼠强"。朱某为防止其6岁的儿子吃饼中毒,将其子送到幼儿园,并嘱咐其子等他来接。不料李某当日提前下班后将其子接回,并与其子一起吃油

饼。朱某得知后,赶忙回到家中,其妻、子已中毒身亡。问题:朱某对其子的死亡主观方面是间接故意还是过于自信过失?

[分析] 朱某主观方面是过于自信过失。在间接故意态度下,行为人一般不可能采取积极措施避免危害结果的出现,而在过于自信过失态度下,行为人在认识到危害结果将要发生的情况下,往往会采取积极措施避免或者减少危害结果。本案中,朱某虽然预见到可能造成其子死亡,但是采取了切实的防范措施,表明对其子之死不具有放任态度,不成立间接故意。

案例2

[案情] 甲为上厕所,将不满1岁的女儿放在外边靠着篱笆站立,刚进入厕所,就听到女儿的哭声,急忙出来,发现女儿倒地,疑是站在女儿身边的4岁男孩乙所为。甲一手扶起自己的女儿,一手用力推乙,导致乙倒地,头部刚好碰在一块石头上,流出鲜血,并一动不动。甲认为乙可能死了,就将其抱进一个山洞,用稻草盖好,正要出山洞,发现稻草动了一下,以为乙没死,于是拾起一块石头猛砸乙的头部,之后用一块磨盘压在乙的身上后离去。案发后,经法医鉴定,甲在用石头砸乙之前,乙已经死亡。问题:甲的行为构成何罪?

[分析] 甲的行为构成两个罪,即过失致人死亡罪与故意杀人罪(未遂)。本案中,一方面,甲用力推乙,导致乙倒地死亡,符合疏忽大意过失特征,应该构成过失致人死亡罪。另一方面,甲在过失致乙死亡后"误把死人当活人"杀害,从认识错误的角度看,属于对象认识错误,应该构成故意杀人罪(未遂)。

案例3

[案情] 某年5月11日下午1时许,行为人靳某的弟弟在观看被害人孟某与他人下棋时,因未遵守"观棋不语"的游戏规则,与孟某发生争吵。靳某知道后也与孟某争吵并隔铁栏杆打了孟一巴掌,被害人孟某不久便昏迷送医院治疗,后于该年7月11日出院在家中医治,9月23日经医治无效死亡。经某市公安局法医学尸体检验鉴定,孟某系身患高血压、动脉粥样硬化等疾病,因被他人击伤头部后,情绪激动诱发脑出血并发肺部感染等多功能脏器衰竭经抢救无效死亡。问题:靳某的行为是构成故意伤害罪还是过失致人死亡罪?

[分析] 靳某的行为构成过失致人死亡罪。故意伤害致人死亡与过失致人死亡的区别关键在于:故意伤害致人死亡的,行为人主观上具有伤害的故意,但对死亡结果是过失;而过失致人死亡的行为人只对死亡结果有过失,主观上并无伤害的故意。本案中,行为人靳某已是成年人,负有完全刑事责任能力,在与孟某争吵过程中,隔着栏杆打击孟某,其主观上并不是要故意伤害孟某的身体,而是想警告他。虽然靳某不能

预知孟某患有多种疾病,但被害人年事已高,被告人应当预见自己的行为可能导致他人的死亡,而由于疏忽大意没有预见,导致孟某死亡结果的发生,构成过失致人死亡罪。

【本章小结】

犯罪构成包括犯罪客体、犯罪客观方面、犯罪主体及犯罪主观方面四个要件。犯罪客体是指刑法所保护的,为犯罪行为所侵害的社会关系。犯罪客体分为一般客体、同类客体与直接客体。犯罪客观方面,是指刑法规定的,说明行为对刑法所保护的社会关系造成侵害的客观外在表现。犯罪客观方面的要件具体表现为危害行为、危害结果、犯罪的方法、时间、地点等。危害行为的表现形式多种多样,主要有作为、不作为与持有三种类型。危害结果是指危害行为对于犯罪对象所造成的客观影响,该影响直接反映了行为的社会危害性。刑法上的因果关系,是危害行为与危害结果之间的一种引起与被引起的关系。刑法上因果关系具有客观性、相对性、条件性和具体性、时间序列性以及复杂性等特征。一般来说,行为的时间、地点、方法不是犯罪构成的共同要件。犯罪主体是指刑法规定的实施犯罪并且承担刑事责任的人(包括自然人与单位)。自然人犯罪主体,是指具备刑事责任能力,实施危害社会的行为并且依法应当承担刑事责任的自然人。单位犯罪主体,是指刑法规定的实施了危害行为,依照法律应当受刑罚处罚的公司、企业、事业单位、机关、团体。犯罪主观方面,是刑法规定的成立犯罪所必须具备的行为人对自己实施的危害社会的行为及其结果所持的心理态度。包括犯罪故意、犯罪过失、犯罪目的和犯罪动机。犯罪故意可以分为直接故意和间接故意两种类型。犯罪过失可以分为疏忽大意的过失和过于自信的过失两种类型。无罪过事件包括不可抗力与意外事件。刑法上的认识错误,是指行为人对自己的行为在法律上的意义有不正确理解或者对有关客观事实存在不符合真相的认识。认识错误包括法律认识错误与事实认识错误。

本章思考题

1. 什么是犯罪构成?
2. 什么是犯罪客体?犯罪客体与犯罪对象有何联系?
3. 什么是犯罪客观方面?什么是危害行为?

4. 不作为犯罪的成立条件有哪些?
5. 刑法上因果关系具有哪些特点?
6. 什么是犯罪故意? 什么是直接故意? 什么是间接故意?
7. 什么是犯罪过失? 什么是疏忽大意过失? 什么是过于自信过失?
8. 直接故意和过于自信过失有何异同?
9. 疏忽大意过失和意外事件有何异同?
10. 犯罪目的和犯罪动机有何异同?
11. 什么是刑法上的认识错误?
12. 事实认识错误包括哪些情形?

第六章 正当化事由

【本章学习目的】

通过本章的学习，了解正当化事由的定义和分类；掌握正当防卫的成立条件，掌握防卫过当和无过当防卫的成立条件；掌握紧急避险的成立条件，理解避险过当的成立条件，理解正当防卫与紧急避险的异同。

第一节 正当化事由概述

一、正当化事由的概念

正当化事由，是指行为虽然在客观上造成了一定损害结果，表面上符合某些犯罪的客观要件，但实际上没有犯罪的社会危害性，并不符合犯罪构成，依法不成立犯罪的事由。例如，正当防卫行为，客观上给不法侵害人造成了一定损害，其行为表面上符合故意杀人罪、故意伤害罪的客观要件，但实质上没有犯罪的社会危害性，实际上也不符合故意杀人罪、故意伤害罪的犯罪构成，不仅不成立犯罪，而且是法律所鼓励的行为。

二、正当化事由的分类

根据刑法对正当化事由是否有规定，可以把正当化事由分为法定的正当化事由和超法规的正当化事由。法定的正当化事由是指刑法有明文规定的正当化事由。超法规的正当化事由是指刑法无明文规定，从法秩序的精神引申出来的正当化事由。某种正当化事由是法定的还是超法规的正当化事由，取决于刑法的规定。我国刑法对正当防卫和紧急避险这两种正当化事由作了明文规定，因此正当防卫和紧急避险是我国刑法中的法定的正当化事由。对于法令行为、自损行为、自救行为、义务冲突、基于被害人承诺的行为、正当业务行为、安乐死等均未作规定，因此这些行为是超法规的正当化事由。

第二节 正当防卫

一、正当防卫的概念和成立条件

根据刑法第 20 条第 1、2 款的规定，正当防卫，是指为了使国家、公共利益、本人或者他人的人身、财产和其他权利免受正在进行的不法侵害，对不法侵害人所实施的制止其不法侵害且没有明显超过必要限度造成重大损害的行为。正当防卫是国家赋予公民保护国家、公共利益、本人或者他人合法权益的一项权利。公民在行使这一权利时，即使对不法侵害人的人身或其他权益造成损害也不负任何责任。但是，正当防卫的权利并不是毫无限制。为了避免公民滥用这种权利，我国刑法在赋予公民正当防卫的权利时，又明确地规定了行使正当防卫权利应受的限制条件。成立正当防卫，必须同时具备下列条件：

(一) 起因条件：必须有不法侵害行为发生

不法侵害是正当防卫的起因，没有不法侵害就谈不上正当防卫。这里的不法侵害必须具备两个基本特征：(1)必须是危害社会的行为，包括对国家利益、公共利益、本人或者他人的人身和财产以及其他权利的侵害。具体地说，不法侵害行为通常指犯罪行为，但也包括某些一般违法行为，如违反治安管理处罚条例的某些行为。(2)必须是带有暴力性、破坏性的、形成防卫紧迫感的侵害。

基于此，对下列几种行为，均不能或不宜进行正当防卫：(1)对贪污、贿赂、侮辱、伪证等非暴力故意犯罪不宜进行正当防卫；(2)对过失犯罪和不作为犯罪不能进行正当防卫；(3)对合法行为不能进行正当防卫，合法行为包括依照法令的行为、执行命令的行为、正当业务行为等；(4)对正当防卫行为不能实行正当防卫；(5)对紧急避险行为不能实行正当防卫;(6)对意外事件不能实行正当防卫;(7)对防卫过当、紧急避险过当不宜进行正当防卫。因为上述各种行为,有的是正当合法行为,有的是缺乏侵害紧迫感的行为。

不法侵害应是人实施的不法侵害。在野生动物侵害合法权益时,理当可以进行反击,不存在正当防卫的问题;在饲养人唆使其饲养的动物侵害他人的情况下,动物是饲养人进行不法侵害的工具,将该动物打死打伤的,事实上属于使用给不法侵害人的财产造成损害的方法进行正当防卫。

不法侵害必须是现实存在的。如果并不存在不法侵害,但行为人误认为存在不法侵害,因而进行所谓防卫的,属于假想防卫。假想防卫不是正当防卫,如果行为人主观上有过失,就按过失犯罪处理;如果行为人主观上没有过失,则按意外事件处理。

(二) 时间条件:不法侵害行为必须正在进行

正当防卫只能在不法侵害正在进行时实行,这是正当防卫的时间条件。

所谓正在进行,是指不法侵害已经开始,尚未结束。所谓不法侵害已经开始,是指在一般情况下,应以不法侵害人着手实行不法侵害时作为不法侵害开始的标志,但在不法侵害的现实威胁已经十分明显、紧迫的情况下,即使不法侵害尚未着手,也应认为不法侵害已经开始。

如果不法侵害已经结束,则不成立正当防卫。所谓不法侵害已经结束,指合法权益不再处于紧迫、现实的侵害、威胁之中,或者说不法侵害已经不可能继续侵害或威胁合法权益。具体表现为以下几种情况:(1)不法侵害人自动中止不法侵害;(2)侵害者被制服或因自身因素等原因已不可能继续进行不法侵害;(3)不法侵害已经既遂;(4)不法侵害人离开侵害现场。

违反防卫时间条件的防卫行为,在刑法理论上称为防卫不适时。防卫不适时可以分为两种形式:(1)事前防卫,指在不法侵害尚未发生的时候所采取的所谓防卫行为。由于在这种情况下,不法侵害没有现实地发生,因此,其行为不得视为正当防卫。(2)事后防卫,指不法侵害终止以后,对不法侵害人的所谓防卫。防卫不适时构成犯罪的,应当负刑事责任。

(三) 对象条件:防卫行为必须针对不法侵害人本人实行

正当防卫的目的在于排除、制止不法侵害,所以只能针对不法侵害者本人进行反击,而不能反击任何没有实施不法侵害的第三者。但是,对共同实施不法侵害的人,包括在现场的不法侵害的组织者、指挥者以及直接参与者,都可以实行正当防卫。如果防卫人在实施防卫过程中给第三者造成了人身伤害,则应当根据以下三种情况处理:(1)符合紧急避险的条件的,应以紧急避险论,不负刑事责任。(2)出于侵害之故意的,应以故意犯罪论。(3)出于对事实的认识错误的,按过失犯罪或意外事件处理。

(四)目的条件:必须为了使国家、公共利益、本人或者他人的人身和其他权利免受正在进行的不法侵害

正当防卫,必须是为了保护国家、公共利益、本人或者他人的人身、财产和其他权利免受不法侵害而实行,即防卫的目的必须具有正当性。下列情况由于不具备防卫的目的,应当排除在正当防卫之外:(1)防卫挑拨。是指行为人为达到某种目的,故意地挑拨对方进行不法侵害,而借机加害于不法侵害人的行为。在防卫挑拨中,挑拨者实施的行为,虽然表面上符合正当防卫的客观条件,但由于对方的不法侵害是挑拨者故意引起的,其不但不具备正当防卫的主观目的,反而有加害对方的意图,且客观上实施了犯罪行为,因此,防卫挑拨具有社会危害性,不具有防卫目的的正当性。(2)互相斗殴。是指互相斗殴的双方都有加害对方的故意,所以不存在侵害和被侵害之分,都不属于正当防卫。但需要注意的是如果双方互殴过程中,有一方有意停止躲避斗殴,而另一方却紧追不舍,继续攻击的,一方在迫不得已的情况下,为了保护自己合法权益而被迫进行防卫并给对方造成一定损害的,应视为正当防卫。(3)为了保护非法利益而进行的防卫,由于不具有防卫目的的正当性,因而也不是正当防卫行为。如走私犯之间由于分赃不均而发生的抢夺和保护财物的行为,在此过程中发生的防卫行为,不属于正当防卫。

(五)限度条件:防卫不能明显超过必要限度造成重大损害

刑法第20条第2款规定:“正当防卫明显超过必要限度造成重大损害的,应当负刑事责任,但是应当减轻或免除处罚。”这说明正当防卫不能明显超过必要限度,不能给不法侵害人造成重大损害,否则就失去了防卫的适当性,从而成为对社会有害的行为,属于防卫过当,应当负刑事责任。

正当防卫“必要限度”,应以制止不法侵害、保护合法权益所必需为标准。①至于是

---

① 关于如何理解正当防卫的必要限度,在刑法理论上主要存在以下三种观点:一是基本适应说。认为所谓必要限度,就是防卫行为与侵害行为应当基本适应,即防卫行为的性质、手段和后果,要与不法侵害行为的性质、手段和后果基本适应,才能成立正当防卫。二是客观需要说。认为防卫行为只要是为制止不法侵害所需要的,就是没有超过必要限度。因此,只要防卫在客观上有需要,防卫强度既可以大于、也可以等于侵害的强度。三是折中说。认为判断正当防卫是否超过必要限度,应进行综合分析,具体说,既要以能有效制止不法侵害行为所必需,为正当防卫的必要限度,同时还要具体衡量防卫手段及后果,是否为制止不法侵害所必需,应从侵害的手段、强度、缓急程度以及防卫的权益性质等方面来考察侵害行为与防卫行为是否大体适应。

否"必需",则应通过全面分析案情来判断。首先,要考察防卫人的个体情况,包括性别、年龄、性格、精神状况等。防卫人的个体差异会影响其判断能力,进而影响防卫手段、强度的选择。其次,要分析双方的手段、强度、人员多少与强弱、在现场所处的客观环境与形势。防卫手段通常是由现场的客观环境决定的,防卫人往往只能在现场获得最顺手的工具,不能要求防卫人在现场选择比较缓和的工具。问题在于如何使用防卫工具即打击部位与力度。对此,应根据各种客观情况,判断防卫人在当时的情况下应否、能否控制防卫强度。再次,要权衡防卫行为所保护的合法权益性质与防卫行为所造成的损害后果,即所保护的合法权益与所损害的利益之间,不能悬殊过大,不能为了保护微小权利而造成不法侵害人重伤或者死亡。

理解正当防卫"必要限度",还必须注意三个方面问题:(1)轻微超过必要限度的不成立防卫过当,只有能够被清楚、容易地认定为超过了必要限度时,才可能属于防卫过当。(2)造成一般损害的不成立防卫过当,只有造成重大损害的,才可能属于防卫过当。(3)正当防卫的必要限度条件不适用于对严重危及人身安全的暴力犯罪所进行的防卫。

二、防卫过当及其刑事责任

根据刑法第20条第2款的规定,防卫行为明显超过必要限度造成重大损害的,属于防卫过当。防卫过当具有三方面的特征:(1)这里的防卫行为必须是具备成立正当防卫的除了限度条件之外的前四个条件,缺少四个条件中的任何一个条件,不能认为属于防卫行为。(2)防卫行为必须明显超过必要限度且造成重大损害。这里的重大损害,一般认为是指造成不法侵害人的重伤、死亡,还包括财产的重大损失。(3)防卫人在主观上对过当行为及造成的结果具有罪过。至于罪过的形式,既可以是间接故意,也可以是过失,但不可能是直接故意。

防卫过当不是独立罪名,应根据防卫人的主观罪过与客观后果,援引相应的刑法分则条文定罪。具体说,在防卫过当造成了他人死亡的情况下,如果行为人主观上仅有过失,则应认定为过失致人死亡罪;如果出于间接故意,则成立故意杀人罪。在防卫过当造成了他人重伤的情况下,如果行为人主观上仅有过失,则应认定为过失致人重伤罪;如果出于间接故意,则成立故意伤害罪。

对于防卫过当,应当酌情减轻或者免除处罚。刑法之所以这样规定,是因为防卫人主观上是出于制止不法侵害、保护合法权益的意图,这表明防卫过当人的主观恶性小;防卫过当是在紧迫情况下造成的,客观上造成的危害比其他犯罪小得多。在司法实践中,确定何种情况下减轻处罚,减轻多少,何种情况下免除处罚,一般应当综合考虑防卫的具体目的、过当的程度、罪过形式、防卫行为所保护权益的性质以及社会舆论等各方面的因素。

三、无过当防卫

刑法第 20 条第 3 款规定："对正在进行行凶、杀人、抢劫、强奸、绑架以及其他严重危及人身安全的暴力犯罪，采取防卫行为，造成不法侵害人伤亡的，不属于防卫过当，不负刑事责任。"这是对防卫过当的一种例外规定，是一种特殊的防卫或无过当防卫。刑法设立无过当防卫制度，其立法意旨在充分鼓励公民打消顾虑，勇于行使正当防卫的权利，避免那些严重犯罪行为对国家、公共利益或者公民的人身、财产或者其他合法权利造成重大的损害。

成立无过当防卫必须具备两方面条件：(1)必须具备正当防卫成立的除了限度条件之外的前四个条件。(2)防卫行为必须针对正在行凶、杀人、抢劫、强奸、绑架等严重危及人身安全的暴力犯罪实行。这里的行凶，是指使用凶器的暴力行凶，即对被害人进行暴力袭击，严重危及被害人的人身安全。这里的杀人，是指故意杀人，而且在一般情况下是指使用凶器，严重危及防卫人的生命安全的情形。对于那些采取隐蔽手段的杀人，例如投毒杀人等，事实上也不存在防卫的问题，更谈不上无过当防卫。这里的抢劫和强奸只限于使用暴力方法的抢劫和强奸，对使用非暴力方法的抢劫和强奸行为不能进行无过当防卫。这里的绑架，也只能是采用暴力方法的，如果采用非暴力方法绑架的，也不允许实行无过当防卫。刑法规定的其他严重危及人身安全的暴力犯罪，是一种概括性规定，是指与行凶、杀人、抢劫、强奸、绑架具有相当性的暴力犯罪，如抢劫枪支弹药、劫持航空器等。

【案例分析】

案例 1

[案情] 张某的次子乙，平时经常因琐事滋事生非，无端打骂张某。一日，乙与其妻发生争吵，张某过来劝说。乙转而辱骂张某并将其踢倒在地，并掏出身上的水果刀欲刺张某，张某起身逃跑，乙随后紧追。张某的长子甲见状，随手从门口拿起扁担朝乙的颈部打了一下，将乙打昏在地上。张某顺手拿起地上的石头转身回来朝乙的头部猛砸数下，致乙死亡。问题：张某、甲的行为如何定性？

[分析] 张某的行为不是正当防卫，而是属于故意犯罪；甲的行为属于正当防卫。

成立正当防卫必须具备不法侵害行为正在进行的时间条件。本案中,张某加害已经昏迷的乙的行为不具有正当防卫的时间条件,属于事后防卫。甲某的行为发生在乙的不法行为正在进行过程中,符合正当防卫条件。

案例2

[案情] 何某于某年6月15日回娘家,在小荒山上与身高力强的搬运工人王某相遇。王某身揣屠刀一把,拟去正操办婚事的弟弟家杀猪宰羊,见何某孤身一人,顿起淫心,先以秽语挑逗,要求发生两性关系,被何某责骂拒绝。王某即亮出屠刀威逼何某脱衣服。何某见王某身高体壮,相貌凶恶,且手持屠刀,而周围一片荒野,既不见房舍,又不通行人,自己赤手空拳难以抵御,便假作应允,说到前面找一地方,以作缓兵之计。走到山脚,何某见前面有一堵矮墙,下面是一个很大的粪池,便走至池边,佯作解衣,并招呼王某也过去。当王某在池边一只脚着地,一只脚脱裤子时,何某奋力一推,将王某推落粪池。粪池既深且大,王某又不会游泳,落入粪池后拼命挣扎,双手撑住地沿,几次想爬上岸来,均被何某掰开双手,将其再次推入粪池。何某一面不让王某爬上来,一面大喊"抓坏人"。由于正值中午,路上没有行人,直至王某无力爬上时,何某才穿上衣服,拼命地跑到前村告诉农民,并带领几个村民返回粪池捉人。当赶到现场时,王某已被淹死在池内。问题:何某的行为是正当防卫还是防卫过当?

[分析] 何某的行为是正当防卫,而且是一种无过当防卫。本案中,何某面对的是手持屠刀强奸犯,而且该强奸犯罪行为正在发生。可见,何某的行为已经具备了无过当防卫的条件,即针对的是正在进行的严重危及人身安全的强奸暴力犯罪。

第三节 紧急避险

一、紧急避险的概念和成立条件

根据刑法第21条第1、2款规定,紧急避险,是指为了使国家、公共利益、本人或者他人的人身、财产和其他权利免受正在发生的危险,不得已而采取的损害另一较小合法利益的行为。法律之所以鼓励和支持公民实行紧急避险行为,是因为它虽然造成了较小的合法利益的损害,但从整体上说,它是有益于社会的行为。成立紧急避险,必须同时具备以下条件:

(一)起因条件:必须有威胁合法利益的危险发生

有威胁合法利益的危险发生,是紧急避险的前提条件。所谓危险,是指足以对合法利益造成损害的某种紧迫事实状态。从司法实践来看,危险的主要来源有四种:(1)自然灾害。如地震、风尘暴、山崩地陷、泥石流、海啸、火灾、水祸等等。(2)违法犯罪行为或无责任能力人的危害社会行为。如故意实施的纵火、决水、破坏交通工具或交通设施,过失的各种重大责任事故等等。(3)人的生理、病理原因。如饥饿疾病等。比如,为了抢救重伤员,强行拦阻过往汽车送往医院。(4)动物的侵袭。如野兽追扑、恶犬的撕咬、毒蛇的袭击等等。

如果实际并不存在危险,由于对事实的认识错误,因而实行了所谓的紧急避险的,属于假想避险。对于这种情况,应当按照事实认识错误的处理原则解决。如果避险人对于危险的客观存在应当预见而由于疏忽大意没有预见,因而实行所谓紧急避险的,应当按照过失犯罪处理;如果避险在当时的情况下根本无法认识危险的客观不存在,应当按照意外事件处理。

(二)时间条件:危险必须正在发生

危险正在发生,是紧急避险的时间条件。所谓危险正在发生,是指将立即造成损害、或正在造成损害的危险已经出现而尚未结束。紧急避险只能在危险已经出现而又尚未结束这一时间条件下进行,否则就不是紧急避险。假如避险人在危险尚未出现或者危险已经结束的情况下实施所谓避险,刑法理论上称之为避险不适时。避险不适时不是紧急避险,行为人因此而对合法权益造成的损害的,应当根据案件具体情况,追究行为人相应的刑事责任或民事责任。

(三)目的条件:必须是为了使国家、公共利益、本人或者他人的人身或者其他权利免受正在发生的危险

为了使国家、公共利益、本人或者他人的人身或者其他权利免受正在发生的危险,是紧急避险的目的条件。根据紧急避险的目的条件,如果是为了保护某种非法利益,是不能成立紧急避险的。例如,脱逃犯为了逃避公安人员的追捕而侵入他人的住宅,不能认为是紧急避险,仍应负非法侵入他人住宅罪的刑事责任。

(四)对象条件:避险的对象必须是无辜的第三者

避险的对象只能是无辜的第三者,这是紧急避险的对象条件。紧急避险的本质特征,在于为了保全一个较大的合法权益,而采取牺牲另一个较小的合法权益的手段转

嫁风险。因此,紧急避险行为针对的是第三者的合法权益,而不是危险的来源。如果行为人没有通过损害相关较小合法权益的手段,而是直接以反击手段对抗危险,那么该行为就不是紧急避险,而是抢险行为或正当防卫等行为。例如,行为人通过损害不法侵害者的人身权利或财产权利来排除遭受不法侵害的危险,其行为就不是紧急避险而是正当防卫。对象条件的不同,是紧急避险和正当防卫的重要区别之一。

(五)紧迫条件:避险行为只能是在不得已的情况下实施

避险行为只能是在不得已的情况下实施。所谓不得已,就是指在当时的情况下,除了通过损害另一合法利益的手段外,找不到任何其他方法来避免更大的合法利益所面临的危险。如果当时尚有其他方法(包括正当防卫、直接排除危险等)可以避免危险造成的损害,行为人却不采取,而仍通过损害第三者的合法权益的手段避险,那么其行为不能认为是紧急避险,构成犯罪的,应当追究刑事责任。避险行为只能是在不得已的情况下实施,也是紧急避险和正当防卫的重要区别之一。

(六)主体条件:避险行为不适用于职务上、业务上有特别责任的人

根据刑法第 21 条第 3 款的规定,关于避免本人危险的规定,不适用于职务上、业务上有特别责任的人。如人民警察负有同犯罪行为作斗争的特定责任,当犯罪发生时,必须制止,以排除犯罪对社会所构成的危险,而不能因为犯罪行为可能会伤害到自己生命,而拒绝履行职责。消防人员、海关缉私人员、工程抢险人员等都是如此。如果这些负有特定责任的人员,为了避免与自己职务、业务有关的上述种种危险,而擅离职守,逃避责任,其行为不能成立紧急避险。造成严重危害后果构成犯罪的,应当依法追究其刑事责任。

(七)限度条件:避险行为不能超过必要限度造成不应有的损害

由于紧急避险是用损害一种合法权益的方法来保护另一种合法权益,故不允许通过对一种合法权益的无限制损害来保护另一种合法权益,只能在必要限度内实施避险行为。紧急避险的必要限度,是指紧急避险行为所引起的损害小于所避免的损害。因为紧急避险是两种合法权益之间的冲突,紧急避险之所以不负刑事责任,就在于该行为保护了更大的利益。至于如何权衡权益的大小,则应当具体分析。一般来说,人身权利大于财产权利,人身权利中的生命权重于其他人身权利,生命权没有大小之分,财产权利的大小应以财产价值的多少为标准来衡量,而不是以所有制性质来衡量。由此可见,不允许牺牲他人生命来保护自己生命或健康,不允许牺牲他人生命来保护财产,也不允许损害他人重大财产以保护自己的较少财产。

二、避险过当及其刑事责任

刑法第21条第2款规定:“紧急避险超过必要限度造成不应有的损害的,应当负刑事责任,但是应当减轻或者免除处罚。”在刑法理论上,把紧急避险超过必要限度而造成不应有的危害的行为,称为避险过当。避险过当不是一个罪名,在追究其刑事责任时,应当在确定其罪过形式的基础上,以其所触犯的我国刑法分则有关条文定罪量刑。在避险过当的罪过形式中,大多数是过失,在少数或个别情况下,也可能是间接故意。由于避险过当在主观上是出于保全合法权益的动机和目的,在客观上发生在紧迫的情况下,因此,对于避险过当应当减轻或者免除处罚。

三、紧急避险与正当防卫的异同

紧急避险与正当防卫的相同点主要是:(1)两者的目的,都是为了保护国家、公共利益、本人或者他人的合法权益。(2)两者成立的前提,都必须是合法权益正在受到侵害或面临威胁。(3)两者对行为人行为的限度,都是以对超过一定限度造成不应有的危害负刑事责任。

紧急避险和正当防卫的不同点主要是:(1)危害的来源不同。正当防卫的危害来源只能是人的不法侵害;而紧急避险的危险来源不仅可能是人的不法侵害,也可能是自然界的力量及动物的侵袭等。(2)针对的对象不同。正当防卫直接对不法侵害者本人实施,紧急避险是对第三者实施。(3)行为实施的要求不同。在正当防卫情况下,对行为实施的选择没有要求,即使能够用其他方法避免危害,也可以实施防卫;而紧急避险只有在没有其他方法可以排除危险的情况下才可以实施。(4)对损害限度的要求不同。正当防卫所引起的损害,只要是没有明显超过必要限度、造成重大损害;而紧急避险所造成的损害,只能小于危险造成的损害。(5)对行为实施的主体要求不同。在正当防卫情况下,对行为实施者一般无特殊要求,而在紧急避险情况下,避免本人危险时不适用于职务上、业务上赋有特定责任的人员。

【案例分析】

案例1

[案情] 叶某于某年10月的一天,驾驶一辆大卡车为运输公司送磷肥。途经一

段下坡山路时,汽车制动器突然失灵,汽车刹不住,急速下行,随时都有翻车于深谷的危险。在这危急时刻,叶某急中生智,把方向盘往里打,使车头车身擦山而行,用车身与山壁的摩擦力减慢车速。车速减慢了,但仍不能停住,危险并没有消除。这时,对面有一辆运煤卡车,慢速爬坡上行。叶某见两辆车车速均较慢,为了使自己的下行车停住,消除危险,就采取了与上行车相撞的措施。结果,车停住了,但两辆车的发动机都撞坏了。后花去修理费47 000余元,加上叶某用车头与山壁摩擦所造成的损坏修理费12 000余元,共计59 000余元。未发生任何人身伤亡,货物也均未有损失。问题:叶某的行为是否属于紧急避险?

[**分析**] 叶某的行为是紧急避险。本案中,叶某的行为完全符合紧急避险的成立条件:存在威胁合法利益的危险发生,即汽车制动器突然失灵,汽车刹不住,急速下行;危险正在发生,即汽车随时都有翻车于深谷的危险;主观上为了避免车毁人亡事故发生;避险的对象是无辜的第三者,即运煤卡车;是在不得已的情况下实施的行为;避险行为没有超过必要限度造成不应有的损害。

案例2

[**案情**] 李某,女,21岁,某县委干部。某日李骑自行车下乡工作,途中遇一男青年企图抢车。她环顾四周旷无人烟,又天近黄昏,要反抗只会遭横祸。于是便主动向对方表示:如果想要车,只管推走,不要伤害她。那青年当即粗暴地表示允诺,并准备推车。这时,李又要求说:“自行车你拿去好了,车上那只打气筒是我借的,把气筒留给我吧,我好还给人家。”那人也表示同意,李便动手卸气筒。抢劫者弯下身子检查车子,看看是否好用,以便迅速离开现场。这时,李突然趁其不备,用才卸下的气筒朝弯腰低头的抢劫者的后脑猛击一下,将抢劫者击倒在地,赶忙骑车去报案。当李来到最近的一个屯子时,整个屯子一片漆黑,只有一户人家从门缝露出一线灯光,李便投奔光亮而去。这家有母女二人,母亲50多岁,女儿19岁。李向主人说明遭遇后,母女深表同情。老太太说,天色已晚,公安派出所还在较远的大屯子,路途不安全,邀李当晚留宿在她家,明早再去报案。李思量再三,只好暂留一宿,并对殷勤的主人表示感谢。老太太又恐客人害怕,让女儿陪宿。这家是独门独户,院落很小,本来老太太与女儿住北房,儿子住西房,大门在南面。儿子外出,老太太让女儿陪客人住西房。抢劫者姓张,22岁,当天下午从水库工地回家,路遇李某,遂生歹念,抢车未遂,反被击昏,天黑后逐渐苏醒过来,情绪沮丧,悻悻而归。李某借宿的正是他家,主人是他母亲和妹妹。他一进门便发现自己抢过的车在院内,急忙向母亲问明来历,张听母亲说后十分惊慌,急忙问明李某睡觉的位置和方向。老太太说,李睡在外侧,女儿睡内侧,头朝北。张摘下窗上铡草用的铡刀,悄悄拨开房门,走进房间,在黑暗中摸准睡在炕外侧的人头,照脖颈部猛砍一刀,

又悄声回到北房,才对母亲说,抢自行车的人就是他,李已经认识他,为了逃避揭发,已将李杀死。老太太原本同情李的遭遇,并不知抢车的竟是自己的儿子,如今却同情起自己的儿子来,忙从柜子拿出半新的被絮,同儿子一起悄悄走进西房,将尸体包起,抬到田间扔进深枯井湮灭罪迹,满以为这样就可以逃避惩罚,甚至可以瞒过女儿耳目。实际上,李某在张的妹妹陪同睡下后,由于傍晚发生的被抢和击倒抢劫者的事件,心情难以平静,久久不能入睡,加之院小房近,夜寂人静,张母子的谈话、摘铡刀、拨门的声音都听得一清二楚。她极度恐慌,急中生智,在不得已的情况下,悄悄移动张的妹妹,将她推到土炕外侧,自己睡到她的位置上。张的妹妹劳累一天,又年轻贪睡,上炕后头挨枕头就进入梦乡,对所发生的事情一无所知。因此,张某杀死的实际是自己的妹妹。李某趁张及其母抬尸外出之机,骑车回县公安局报案。问题:李某的行为是否属于紧急避险?

[分析] 李某的行为不属于紧急避险。本案中,李某的行为不具备紧急避险的限度条件。因为依据我国刑法理论,不允许牺牲他人生命来保护自己生命或健康。值得一提的是,这是一起颇受理论界争议的案件,针对本案主要有三种不同的意见:(1)依据我国刑法理论,行为人的行为不属于紧急避险。(2)李的行为不但是紧急避险行为,而且是一种善于同犯罪作斗争的英雄行为,至于抢劫者妹妹为哥哥所杀,是对张某这种恶行的一种报应。(3)李的行为是紧急避险行为。

第四节 超法规的正当化事由

一、法令行为

法令行为,是指基于成文法律、法令、法规的规定,作为行使权利或者承担义务所实施的行为。由于法令行为是法律本身所允许乃至鼓励的、形成法秩序的一部分的行为,因而是合法行为,不是犯罪行为。例如,有关法律允许特定机构以特定形式发行彩票行为;司法工作人员对犯罪嫌疑人实行逮捕、拘留行为;公民扭送现行犯行为;法警执行死刑行为等。

二、正当业务行为

正当业务行为,是指虽然没有法律、法令、法规的直接规定,但在社会生活中被认为是正当的业务上的行为。例如,职业性的体育活动,属于正当业务行为;医生的治疗行为等。

三、自损行为

自损行为,是指自己损害自己权益的行为,如自杀、自伤、自己毁损自己所有的财物等,这些行为一般不成立犯罪。但是,当自损行为同时危害国家、社会或他人合法权益时,则可能成立犯罪。如军人战时自伤的,放火烧毁自己的财物但危害公共安全的,成立犯罪。

四、义务冲突

义务冲突,是指存在两个以上不相容的义务,为了履行其中的某种义务,而不得已不履行其他义务的情况。例如,律师为了在法庭上维护被告人的合法权益,不得已泄露他人的隐私。再如,两个幼儿坠入急流中,父亲只能救助其中一个幼儿。

五、基于被害人承诺(同意)的行为

基于被害人承诺(同意)的行为,是指经过有处分某种权益的被害人同意而实施的损害其权益的行为。基于被害人承诺的行为,必须具备以下条件,才是正当化事由:(1)承诺的内容必须是法律所允许的被害人有权自由处置的个人利益。(2)承诺人必须是具备完全的民事行为能力且所作承诺是自觉自愿和真实的。(3)被害人的承诺必须出于有益于社会的意图。如果不具备上述条件,即使被害人作出承诺,也不能排除行为人的刑事责任。

另外,超法规的正当化事由,除了上述几种外,还有自救行为以及安乐死等,关于这些行为是否是正当化事由,在刑法理论上仍然存在很大分歧,需进一步研究。

【案例分析】

[案情] 张某意欲自杀,但因害怕总下不了手,遂请好友乙帮忙,要求乙将自己勒死。乙害怕自己被追究刑事责任,执意不肯。张某遂为乙写下"证明"一份,写下:自己系"厌倦红尘,不愿继续苟活于世","乙系看朋友之面方答应帮忙将自己勒死","司法

机关勿需追究乙之刑事责任”等语。此后,乙如张某之愿,将张某勒死。问题:乙的行为是否构成犯罪?

[**分析**] 乙的行为构成犯罪。被害人的承诺只有符合一定的条件,才可以免除行为人的刑事责任。本案中,张某不仅无权让乙某剥夺自己的生命,而且乙某帮助他人自杀的行为也无益于社会。

【本章小结】

正当化事由,是指行为虽然在客观上造成了一定损害结果,表面上符合某些犯罪的客观要件,但实际上没有犯罪的社会危害性,并不符合犯罪构成,依法不成立犯罪的事由。可以把正当化事由分为法定的正当化事由和超法规的正当化事由。正当防卫和紧急避险是我国刑法中的法定的正当化事由。自救行为、义务冲突、被害人承诺的行为、正当业务行为等是超法规的正当化事由。成立正当防卫,必须同时具备一定的条件,正当防卫明显超过必要限度造成重大损害的,应当负刑事责任,但是应当减轻或免除处罚。无过当防卫是对防卫过当的一种例外规定。成立紧急避险,必须同时具备一定的条件。紧急避险超过必要限度造成不应有的损害的,应当负刑事责任,但是应当减轻或者免除处罚。

本章思考题

1. 什么是正当防卫?成立正当防卫需要具备哪些条件?
2. 什么是防卫过当?
3. 无过当防卫的成立条件有哪些?
4. 什么是紧急避险?成立紧急避险需要具备哪些条件?
5. 正当防卫与紧急避险有何异同?

第七章　犯 罪 形 态

【本章学习目的】

通过本章的学习，掌握犯罪预备、未遂和中止三种未完成形态的定义和特征；理解预备犯、未遂犯、中止犯的刑事责任；了解共同犯罪的成立要件，理解共同犯罪人的分类及其刑事责任。

第一节　犯罪的未完成形态

一、犯罪的未完成形态概述

（一）犯罪的未完成形态的概念

我国刑法分则对具体犯罪的规定，是以既遂为模式的。犯罪既遂是犯罪的完成形态。但是，在现实生活中并非一切犯罪都能达到既遂。有的可能在为犯罪作准备的阶段就被迫停止；有的可能在着手实行犯罪的阶段被迫停止；还有的可能由于犯罪分子自动中止犯罪，使之在犯罪的预备阶段或者实行阶段停止下来。这样，就在犯罪过程中，出现了犯罪的预备、未遂和中止等各种不同的停止状态。相对于犯罪既遂而言，这些犯罪可以称为犯罪的未完成形态。因此，犯罪的未完成形态是指在犯罪过程中，由于主观与客观原因，停顿在不同犯罪阶段的各种未完成的犯罪形态。根据刑法规定，犯罪的未完成形态具体包括犯罪预备、未遂和中止三种。

犯罪的未完成形态只能存在于故意犯罪中，过失犯罪没有犯罪目的，不可能为犯罪实施预备行为；没有出现危害结果时，不可能成立过失犯罪。所以，过失犯罪没有犯罪预备、犯罪未遂与犯罪中止形态。由于过失犯罪没有未遂，也没有必要肯定其有犯罪既遂。所以，对于过失犯罪而言，只有成立与否的问题，而没有既遂与未遂的问题。间接故意犯罪，也不可能为犯罪准备工具、制造条件，在没有发生危害结果的情况下，也难以认定行为人有间接故意。所以，间接故意犯罪不可能有犯罪预备、犯罪未遂与犯罪中止形态。基于同样的理由，间接故意犯罪只有成立与否的问题，而没有既遂与未遂的问题。因此，一般认为，只有直接故意犯罪才存在犯罪的未完成形态。

(二) 犯罪的未完成形态与犯罪的完成形态的关系

犯罪的完成形态，即犯罪既遂，是指行为人所故意实施的行为已经具备了某种犯罪构成的全部要件。确认犯罪既遂与否，应以行为人所实施的行为是否具备了刑法分则所规定的某一犯罪的基本犯罪构成的全部构成要件为标准，而不能以犯罪目的达到或者以犯罪结果发生作为犯罪既遂的标准。犯罪既遂形态主要存在以下三种类型：(1)结果犯。是指不仅要实施具体犯罪构成客观要件的行为，而且必须发生法定的犯罪结果才构成既遂的犯罪。(2)行为犯。是指以法定的犯罪行为的完成作为犯罪既遂标准的犯罪，即不要求造成物质性的和有形的犯罪结果，而是以行为的完成为标志。(3)危险犯。是指以行为人实施的危害行为造成法定的某种危害结果的危险状态为既遂标志的犯罪。对于既遂犯，应当在考虑刑法总则一般量刑原则的指导与约束的基础上，直接按照刑法分则具体犯罪条文规定的法定刑幅度处罚。但应注意对同种罪危害不同的既遂犯的区别对待，在既遂犯同时具备其他宽严处罚的情节尤其是法定的处罚情节时，要注意同时引用相关的条款。

犯罪的完成形态，是刑法分则规定的犯罪的基本形态；而犯罪的未完成形态，则是犯罪的特殊形态。犯罪的未完成形态，都是犯罪行为在向完成形态发展的过程中，由于某种原因而停止下来所呈现的形态。

故意犯罪是一个过程，其中又存在不同阶段。阶段是与过程密切相连的概念。过程是事物状态发展变化的连续性在时间上、空间上的表现，任何事物从产生、发展到消亡就形成为过程。阶段是事物发展过程中划分的段落，也可以说，阶段是一切事物发展过程中的具有不同特征、相互连接的具体过程。犯罪过程大体上可以分为犯罪预备阶段与犯罪实行阶段。犯罪的着手是实行阶段的起点，犯罪行为的终了是实行行为完成的标志。处于预备阶段的行为是预备行为，处于实行阶段的行为是实行行为。只有在实行行为终了之后，才可能出现犯罪的完成形态；而犯罪的未完成形态，既可能出现在预备阶段，也可能出现在实行阶段。

二、犯罪预备

(一) 犯罪预备的概念与特征

刑法第22条第1款规定:“为了犯罪,准备工具、制造条件的,是犯罪预备。”根据这一规定及有关刑法理论,犯罪预备,是指行为人为实施犯罪而开始创造条件的行为,由于行为人意志以外的原因而未能着手实行犯罪行为的犯罪停止形态。犯罪预备具有以下三个特征:

1. 客观上实施了犯罪预备行为

预备行为是为犯罪的实行创造便利条件,以利于危害结果顺利实现的行为,这种行为是整个犯罪行为的一部分,如果不是由于某种原因停顿下来,预备行为就会进一步发展为实行行为,从而导致危害结果发生。所以,一方面,预备行为已经对刑法所保护的社会关系构成了威胁。另一方面,预备行为只是为实行行为创造便利条件,因而不可能直接造成实行行为所要造成的危害结果。

总体而言,预备行为是为实行犯罪制造条件的行为,但刑法将预备行为规定为两类,即准备工具与制造条件。准备工具事实上也是为实行犯罪制造条件的行为,只因是最常见的预备行为,故刑法予以特别规定。准备工具,即准备实行犯罪的工具。制造条件,是指准备工具以外的其他犯罪预备行为,包括:(1)拟定犯罪计划、学习犯罪技巧。(2)出发前往犯罪地点或者守候被害人的到来。(3)为实行犯罪进行事先调查。(4)清除实行犯罪的障碍。(5)勾引他人参加犯罪,等等。以上列举的各种犯罪预备行为,其实质都是为实行犯罪而制造条件。

2. 主观上为了犯罪

成立犯罪预备,要求行为人主观上为了犯罪。从犯罪预备阶段与犯罪实行阶段的关系来看,这里的“为了犯罪”实际上是指为了实行犯罪,即为了实施犯罪的实行行为。为了犯罪,不是一种独立的罪过,但表明行为人具有明确的犯罪故意,因为行为人在具体的犯罪故意支配下,才能为具体犯罪的实行行为准备工具、制造条件;为了犯罪,表明行为人在具备犯罪故意的前提下,认识到自己的预备行为是为实行行为服务的,认识到预备行为对危害结果的发生起促进作用。

3. 由于行为人意志以外的原因而未能着手实行犯罪

未能着手实行犯罪,是指虽然已经实施了犯罪预备行为,但未能开始实行犯罪。在刑法理论上,犯罪的预备行为是实行前的行为,是一种非实行行为。根据未能着手实行犯罪这一特征,可以把犯罪预备的时间限于实行犯罪以前,从而把犯罪的预备与犯罪的实行加以区分。

未能着手实行犯罪,必须是由于行为人意志以外的原因所致。如果行为人自动放弃预备行为或者自动不着手实行犯罪,则不成立犯罪预备,而成立犯罪中止。

(二) 认定犯罪预备应该注意的问题

1. 犯罪预备不同于犯意表示

犯意表示是指以口头、文字或其他方式对犯罪意图的单纯表露。二者的区别在于:犯罪预备行为具有社会危害性,已具备特定的犯罪构成,我国刑法规定原则上要作为犯罪处理;而犯意表示,还不是行为,无论是从行为人的主观意图还是客观表现上看,都不是在为犯罪实施创造条件,不具有社会危害性,对犯意表示不能处罚。需要注意的是,以下两种类似于犯意表示的行为不能认定为犯意表示而应以犯罪论处:一是某些具体犯罪的构成中所包含的口头或书面语言形式的实行行为。如侮辱罪、诽谤罪、煽动分裂国家罪以及教唆犯罪里所包含的言语行为,作为强奸罪、抢劫罪等犯罪的手段行为的威胁性语言。二是单个人犯罪中制定犯罪计划的书面语言,以及共同犯罪中勾结共同犯罪人、交流犯罪思想、商议犯罪计划的口头语言或者书面语言。这些语言都已经超出犯意表示的范畴,而是在为实施犯罪创造条件的犯罪预备行为,足以构成犯罪的,应当以犯罪论处。

2. 犯罪预备不同于犯罪的预备阶段

犯罪预备是犯罪的一种未完成形态;而犯罪的预备阶段则是行为发展的一个过程。两个概念有着密切的联系,因为犯罪预备发生在犯罪的预备阶段中。但是两个概念又有着显著的不同,犯罪预备是行为人应对其承担刑事责任的一种行为状态,而犯罪的预备阶段是一个时间的概念,在犯罪行为经过犯罪预备阶段进入实行阶段并最后完成犯罪时,应以犯罪既遂处理而不再考虑犯罪预备的行为;只有犯罪行为在犯罪预备阶段由于行为人意志以外的原因而未能实现犯罪时,才以犯罪预备论处。

(三) 预备犯的刑事责任

刑法第22条第2款规定:“对于预备犯,可以比照既遂犯从轻、减轻处罚或者免除处罚。”这就是犯罪预备的处罚原则。在对犯罪预备处罚的时候,应当对犯罪预备的程度和性质等有关情节进行全面分析,以决定对预备犯是从轻、减轻还是免除处罚。

三、犯罪未遂

(一) 犯罪未遂的概念与特征

刑法第23条第1款规定:"已经着手实行犯罪,但由于意志以外的原因而未得逞的,是犯罪未遂。"根据刑法的规定及有关刑法理论,犯罪未遂,是指行为人已经着手实行具体犯罪构成的实行行为,由于其意志以外的原因而未能完成犯罪的一种犯罪停止形态。犯罪未遂具有以下三个特征:

1. 已经着手实行犯罪

已经着手实行犯罪,是指行为人开始实施刑法分则具体犯罪构成要件客观方面的犯罪行为。行为人是否已经着手实行犯罪,是区分犯罪预备与犯罪未遂的关键特征。着手是实行行为的起点;着手标志着犯罪行为进入了实行阶段,着手本身就是实行行为的一部分。

主观和客观相统一原则是认定一切行为是否着手的基本原则。虽然刑法规定的具体犯罪的实行行为性质各不相同,其着手实施犯罪的表现形态也各异。但在主观和客观相统一原则的指导下,可以概括出着手实行犯罪的共同特征:(1)着手实行的行为能够比较明显地反映出行为人的犯罪意图。比如,举刀或用枪支对准被害人,就可看出是行凶杀人;将手偷偷地伸入他人衣袋,就反映出窃取财物的意图。而如果一个人的行为还不能反映出其主观上有犯罪意图,比如买火柴的行为,可能是为了吸烟,也可能是为了放火,这时就不能认定是着手实行犯罪。(2)着手实行犯罪的行为已经同犯罪对象发生了接触,或者说已经逼近了对象。例如,杀人犯已经举刀对准了被害人,这表明其杀人行为已经开始了,已经指向了犯罪对象,并危及对象的安全。(3)着手实行犯罪的行为是可以直接造成犯罪结果的行为。例如,举枪瞄准被害者,这个行为只要再稍微进一步,死亡结果就会发生。所以,举枪瞄准是杀人行为的着手,它是可以成为引起犯罪结果的行为。

2. 犯罪未得逞

所谓犯罪未得逞,是指犯罪行为尚未符合刑法分则所规定的某种罪的完成形态,即没有具备刑法分则条文规定的某一犯罪构成的全部要件。犯罪未得逞是区分犯罪预备与犯罪既遂的关键特征。

犯罪未得逞并不是说没有发生任何危害结果,只是指未发生刑法分则作为某种犯罪完成形态要求的危害结果。比如盗窃犯到银行盗窃,未能打开保险柜,或者打开保险柜是空的,对公共财产造成了损害,属于盗窃未遂。同时犯罪未得逞也不同于没有达到犯罪目的和没有发生犯罪结果，因为犯罪目的未达到、犯罪结果的未实现也可构成犯罪既遂，如行为犯、危险犯等。

3. 犯罪未得逞是由于犯罪分子意志以外的原因

犯罪分子意志以外的原因，是指始终违背犯罪分子意志的，客观上使犯罪不可能既遂，或者使犯罪人认为不可能既遂因而被迫停止犯罪的原因。在犯罪未遂的情况下，行为人希望得逞的意志并没有改变与放弃，故未得逞是与其犯罪意志相冲突的。犯罪分子意志以外的原因是区分犯罪未遂与犯罪中止的关键特征。

犯罪分子意志以外的原因，应该具备质和量两个方面的特征。从质上来说，只有那些违背犯罪分子本意的原因才能成为犯罪分子意志以外的原因。从量上来说，那些违背犯罪分子本意的原因必须达到足以阻碍犯罪分子继续实行犯罪的程度。因此，有些犯罪分子遇到一些轻微的阻碍因素，例如在抢劫罪中遇到熟人，在强奸罪中由于被害人哀求等，犯罪分子就中止了犯罪，应该认为是自动中止而不能认为是犯罪未遂。

犯罪分子意志以外的原因，大体包括两类：一是犯罪分子本人以外的原因。主要有：(1)被害人的发现、逃避、反抗等。(2)第三者的出现、制止、抓获，政法机关的行动等。(3)自然力的破坏，例如放火时因刮大风而无法点着目的物。(4)物质障碍，例如所带工具撬不开门、撬不开保险柜。(5)时间、地点、场合对完成犯罪的不利影响，等等。二是犯罪分子自身方面的原因。包括因能力、力量、身体状况、常识、技巧等缺乏或不佳，或无法完成犯罪，或者由于犯罪分子主观认识上的错误，而使犯罪未能得逞，例如误以为被害人在室内而枪击，实际上被害人并不在，误以白糖为毒药而用来杀人，误以为其犯罪行为已造成犯罪结果而停止了犯罪活动，实际上犯罪结果并未发生，等等。

犯罪分子意志以外的原因对犯罪的抑制表现在三个方面：一是对犯罪意志的抑制。即某种事实使得犯罪分子认为自己客观上已经不可能继续实行犯罪，从而被迫停止犯罪。例如，行为人正在他人住宅内实行抢劫，忽然听到警车声音，以为是警察来抓自己的，便被迫逃离现场。二是对犯罪行为的抑制。即某种情况使得行为人在客观上不可能继续实行犯罪或者不可能造成犯罪结果，如行为人正在实行犯罪时，被第三者发现而制止。三是对犯罪结果的抑制。即行为人已将其认为应当实行的行为实行终了，但意外情况阻止了结果的发生。

(二) 犯罪未遂的类型

犯罪未遂有不同的类型，不同的类型，也反映不同的社会危害性。

1. 实行终了的未遂与未实行终了的未遂

这是以实行行为是否终了为标准所作的区分。实行终了的未遂，是指犯罪人已将其认为达到既遂所必需的全部行为实行终了,但由于犯罪人意志以外的原因而未得逞。例如,犯罪人向被害人食物中投放了毒药,被害人中毒后被他人发现后送往医院抢救脱险。未实行终了的未遂,是指由于意志以外的原因,使得犯罪人未能将其认为达到既遂所必需的全部行为实行终了,因而未得逞。例如,在举刀杀人时,被第三者制服。实行终了的未遂与未实行终了的未遂,反映出程度不同的社会危害性。一般来说,前者距离危害结果的发生较近,而后者距离危害结果发生较远,因而前者对刑法所保护的社会关系的侵犯程度重于后者,这是在量刑时应予考虑的。

2. 能犯未遂与不能犯未遂

这是以犯罪行为本身能否既遂为标准所作的区分。能犯未遂是指行为人已经着手实施犯罪并有实际可能完成犯罪,但由于其意志以外的原因未能得逞。例如扼颈杀人,已经使人窒息,被人及时制止,倘若不被制止,完全有可能将人杀死。

不能犯未遂,是指行为人已经着手实施犯罪,但由于其事实认识错误,而根本不可能完成犯罪。不能犯未遂又可分为工具不能犯未遂和对象不能犯未遂。前者如将白糖当作砒霜杀人是不可能发生死亡结果的;后者如将某男误以为某女欲实施奸污而不能发生强奸的结果。

在大多数场合,不能犯未遂非但不会产生犯罪结果,而且也不会造成任何实际危害。因此,在一般情况下,能犯未遂的社会危害性程度大于不能犯未遂。对此,在对犯罪未遂量刑时,应该加以考虑。

(三) 未遂犯的刑事责任

刑法第 23 条第 2 款规定:“对于未遂犯,可以比照既遂犯从轻或者减轻处罚。”这是犯罪未遂的处罚原则。在该处罚的适用中,具体应注意以下几点:(1)对未遂犯刑法原则上规定了从宽原则。因为行为毕竟没有造成刑法所规定的犯罪结果。因而对未遂犯,可以比照既遂犯从轻或者减轻处罚。(2)对未遂犯“可以”比照既遂犯从轻或者减轻处罚,而不是“应当”从轻或者减轻处罚。到底是否予以从宽处罚由审判人员根据具体的案件情况决定。(3)对未遂犯是适用从轻处罚原则还是减轻处罚原则,应当根据具体案件情况,由审判人员决定。

四、犯罪中止

(一) 犯罪中止的概念和特征

刑法第 24 条第 1 款规定:“在犯罪过程中,自动放弃犯罪或者自动有效地防止犯罪结果发生的,是犯罪中止。”根据刑法的这一规定和相关刑法理论,犯罪中止,是指在犯罪过程中,行为人自动放弃犯罪或者自动有效地防止犯罪结果发生,而未完成犯罪的一种犯罪停止形态。犯罪中止存在两种情况:一是在犯罪预备阶段或者在实行行为还没有实行终了的情况下,自动放弃犯罪;二是在实行行为实行终了的情况下,自动有效地防止犯罪结果的发生。犯罪中止具有以下三方面特征:

1. 必须发生在犯罪过程中

所谓犯罪过程,是指从预备犯罪到完成犯罪的全过程,这是犯罪中止的时间性条件。下列情况就不能认定为犯罪的中止:(1)犯罪既遂以后又主动返还原物。例如盗窃犯某甲将某乙的财物偷走后,得知某乙在进行查找,怕事情败露,于是又悄悄地将东西放了回去。(2)犯罪未遂后又主动抢救被害人。例如,杀人犯某甲砍了被害人某乙一刀,未砍死,邻居阻止了其继续行凶。这时,某甲有后悔之意,主动协同邻居将被害人护送到医院抢救,使其得救。以上两种行为形式类似于犯罪中止,但由于它不具备犯罪中止的时间条件,因此不得视为犯罪中止。对于这种事后的悔改表现,在量刑时可以作为一个情节予以考虑。

2. 必须是自动中止犯罪

自动中止犯罪,是指行为人认识到客观上可能继续实施犯罪或者可能既遂,但自愿放弃原来的犯罪意图。首先,行为人认识到客观上可能继续实施犯罪或者可能既遂。即使客观条件不可能使其继续或既遂,如果其主动自愿地将犯罪行为停止了,也应当认定为中止。如某甲携带备好的工具去抢劫某储蓄所,走到半路时,慑于法律的威严,又打消了这一念头。而事实上这家储蓄所装修未营业,即使他去了也抢不成。但仍应认定为中止。其次,停止犯罪是由于行为人本人的意愿。如果犯罪分子在犯罪过程中遇到了自认为无法克服的困难,不可能把犯罪继续进行下去,而不得不停止犯罪,应视为未遂,而不是自动中止。例如,犯罪分子正在盗窃,忽然听到门外有响声,以为来了人,急忙跳窗逃跑了,未能偷走财物。实际上并没有来人,是大风吹动了门响。

自动中止犯罪的原因主要有:出于真诚的悔悟;基于对被害人的怜悯;受到别人的规劝;害怕受到法律的惩罚等。但是,不论出于何种原因,只要犯罪分子认为自己能够将犯罪进行到底而自动停止犯罪行为的,或者自动有效地防止犯罪结果发生的都可以成立犯罪中止。

3. 犯罪中止的彻底性和有效性

犯罪中止的彻底性,指的是在犯罪预备阶段或者在实行行为还没有实行终了的情况下,中止不只是行为人一种内心状态的转变,还要求客观上彻底放弃了自认为本可继续实施的犯罪行为。彻底性表明了行为人放弃犯罪的真诚性及其决心,说明行为人自动放弃犯罪是坚决的、完全的,而不是暂时的中断。如果行为人只是暂时地停止犯罪,而等待时机、条件的成熟时再继续实施犯罪的,由于不具备放弃犯罪之彻底性,不能认定为犯罪中止。同时需要指出的是,彻底放弃犯罪也是相对而言的,并不是绝对的,是指行为人必须彻底放弃正在进行的某个具体的犯罪,而非行为人在以后任何时候都不再犯同种罪,更不能理解为行为人在以后的任何时候都不再犯任何罪。

犯罪中止的有效性,指的是在实行行为实行终了的情况下,必须自动有效地防止犯罪结果的发生。行为人虽然自动放弃犯罪或者自动采取措施防止结果发生,但如果发生了作为既遂标志的犯罪结果,就不成立犯罪中止。例如,甲为杀乙而向乙的静脉注射大量空气,尽管甲反悔后将乙送往医院抢救,但乙仍然死亡。甲的行为成立故意杀人既遂,而非中止。需要注意的是,犯罪中止的有效性并不要求没有发生任何犯罪结果,而是只要求没有发生作为既遂标志的犯罪结果。例如,作为故意杀人罪既遂标志的结果是被害人死亡。行为人在杀人过程中,自动放弃犯罪或者自动采取有效措施防止了死亡结果发生时,就成立犯罪中止,即使造成了他人身体伤害,也不妨碍犯罪中止的成立。

(二)犯罪中止的类型

根据不同的标准,可以对犯罪中止进行不同的分类,主要有以下三种分类法:

1. 预备中止、实行未了中止和实行终了中止

这是根据中止发生的时间段进行的划分。预备中止,是指发生在犯罪预备阶段的犯罪中止,其存在的时空范围是始于犯罪预备活动的实施,终止于犯罪实行行为着手之前。实行未了中止,是指发生在行为人着手犯罪实行行为以后,实行行为尚未终了之前的犯罪中止。实行终了中止,是指发生在行为人的实行行为已经终了但特定的犯罪构成要件结果尚未发生之前的犯罪中止。

2. 消极中止和积极中止

根据对其成立是否要求行为人做出一定积极的举动之不同,可以将犯罪中止分为消极中止和积极中止。所谓消极中止,是指只需行为人消极停止犯罪行为的继续实施便可以成立的犯罪中止。预备中止都是消极中止,实行未了中止一般也属于消极中止。所谓积极中止,是指不仅需要行为人停止犯罪行为的继续实施,而且还要积极有效地实施一定行为去防止犯罪结果的发生才能成立的犯罪中止。

(三)自动放弃可能重复的侵害行为的定性

自动放弃可能重复的侵害行为,是指行为人实施了足以造成既遂危害结果的第一次侵害行为,由于意志以外的原因而未发生既遂的危害结果,在当时有继续重复实施侵害行为实际可能的情况下,行为人自动放弃了实施重复侵害的行为,因而使既遂的危害结果没有发生的情形。其典型的例子是:甲开枪杀乙,第一枪未能射中,当时有条件(如枪中尚有子弹)再射击,但甲出于本人意愿而自动放弃了继续射击,因而使犯罪结果没有发生。对于自动放弃可能重复的侵害行为的定性,在刑法理论界存在犯罪未遂和犯罪中止两种观点。我们主张犯罪中止观点。具体来说,放弃可能重复的侵害行为属于未实行终了的犯罪中止。

(四)中止犯的刑事责任

刑法第24条第2款规定:“对于中止犯,没有造成损害的,应当免除处罚;造成损害的,应当减轻处罚。”这就是犯罪中止的处罚原则。在对犯罪中止处罚的时候,根据犯罪中止是否造成损害,可以分为以下两种情形:一是没有造成损害的,根据刑法规定应当免除处罚。这里的没有造成损害,是指没有造成对侵害客体的任何损害结果。例如投毒杀人,投毒以后在被害人吃下毒药以前自动中止犯罪,对被害人没有造成任何损害,对此应当免除处罚。二是已经造成损害的,根据刑法规定应当减轻处罚。例如用刀杀人,在将被害人砍成重伤以后自动中止犯罪。虽然没有发生死亡结果,但已经造成被害人重伤的结果,对此应当减轻处罚。

【案例分析】

案例1

[案情] 某日晚8时许,李某趁邻居陈某一人在家,闯进陈家,锁上房门,提出和陈发生性关系。陈不同意,李即按住陈的双手,骑在陈的身上。陈在反抗中抓破李的脖子,李把陈的裤子扯到臀部以下,欲行强奸。陈急中生智,说:“俺小姑子一会儿要来。”并看了一下手表。李听后,恐陈告发,就罢手起身,向陈赔礼后走掉。问题:李某的行为属于何种犯罪停止形态?

[分析] 李某的行为属于强奸罪的中止形态。在犯罪过程中,行为人由于害怕受到法律的惩罚而停止犯罪的,在具备犯罪中止的彻底性和有效性条件时,应定性为犯罪中止。本案中,李某在实施强奸犯罪的过程中,之所以停止犯罪的继续实施,并非出现了意志以外的原因而不得不放弃犯罪,而是因为怕告发而起身作罢,主动停止了犯罪,属于犯罪的中止形态。

案例2

[案情] 甲意图杀害乙,经过跟踪,掌握了乙每天上下班的路线。某日,甲准备了

凶器,来到乙必经的路口等候。在乙经过的时间快要到时,甲因口渴到旁边的小卖部买饮料。待甲返回时,乙因提前下班已经过了路口。甲等了一阵儿不见乙经过,就准备回家,在回家路上因凶器暴露被抓获。问题:甲的行为属于何种犯罪停止形态?

[**分析**] 甲的行为属于故意杀人罪的预备形态。犯罪预备是指行为人为实施犯罪而开始创造条件的行为,由于行为人意志以外的原因而未能着手实行犯罪行为的犯罪停止形态。本案中,甲来到乙必经的路口等候,属于制造犯罪条件的行为,该行为由于意志以外的原因(乙因提前下班已经过了路口)而未能着手实施杀人行为,应认定为故意杀人(预备)罪。

案例3

[**案情**] 药店营业员刘某与王某有仇。某日王某之妻到药店买药为王某治病,刘某将一包砒霜混在药中交给王妻。后刘某后悔,于第二天到王家欲取回砒霜,而王某谎称已服完。刘某见王某没有什么异常,就没有将真相告诉王某。几天后,王某因服用刘某提供的砒霜而死亡。问题:刘某的行为属于何种犯罪停止形态?

[**分析**] 刘某的行为属于故意杀人罪既遂形态。犯罪中止必须具有有效性。行为人虽然自动放弃犯罪或者自动采取措施防止结果发生,但如果发生了作为既遂标志的犯罪结果,就不成立犯罪中止。本案中,刘某虽然后悔,但由于没有采取措施防止王某死亡结果发生,因此构成犯罪既遂。

第二节 共同犯罪

一、共同犯罪概述

(一) 共同犯罪的概念及构成要件

相对于单独犯罪而言,共同犯罪是一种复杂的犯罪形态。刑法第25条第1款规定:“共同犯罪是指二人以上共同故意犯罪。”这是我国刑法中共同犯罪的法定概念。因此,共同犯罪是指二人以上共同故意犯罪。成立共同犯罪,需要具备三个方面的要件:

1. 主体要件:必须二人以上

共同犯罪的主体必须是二人以上。这里的二人以上不是泛指一切人,而是必须符合犯罪主体要件的人,就自然人而言,必须是具有刑事责任能力的人。由于刑法规定单位可以成为某些犯罪的主体,故两个以上的单位以及单位与自然人共同实施的犯罪,可能构成共同犯罪。

根据上述条件以及刑法关于犯罪主体的规定,以下几点特别值得注意:(1)两个已满14周岁不满16周岁的人,或者一个已满16周岁的人与一个已满14周岁不满16周岁的人,共同故意实施刑法第17条第2款规定之罪的,才成立共同犯罪。实施此外之行为的,不成立共同犯罪。(2)一个具有刑事责任能力的人,利用不具有刑事责任能力的人实施犯罪行为的,不构成共同犯罪,理论上称之为间接正犯。(3)单位犯罪时,直接负责的主管人员及其他直接责任人员,与该单位本身不成立共同犯罪。

2. 主观方面要件:必须有共同犯罪故意

所谓共同犯罪故意,是指各行为人通过犯意联络,明知自己与他人共同实施犯罪会造成某种危害结果,并且希望或者放任这种危害结果发生的心理态度。共同犯罪故意的具体罪过形式既可以是共同直接故意,也可以是共同间接故意,还可以是一部分共同犯罪人属于直接故意,另一部分共同犯罪人属于间接故意。

从犯罪故意的认识因素和意志因素看,共同犯罪故意的认识因素包括以下两个方面:(1)都认识到不是自己一个人单独实施犯罪,而是与他人共同实施犯罪。(2)都不仅认识到自己的行为会导致某种危害结果,而且认识到其他共同犯罪人的行为会导致该种危害结果。共同犯罪故意的意志因素包括以下两个方面:(1)行为人决意参与共同犯罪。(2)不仅希望或者放任自己的行为可能会导致的某种危害结果,而且对其他共同犯罪人的共同犯罪行为可能导致该种危害结果持希望或者放任态度。

认定共同犯罪的主观方面要件应注意三方面问题:(1)片面共犯问题。片面共犯是指参与同一犯罪的人中,一方认识到自己是在和他人共同犯罪,而另一方没有认识到有他人和自己共同犯罪。例如,乙正欲对丙实施强奸行为时,甲在乙不知情的情况下,使用暴力将丙打伤,乙得以顺利实施奸淫行为。片面共犯是共犯的一种例外,应该按帮助犯处理。(2)部分犯罪共同问题。共同犯罪是指二人以上共同故意犯罪,这表明只有二人以上以相同的故意实施了相同的犯罪行为,才可能成立共同犯罪。但这并不意味着只有当二人以上的故意内容与行为内容完全相同时,才能成立共同犯罪。因为许多犯罪之间存在交叉与重叠的关系,如甲罪是乙罪的一部分,或者甲罪的一部分是乙罪的一部分,这便导致甲罪与乙罪具有部分重合的性质,而重合的部分本身也是刑法所规定的一种犯罪,这样,即使二人以上分别持甲罪与乙罪的故意,但他们至少就重合部分的犯罪具有共同故意与共同行为。既然如此,就应当根据共同犯罪的成立条件,认定其为共同犯罪。例如,甲邀请乙帮助绑架丙,谎称丙欠其债务5万元,乙信以为真,其实,丙不欠甲钱,甲与乙绑架了丙,并向其家人索取5万元。甲与乙在非法拘禁罪范围内成立共犯,由于甲的行为又构成了绑架罪,应该以绑架罪论处。(3)下列情形不成立共同犯罪:第一,共同过失犯不成立共同犯罪①,如医生甲马马虎虎,将病人的处方开错,开了两种不能匹配使用的注射针剂,药剂师乙也不按规定认真审查处方,将针剂交给注射护士丙,护士丙也不认真审查,就为病人注射了该两种针剂,结果导致该病人严重残疾。在该案中,造成致使病人严重残疾之医疗事故是医生甲、药剂师乙、护士丙严重不负责任的行为共同作用的结果,但作为过失犯罪,不存在共同犯罪问题。应对三人分别以医疗事故罪定罪处罚。第二,故意犯罪行为与过失犯罪行为不成立共同犯罪,如看守所值班武警擅离职守,重大案犯趁机脱逃。前者为过失,后者为故意,客观上虽然有一定联系,但不成立共同犯罪。第三,同时犯不成立共同犯罪。同时犯是指二人以上同时以各自行为侵害同一对象,但彼此之间无意思联络的情况。例如,甲、乙二人趁商店失火之机,不谋而合地同时到失火地点窃取商品。由于二人主观上没有意思联络,故不成立共同犯罪。第四,先后故意实施的相关犯罪行为,彼此没有主观联系的,不成立共同犯罪。例如,甲先到丙家窃取电视机,乙后到丙家窃取一辆摩托车。第五,超出共同故意范围之外的实行过限行为,不构成共同犯罪。如甲和乙共同盗窃,但在此之外甲还单独实施了放火行为。第六,事前无通谋的掩饰、隐瞒犯罪所得行为,不构成共同犯罪。但如果事前有通谋的,则成立共同犯罪。

3. 客观方面要件:必须有共同犯罪行为

共同犯罪行为不仅指各共同犯罪人都实施了属于同一犯罪构成的行为,而且指各共同犯罪人的行为在共同故意支配下相互配合、相互协调、相互补充,形成为一个整体。在发生了危害结果的情况下,各行为人的行为作为一个整体与危害结果之间具有因果关系,因而也可以肯定各行为人的行为与危害结果之间具有因果关系。

共同犯罪行为的表现形式可能出现三种情况:一是共同作为,即各行为人的行为都是作为;二是共同不作为,即各行为人的行为都是不作为;三是作为与不作为相结合,即部分行为人的行为是作为,部分行为人的行为是不作为。

(二)共同犯罪的形式

1. 任意共同犯罪与必要共同犯罪

刑法分则规定的一人能够单独实施的犯罪由二人以上共同故意实施时,就是任意

① 但有一个例外,即交通肇事罪。根据2000年11月10日最高人民法院《关于审理交通肇事刑事案件具体应用法律若干问题的解释》第5条第2款规定:“交通肇事后,单位主管人员、机动车辆所有人、承包人或者乘车人指使肇事人逃逸,致使被害人因得不到救助而死亡的,以交通肇事罪的共犯论处。”

共同犯罪,如故意杀人罪、抢劫罪等,既可以由一人单独实施,也可以由二人以上共同实施。当二人以上共同故意杀人或抢劫时,就是任意共同犯罪。

刑法分则明文规定必须由二人以上共同故意实施的犯罪,就是必要的共同犯罪,如刑法第 317 条规定的聚众持械劫狱罪,不可能由一个人单独实施。

2. 事前通谋的共同犯罪与事前无通谋的共同犯罪

在着手实行犯罪之前,各行为人已经形成共同犯罪故意,就实行犯罪进行了策划或商议的,就是事前通谋的共同犯罪。

在刚着手实行或者实行犯罪的过程中形成共同犯罪故意的,则是事前无通谋的共同犯罪。如果各行为人是在刚着手实行时形成共同犯罪故意,并共同实施犯罪行为,则各行为人均应对共同犯罪行为及其结果承担刑事责任。如果先行为人已实施一部分实行行为后,后行为人以共同犯罪的意思参与实行或者提供帮助,则叫承继的共同犯罪。后行为人就其参与后的行为与先行为人构成共同犯罪。至于后行为人就其参与前的行为是否承担刑事责任,则应分清不同情况区别处理。例如,甲意欲抢劫而对 A 实施了暴力,在抑制了 A 的反抗后,乙到了现场,并且明知甲在抢劫 A 的财物,乙与甲一起共同强取了 A 的财物。在这种情况下,甲与乙仍然成立抢劫罪的共同犯罪。再如,丙意欲抢劫 B 的财物而对其实施暴力,并且造成了 B 的重伤,此时丁到了现场,并且明知丙要抢劫 B 的财物,丁与丙一起共同劫取了 B 的财物。丁虽然与丙构成抢劫罪的共同犯罪,但丁不对 B 的重伤承担刑事责任,只有丙对 B 的重伤承担刑事责任。

3. 简单共同犯罪与复杂共同犯罪

简单共同犯罪,简称共同正犯,也可称为共同实行犯,指各共同犯罪人都直接实行刑法分则规定的某一具体犯罪客观要件行为的共同犯罪。共同实行犯也并非根本不存在行为的分工,只有在并进的共同实行犯中共同犯罪人都完全实施了犯罪的实行行为,如甲和乙一同对丙实施暴力,进而一起将乙的财产劫走;在分担的共同实行犯中,在实行行为内部还存在分工,如抢劫罪的共同犯罪中,一部分人实施暴力手段,另一部分人实施取得财物的行为。

复杂共同犯罪,简称复杂共犯,指各共同犯罪人之间存在实行行为与非实行行为分工的共同犯罪。非实行行为具体包括教唆行为、组织行为和帮助行为。具体而言:实行行为是指刑法分则规定的具体犯罪构成客观要件的行为;组织行为是对整个犯罪活动予以组织、策划、指挥和领导的行为;教唆行为是指唆使他人产生犯罪意图的行为;帮助行为是指对犯罪的实施、完成和保持犯罪后的不法状态,提供物质和精神上的帮助的行为。具体可以表现为教唆行为和实行行为的分工、实行行为与帮助行为的分工、组织行为与实行行为的分工,也可以表现为教唆行为、实行行为、帮助行为的分工,还可以表现为教唆行为、组织行为、实行行为、帮助行为之间的分工,等等。

4. 一般共同犯罪与特殊共同犯罪

一般共同犯罪,是指在共同犯罪的结合程度上比较松散,没有一定的组织形式的共同犯罪。一般共同犯罪由于在各共同犯罪人之间没有组织,只是为实施某一犯罪而临时纠合在一起,因而是一种性质较轻的共同犯罪。

特殊共同犯罪,是指各共同犯罪人之间存在组织形式的共同犯罪。这种共同犯罪就是集团犯罪,它是通过建立犯罪集团有组织地进行犯罪。特殊的共同犯罪具有一定的组织形式,在犯罪集团内部存在较为严密的组织结构,具有犯罪计划,甚至以犯罪为常业,是一种性质较重的共同犯罪。根据刑法第26条第2款的规定:"三人以上为共同实施犯罪而组成的较为固定的犯罪组织,是犯罪集团。"由此可见,犯罪集团具有以下特征:(1)犯罪主体的众多性。一般的共同犯罪二人以上即可构成,而犯罪集团则三人以上才能成立。(2)犯罪活动的目的性。犯罪集团是为实施犯罪活动而建立起来的,同时也只有实施了犯罪活动以后,才能认定其为犯罪集团。(3)犯罪结合的固定性。犯罪集团的建立是为了在较长时间内多次实施犯罪,而不是为了实施一次犯罪而临时纠合的。因此,犯罪集团的基本成员是固定的,尤其是存在较为明显的首要分子。(4)犯罪形式的组织性。犯罪集团是一种犯罪组织,因而集团犯罪形式具有组织性的特点。这种组织性表现为在犯罪集团首要分子的领导下,有预谋、有计划地实施犯罪活动。

二、共同犯罪人的分类及其刑事责任

对共同犯罪人进行分类并规定相应的处罚原则,有利于正确处理共同犯罪。刑法规定了主犯、从犯、胁从犯与教唆犯。

(一) 主犯及其刑事责任

刑法第26条第1款规定:"组织、领导犯罪集团进行犯罪活动的或者在共同犯罪中起主要作用的,是主犯。"这就是我国刑法关于主犯的法定概念。根据这一规定,我国刑法中的主犯包括以下两种人:

(1) 集团犯罪中的主犯。集团犯罪中的主犯是指在集团犯罪中起组织、策划、指挥作用的犯罪分子,也就是组织犯。组织犯的犯罪活动包括建立犯罪集团、领导犯罪集团、制定犯罪活动计划、组织实施犯罪计划、策划于幕后、指挥于现场等。这些活动说明组织犯在共同犯罪中起主要作用,因而是主犯。

(2) 其他共同犯罪中的主犯。其他共同犯罪中的主犯包括聚众犯罪中的主犯和起主要作用的正犯。聚众犯罪中的主犯是指在聚众犯罪中起组织、策划、指挥作用的犯罪分子。这些犯罪人在聚众犯罪中起主要作用,因而是主犯。起主要作用的正犯既可能存在于集团犯罪中,也可能存在于聚众犯罪中,但大都存在于一般共同犯罪之中。

刑法第 26 条第 3 款规定:“对组织、领导犯罪集团的首要分子,按照集团所犯的全部罪行处罚。”第 4 款规定:“对于第 3 款规定以外的主犯,应当按照其所参与的或者组织、指挥的全部犯罪处罚。”这就是我国对于主犯按照参与或者组织、指挥的全部犯罪处罚的原则。

(二) 从犯及其刑事责任

刑法第 27 条规定:“在共同犯罪中起次要或者辅助作用的,是从犯。”这就是我国刑法关于从犯的法定概念。根据我国刑法的这一规定,从犯可以分为两种情况:一是在共同犯罪中起次要作用的犯罪分子,即对共同犯罪的形成与共同犯罪行为的实施、完成起次于主犯作用的犯罪分子;二是在共同犯罪中起辅助作用的犯罪分子,即为共同犯罪提供有利条件的犯罪分子,通常是指帮助犯。从犯是相对于主犯而言的。主犯是共同犯罪中的核心人物,没有主犯就不可能成立共同犯罪。在共同犯罪中,只有主犯没有从犯的现象是存在的,而只有从犯没有主犯的现象则不可能存在。

刑法第 27 条第 2 款规定:“对于从犯,应当从轻、减轻处罚或者免除处罚。”刑法之所以如此规定,是因为从犯与主犯相比,无论是主观恶性还是客观危害,都要轻一些。

(三) 胁从犯及其刑事责任

根据刑法第 28 条的规定,胁从犯,是指被胁迫参与犯罪的人。具体来说,胁从犯具有以下特征:(1)客观上实施了犯罪行为。(2)在主观上明知自己实施的行为是犯罪行为,在可以选择不实施犯罪的情况下,虽不愿意但仍实施了犯罪行为。如果行为人被欺骗不知道自己实施的是犯罪行为,或者虽然知道自己实施的行为是犯罪行为,但是其丧失了选择不实施犯罪的意志自由,因为不具备共同犯罪故意而不构成共同犯罪。(3)行为人是因为受他人胁迫而参加犯罪的。胁迫是指以对行为人或其亲友以杀害、伤害、揭发隐私、损坏财物等相威胁,对行为人施加精神强制,强迫其参加犯罪。

刑法第 28 条规定:“对于被胁迫参加犯罪的,应当按照他的犯罪情节减轻处罚或者免除处罚。”在胁从犯刑事责任原则的具体适用中应注意以下两点:(1)我国刑法对胁从犯采取必减主义。即对胁从犯“应当”减轻或者免除处罚,而不是“可以”减轻或者免除处罚。(2)对胁从犯予以减轻处罚,还是免除处罚,应按照其犯罪情节具体确定。

(四) 教唆犯及其刑事责任

1. 教唆犯的概念与成立条件

根据刑法第 29 条的规定,教唆他人犯罪的,是教唆犯。教唆犯是刑法关于共同犯罪人分类中较为特殊的一种类型。我国刑法对共同犯罪人的分类基本上是以犯罪分子在共同犯罪中的作用为标准的。但教唆犯却是以犯罪分子在共同犯罪中的分工为标准对共同犯罪人进行分类的结果。这主要是因为教唆犯的定罪量刑,具有一些不同于其他共同犯罪人的特点。教唆犯罪是一种特殊的犯罪形式。在共同犯罪中,教唆犯处于一种十分独特的犯罪地位。

成立教唆犯必须同时具备三个条件:(1)对象条件。教唆犯的对象(即被教唆的人)是特定的、本来没有犯罪意图的、具有刑事责任能力的人。教唆不具有刑事责任能力的人实施犯罪的,不构成共同犯罪,应对教唆行为人以间接正犯论处。如果行为人明知他人已有实施某种犯罪的意图,而为其出主意,撑腰打气,壮胆助威,坚定其犯罪意图,使其实施犯罪,不能认定为教唆犯,而应认定为帮助犯。(2)主观条件。教唆犯在主观方面必须有教唆他人犯罪的故意。教唆犯只能由故意构成,过失不可能成立教唆犯。一般来说,教唆犯认识到自己的教唆行为会使被教唆人产生犯罪故意进而实施犯罪,认识到被教唆人实施的犯罪行为会发生危害社会的结果,希望或者放任被教唆人实施犯罪行为及其危害结果的发生。(3)客观条件。教唆犯的客观方面必须有教唆他人犯罪的行为。教唆行为的方式具有多样性。既可以是口头教唆,也可以是书面教唆,还可以是通过打手势、使眼神等形体语言进行教唆。

认定教唆犯应注意两点:(1)对于教唆犯,应当按照他所教唆的罪定罪,而不能笼统地定为教唆罪,如教唆他人犯抢劫罪的,定抢劫罪;教唆他人犯放火罪的,定放火罪。如果被教唆的人将被教唆的罪理解错了,实施了其他犯罪,或者在犯罪时超出了被教唆之罪的范围,教唆犯只对自己所教唆的犯罪承担刑事责任。(2)当刑法分则条文将教唆他人实施特定犯罪的行为规定为独立犯罪时,对教唆者不能依所教唆的罪定罪,而应直接依照刑法分则的规定定罪,不再适用刑法总则关于教唆犯的规定,如刑法第 103 条第 2 款规定的煽动分裂国家罪等。

2. 教唆犯的刑事责任

刑法第 29 条规定:“教唆他人犯罪的,应当按照他在共同犯罪中所起的作用处罚。教唆不满 18 周岁的人犯罪的,应当从重处罚。如果被教唆的人没有犯被教唆的罪,对于教唆犯,可以从轻或者减轻处罚。”对于教唆犯的刑事责任,刑法规定了三种不同的情况:(1)教唆犯的一般刑事责任原则。对于教唆犯,应当按照他在共同犯罪中所起的作用处罚。这是指被教唆的人已经实施所教唆的罪,教唆犯与其构成共同犯罪的情况下,对教唆犯应当适用的刑事责任原则。具体来讲:教唆犯在共同犯罪中起主要作用的,应按主犯的处罚原则处罚;在共同犯罪中起次要作用的,按从犯处罚。(2)教唆未成年人犯罪的刑事责任原则。教唆不满18周岁的人犯罪的,应当从重处罚。(3)教唆未遂的刑事责任原则。如果被教唆的人没有犯被教唆的罪,对于教唆犯,可以从轻或者减轻处罚。这种情形在理论上称为教唆未遂。

(五)共同犯罪的特殊问题

1. 共同犯罪中的身份

不具有构成身份的人与具有构成身份的人共同实施真正身份犯时,可以构成共同犯罪。在这种情形下,无身份者一般只能成立教唆犯或帮助犯,例如,妇女甲教唆或帮助成年男子乙强奸妇女丙。对于无身份者与有身份者能否构成真正身份犯的共同实行犯,应当根据具体情况,区别对待。凡无身份者能够参与真正身份犯的部分实行行为的,可以与有身份者构成共同实行犯;凡无身份者根本不能参与真正身份犯的实行行为的,即不能与有身份者构成共同实行犯。前者如非国家工作人员勾结国家工作人员伙同贪污的,构成贪污罪的共同实行犯。因为贪污罪的客观要件是,国家工作人员利用职务上的便利,侵吞、盗窃、骗取或者以其他方法,非法占有公共财物的行为。非国家工作人员不可能自己利用职务上的便利,但可以实施侵吞、盗窃、骗取或者以其他方法非法占有公共财物的行为,并可以利用所伙同的国家工作人员职务之便。后者如外国人不可能与中国人一起构成背叛国家罪的共同实行犯。因为背叛国家罪的客观要件是,勾结外国、阴谋危害中华人民共和国的主权、领土完整和安全的行为。外国人不具有中国国籍,中国不是他的国家,因而实际上不可能实施背叛国家罪的客观要件的行为。①

在上述情况下,应如何确定犯罪的性质?刑法理论通说认为,应当按照实行犯的犯罪性质决定共同犯罪的性质。例如,国家工作人员与一般公民相勾结,利用国家工作人员职务上的便利,侵吞公共财物的,国家工作人员为实行犯。所以,对该共同犯罪人应认定为贪污罪的共犯,对一般公民也应以贪污罪论处。

2. 共同犯罪中的犯罪未完成形态

在共同犯罪中,只要一人达到犯罪既遂,其他共同正犯也只能是成立犯罪既遂而不能成立犯罪未遂或中止。例如,甲、乙、丙三人共谋对丁女实施轮奸,共同对丁女实施暴力后,甲、乙实施了奸淫行为,但丙自动地停止了实施奸淫行为。对此,不得认定

① 参见马克昌主编:《犯罪通论》,武汉大学出版社1990年版,第557页。

丙成立强奸罪的中止。因为对共同正犯采用“部分实行全部责任”的原则,丙不仅要对自己的行为及结果负责,还要对甲、乙的行为及其结果负责。

在复杂共犯中,又分为两种情形:(1)实行犯着手实行犯罪而未遂时,对于教唆犯或者帮助犯来说,如果实行犯未遂也是出于他们意志以外的原因,教唆犯与帮助犯、实行犯都构成未遂。实行犯在犯罪过程中中止犯罪时,对教唆犯与帮助犯以犯罪未遂论。(2)教唆犯或帮助犯在他人已经预备或着手实行犯罪时,中止犯罪的,有四种处理结果:阻止了他人继续犯罪或有效防止犯罪结果发生的,教唆犯或帮助犯构成犯罪中止,实行犯犯罪未遂;如果实行犯经过教唆犯或帮助犯的劝说,自动停止犯罪的,也构成犯罪中止;如果教唆犯或帮助犯虽然自动中止犯罪,实行犯也没有完成犯罪,但其原因不是因为教唆犯或帮助犯的自动中止,而是由于他们意志之外的障碍,则教唆犯或帮助犯、实行犯都是犯罪未遂;如果教唆犯或帮助犯虽然自动中止犯罪,但没有有效防止犯罪结果发生的,都是犯罪既遂。①

【案例分析】

案例1

[案情] 张某的同村村民马某挖菜窖,占了张某家的地。理论过程中马某不但不认错,反而依仗自己身强体壮,打了张某。张某非常生气,便伺机报复。某日,张看见马的15岁女儿在地里干活,便产生了打马女儿的念头,但又怕自己打人会犯法。这时候他想起别人讲过不满14岁的少年犯罪不负刑事责任,于是便找来自己13岁的儿子叫他替父报仇。儿子听了父亲的怂恿,拿起一把铁锹冲过去,对准马的女儿大腿就是一锹,造成重伤害的结果。问题:张某父子能否构成共同犯罪?

[分析] 张某父子不能构成共同犯罪。共同犯罪的主体必须是二人以上。这里的二人以上不是泛指一切人,而是必须符合犯罪主体要件的人。本案中,张某之子只有13周岁,不具备刑事责任能力,不是犯罪主体。

案例2

[案情] 甲男与乙男于某年7月28日共谋入室抢劫某中学暑假留守女教师丙的财物。7月30日晚,乙在该中学校园外望风,甲翻院墙进入校园内。甲持水果刀闯入丙居住的房间后,发现房间内除有简易书桌、单人床、炊具、餐具外,没有其他贵重财物,便以水果刀相威胁,喝令丙摘下手表(价值2 100元)给自己。丙一边摘手表一边

① 参见马克昌主编:《犯罪通论》,武汉大学出版社1990年版,第571页。

说:“我是老师,不能没有手表。你拿走其他东西都可以,只要不抢走我的手表就行。”甲立即将刀装入自己的口袋,然后对丙说:“好吧,我不抢你的手表,也不拿走其他东西,让我看看你脱光衣服的样子我就走。”丙不同意,甲又以刀相威胁,逼迫丙脱光衣服,丙一边顺手将已摘下的手表放在桌子上,一边流着泪脱完衣服。甲不顾丙的反抗强行摸了丙的乳房后对丙说:“好吧,你可以穿上衣服了。”在丙背对着甲穿衣服时,甲乘机将丙放在桌上的手表拿走。甲逃出校园后与乙碰头,乙问抢了什么东西,甲说就抢了一只手表。甲将手表交给乙出卖,乙以 1 000 元价格卖给他人后,甲与乙各分得 500 元。问题:甲与乙的行为如何定性?

[分析] 甲与乙是抢劫罪的共同犯罪,甲是抢劫罪的中止形态,乙是抢劫罪的未遂形态,另外,甲还构成盗窃罪和强制猥亵妇女罪。首先,本案中,甲、乙构成抢劫罪共犯。因二人有抢劫的共同故意和抢劫的共同行为。综合本案主客观方面的事实,可以认定甲为主犯,乙为从犯,对于从犯乙应当从轻、减轻或者免除处罚。其次,甲、乙虽构成抢劫罪共犯,但二人的犯罪形态不同:(1) 甲的抢劫属于犯罪中止。因为在当时的情况下,甲完全能够达到抢劫既遂,但他自动放弃了抢劫行为;由于抢劫中止行为没有造成任何损害,所以,对于甲的抢劫中止,应当免除处罚。(2) 乙的抢劫属于犯罪未遂。一方面,不能因为甲事实上取得了手表,就认定乙抢劫既遂,因为该手表并非甲抢劫既遂所得的财物;另一方面,乙并没有自动放弃自己的抢劫行为,甲的中止行为对于乙来说,属于意志以外的原因。根据刑法规定,对于未遂犯乙,可以比照既遂犯从轻或者减轻处罚。此外,甲逼迫丙脱光衣服并猥亵丙的行为,成立强制猥亵妇女罪;趁机拿走丙手表的行为,成立盗窃罪。

案例 3

[案例] 甲男教唆乙男(15 周岁)与一名痴呆女性强行发生性关系,甲在一旁观看取乐,但其本身并未与该痴呆女子发生性关系。乙回家后,被其父发现异常,随后追问出真情,将乙捆绑后送至当地公安机关。乙到案后说出行为的前因后果,公安机关遂将甲抓获归案。问题:甲乙能否构成共同犯罪?

[分析] 甲乙构成共同犯罪,而且是强奸罪的既遂形态。首先,由于乙已满 14 周岁,可以构成强奸罪,所以,甲与乙构成强奸罪的共同犯罪,其中甲为教唆犯,乙为实行犯。其次,根据对共同正犯采用“部分实行全部责任”的原则,甲属于强奸罪的既遂形态。

【本章小结】

犯罪的未完成形态是指在犯罪过程中,由于主观与客观原因,停顿在不同犯罪阶段的各种未完成的犯罪形态。根据刑法规定,犯罪的未完成形态具体包括犯罪预备、未遂和中止三种。犯罪预备,是指行为人为实施犯罪而开始创造条件的行为,由于行为人意志以外的原因而未能着手实行犯罪行为的犯罪停止形态。对于预备犯,可以比照既遂犯从轻、减轻处罚或者免除处罚。犯罪未遂,是指行为人已经着手实行具体犯罪构成的实行行为,由于其意志以外的原因而未能完成犯罪的一种犯罪停止形态。对于未遂犯,可以比照既遂犯从轻或者减轻处罚。犯罪中止,是指在犯罪过程中,行为人自动放弃犯罪或者自动有效地防止犯罪结果发生,而未完成犯罪的一种犯罪停止形态。对于中止犯,没有造成损害的,应当免除处罚;造成损害的,应当减轻处罚。共同犯罪是指二人以上共同故意犯罪。刑法把共同犯罪人分为主犯、从犯、胁从犯与教唆犯四类。

本章思考题

1. 什么是犯罪既遂?
2. 什么是犯罪预备? 犯罪预备具有哪些特征?
3. 什么是犯罪未遂? 犯罪未遂具有哪些特征?
4. 什么是犯罪中止? 犯罪中止具有哪些特征?
5. 刑法对预备犯、未遂犯、中止犯的刑事责任是如何规定的?
6. 什么是共同犯罪? 共同犯罪的成立要件有哪些?
7. 刑法对共同犯罪人的分类及其刑事责任是如何规定的?

第八章 罪 数

【本章学习目的】

通过本章的学习，了解罪数判断标准；掌握想象竞合犯、继续犯、结果加重犯、牵连犯的定义和特征；理解结合犯、惯犯、转化犯、连续犯、吸收犯的定义和特征。

第一节 罪数判断标准

一、罪数判断标准

罪数，是指一个人所犯之罪的数量。区分罪数，也就是区分一罪与数罪。区分罪数对正确定罪和量刑有着重要意义。犯罪构成标准说是我国刑法理论通行的区分一罪与数罪的标准。①即区分一罪与数罪的标准是犯罪构成的个数。即行为人的犯罪事实具备一个犯罪构成的为一罪，具备数个犯罪构成的为数罪。换言之，符合一个犯罪构成的为一罪，符合数个犯罪构成的为数罪。

根据犯罪构成标准说，犯罪行为一次或数次完全符合特定种类的犯罪构成要件的，为典型的一罪或数罪。例如，行为人以一个杀人故意，开枪将一个人杀死，就是典型的一罪；行为人第一次实施了盗窃行为，第二次实施了强奸行为，就是典型的数罪。

① 除犯罪构成标准说外，关于区分一罪与数罪的标准，刑法理论上还存在三种学说：一是犯意说。此说认为，区分一罪与数罪应以犯罪人的犯意的个数为标准：行为基于一个犯意的就是一罪，基于数个犯意的就是数罪。二是行为说。此说认为，区分一罪与数罪应以行为的个数为标准：行为人所实施一个行为就是一罪，实施数个行为的就是数罪。三是结果说。此说认为，区分一罪与数罪，应以结果的个数为标准：造成一个犯罪结果的是一罪，造成数个犯罪结果的是数罪。以上关于区分一罪与数罪标准的三种学说中，犯意说是主观说，而行为说和结果说是客观说。

然而,由于犯罪构成本身的复杂性,加上立法上的特殊规定以及司法中的特殊处理,往往会出现一些不典型一罪情况。

二、不典型一罪

不典型一罪主要包括实质的一罪、法定的一罪与处断的一罪三种。(1)实质的一罪。是指在外观上具有数罪的某些特征,但实质上构成一罪的情形。它包括想象竞合犯、结果加重犯和继续犯。(2)法定的一罪。是指本来是符合数个犯罪构成的数罪,但因其某种特定理由,法律上将其规定为一罪的情形。它包括结合犯、惯犯和转化犯。(3)处断的一罪,又称裁判的一罪。是指本来是符合数个犯罪构成的数罪,但因其固有的特征,在司法机关处理时将其规定为一罪的情形。它包括连续犯、牵连犯和吸收犯。

第二节　实质的一罪

一、想象竞合犯

(一) 定义

想象竞合犯,也称观念的竞合、想象的数罪,是指出于一个故意或过失,实施一个犯罪行为,同时触犯数个罪名的情形。例如,甲与乙有仇,欲开枪杀乙,结果甲开枪致乙死亡,但同时亦致丙重伤,甲的一个开枪行为同时触犯了故意杀人罪与故意伤害罪。这种情况,就属于想象竞合犯。

(二) 特征

(1) 行为人出于一个故意或过失,实施一个犯罪行为。所谓故意,既包括确定的犯罪故意,也包括概括的犯罪故意。这个特征说明,想象的竞合犯实际上就是一罪。

(2) 同时触犯了数个罪名,即在构成要件的评价上,该行为符合数个犯罪的构成要件。一个行为触犯数罪名,往往是因为该行为本身具有多重属性或者造成了多种结果。这里的数罪名是指刑法规定的不同种罪名。一个行为造成同一犯罪的不同形态的,则不是想象竞合犯。

(三) 处理

对于想象竞合犯,刑法没有作出明文规定,但是,我国刑法理论和司法实践都认为对想象的竞合犯只能按一个罪处理,并且应按行为所触犯的罪名中的一个重罪论处,而不以数罪论处。

二、继续犯

(一) 定义

继续犯,也称持续犯,是指犯罪行为自着手实行之时直至其构成既遂后,且通常在既遂之后至犯罪行为终了的一定时间内,该犯罪行为及其所引发的不法状态同时处于持续过程中的情形。非法拘禁罪,被认为是典型的继续犯,即行为人从着手非法剥夺他人人身自由到恢复他人人身自由为止,其非法剥夺他人人身自由的行为一直处于持续状态中。

(二) 特征

(1) 继续犯必须是犯罪行为与不法状态同时继续,而不仅仅是不法状态的继续。这是继续犯与状态犯的主要区别。状态犯是指犯罪行为结束后,其造成的不法状态仍然在持续的情形。例如,行为人窃取他人财物后,盗窃行为已经结束,但非法占有他人财物的状态一直在持续。这便是状态犯。而继续犯是犯罪行为本身的持续,行为的持续也导致不法状态的持续,但不仅仅是不法状态的持续。

(2) 继续犯必须是犯罪行为在一定时间内不间断地持续存在。一方面,继续犯罪的犯罪行为必须具有时间上的继续性,即在一定时间内持续,持续的时间长短不影响继续犯罪的成立,但瞬间性的行为不可能构成继续犯。另一方面,犯罪行为必须没有间断,即从开始到结束一直没有间断。

(3) 继续犯必须是一个行为侵犯了同一具体的社会关系,即犯罪行为自始至终都针对同一对象,侵犯同一社会关系。如果数行为侵犯同一社会关系,或者一行为侵犯数种社会关系,则不是继续犯。

(4) 继续犯必须出于一个罪过。一般来说,继续犯是出于一个故意,出于数个故意的行为不可能成立继续犯。

(三) 处理

对于继续犯,不论其持续时间长短,均应以一罪论处,因为持续性的行为是在一个罪过心理支配下实施的,并且是针对同一对象侵犯同一具体的社会关系,因而符合一个犯罪构成。根据刑法第 89 条的规定,对继续犯的追诉期限,从犯罪行为终了之日起算,这也说明对继续犯只能以一罪论处。

三、结果加重犯

(一) 定义

结果加重犯,又称为加重结果犯,是指法律上规定的一个犯罪行为,由于发生了严重结果而加重其法定刑的情形。例如,我国刑法第 260 条第 1 款规定的是虐待罪的基本犯,根据刑法规定,处二年以下有期徒刑、拘役或者管制。第 2 款规定,犯前款罪,致使被害人重伤、死亡的,处二年以上七年以下有期徒刑,这就是结果加重犯。

(二) 特征

(1) 结果加重犯具有一个基本犯罪行为,这是成立结果加重犯的前提条件。至于这一基本犯罪行为的主观罪过形式,应以刑法规定为准,在一般情况下,基本犯罪行为的主观罪过是故意,即为故意犯的结果加重犯。

(2) 结果加重犯是在基本犯罪行为的基础上造成了加重结果。

(3) 结果加重犯在基本犯罪与加重结果之间存在因果关系。如果没有这种因果关系,即使发生了某种加重结果,行为人对此也不承担刑事责任。

(4) 结果加重犯对于加重结果主观上存在过失。

(三) 处理

结果加重犯,虽然由于危害结果发生了变化而使法定刑升格,但犯罪行为并没有增加。所以结果加重犯是一罪而不是数罪,应当按照法律对结果加重犯的规定处罚。

【案例分析】

[案情] 甲、乙共谋杀害在博物馆工作的丙,两人潜入博物馆同时向丙各开一枪,甲击中丙身边的国家重点保护的珍贵文物,造成文物毁损的严重后果;乙未击中任何对象。问题:甲、乙的行为如何定性?

[分析] 甲、乙成立故意杀人罪的共犯,以故意杀人罪(未遂)论。本案中,甲、乙共谋并共同开枪杀丙,构成故意杀人罪。是否击中目标(丙)、是否造成(丙)死亡结果,

对甲、乙二人成立故意杀人罪的共犯不产生任何影响,只涉及既遂未遂问题。另外,甲一个杀人(丙)行为,同时触犯过失损毁文物罪,属于想象竞合犯,对想象竞合犯从一重罪处罚,不数罪并罚。

第三节 法定的一罪

一、结合犯

(一) 定义

结合犯,是指数个原本独立的犯罪行为,根据刑法分则的明文规定,结合成为另一独立的新罪的情形。

(二) 特征

(1) 结合犯所结合的数罪,原本为刑法上数个独立的犯罪。

(2) 典型的结合犯是将数个原本独立的犯罪,结合成为另一个独立的新罪,用公式表示就是:甲罪 + 乙罪 = 丙罪,丙罪便是结合犯。

(3) 数个原本独立的犯罪被结合为另一新罪后,就失去原有的独立犯罪的意义,成为新罪的一部分。

(4) 数个原本独立的犯罪结合为另一个独立新罪,是基于刑法分则的明文规定。如果刑法没有明文规定结合为新罪,则不是结合犯。

(三) 处理

对于结合犯,当然以所结合的新罪论处,即以一罪论处,而不能以数罪论处。我国刑法没有规定典型的结合犯。

二、惯犯

(一) 定义

惯犯,是指以某种犯罪为常业或者以犯罪所得为主要生活来源或腐化生活来源,或者犯罪已成习性,在较长时间内反复多次实施某种犯罪的情形。其中,以某种犯罪为常业或者以犯罪所得为主要生活来源或腐化生活来源的,叫常业惯犯;犯罪已成习性,在较长时间内反复多次实施某种犯罪的,叫常习惯犯。

(二) 特征

(1) 犯罪恶习深。无论是常业惯犯还是常习惯犯,行为人主观上都具有很深的犯罪恶习,表现在行为人具有反复多次实施某种犯罪的故意,而且非常顽固,因而行为人的人身危险性比较严重。

(2) 犯罪时间长。行为人在长时间内经常作案,直到案发为止。

(3) 作案次数多。在长时间内,行为人多次作案,反复实施同种犯罪行为。

(4) 社会危害大。行为人长期、反复多次作案,积累了犯罪经验,具有对付侦查的手段。行为人的人身危险性严重,行为造成的危害结果也严重,这些都说明惯犯的社会危害性相当严重。

(三) 处理

由于行为人主观上只具有一种惯行的犯罪故意,反复多次实施的是同一性质的行为,故对其只能认定为一罪,而不能认定为数罪。

三、转化犯

(一) 定义

转化犯是指实施一个较轻之罪,由于连带的行为又触犯了另一较重之罪,法律规定以较重的罪论处的情形。例如刑法第 292 条第 2 款规定,聚众斗殴,致人重伤、死亡的,依照故意伤害罪、故意杀人罪定罪处罚,就是转化犯的适例。

(二) 特征

(1) 转化犯是在实施一个较轻之罪的过程中连带地触犯了另一较重之罪。因此,在转化犯的情况下,具有两个行为。例如刑法第 238 条第 3 款规定了非法拘禁罪转化为故意伤害罪、故意杀人罪的情形,就是在犯非法拘禁罪的过程中,使用暴力致人伤残、死亡,因而其行为又触犯了故意伤害罪、故意杀人罪。

(2) 转化犯是由较轻之罪向较重之罪转化,因而具有转化性。

(3) 转化犯之转化的根据是法律的明文规定,这是转化犯的法律特征,也是转化犯之所以为法定的一罪的原因之所在。

(三) 处理

转化犯是从本罪向他罪转化,尽管涉及本罪与他罪这两个犯罪,但由于刑法已经定以他罪论处,因而不实行数罪并罚。从法律规定判断,转化犯而应视为一罪。

第四节 处断的一罪

一、连续犯

(一) 定义

连续犯,是指基于同一的或者概括的犯罪故意,连续实施性质相同的数个行为,触犯同一罪名的情形。

(二) 特征

(1) 必须是行为人基于同一的或者概括的犯罪故意。一般来说,同一的犯罪故意,是指行为人具有数次实施同一犯罪的故意;概括的故意,是指行为人主观上具有只要有条件就实施特定犯罪的故意。

(2) 必须实施性质相同的数个行为。只实施一次行为的,不可能成立连续犯。数个行为是指两个以上的行为。

(3) 数次行为具有连续性。是否具有连续性,应从主客观两个方面进行判断。既要看行为人有无连续实施某种犯罪行为的故意,又要通过分析客观行为的性质、对象、方式、环境、结果等来判断是否具有连续性。

(4) 数次行为必须触犯同一罪名。触犯同一罪名,是指数次行为触犯同一具体罪名,而不包括触犯同类罪名的情况。

(三) 处理

将连续犯以一罪论处,具有法律依据。例如,刑法第 383 条第 2 款规定:对多次贪污未经处理的,按照累计贪污数额处罚。这清楚地表明了对连续犯以一罪论处的含义。刑法第89条规定,对于连续犯的追诉期限应从犯罪行为终了之日起计算,也表明对连续犯应以一罪论处。

二、牵连犯

(一) 定义

牵连犯是指以实施某一犯罪为目的,而其犯罪的方法行为或者结果行为又触犯了其他罪名的情形。例如,为了诈骗而伪造公文,该诈骗行为构成了诈骗罪,其方法行为则构成了伪造公文罪,是牵连犯。

(二) 特征

(1) 牵连犯必须具有两个以上的犯罪行为,这是构成牵连犯的前提条件。行为人只有实施了数个行为才有可能构成牵连犯。如果只实施了一个行为,无法形成行为之间的牵连关系。

(2) 牵连犯的数个行为之间必须具有牵连关系。所谓牵连关系,是指行为人实施的数个行为之间具有手段与目的或者原因与结果的关系。也就是说,行为人的数个行为分别表现为目的行为或原因行为、手段行为或结果行为,并互相依存形成一个有机的整体。一般认为,对于是否具有牵连关系,要从主客观两个方面进行认定。仅仅客观上具有牵连关系而主观上不存在牵连关系的,不宜认定为牵连犯。例如,行为人在一年前出于业余爱好而私刻单位印章,一年后为了诈骗银行而使用了该印章。两个行为虽然在客观上有牵连关系,但主观上不存在牵连关系,故应否认牵连犯的成立。

(3) 牵连犯的数个行为必须触犯不同的罪名。

(三) 处理

牵连犯虽然存在两个犯罪行为,但由于这两个犯罪行为之间存在牵连关系,因而刑法理论上对牵连犯实行从一重罪处断的原则。我国刑法对于牵连犯既有实行数罪并罚的规定又有从一重罪处断的规定。例如,根据刑法第198条的规定,投保人、被保险人故意造成财产损失的保险事故,骗取保险金;投保人、受益人故意造成被保险人死亡、伤残或者疾病,骗取保险金,同时构成其他犯罪的依照数罪并罚的规定处罚。在这种情况下,行为人实施故意杀人等手段制造保险事故诈骗保险金的,是手段行为与目的行为的牵连。对此,刑法明文规定实行数罪并罚。而刑法第399条第4款规定,司法工作人员贪赃枉法,其行为又构成受贿罪的,依照处罚较重的规定定罪处罚。在这种情况下,行为人收受贿赂以后为他人谋利益的行为又触犯了徇私枉法等罪名,是原因行为与结果行为之间的牵连。对此,刑法明文规定从一重罪处断。在上述两种刑法有明文规定的情况下,应当按照刑法规定分别实行数罪并罚或者从一重罪处断。在刑法没有明文规定的情况下,则仍应按照刑法理论,对于牵连犯从一重罪处断。

三、吸收犯

(一) 定义

吸收犯,是指事实上存在数个不同的行为,其一行为吸收其他行为,仅成立吸收行为一个罪名的情形。例如,行为人盗窃枪支后,私藏在家里,私藏枪支的行为被盗窃枪支的行为所吸收,仅成立盗窃枪支罪。

(二) 特征

(1) 具有数个独立的符合犯罪构成的犯罪行为。如果只有一个行为符合犯罪构成,则不可能成立吸收犯。

(2) 数个行为必须触犯不同罪名。如果数个行为触犯同一罪名,则不可能是吸收犯,而可能是连续犯。

(3) 数行为之间具有吸收关系。刑法通说认为,吸收犯的吸收关系有三种情况:一是重行为吸收轻行为,即社会危害大、罪质重、法定刑高的犯罪行为,吸收社会危害性小、罪质轻、法定刑低的犯罪行为。例如,伪造货币后又出售或者运输伪造的货币的,由伪造货币罪吸收出售、运输假币罪。二是实行行为吸收预备行为,即行为人已经着手实行了犯罪,而预备行为触犯另一罪名时,对预备行为不独立定罪,而由实行行为吸收。例如,入室抢劫的行为,其预备行为触犯了非法侵入住宅罪,其实行行为是抢劫,故抢劫罪吸收非法侵入住宅罪。三是主行为吸收从行为,即在共同犯罪中,行为人分别起到了主要作用、次要作用与较小作用时,由起主要作用的行为吸收其他行为,结局是主犯吸收从犯或胁从犯。

(三) 处理

对于吸收犯,按吸收之罪处断。刑法理论中还存在不可罚的事后行为的概念。不可罚的事后行为,是指在状态犯的场合,利用该犯罪行为的结果的行为,如果孤立地看,符合其他犯罪的构成要件,具有可罚性,但由于被综合评价在该状态犯中,故没有必要另认定为其他犯罪。例如,行为人盗窃他人财物后又毁坏该财物的,就属于不可罚的事后行为。不可罚的事后行为与吸收犯有相似甚至相同之处,但二者不是等同概念。

【案例分析】

案例1

[案情] 2006年8月至2007年6月间,行为人刘某某在未取得采矿许可证的情况下,雇用他人在某镇吴庄村开采煤矿,造成煤炭资源破坏量为3 700余吨,价值人民币120余万元。此外,行为人刘某某为了开采煤矿,还违反爆炸物品管理规定,非法购买炸药、雷管,案发后在其非法开采的煤矿仓库内查获炸药18余斤、雷管32枚。经鉴定,上述炸药、雷管均有爆炸力。问题:刘某某的行为构成一罪还是数罪?

[分析] 刘某某的行为构成一罪,即非法买卖爆炸物罪。本案中,刘某某违反爆炸物品管理规定,非法购买炸药、雷管,实施非法采矿的行为,实质上触犯了两个罪名:一是非法买卖爆炸物罪,二是非法采矿罪。根据刑法规定,非法购买爆炸物,情节严重的,应处十年以上有期徒刑量刑;非法采矿,造成矿产资源严重破坏的,处三年以上七年以下有期徒刑量刑。非法买卖爆炸物是手段行为,非法采矿是目的行为,两个犯罪行为之间具有牵连关系,系牵连犯。根据刑法理论,牵连犯应择一重罪处罚。

案例2

[案情] 高某系个体户,因经营资金紧缺,多次向银行贷款未果。为此,高某仿照银行存单上的印章模式,伪造了甲银行的储蓄章和行政章,以及银行工作人员的人名章,伪造了户名为自己的在甲银行存款额均为100万元的存单两张。随后,高某通过在乙银行的熟人关系,在乙银行申请存单抵押贷款,乙银行相关工作人员未严格审查,便给高某150万元贷款。高某将贷款全部投入经营活动,结果亏损殆尽,致使银行贷款不能归还。问题:高某的行为如何定性?

[分析] 高某的行为只构成金融凭证诈骗罪。本案中,高以诈骗贷款为目的,实施的伪造甲银行的储蓄章和行政章的行为,构成伪造企业印章罪;高伪造银行工作人员的人名章、伪造户名分别为自己的在甲银行存款额均为100万元的存单两张的行为构成伪造金融凭证罪;高以假存单诈骗银行贷款的行为同时触犯金融凭证诈骗罪和贷款诈骗罪。其中,伪造企业印章罪、伪造金融凭证罪与金融凭证诈骗罪、贷款诈骗罪之间是牵连关系,按牵连犯从一重罪论处;金融凭证诈骗罪与贷款诈骗罪之间是法条竞合关系,由于金融凭证诈骗罪比贷款诈骗罪重,因此对高某应以金融凭证诈骗罪论处。

【本章小结】

罪数,是指一个人所犯之罪的数量。犯罪构成标准说是我国刑法理论通行的区分一罪与数罪的标准。由于犯罪构成本身的复杂性,加上立法上的特殊规定以及司法中的特殊处理,往往会出现一些不典型一罪情况。不典型一罪主要包括实质的一罪、法定的一罪与处断的一罪三种。实质的一罪,是指在外观上具有数罪的某些特征,但实质上构成一罪的情形。它包括想象竞合犯、结果加重犯和继续犯。法定的一罪,是指本来是符合数个犯罪构成的数罪,但因其某种特定理由,法律上将其规定为一罪的情形。它包括结合犯、惯犯和转化犯。处断的一罪,又称裁判的一罪,是指本来是符合数个犯罪构成的数罪,但因其固有的特征,在司法机关处理时将其规定为一罪的情形。它包括连续犯、牵连犯和吸收犯。

本章思考题

1. 什么是想象竞合犯?其构成特征有哪些?
2. 什么是继续犯?其构成特征有哪些?
3. 什么是结果加重犯?其构成特征有哪些?
4. 什么是结合犯?
5. 什么是转化犯?
6. 什么是连续犯?
7. 什么是牵连犯?其构成特征有哪些?
8. 什么是吸收犯?

第九章 刑事责任

【本章学习目的】

通过本章的学习,了解刑事责任的概念和特征;掌握刑事责任的根据;了解刑事责任的目的;理解刑事责任的实现方式。

第一节 刑事责任的概念和特征

一、刑事责任概念

刑事责任,是指行为人因犯罪行为而产生的,必须由其本人承担的,体现国家对其否定的道德政治评价的刑事法律后果。①刑事责任不同于民事责任等其他法律责任,具体表现在:

(一)前提不同

承担刑事责任的前提是行为人实施了犯罪行为;而其他法律责任不以犯罪行为为前提。

(二)程序不同

行为人是否承担刑事责任,只能由国家司法机关依照刑事诉讼程序来决定;而其

---

① 我国刑法中的刑事责任与大陆法系刑法理论中的刑事责任(或曰责任)并非同一回事。在德、日刑法学中,以构成要件该当性、违法性、有责性为犯罪成立条件。显然,这里的刑事责任属于犯罪成立条件之一,相当于我国犯罪构成要件中的犯罪主观要件。而我国刑法学界则是在犯罪成立以后从犯罪的法律后果角度来研究刑事责任理论的。

他法律责任的追究则不是通过刑事诉讼程序进行。

(三) 后果不同

对应负刑事责任的人的法律后果往往是予以刑罚处罚,这是最严厉的国家制裁方法,不仅可以剥夺被判刑人的财产,而且可以剥夺其人身自由、政治权利,乃至生命;而其他法律责任不会引起刑罚处罚这种严厉的法律后果,其承担方式较刑事责任的承担方式相对要轻缓得多。

二、刑事责任的特征

(一) 刑事责任因犯罪行为而产生

刑事责任是行为人基于其犯罪行为而产生的法律责任。行为人实施犯罪行为是产生刑事责任的前提,刑事责任是犯罪行为的必然结果。有犯罪就必然有刑事责任,无犯罪则必无刑事责任;反之,有刑事责任也就必然有犯罪。

(二) 刑事责任是一种严格的个人法律责任

刑事责任只能由实施了犯罪行为的自然人和单位承担。即使与犯罪人存在着某种亲密关系,但只要没有参与犯罪行为的,行为人即不负刑事责任。

(三) 刑事责任必须由司法机关依据刑事法律加以确认

这里有两层含义:一是刑事责任必须依法确认。刑事责任是一种法定责任。行为人对其行为应否负刑事责任,负什么程度的刑事责任,怎样负刑事责任,都必须由刑法作出明文规定。这是罪刑法定原则的最基本要求。二是刑事责任只能由司法机关加以确认。并非任何人都可以来确认刑事责任。司法机关是现代社会专门解决法律纠纷的机关。

(四) 刑事责任是一种最严厉的法律责任

作为刑事责任基本实现方式的刑罚,不仅可以剥夺犯罪人的财产权和政治权,也可以有期或无期地限制或剥夺犯罪人的自由权,甚至还可以剥夺犯罪人的生命权。

(五) 刑事责任体现了国家对犯罪行为的否定性评价和对犯罪人的责难

使犯罪人承担某种刑事法律后果只是刑事责任的表象,刑事责任的实质是国家对犯罪行为的否定性评价和对犯罪人的责难,以期犯罪人改恶从善,重新做人。刑事责任一经司法机关确认,犯罪人和被害人均不能自行变更刑事责任,也不容许“私了”。

第二节　刑事责任的根据和目的

一、刑事责任的根据

刑事责任的根据,所要回答的是犯罪人基于何种理由承担刑事责任、国家基于何种理由追究犯罪人刑事责任的问题。

行为人承担刑事责任的根据,在于行为人基于自己的主观能动性或相对自由意志实施了犯罪行为。辩证唯物主义认为,人具有相对自由意志。由于这种相对自由意志,使得国家能够要求人们按照一定的社会标准选择和决定自己的行为,并且依据人们所选择、决定的行为是否符合该社会标准来给予肯定或否定的评价。如果一个人本应选择有利于国家、社会和人民利益的行为,却选择了危害国家、社会和人民利益的犯罪行为,这就使国家将行为人认定为犯罪人而受到否定的评价和遣责。因此,追究犯罪人刑事责任的根据,就在于犯罪人基于自己的主观能动性选择实施了犯罪行为。

二、刑事责任的目的

刑事责任的目的,是指国家追究行为人刑事责任所期望达到的效果。刑事责任的目的在于预防犯罪。预防犯罪包括特殊预防和一般预防两个方面。

(一)特殊预防

所谓特殊预防,是指通过对犯罪人适用刑罚或非刑罚方法,防止其重新犯罪。防止已经犯罪的人重新犯罪,可以采取多种方式。而刑罚则是最重要的一种预防手段。刑罚在特殊预防中的具体作用方式表现为:(1)通过对极少数罪行极其严重的犯罪人适用和执行死刑,永远剥夺其再犯罪之能力。(2)通过对绝大多数犯罪人适用和执行自由刑,一方面使其与社会隔离,另一方面也可对其进行教育改造,使他们改过自新,重新做人。(3)通过对经济犯罪、财产犯罪和其他贪利性犯罪的犯罪人适用和执行财产刑,剥夺其实施犯罪的物质条件。(4)通过对某些犯罪人适用和执行资格刑,剥夺其某种权利或资格,防止他们利用这些权利或资格进行新的犯罪活动。

(二)一般预防

所谓一般预防,是指通过对犯罪人适用刑罚或非刑罚方法,防止社会上可能犯罪的人走上犯罪道路。一般预防的方式主要包括:(1)威慑、警戒社会上的不稳定分子,使他们不敢以身试法。(2)教育和鼓励广大人民群众积极地同犯罪作斗争。(3)抚慰被害人,防止报复性犯罪行为的发生。

第三节 刑事责任的实现方式

一、刑罚是刑事责任的基本实现方式

对犯罪人适用刑罚,是犯罪人承担刑事责任的最主要、最基本的方式。刑罚以剥夺犯罪人的生命、自由、财产、资格为内容,是诸法律后果中最为严厉的一种法律后果。对于大多数犯罪而言,因其客观危害与主观恶性相较于一般违法行为都比较严重,因此,对多数犯罪都必须给予刑罚处罚。

根据刑法第32条至第37条的规定,在我国,刑罚分为主刑和附加刑两大类。主刑是对犯罪分子适用的主要的刑罚方法,主刑只能独立适用,不能附加适用。我国刑法规定的主刑种类有:管制、拘役、有期徒刑、无期徒刑和死刑。附加刑是补充主刑适用的刑罚方法。附加刑既可以附加适用,也可以独立适用。我国刑法规定的附加刑种类有:罚金、剥夺政治权利和没收财产。此外,刑法第35条规定:“对于犯罪的外国人,可以独立适用或者附加适用驱逐出境。”此种附加刑只能对在我国境内犯罪的外国人(包括具有外国国籍的人和无国籍的人)适用,不适用于我国公民。在司法实践中,被判处有期徒刑是犯罪分子承担刑事责任的最常见形式。

二、非刑罚处罚是刑事责任的特殊实现方式

刑法第37条规定:“对于犯罪情节轻微不需要判处刑罚的,可以免予刑事处罚,但

是可以根据案件的不同情况,予以训诫或者责令具结悔过、赔礼道歉、赔偿损失,或者由主管部门予以行政处罚或者行政处分。"这里规定的几种非刑罚处罚方法,也都是实现刑事责任的方法。当然,与刑罚处罚相比,由于其适用范围相对有限,故称为刑事责任的特殊实现方式。

【本章小结】

刑事责任,是指行为人因犯罪行为而产生的,必须由其本人承担的,体现国家对其否定的道德政治评价的刑事法律后果。刑事责任具有五方面特征:刑事责任是因犯罪行为而产生的;刑事责任是一种严格的个人法律责任;刑事责任必须由司法机关依据刑事法律加以确认;刑事责任以刑罚为主要实现方式,是一种最严厉的法律责任;刑事责任体现了国家对犯罪行为的否定性评价和对犯罪人的责难。行为人承担刑事责任的根据,在于行为人基于自己的主观能动性或相对自由意志实施了犯罪行为。刑事责任的目的在于预防犯罪。预防犯罪包括特殊预防和一般预防两个方面。对犯罪人适用刑罚,是犯罪人承担刑事责任的最主要、最基本方式。非刑罚处罚是刑事责任的特殊实现方式。

本章思考题

1. 什么是刑事责任? 其有哪些特征?
2. 如何理解刑事责任的根据?
3. 如何理解刑事责任的目的?
4. 刑事责任的实现方式有哪些?

第十章 刑罚概说

【本章学习目的】

通过本章的学习，了解刑罚的定义和特征；掌握刑罚与刑事责任的区别；理解刑罚的功能。

第一节 刑罚的概念

一、刑罚的定义及特征

（一）定义

刑罚，是刑法规定的由国家审判机关依法对犯罪人所适用的剥夺或者限制其某种权益的最严厉的法律强制方法。

（二）特征

1. 刑罚的内容为对受刑者一定权益的限制和剥夺

使犯罪人承受一定的痛苦，是刑罚的惩罚性质，也是刑罚的本质属性。我国一贯遵行惩罚与教育相结合的方针，不采取那些残酷、野蛮的刑罚方法来摧残、折磨犯罪人。事实上，刑罚的宽和、人道和轻缓化正是其发展的趋势。但不可否认，刑罚作为国家对犯罪行为的否定评价与对犯罪人的谴责的一种最严厉的形式，它当然地要给犯罪人带来身体的、精神的或财产的剥夺性痛苦。这种痛苦相对于其他法律制裁措施而言，无疑是最强烈的。

2. 刑罚的对象只能是犯罪人

刑罚是对犯罪人的犯罪行为所作出的否定评价,是对犯罪人的道义谴责,它是因犯罪所产生的当然的法律后果。与之相适应,刑罚处罚的对象只能是实施了犯罪行为的犯罪人,包括自然人或者单位。因此,犯罪人既是犯罪行为的实施者,也是刑罚的物质承担者。刑罚既不能适用于动植物和其他非人的对象,也不能适用于与犯罪无关的无辜者。

3. 刑罚适用的主体只能是国家审判机关

国家审判机关是适用刑罚的专门机关,在我国,刑罚适用的主体则只能是人民法院。

4. 刑罚的种类及适用标准必须以刑法的明文规定为依据

刑法第 3 条明确规定了罪刑法定原则,该原则应包括两个方面:一是罪的法定,二是刑的法定。易言之,不仅犯罪需要由成文刑法事先作出明文规定,而且刑罚也必须由刑法明文载于法条。这就意味着,刑法总则要对刑罚的种类作出明确规定,刑法分则也要对各种具体犯罪所适用的刑罚作出明文规定。对于刑法没有明文规定的制裁方法,便不能以刑罚之名适用于犯罪人。比如我国刑法典第 64 条规定的没收违法所得,就不是我国刑法明文列举的刑罚种类,因而就不是刑罚。

5. 刑罚适用必须依照刑事诉讼程序

人民法院适用刑罚时必须以刑法的规定为依据,并遵循刑事诉讼法规定的讼诉程序进行。不经过应有的诉讼程序,是不能适用刑罚的。

6. 刑罚的执行机关是特定的

刑罚的执行机关并不只限于人民法院,还包括公安机关、监狱等。

二、刑罚与刑事责任的区别

(一) 刑罚是刑事责任的下位概念,二者并非同一层次事物

首先,虽然从一定意义上讲,刑事责任与刑罚可以说都是犯罪的法律后果,因为它们都是以犯罪为前提,无犯罪,必无刑事责任与刑罚。但是,犯罪以后,必然产生刑事责任,但不一定产生刑罚,因为刑法规定在具备法定情节下是可以免除刑罚的,但犯罪以后无论如何刑事责任是不能免除的。故刑事责任是犯罪的必然后果,但刑罚则不是犯罪的必然后果。其次,有犯罪必然产生刑事责任,无犯罪必然无刑事责任,犯罪和刑事责任具有质和量的统一性,因此刑事责任是与犯罪相对应、相平行的概念。而刑罚以存在刑事责任为前提,是实现刑事责任的基本方式,可见刑罚是刑事责任的下位概

念,刑罚并不直接与犯罪发生关系。

(二)刑事责任可以不依附于刑罚而存在,但刑罚不能脱离刑事责任而存在

虽然刑事责任通常以刑罚作为自己的实现方式,但刑罚并非是刑事责任的唯一实现方式。刑事责任的实现方式除刑罚方法外,还有其他非刑罚处罚方法。如在西方很多国家,保安处分也是刑事责任的实现方式。在我国,训诫、责令具结悔过、赔偿损失等也是刑事责任的实现方式。根据刑法规定,如果犯罪人具备犯罪中止、防卫过当等法定情节,司法机关可以对犯罪人免除刑罚处罚,而通过适用非刑罚处罚方法来追究犯罪人的刑事责任。可见,存在刑事责任并不一定代表存在刑罚。然而,刑罚却不能独立于刑事责任之外,因为存在刑事责任是适用刑罚的前提,刑罚必须依附于刑事责任才能存在。刑事责任与刑罚之所以有如此区别是由刑罚是刑事责任的下位概念所决定的。

(三)刑事责任和刑罚的产生时间不同

刑事责任随着犯罪的产生而产生,但刑罚并不是随着犯罪的产生而产生的,刑罚是在人民法院在刑事判决中判处犯罪人承担刑罚并在有罪判决生效后才产生。

(四)刑事责任不能被免除,但刑罚可以被免除

行为人构成犯罪以后,必须追究其刑事责任。任何人犯了罪都应当承担刑事责任,刑事责任不能被免除(当然可以终结)。但行为人犯罪的社会危害性较小,具有法定免除处罚情节的,则可以免除刑罚处罚。

第二节 刑罚的功能

刑罚的功能,是指国家适用刑罚所可能产生的积极的社会作用。

一、剥夺功能

刑罚的剥夺功能是针对犯罪人而言的,对犯罪人的权利与利益予以剥夺,这是

刑罚的首要功能。同时,刑罚的剥夺功能还对刑罚的其他功能具有制约作用,是刑罚其他功能发挥的重要前提。离开了刑罚剥夺功能,刑罚的其他功能也就无从谈起。

二、矫正功能

同剥夺功能一样,矫正也是针对犯罪人的刑罚功能,并且是最主要的功能之一。我国刑罚制度体现了对犯罪分子进行矫正这样一个思想。例如,我国刑法中的无期徒刑和有期徒刑,是将犯罪分子关押在监狱或者其他场所进行劳动改造。我国还规定了死缓制度,对判处死缓的罪犯,强制实行劳动改造。

三、感化功能

感化功能是针对犯罪分子而言的,它主要体现了刑罚的教育性。刑罚的感化功能是指通过区别对待、宽大处理等一系列的政策与制度,使刑罚对犯罪分子产生心理上的感受和影响。我国刑法规定了自首、缓刑、减刑、假释、死缓等刑罚制度以及一系列从轻、减轻或者免除处罚的量刑情节。这些制度与从宽处理的情节,都表现了国家对犯罪分子宽大处理的政策精神,可以消除犯罪人的抵触情绪,使其自觉地接受加于自己身上的刑罚,从而对犯罪分子起到攻心作用。许多犯罪分子在受到法律的宽大处理以后,都对政府感恩不尽,决心改恶从善,脱胎换骨,重新做人,就是刑罚通过宽大处理而感化罪犯的最好说明。

四、威慑功能

刑罚的威慑功能,有个别威慑与一般威慑之分。个别威慑是指刑罚对犯罪分子产生的威吓慑止作用。个别威慑又可以分为行刑前威慑与行刑后威慑。一般威慑是指刑罚对潜在犯罪人发生的威吓慑止作用。一般威慑又可以分为立法威慑与司法威慑。立法威慑是指国家以立法的形式将罪刑关系确定下来,通过刑法规定犯罪是应受刑罚惩罚的行为,并具体列举各种犯罪应当受到的刑罚处罚。这就为全社会提供一份罪刑价目表,使知法欲犯者望而止步,悬崖勒马。司法威慑是指法院对犯罪分子适用刑罚,行刑机关对已决罪犯执行刑罚,使意欲犯罪者因目击他人受刑之苦,而从中得到警戒。

五、安抚功能

刑罚的安抚功能是刑罚的重要功能之一。犯罪行为对社会造成侵害,破坏了社会秩序,引起被害人的激愤与其他人的义愤。在这种情况下,通过对犯罪分子适用刑罚,可以平息民愤,满足社会公正的复仇要求。因此,安抚功能首先是对被害人的功能,满足被害人要求惩罚犯罪分子的强烈愿望,抚慰其受到的精神创伤,并使其尽快从犯罪所造成的痛苦中解脱出来。

【本章小结】

刑罚是刑法规定的由国家审判机关依法对犯罪人所适用的剥夺或者限制其某种权益的最严厉的法律强制方法。刑罚与刑事责任的区别主要是:刑罚是刑事责任的下位概念,二者并非同一层次事物;刑事责任可以不依附于刑罚而存在,但刑罚不能脱离刑事责任而存在;刑事责任随着犯罪的产生而产生,但刑罚并不是随着犯罪的产生而产生的,刑罚是在人民法院在刑事判决中判处犯罪人承担刑罚并在有罪判决生效后才产生;刑事责任不能被免除,但刑罚可以被免除。刑罚的功能体现在五个方面:一是剥夺功能;二是矫正功能;三是感化功能;四是威慑功能;五是安抚功能。

本章思考题

1. 刑罚的定义和特征是什么?
2. 刑罚与刑事责任有何区别?
3. 如何理解刑罚的功能?

第十一章　刑　种

【本章学习目的】

通过本章的学习，了解刑罚的分类、我国刑罚体系及其特点；掌握我国刑法对死刑、管制、拘役、有期徒刑及无期徒刑的规定；掌握我国刑法对罚金、剥夺政治权利及没收财产的规定，了解我国刑法对驱逐出境的规定；了解我国刑法对非刑罚处罚方法的规定。

第一节　刑种概述

一、刑种的分类

刑种的分类，在各国刑罚体系中根据不同的标准，主要有两种方法：

（一）以刑罚所剥夺犯人的权利和利益的性质不同为标准

依此标准，可分为生命刑、自由刑、财产刑和资格刑四类。

（1）生命刑，是剥夺犯人生命的刑罚方法，即死刑。

（2）自由刑，是剥夺或限制犯人人身自由的刑罚方法。如无期徒刑、有期徒刑、拘役等。自由刑是运用最广的刑罚方法。

（3）财产刑，是剥夺犯人财产的刑罚方法。如罚金、没收财产等。

（4）资格刑，是剥夺犯人行使某些权利之资格的刑罚方法。如剥夺政治权利等。有的也称为能力刑，即剥夺犯人享有权利能力的刑罚。

(二) 以某种刑罚方法只能单独适用还是可以附加适用为标准

依此标准,可分为主刑与附加刑两类。我国刑罚采取的便是此种分类。

(1) 主刑。也叫基本刑罚,它只能独立适用,不能附加适用。一个罪只能适用一个主刑,不能同时适用两个或两个以上主刑。

(2) 附加刑。也叫从刑,它既可以随主刑附加适用,也可以独立适用。在附加刑适用时,可以同时适用两个以上的附加刑。

二、刑种体系

刑种体系,又称刑罚体系,是指刑法中所规定的并按照一定秩序排列的各种刑罚方法(刑种)的总和。

根据我国刑法的规定,我国刑罚分为主刑和附加刑两类。主刑刑种有:(1)管制,(2)拘役,(3)有期徒刑,(4)无期徒刑,(5)死刑。附加刑刑种有:(1)罚金,(2)剥夺政治权利,(3)没收财产。此外,对于外国人犯罪,可以独立适用或者附加适用驱逐出境。由此可见,我国刑种体系具有如下特点。

(一) 结构合理

我国刑罚由主刑与附加刑构成一个完整体系。主刑与附加刑相互补充、相得益彰,避免了单一刑种的局限性。刑罚体系中的各种刑罚方法全部由轻到重排列,主次分明,轻重衔接,结构严谨,如拘役与有期徒刑是不同刑种,但期限却是衔接的。

(二) 以教育改造犯罪人为目的

我国刑法根据惩罚与教育相结合的刑事政策,对犯罪人实行教育改造,使之回归社会。我国刑法除保留死刑、无期徒刑同严重刑事犯罪作斗争以外,规定了管制、拘役、有期徒刑等刑罚,对犯人实行劳动改造。即使是对严重的刑事犯罪人,也还创立死缓制度,即宣告缓期二年执行,强迫劳动,以观后效。另外,刑法还设有减刑、假释制度,以鼓励犯罪人通过改造尽快获得新生,重新回归社会。

(三) 体现人道主义精神

在我国刑种体系中,没有摧残身体的肉体刑,也没有贬低犯罪人人格的羞辱刑,虽然保留死刑,但对死刑的适用极为慎重,严加控制。对于犯罪时不满18周岁的人和审判时怀孕的妇女,不适用死刑。对服刑的犯罪人,赋予其一定的法律地位。对于被判处管制的犯罪人,在劳动中实行同工同酬。对被判处拘役的犯罪人每月可以回家 1 至 2 天等。这些规定,都体现了刑罚的人道主义精神。

第二节 主 刑

主刑,是指只能独立适用的刑罚方法。主刑只能独立适用,不能附加适用。一个罪只能适用一个主刑,不能同时适用两个以上的主刑。主刑是主要的刑罚方法,不管是从法定刑来说,还是从宣告刑来看,主刑总是多于附加刑。根据刑法第 33 条的规定,主刑包括管制、拘役、有期徒刑、无期徒刑与死刑。

一、管制

(一) 管制的概念

管制是指对犯罪分子不实行关押,交由公安机关管束和人民群众监督,限制其一定自由的刑罚方法。

(二) 管制的期限

管制作为一种限制人身自由的刑罚,期限为 3 个月以上 2 年以下;数罪并罚时最高不能超过 3 年。

管制的刑期,从判决执行之日起计算;判决执行以前先行羁押的,羁押 1 日折抵刑期 2 日,之所以规定羁押 1 日折抵刑期 2 日,是因为判决执行以前先行羁押的属于剥夺自由,而管制只是限制自由。另外,对于经过批准离开所居住的市、县外出的罪犯,被许可外出的期间,应计入执行期,但超过许可的时间不计入执行期;对于未被批准而擅自离开所在地域的罪犯,其外出期间,不得计入执行期。扣除的执行期,由县级公安机关在其法律文书上注明,并加盖公章,通知本人,同时书面通知同级人民检察院和原审判或批准机关。

(三) 管制的执行

刑法第 38 条规定:“被判处管制的犯罪分子,由公安机关执行。”可见,管制的执行机关是公安机关。

根据刑法第39条的规定,被判处管制的犯罪分子,在执行期间,应当遵守下列规定:(1)遵守法律、行政法规,服从监督;(2)未经执行机关批准,不得行使言论、出版、聚会、结社、游行、示威自由的权利;(3)按照执行机关的规定报告自己的活动情况;(4)遵守执行机关关于会客的规定;(5)离开所居住的市、县或者迁居,应当报告执行机关批准。根据上述规定,管制本身不包含剥夺政治权利的内容。如果被管制的犯罪分子需要剥夺政治权利的,应当把剥夺政治权利作为附加刑判处,其期限与管制的期限相等,同时执行。

被判处管制的犯罪分子,管制期满,执行机关即应向本人和其所在单位或居住地的群众宣布解除管制,并且发给本人解除通知书。附加剥夺政治权利的,同时宣布恢复政治权利。

二、拘役

(一) 拘役的概念

拘役是指剥夺犯罪人短期人身自由,就近实行强制劳动改造的刑罚方法。

(二) 拘役的期限

根据刑法第42条和第69条的有关规定,拘役的期限为1个月以上6个月以下。数罪并罚时,最高不得超过1年。可见,拘役的上限刑期与有期徒刑的6个月的下限刑期相衔接。它较好地体现了拘役的特点,使刑罚体系更为连贯和严密。

拘役的刑期从判决之日起计算。判决以前先行羁押的,羁押1日折抵刑期1日。根据有关规定,凡是由于犯罪嫌疑人、被告人被依法逮捕、刑事拘留而被剥夺人身自由的日期,以及依照海关法规定被扣留而被限制人身自由的日期,都可以折抵刑期。判决前保外就医的日期,也可以折拘役刑期。因行政拘留或劳动教养而被限制或剥夺人身自由的日期,如果被行政拘留的行为或者被劳动教养的行为与被判处刑罚的犯罪行为属于同一行为的,也可以折抵刑期。对于人犯在被拘留或被逮捕以前,被依法执行监视居住的期间,因为并非完全限制其人身自由,因此,不予折抵刑期。

(三) 拘役的执行

被判处拘役的犯罪分子,由公安机关就近执行。从刑法的规定看,拘役的执行场所较为灵活,既可以在受刑人所在地的县、市或市辖区的公安机关设立的拘役所执行,也可以在就近的监狱或劳改队执行,还可以在看守所内执行。但在监狱、劳改队或看守所执行的,要实行分管分押,以便把判处拘役的罪犯与判处有期徒刑、无期徒刑的罪犯以及未决犯相区别,防止交叉感染或为未决犯通风报信。

被判处拘役的犯罪分子在执行期间享有如下待遇:(1)探亲。每月可以回家1天到2天,路费自理。路途较远的可以累积使用假期。(2)参加劳动的,可以酌量发给报酬。拘役犯的待遇体现了我国刑罚的人道主义精神,可使犯罪分子能够同家庭和社会保持一定的联系,有利于犯罪分子接受来自家庭和社会方面的教育,也有助于解决家庭生活方面的困难,这对于促进犯罪分子的改造和早日回归社会具有积极的意义。

三、有期徒刑

(一)有期徒刑的概念

有期徒刑,是指剥夺犯罪分子一定期限的人身自由,实行强制劳动改造的刑罚方法。有期徒刑是自由刑的主体,其刑罚幅度变化较大,从较轻犯罪到较重犯罪,都可以适用。所以,在我国刑罚体系中,有期徒刑居于中心地位。

(二)有期徒刑的刑期

刑法第45条规定,有期徒刑的期限为6个月以上15年以下。也就是说,在一般情况下,对犯罪分子所犯的一个罪一次判处的有期徒刑最高不能超过15年,最低不能低于6个月。但是,有两种情况例外:第一,根据刑法第50条的规定,判处死刑缓期执行的,在死刑缓期执行期间,如果确有重大立功表现,2年期满以后可减为15年以上20年以下有期徒刑。第二,根据刑法第69条的规定,数罪并罚,有期徒刑最高期限可达20年。此外,根据刑法第71条的规定,犯罪分子在服刑期间又犯新罪,以前罪没有执行完毕的刑罚为基础来确定应当执行的刑罚,已执行的刑期不计算在新决定的刑期内。因而犯罪分子实际执行的刑期可超过15年,甚至超过20年。

有期徒刑刑期,刑法规定从判决执行之日起计算;判决执行以前先行羁押的,羁押1日折抵刑期1日。所谓判决执行之日,是指人民法院签发执行通知书之日。先行羁押,是指同一行为先前被采取剥夺人身自由的刑事措施的情形。由于先行羁押也是剥夺人身自由,因而在计算有期徒刑的刑期时,应当予以折抵。

(三)有期徒刑的执行

根据刑法第46条的规定,被判处有期徒刑的犯罪分子,在监狱或者其他执行场所执行。这里的其他执行场所,是指少年犯管教所、拘役所等。凡是有劳动能力的有期徒刑罪犯,都应当参加劳动,接受教育和改造。这就是说,在我国劳动改造是有期徒刑执行的法定方式和内容。犯罪分子通过劳动,一方面可以培养劳动意识、自食其力的观念和习惯,进而消除罪犯身上所存在的好逸恶劳、贪图享受、不劳而获的习气;另一方面,罪犯在劳动中也可以学到正常的谋生手段和技能,有利于刑满释放后回归社会。同时,劳动还可以为国家创造财富,减轻国家关押罪犯的负担。

四、无期徒刑

(一) 无期徒刑的概念

无期徒刑,是指剥夺犯罪分子终身自由,并强制劳动改造的刑罚方法。

在我国刑法中,无期徒刑介于有期徒刑和死刑之间,是仅次于死刑的一种严厉的惩罚方法。它主要适用那些罪行严重,又不必判处死刑,但需要与社会永久隔离的犯罪分子。在我国目前还大量存在严重犯罪,刑法还保留死刑的情况下,无期徒刑在刑法体系中占有十分重要的地位,是其他刑罚方法不可替代的。一方面,它是同严重危害国家安全的犯罪以及其他严重刑事犯罪作斗争的有效手段,在惩罚和预防这类犯罪中起着十分重要的作用。另一方面,它又是限制死刑的适用、贯彻少杀方针的有效手段。它的存在在很大程度上可以替代死刑,减少死刑的适用。所以,无期徒刑是我国刑罚体系中的一个重要刑种。

(二) 无期徒刑的执行

根据刑法和监狱法的有关规定,被判无期徒刑的犯罪分子,在监狱或者其他场所执行;凡是有劳动能力的,都应当参加劳动,接受教育和改造。

无期徒刑是剥夺罪犯终身自由实行监禁的一种刑罚,关押没有期限。但是,在实际执行中,并不是断绝犯罪分子的自新之路,将其一直关押到死,而是给了他们悔过自新、重新做人的机会。根据刑法有关减刑和假释的规定,被判处无期徒刑的犯罪分子在执行期间,认罪服法,接受教育改造,确有悔改或立功表现,可获得减刑,由无期徒刑减为有期徒刑;如果实际执行10年以上,还可以获得假释,但累犯以及杀人、爆炸、抢劫、强奸、绑架等暴力犯罪被判处无期徒刑的犯罪分子除外。在司法实践中,大多数被判处无期徒刑的犯罪分子,经过一段时期的改造,依法被减为有期徒刑,有的还得到假释。无期徒刑减为有期徒刑后,刑期从人民法院裁定减刑之日起计算。

五、死刑

(一) 死刑的概念

死刑,是剥夺犯罪人生命的刑罚方法,包括立即执行与缓期二年执行两种情况。由于死刑的内容是剥夺罪犯的生命,故被称为生命刑。由于生命具有最宝贵的、剥夺后不可能恢复的价值,死刑成为刑罚体系中最为严厉的刑罚方法,故被称为极刑。

自从启蒙运动思想家提出废除死刑的主张以来,对于死刑的存废已经争论了二百多年。①

我国现在还不可能废除死刑,但是,一方面,保留死刑绝不意味着可以多杀、错杀。坚持少杀、防止错杀同样既是国家一贯的死刑政策,也是人们的共识。因为我国是人民民主专政的社会主义国家,大量适用死刑违背社会主义国家的性质;死刑是剥夺生命的刑罚方法,生命一经剥夺便不可能恢复,故必须杜绝错杀,而少杀、慎杀也有利于防止错杀。刑法总则与分则对死刑的适用作出了明确、严格的限制。另一方面,废除死刑将是我国刑罚发展的一种必然趋势。

(二) 死刑的严格控制

我国刑法对适用死刑的严格控制,主要体现在以下几个方面:

1. 严格控制死刑适用范围

刑法第48条规定:"死刑只适用于罪行极其严重的犯罪分子。"所谓罪行极其严重,一般是指对国家、社会和人民的利益危害特别严重,情节特别恶劣的犯罪。其具体范围在刑法分则中有明确规定,如对盗窃罪的死刑适用,仅限于两种情况:(1)盗窃金融机构,数额特别巨大的;(2)盗窃珍贵文物,情节严重的。对于刑法分则没有明文规定死刑的犯罪,一律不得适用死刑。

---

① 死刑存置论者和死刑废止论者各执一词,双方的论据往往基于同样的事实,然而得出的却是相反的结论:(1)死刑废止论者认为死刑是野蛮时代血腥复仇的沿袭,与文明人类的伦理正义相悖;死刑存置论者则认为死刑正是基于伦理正义的必然要求。(2)死刑废止论者认为死刑根本不能威慑犯罪人;死刑存置论者则认为死刑具有最大的威慑作用。(3)死刑废止论者认为死刑不符合社会契约论;死刑存置论者则认为死刑的存在是社会契约论的基本要求。(4)死刑废止论者认为死刑违背宪法精神;死刑存置论者则认为死刑绝无违宪性。(5)死刑废止论者认为死刑的不可分性有悖于罪刑相适应原则;死刑存置论者则反问:无期徒刑也具有不可分性,岂不也得废止?(6)死刑废止论者认为死刑错判难纠;死刑存置论者则认为,自由刑照样错判难纠,不能因噎废食。(7)死刑废止论者认为死刑助长人们的残忍心理;死刑存置论者则认为现代较文明的死刑执行方法,减少了助长人们残忍心理的可能性。(8)死刑废止论者认为死刑杜绝了犯罪人自新之路,不符合现代教育刑的旨趣;死刑存置论者则认为,死刑只适用于罪行极其严重不堪改造的犯罪人,并不违背现代教育刑的精神等等。参见马克昌主编:《刑罚通论》,武汉大学出版社1995年版,第82—83页。

2. 犯罪主体上的限制

刑法第49条规定:"犯罪的时候不满18周岁的人和审判的时候怀孕的妇女,不适用死刑。"其包括两方面内容:

其一,"犯罪的时候不满18周岁的人",是指按公历的年、月、日计算,是否满周岁,应从生日的第二天起算。"审判的时候怀孕的妇女",是指在人民法院审判的时候被告人是怀孕的妇女,也包括审判前在羁押受审时已是怀孕的妇女。因此,对于这种怀孕的妇女,在羁押或受审期间,都不应当为了判处死刑而给她进行人工流产;已经人工流产的,仍应视为审判时怀孕的妇女,也不能适用死刑。

其二,"不适用死刑",是指不能判处死刑,也不能判处死刑缓期二年执行。刑法对犯罪时不满18周岁的人不适用死刑,是考虑到不满18周岁的未成年人对自己的行为的认识能力和控制能力都有局限性,同时他们可塑性大,容易接受改造,从刑罚人道主义和特殊预防的效果两方面去看,对他们都不宜适用死刑。对审判时怀孕的妇女不适用死刑,也是基于刑罚人道主义的立场,考虑到虽然妇女犯有死罪但胎儿是无辜的,不能为了惩罚犯罪人而株连无辜的胎儿,所以不宜对孕妇适用死刑。

3. 死刑核准程序的限制

刑法第48条规定:"死刑除依法由最高人民法院判决的以外,都应当报请最高人民法院核准。"刑事诉讼法对死刑复核程序,也作了相应的配套规定。依照该法第200条规定,中级人民法院判处死刑的第一审案件,被告人不上诉的,应当由高级人民法院复核后,报请最高人民法院核准;高级人民法院判处死刑的第一审案件,被告人不上诉的,以及判处死刑的第二审案件,都应当报请最高人民法院核准。死刑执行命令必须由最高人民法院院长签发后,才能将死刑犯交付执行。死刑采用枪决或注射等方法执行。

4. 规定了死刑缓期执行制度,以控制死刑立即执行的范围

刑法第48条规定:"对于应当判处死刑的犯罪分子,如果不是必须立即执行的,可以判处死刑同时宣告缓期二年执行。"这就是我国独创的死刑缓期执行制度(简称死缓)。这一制度对于贯彻少杀的方针,促进犯罪人的改造和自新,打击和分化瓦解犯罪人,有着重要的作用。

(三) 死刑缓期执行制度

根据刑法第48条的规定,宣告死缓必须具备两个条件:一是"应当判处死刑",即根据刑法的规定与罪行的严重程度,应当判处死刑。这是宣告死缓的前提条件。二是"不是必须立即执行",即根据案件的具体情况,可以不立即执行死刑。刑法对于应当判处死刑的犯罪有明文规定,但对哪些属于"不是必须立即执行"情况没有明确描述。

根据刑事审判经验,应当判处死刑,但具有下列情形之一的,可以视为“不是必须立即执行”:犯罪后自首、立功或者有其他法定任意从轻情节的;在共同犯罪中罪行不是最严重的或者其他在同一或同类案件中罪行不是最严重的;被害人的过错导致被告人激愤犯罪或者有其他表明犯罪人容易改造的情节的;有令人怜悯的情节的;有其他应当留有余地情况的;等等。

由于死缓不是独立刑种,故判处死缓后会出现不同结局。根据刑法第 50 条的规定,对于被判处死缓的犯罪人,有三种处理结局:(1)在死刑缓期执行期间,如果没有故意犯罪,2 年期满以后,减为无期徒刑。(2)在死刑缓期执行期间,如果确有重大立功表现,2 年期满以后,减为 15 年以上 20 年以下有期徒刑。其中的重大立功表现,应根据刑法第 78 条予以确定。(3)在死刑缓期执行期间,如果故意犯罪,查证属实的,由最高人民法院核准,执行死刑。

根据刑法第 51 条的规定,死刑缓期执行的期间,从判决确定之日起计算。具体而言,从判决或者裁定核准死刑缓期二年执行的法律文书宣告或送达之日起计算。死刑缓期执行减为有期徒刑的刑期,从死刑缓期执行期满之日起计算。因此,死缓判决确定之前的羁押时间,不计算在缓期二年的期限之内,因为规定 2 年的考验期就是为了观察犯罪人在这 2 年内有无悔改表现,如果将先前羁押的时间计算在内,就失去了考验的意义。死缓减为有期徒刑的,不管何时裁定(当然应在 2 年期满后尽快作出裁定),有期徒刑的期限从死刑缓期执行期满之日起计算,而不是从裁定之日起开始计算。

【案例分析】

[**案情**] 朱某由父母包办与邻村村民林某结婚。婚后,二人感情不和,朱某经常回娘家居住。某年 7 月,朱某与同村青年郭某通奸,遂产生杀死丈夫另嫁郭某的恶念。同年 11 月 2 日夜,朱某到郭某家,劝郭某同去林家杀害林某。途中,郭某反悔,经朱某劝说又去了。到达林家后,朱某用手电照亮,郭某用铁棍猛击林某的头部,将林某打死在床上。之后,朱、郭二人将尸体装入麻袋,埋在村边树林中,并伪造了现场。2 个月后,朱、郭二人被抓获归案。朱某被逮捕时,公安机关发现她已怀孕 4 个月。问题:对朱某能否适用死刑?

[**分析**] 对朱某不能适用死刑。刑法规定,审判的时候怀孕的妇女,不适用死刑。这里的“审判的时候怀孕的妇女”,是指在人民法院审判的时候被告人是怀孕的妇女,也包括审判前在羁押受审时已是怀孕的妇女。本案中,朱某被逮捕时,已怀孕 4 个月,故不适用死刑。

第三节 附　加　刑

附加刑,是指补充主刑适用的刑罚方法。附加刑既可以附加主刑适用,也可以独立适用。刑法第 34 条规定了罚金、剥夺政治权利与没收财产三种附加刑,第 35 条规定了适用于犯罪的外国人的驱逐出境附加刑。

一、罚金

(一) 罚金的概念

罚金,是指强制犯罪人向国家缴纳一定数额金钱的刑罚方法。罚金作为一种财产刑,是以剥夺犯罪人金钱为内容的,这是罚金与其他刑罚方法显著区别之所在。

(二) 罚金的裁量原则

刑法第 52 条规定:“判处罚金,应当根据犯罪情节决定罚金数额。”根据本条规定,罚金数额应当与犯罪情节相适应。也就是说,犯罪情节严重的,罚金数额应当多些;犯罪情节较轻的,罚金数额应当少些,这是罪刑相适应原则在罚金裁量上的具体体现。在裁量罚金数额时应否考虑犯罪人缴纳罚金的能力,刑法没有明确规定,但 2002 年 11 月 15 日最高人民法院《关于适用财产刑若干问题的规定》第 2 条规定:“人民法院应当根据犯罪情节,如违法所得数额、造成损失的大小等,并结合考虑犯罪分子缴纳罚金的能力,依法判处罚金。”由此可见,在司法实践中,从有利于判决执行的角度出发,在罚金裁量的时候应当考虑犯罪分子缴纳罚金的能力。

(三) 罚金的适用方式

根据刑法规定,罚金有以下四种适用方式:

(1) 单科式。刑法规定的单科罚金主要适用于单位犯罪。例如,刑法第 387 条规定的单位受贿罪和第 393 条规定的单位行贿罪,对单位判处罚金。在这种情况下,罚金只能单独适用。

(2) 选科式。在罚金单独适用的情况下,刑法规定罚金与其他刑种并列,可供选择适用。例如,根据刑法第 275 条规定,犯故意毁坏财物罪的,处 3 年以下有期徒刑、拘役或者罚金。在这种情况下,罚金作为一种选择的法定刑,只能单独适用,不能附加适用。

(3) 并科式。在罚金附加适用的情况下,明确规定判处自由刑时,必须同时并处罚金。例如,刑法第326条规定的倒卖文物罪,处5年以下有期徒刑或者拘役,并处罚金;情节特别严重的,处5年以上10年以下有期徒刑,并处罚金。在这里,罚金只能附加适用,不能单独适用。

(4) 复合式。复合式是指罚金的单处与并处同时规定在一个法条之内,以供选择适用。例如,刑法第216条规定,假冒他人专利,情节严重的,处3年以下有期徒刑或者拘役,并处或者单处罚金。在这种情况下,罚金既可以附加适用,也可以单独适用,究竟是并处还是单处根据犯罪分子所犯罪行的情节轻重确定。

前引司法解释第4条对单处罚金的适用条件作了具体规定,根据这一规定:"犯罪情节较轻,适用单处罚金不致再危害社会并具有下列情形之一的,可以依法单处罚金:①偶犯或者初犯;②自首或者有立功表现的;③犯罪时不满18周岁的;④犯罪预备、中止或者未遂的;⑤被胁迫参加犯罪的;⑥全部退赃并有悔罪表现的;⑦其他可以依法单处罚金的情形。"

(四) 罚金的数额

我国刑法总则规定了裁量罚金数额的一般原则,即根据犯罪情节决定罚金数额,但对于罚金的具体数额未作规定。刑法分则对罚金数额的规定主要有以下四种情形:

(1) 无限额罚金制。即指刑法分则仅规定选处、单处或者并处罚金,不规定罚金的具体数额限度,而是由人民法院依据刑法总则确定的原则——根据犯罪情节,自由裁量罚金的具体数额。在无限额罚金的情况下,根据前引司法解释第2条的规定,罚金的最低数额不能少于一千元;未成年人犯罪应当从轻或者减轻判处罚金的,罚金的最低数额不能少于500元。

(2) 限额罚金制。即指刑法分则规定了罚金数额的下限和上限,人民法院只需要在规定的数额幅度内裁量罚金。例如,刑法第170条规定,伪造货币的,处3年以上10年以下有期徒刑,并处5万元以上50万元以下罚金。

(3) 比例罚金制。即以犯罪金额的百分比决定罚金的数额。例如,根据刑法第158条规定,对虚报注册资本罪,处3年以下有期徒刑或者拘役,并处或者单处虚报注册资本金额1%以上5%以下罚金。

(4) 倍数罚金制。即以犯罪金额的倍数决定罚金的数额。例如,刑法第202条规定,以暴力、威胁方法拒不缴纳税款的,处3年以下有期徒刑或者拘役,并处拒缴税款1

倍以上5倍以下的罚金。

(5) 倍比罚金制。即同时以犯罪金额的比例和倍数决定罚金的数额。例如,根据刑法第141条的规定,对生产、销售假药罪,处3年以下有期徒刑或者拘役,并处或者单处销售金额50%以上2倍以下罚金。

(五) 罚金的缴纳

根据刑法第53条的规定,罚金的缴纳分为五种情况:

(1) 限期一次缴纳,主要适用于罚金数额不多或者数额虽然较多,但缴纳并不困难的情况。在这种情况下,罪犯在指定的期限内将罚金一次缴纳完毕。关于这里的指定的期限,根据前引司法解释第5条的规定,是指从判决发生法律效力第二日起最长不超过三个月。

(2) 限期分期缴纳,主要适用于罚金数额较多,罪犯无力一次缴纳的情况。限期分期缴纳使罚金缴纳时间有一定伸缩余地,在金额支付上可化整为零,有利于罚金刑的执行。

(3) 强制缴纳。判决缴纳罚金,指定的期限届满,罪犯有缴纳能力而拒不缴纳,人民法院强制其缴纳,强制措施包括查封、扣押、冻结等。

(4) 随时追缴。对于不能全部缴纳罚金的,人民法院在任何时候,发现被执行人有可以执行的财产,应当随时追缴。

(5) 减少或者免除缴纳。由于遭遇不能抗拒的灾祸缴纳确实有困难的,可以酌情减少罚金数额或者免除罚金。这里的由于遭遇不能抗拒的灾祸缴纳确实有困难的,根据前引司法解释第6条的规定,主要是指因遭受火灾、水灾、地震等灾祸而丧失财产;罪犯因重病、伤残等而丧失劳动能力,或者需要罪犯抚养的近亲属患有重病,需支付巨额医药费等,确实没有财产可供执行的情形。司法解释还规定,具有上述减免事由的,由罪犯本人、亲属或者犯罪单位向负责执行的人民法院提出书面申请,并提供相应的证明材料。人民法院审查以后,根据实际情况,裁定减少或者免除应当缴纳的罚金数额。

二、剥夺政治权利

(一) 剥夺政治权利的概念

剥夺政治权利,是指剥夺犯罪人参加管理国家和政治活动的权利的刑罚方法。根据刑法第54条规定,剥夺政治权利是剥夺下列权利:一是选举权与被选举权;二是言论、出版、集会、结社、游行、示威自由的权利;三是担任国家机关职务的权利;四是担任国有公司、企业、事业单位和人民团体领导职务的权利。剥夺政治权利不是只剥夺上述权利的一部分,而是同时剥夺上述四项权利。被剥夺政治权利的犯罪人,在执行期间,应当遵守法律、行政法规和国务院公安部门有关监督管理的规定,服从监督,不得行使上述四项权利。

(二)剥夺政治权利的适用对象

剥夺政治权利的适用对象比较广泛,既适用于严重犯罪,也适用于较轻犯罪;既适用于危害国家安全的犯罪,也适用于普通刑事犯罪。在实践中,剥夺政治权利也是适用较多的附加刑。在适用方式上,剥夺政治权利既可以附加适用,也可以独立适用。

1. 剥夺政治权利附加适用于严重犯罪的,由刑法总则规定。

具体分为两种情况:

(1) 应当附加剥夺政治权利。根据刑法第 56、57 条的规定,对下列两类犯罪人应附加剥夺政治权利:第一,对于危害国家安全的犯罪分子应当附加剥夺政治权利。这是从犯罪性质上确定剥夺政治权利的适用对象,故不管对其判处的主刑种类。第二,对于被判处死刑、无期徒刑的犯罪分子,应当附加剥夺政治权利终身。这是从主刑种类上确定剥夺政治权利的适用对象,故不管其犯罪的性质与类型。对这类犯罪人规定应当附加剥夺政治权利,既是对他们政治上的否定评价,又可以防止他们被特赦或假释后利用政治权利再犯罪,还有利于处理与他们有关的某些民事法律关系。

(2) 可以附加剥夺政治权利。在这种情况下,是否附加剥夺政治权利,由人民法院具体裁量。刑法第 56 条规定:"对于故意杀人、强奸、放火、爆炸、投毒(即投放危险物质——引者注)、抢劫等严重破坏社会秩序的犯罪分子,可以附加剥夺政治权利。"据此,除了对该条所列举的犯罪人以外,对其他严重破坏社会秩序的犯罪人,也可以附加剥夺政治权利。例如,对于故意伤害、盗窃等严重破坏社会秩序的犯罪,犯罪分子主观恶性较深、犯罪情节恶劣、罪行严重的,也可以附加剥夺政治权利。

2. 剥夺政治权利独立适用于罪质较轻的犯罪或罪质严重但情节较轻的犯罪的,由刑法分则规定。

如果刑法分则没有规定独立适用剥夺政治权利,就不得予以适用。刑法分则主要对危害国家安全罪、侵犯公民人身权利、民主权利罪、妨害社会管理秩序罪、危害国防利益罪等几种类型的犯罪规定了可以选择判处剥夺政治权利。

(三)剥夺政治权利的期限

剥夺政治权利的期限分为以下四种情况:(1)对于判处死刑、无期徒刑的犯罪分子,应当剥夺政治权利终身。(2)在死刑缓期执行减为有期徒刑或者无期徒刑减为有期徒刑的时候,应当把附加剥夺政治权利的期限改为3年以上10年以下。(3)独立适用或者判处有期徒刑、拘役附加适用剥夺政治权利的期限,为1年以上5年以下。(4)判处管制附加剥夺政治权利的期限与管制的期限相等。

剥夺政治权利的刑期起算与执行分为以下几种情况:(1)被判处管制附加剥夺政治权利的刑期,与管制的刑期同时起算、同时执行。(2)独立适用剥夺政治权利的,按照执行判决的一般原则,从判决执行之日起计算并执行。(3)判处有期徒刑、拘役附加剥夺政治权利的刑期,以及死缓、无期徒刑减为有期徒刑附加剥夺政治权利的刑期,从徒刑、拘役执行完毕之日起或者从假释之日起开始计算;剥夺政治权利的效力当然施用于主刑执行期间,即对于这类犯罪人,在有期徒刑、拘役执行期间,当然剥夺政治权利。被判处有期徒刑、拘役、管制而没有附加剥夺政治权利的犯罪人,在执行期间仍然享有政治权利。(4)判处死刑、无期徒刑因而剥夺政治权利终身的,从主刑执行之日起开始执行剥夺政治权利。

除剥夺政治权利终身的以外,剥夺政治权利的期限届满时,应宣布恢复政治权利。

三、没收财产

没收财产是将犯罪人所有财产的一部分或者全部强制无偿地收归国有的刑罚方法。没收财产与没收犯罪物品具有本质区别。刑法第64条规定:“犯罪分子违法所得的一切财物,应当予以追缴或者责令退赔;对被害人的合法财产,应当及时返还;违禁品和供犯罪所用的本人财物,应当予以没收。没收的财物和罚金,一律上缴国库,不得挪用和自行处理。”据此,追缴犯罪所得的财物,不属于没收财产;没收违禁品和供犯罪所用的本人财物,也不属于没收财产。可见,没收财产事实上是没收犯罪人合法所有并且没有用于犯罪的财产;不得以追缴犯罪所得、没收违禁品与供犯罪所用的本人财物来代替或折抵没收财产。

没收财产只能适用于刑法分则明文规定可以判处没收财产的那些犯罪,从刑法分则的规定来看,主要适用于危害国家安全罪、破坏社会主义市场经济秩序罪、侵犯财产罪、贪污贿赂罪。根据刑法第59条规定,判处没收财产时,既可以判处没收犯罪人所有的全部财产,也可以判处没收犯罪人所有的部分财产;至于是没收全部财产还是没收部分财产,要根据犯罪的社会危害性与犯罪人的人身危险性确定。但是,没收全部财产的,应当对犯罪分子个人及其抚养的家属保留必要的生活费用。在判处没收财产的时候,不得没收属于犯罪分子家属所有或者应有的财产。这有利于维护社会秩序安定,贯彻罪责自负原则。

根据刑法第60条的规定,没收财产以前犯罪人所负的正当债务,即犯罪人在判决生效前所负他人的合法债务,需要以没收财产偿还的,经债权人请求,应当偿还。

四、驱逐出境

驱逐出境是强迫犯罪的外国人离开中国国(边)境的刑罚方法。由于驱逐出境既可以独立适用也可以附加适用,故符合附加刑的基本特征;由于驱逐出境仅适用犯罪的外国人(包括具有外国国籍与无国籍的人),故是一种特殊的附加刑。由于刑法中的驱逐出境是附加刑,故与《外国人入境出境管理法》规定的作为行政处罚、由公安机关决定、适用于违反出入境管理法的外国人的驱逐出境具有本质区别。

【案例分析】

案例1

[案情] 刘某利用职务之便,以多报数目为手段,贪污钢筋款4 000元、水泥款1 200元,并受贿现金2 800元,受贿物品折合人民币3 000元,总共贪污、受贿11 000元。一审法院认为,被告人刘某的行为已构成贪污、受贿罪,依据刑法有关规定,除判处其有期徒刑,没收贪污、受贿的赃款外,并处没收其全部银行存款5 000元。但在存款中,其妻用工资储蓄的1 000元和留给赡养其母(无生活来源)的1 000元不能没收。经查,刘某还曾于2年前因患病向韩某借人民币300元作医疗费;因台风灾害,向信用社借款500元,均属正当债务,经债权人请求,亦从没收财产中予以偿还。其余2 200元全部没收,上缴国库。问题:一审法院对刘某没收财产的判决是否正确?

[分析] 一审法院判决是正确的。刑法规定,在判处没收财产时候,不得没收属于犯罪分子家属所有或者应有的财产;没收全部财产的,应当对犯罪分子及其扶养的家属保留必需的生活费用;没收财产以前犯罪分子所负的正当债务,需要以没收的财产偿还的,经债权人请求,应当偿还。本案中,刘某妻子的工资储蓄,刘某母亲的赡养费不能没收,刘某欠韩某的300元及欠信用社的500元都属于正当债务,经两债权人申请,应从没收之财产中予以偿还。

案例2

[案情] 齐某因非法经营,于2007年12月15日被判为非法经营罪,处罚金10万元,限期缴纳。期满后齐某尚欠4万元罚金暂时无法缴纳。2008年1月25日,齐某的

叔父从国外回来,送齐某一辆日产小轿车。当年3月,法院发现齐某拥有轿车,随即扣车并限期要求齐某缴纳余下的罚金,否则将车拍卖扣除罚金。齐某认为轿车是他人的礼物,法院无权扣车。不服法院的执行。问题:法院是否有权扣车,必要时拍卖该车扣除罚金部分?

[分析] 法院有权扣车,必要时可以拍卖该车扣除罚金部分。刑法规定,对于不能全部缴纳罚金的,人民法院在任何时候,发现被执行人有可以执行的财产,应当随时追缴。本案中,齐某没有缴纳全部罚金,人民法院依法在任何时候一旦发现齐某有财产就可以随时追款。人民法院发现齐某有可被执行的汽车,尽管该车本是礼物,但其所有权已是归齐某的,所以人民法院有权随时追缴罚金,故有权扣车,必要时拍卖该车扣除罚金部分。

第四节 非刑罚处罚方法

一、非刑罚处罚方法定义

刑法第37条规定:“对于犯罪情节轻微不需要判处刑罚的,可以免予刑事处罚,但是可以根据案件的不同情况,予以训诫或者责令具结悔过、赔礼道歉、赔偿损失,或者由主管部门予以行政处罚或者行政处分。”这便是我国刑法关于非刑罚处罚方法的规定。据此,非刑罚处罚方法,是指人民法院根据案件的不同情况,对犯罪分子直接适用或建议主管部门适用的刑罚以外的其他处理方法的总称。

非刑罚处罚方法虽然由刑法明文规定,但就其性质而言不是刑种,不具有刑罚的性质、作用和后果,而是刑罚的必要补充或替代措施,是强制犯罪分子实际承担其刑事责任的具体表现方式。非刑罚处罚方法改变了人们长期以来固有的有罪必罚的报应观念,反映现代社会对轻微犯罪的一种宽容态度,同时也节约了国家刑罚资源的投入,使现代社会对付犯罪的反应方式在趋向多样化的同时,更趋向公正、谦抑、人道的选择。

二、非刑罚处罚方法的种类

(一) 教育性的非刑罚处罚方法

(1) 训诫,是指人民法院对犯罪情节轻微免予刑事处罚的人,以口头的方式对其当庭公开谴责和训教,责令其改正,不再重犯的教育方法。

(2) 具结悔过,是指人民法院责令犯罪情节轻微不需要判刑的人用书面方式保证悔过,以后不再重新犯罪的教育方法。犯罪分子应当写悔罪书,分析其犯罪的原因、认识犯罪行为的社会危害性,作出悔改的书面保证。

(3) 赔礼道歉,是指人民法院责令犯罪情节轻微免予刑事处罚的人公开向被害人当面承认罪行,表示歉意,请求谅解的教育方法。这种非刑罚处罚方法,具有教育罪犯和安抚被害人的双重功能。

(二) 民事性的非刑罚处罚方法

赔偿损失,是指人民法院对犯罪情节轻微免予刑事处罚的犯罪人,责令其向被害人支付一定数额的金钱的处理方法。

(三) 行政性的非刑罚处罚方法

1. 行政处罚,是指人民法院根据案件的情况,向免予刑事处罚的犯罪人所在单位提出司法建议,由主管部门给予犯罪人以行政制裁的方法。

2. 行政处分,是指人民法院根据案件的情况,向免予刑事处罚的犯罪人所在单位提出司法建议,由主管部门给予犯罪人内部纪律处分的行政惩戒措施。

【案例分析】

[案情] 2002 年 1 月 29 日、2 月 23 日,时为清华大学机电系四年级学生的刘某先后两次用火碱、硫酸将北京动物园的五只熊烧伤,致使其中一头黑熊双目失明。这一故意残害动物的事件经媒体披露后,引起了公众的强烈愤慨。2003 年 4 月 29 日上午,北京市西城区人民法院判决被告人刘某犯故意毁坏财物罪,同时免予刑事处罚。问题:法院判决是否符合刑法规定?

[分析] 法院判决符合刑法规定。刑法第 37 条规定,对于犯罪情节轻微不需要判处刑罚的,可以免予刑事处罚。在本案审理过程中,法院认为,被告人刘某故意毁坏财物的行为,侵犯了公共财产的所有权,已构成故意毁坏财物罪,但鉴于本案被告人刘某能够悔罪,且犯罪情节轻微,故免予刑事处罚。

【本章小结】

我国刑罚分为主刑和附加刑两类。主刑包括管制、拘役、有期徒刑、无期徒刑与死刑。管制是指对犯罪分子不实行关押,交由公安机关管束和人民群众监督,限制其一定自由的刑罚方法。管制的期限为3个月以上2年以下。拘役是指剥夺犯罪人短期人身自由,就近实行强制劳动改造的刑罚方法。拘役的期限为1个月以上6个月以下。有期徒刑是指剥夺犯罪分子一定期限的人身自由,实行强制劳动改造的刑罚方法。有期徒刑的期限为6个月以上15年以下。无期徒刑是剥夺犯罪分子终身自由,并强制劳动改造的刑罚方法。死刑是剥夺犯罪人生命的刑罚方法,包括立即执行与缓期二年执行两种情况。我国刑法严格控制死刑的适用。附加刑包括罚金、剥夺政治权利和没收财产。此外,对于外国人犯罪,可以独立适用或者附加适用驱逐出境。罚金是指强制犯罪人向国家缴纳一定数额金钱的刑罚方法。剥夺政治权利,是指剥夺犯罪人参加管理国家和政治活动的权利的刑罚方法。没收财产是将犯罪人所有财产的一部分或者全部强制无偿地收归国有的刑罚方法。驱逐出境是强迫犯罪的外国人离开中国国(边)境的刑罚方法。除了对犯罪分子适用刑罚外,对犯罪情节轻微不需要判处刑罚的,可以免予刑事处罚,但是可以根据案件的不同情况,予以训诫或者责令具结悔过、赔礼道歉、赔偿损失,或者由主管部门予以行政处罚或者行政处分。

本章思考题

1. 什么是刑罚体系? 我国刑罚体系有何特点?
2. 刑法是如何严格控制死刑适用的?
3. 刑法对管制作了哪些规定?
4. 刑法对拘役作了哪些规定?
5. 刑法对有期徒刑作了哪些规定?
6. 刑法对无期徒刑作了哪些规定?
7. 刑法对罚金作了哪些规定?
8. 刑法对剥夺政治权利作了哪些规定?
9. 刑法对没收财产作了哪些规定?
10. 刑法对非刑罚处罚方法作了哪些规定?

第十二章 量 刑

【本章学习目的】

通过本章的学习，了解量刑的概念和量刑原则；理解法定量刑情节和酌定量刑情节；掌握累犯的概念及其成立条件；掌握自首的概念及其成立条件；掌握立功的概念及其成立条件；掌握数罪并罚的原则及其适用的三种情况；掌握缓刑的概念及其成立条件。

第一节 量 刑 概 述

一、量刑概念

量刑，也称刑罚裁量，是指审判机关在查明犯罪事实、认定犯罪性质的基础上，依法对犯罪人裁量刑罚的审判活动。量刑具有以下特征：

（一）量刑的主体是人民法院

量刑权是国家刑罚权的重要内容之一，也是人民法院的刑事审判权的题中应有之义，当然应由人民法院行使，其他任何机关、团体或者个人都没有量刑权。因此，量刑的主体是人民法院。

（二）量刑的对象是犯罪人

量刑是在正确定罪的基础上，进一步解决是否判处刑罚、判处何种刑罚以及判处多重的刑罚的问题。因此,只有行为已经构成犯罪的人才是量刑的对象。

(三) 量刑的性质是刑事司法活动

量刑是人民法院根据犯罪事实、犯罪性质、情节和对社会的危害程度,并参照犯罪人的个人情况,根据刑法的有关规定,对犯罪人裁量确定刑罚的活动。因此,量刑的性质是刑事司法活动。

二、量刑原则

根据刑法第 61 条的规定,量刑原则是以犯罪事实为根据,以刑事法律为准绳。这一原则是罪刑相适应原则的具体化。

(一) 以犯罪事实为根据

以犯罪事实为根据,是指以犯罪的事实、犯罪的性质、情节和对于社会的危害程度为根据。要全面贯彻这一原则,就必须做到如下几点:

(1) 认真查清犯罪事实。这里的犯罪事实,是指符合刑法规定的犯罪构成要件的主客观事实。因此,查清犯罪事实,就是要查明什么人、在什么心理状态支配下、针对什么社会关系、实施了什么犯罪行为,以及这种行为造成了什么危害结果。认真查清犯罪事实,是正确量刑的第一个关键,是贯彻以犯罪事实为根据原则的前提。

(2) 准确认定犯罪性质。准确认定犯罪性质实际上就是要准确认定行为构成了什么罪即确定具体犯罪的罪名,正确区分此罪与彼罪。确定了犯罪性质,也就确定了应当适用的刑法条文,从而基本选定了与该犯罪的性质相对应的法定刑。

(3) 全面掌握犯罪情节。我国刑法典中的不少条文含有影响定罪或者量刑的情节。其中,影响定罪的情节叫"定罪情节",影响量刑的情节叫"量刑情节"。前者如刑法典第 246 条的规定:"以暴力或者其他方法公然侮辱他人或者捏造事实诽谤他人,情节严重的……"后者如刑法典第 232 条的规定:"故意杀人的,处死刑……情节较轻的,处三年以上十年以下有期徒刑。"由于量刑是在确定有罪的基础上进行的,所以在刑罚裁量中,全面掌握影响量刑的情节具有特别重要的意义。因为影响量刑的情节直接决定着刑罚的轻重。

(4) 综合评价犯罪的社会危害程度。犯罪的社会危害程度,是由犯罪的事实、性质与情节决定的。分别弄清了犯罪的事实、性质与情节后,还需要综合评价犯罪的社会危害程度。因为犯罪的社会危害程度大小是对犯罪的事实、性质与情节进行全面评价所得出的结论。换言之,犯罪的社会危害程度,是对整个犯罪的综合评价,绝不能将它理解为犯罪的危害结果。对犯罪的社会危害程度的综合评价,既要以犯罪的事实、性质与情节为基础,同时也要考虑国家的政治、经济、社会治安等方面的形势,即在一定的社会形势下综合评价犯罪的社会危害程度。

(二) 以刑事法律为准绳

量刑必须以刑法为准绳,是指人民法院在认定犯罪事实的基础上,必须按照刑法的有关规定对犯罪分子是否判刑以及判什么刑、判刑轻重作出裁断。依法量刑,是法治原则的必然要求,也是罪刑法定这一基本的刑法原则在量刑中的具体体现。量刑以刑法为准绳,表现在遵守以下刑法有关规定:

(1) 必须依照刑法总则关于刑罚原则、制度、方法及其适用条件的一般规定裁量刑罚。如,对预备犯、未遂犯、中止犯、未成年犯罪人,共同犯罪中的主犯、从犯、教唆犯、胁从犯的处罚原则;有关自首、立功、累犯、缓刑、数罪并罚等制度;有关从重、从轻、减轻以及免除刑罚处罚的规定。

(2) 必须依照刑法分则规定的法定刑裁量刑罚。行为触犯哪一个分则条文,就以哪一个条文规定的法定刑为标准;然后在法定刑内选择刑种与刑度;即使是从重、从轻、减轻处罚,也要以选定的法定刑为标准。

第二节 量刑情节

一、量刑情节的概念和分类

(一) 概念

量刑情节,是指在某种行为已经构成犯罪的前提下,人民法院对犯罪人裁量刑罚时应当考虑的,据以决定量刑轻重或者免除刑罚处罚的各种情况。量刑情节反映了犯罪行为的社会危害程度和行为人的人身危险性。人民法院在量刑过程中,依据这些情况,可以对犯罪人作出“从重”、“从轻”、或者“减轻”、“免除”处罚的决定。

量刑情节必须是在某种行为已经构成犯罪的前提下,于量刑时应考虑的各种情况。因此,量刑情节是不具有犯罪构成事实的意义、不能说明犯罪基本性质的事实情况。如果它本身属于犯罪构成要件的内容,则是区分罪与非罪、此罪与彼罪的定罪情节,而不是量刑情节。

(二) 分类

可以根据不同标准对量刑情节进行分类:(1)以刑法有无明文规定为标准,可以分为法定情节与酌定情节。前者是刑法明文规定在量刑时应当予以考虑的情节;后者是刑法未作明文规定,根据立法精神与刑事政策,由人民法院从审判经验中总结出来的,在量刑时酌情考虑的情节。(2)以情节对量刑产生的轻重性质为标准,可以分为从宽情节与从严情节。前者是指对犯罪人的量刑产生有利影响的情节,包括免除处罚情节、减轻处罚情节与从轻处罚情节;后者是对犯罪人的量刑产生不利影响的情节,即从重处罚情节。(3)以情节与犯罪行为在时间上的关系为标准,可以分为案中情节与案外情节。前者是犯罪过程中出现的各种情节,如犯罪手段、犯罪动机等;后者是在犯罪行为之前或之后出现的情节,如犯罪人的一贯表现、犯罪后的态度等。(4)以同一情节对量刑影响的功能多少为标准,可以分为单功能情节与多功能情节。前者对量刑的影响只有一种可能性,如累犯只能对量刑产生从重影响,属于单功能情节;后者对量刑的影响具有两种以上可能性,如从犯情节可能产生从轻、减轻与免除处罚的影响。(5)以刑法是否就量刑情节的作用作出绝对的硬性规定为标准,可以分为应当情节与可以情节。应当情节是刑法规定对量刑产生必然影响的情节,即"应当……"型规定。如共同犯罪中的从犯、已满14周岁不满18周岁的未成年犯等。应当情节既有从宽处罚的情节,也有从严处罚的情节。无论是从宽处罚情节还是从严处罚情节,只要刑法规定了"应当……处罚",法官在量刑时就必须考虑从宽或从严,否则就是违法。可以情节是指刑法规定的对量刑结果产生或然影响的情节,即"可以……"型规定,如犯罪后自首的,盲人犯罪的等。可以情节是相对的、可选择的,它既可以对量刑结果产生影响,也可以不产生影响。法官对"可以"型规定,在认定时,有较大自由裁量权。

二、法定情节

法定情节,包括刑法总则规定的情节与刑法分则规定的情节。法定情节主要包括以下几种情形:

(一) 应当从重处罚的情节

(1)教唆不满18周岁的人犯罪的(刑法第29条)。(2)累犯(刑法第65条)。

(3)策动、胁迫、勾引、收买国家机关工作人员、武装部队人员、人民警察、民兵进行武装叛乱或者武装暴乱的(刑法第104条)。(4)与境外机构、组织、个人相勾结,实施本章第103条、第104条、第105条规定的犯罪的(刑法第106条)。(5)掌握国家秘密的国家工作人员、背叛国家、投靠境外机构、组织,危害中华人民共和国国家安全的(刑法第109条)。(6)武装掩护走私的(刑法第157条)。(7)伪造货币并出售或者运输伪造的货币的(刑法第171条)。(8)奸淫不满14周岁的幼女的(刑法第236条)。(9)猥亵儿童的(刑法第237条)。(10)国家机关工作人员非法拘禁他人或者非法扣押他人的(刑法第238条)。(11)国家机关工作人员犯诬陷罪的(刑法第243条)。(12)司法工作人员滥用职权非法搜查他人身体、住宅,或者非法侵入他人住宅的(刑法第245条)。(13)司法工作人员对犯罪嫌疑人、被告人实行刑讯逼供或者使用暴力逼取证人证言致人伤残、死亡的(刑法第247条)。(14)监狱、拘留所、看守所等监管机构的监管人员对被监管人进行殴打或者体罚虐待致人伤残、死亡的(刑法第248条)。(15)监管人员指使、纵容被监管人殴打或者体罚虐待其他被监管人致人伤残、死亡的(同上)。(16)邮电工作人员私自开拆或者隐匿、毁弃邮件、电报而窃取财物的(刑法第253条)。(17)冒充人民警察招摇撞骗的(刑法第279条)。(18)引诱未成年人参加聚众淫乱的(刑法第301条)。(19)司法工作人员以暴力、威胁、贿买等方法阻止证人作证或者指使贿买、胁迫他人作伪证的(刑法第307条)。(20)司法工作人员帮助当事人毁灭、伪造证据情节严重的(同上)。(21)盗伐、滥伐国家级自然保护区内的森林或者其他林木的(刑法第345条)。(22)利用、教唆未成年人走私、贩卖、运输、制造毒品的或者向未成年人出售毒品的(刑法第347条)。(23)缉毒人员或者其他国家机关工作人员掩护、包庇走私、贩卖、运输、制造毒品的犯罪分子的(刑法第349条)。(24)引诱、教唆、欺骗或者强迫未成年人吸食、注射毒品的(刑法第353条)。(25)因走私、贩卖、运输、制造、非法持有毒品罪被判过刑又犯本节规定之罪的(刑法第356条)。(26)旅馆业、饮食服务业、文化娱乐业、出租汽车业等单位的主要负责人利用本单位的条件,组织、强迫、引诱、容留、介绍他人卖淫的(刑法第361条)。(27)制作、复制淫秽的电影、录像等音像制品组织播放的,或者向不满18岁的未成年人传播淫秽物品的(刑法第364条)。(28)战时破坏武器装备、军事设备、军事通信的(刑法第368条)。(29)挪用救灾、抢险、防汛、优抚、扶贫、移民、救济款物归个人使用的(刑法第384条)。(30)索贿的(刑法第386条)。

(二)可以从轻或减轻处罚的情节

(1)尚未完全丧失辨认或者控制自己行为能力的精神病人造成危害结果的(刑法第18条)。(2)未遂犯(刑法第23条)。(3)如果被教唆的人没有犯被教唆的罪的教唆犯(刑法第29条)。(4)自首(刑法第67条)。(5)立功(刑法第68条)。

(三) 应当从轻或减轻处罚的情节

已满14周岁不满18周岁的人犯罪的(刑法第17条)。

(四) 应当减轻处罚的情节

造成损害的中止犯(刑法第24条)。

(五) 可以从轻、减轻或者免除处罚的情节

(1)又聋又哑的人或者盲人犯罪的(刑法第19条)。(2)预备犯(刑法第22条)。

(六) 应当从轻、减轻处罚或者免除处罚的情节

从犯(刑法第27条)。

(七) 可以减轻或免除处罚的情节

(1)在外国犯罪已经受过刑罚处罚的(刑法第10条)。(2)有重大立功表现的(刑法第68条)。(3)个人贪污数额在5 000元以上不满10 000元,犯罪后有悔改表现,积极退赃的(刑法第383条)。(4)行贿人在被追诉前主动交待行贿行为的(刑法第390条)。(5)介绍贿赂人在被追诉前主动交待介绍贿赂行为的(刑法第392条)。

(八) 应当减轻或免除处罚的情节

(1)防卫过当(刑法第20条)。(2)避险过当(刑法第21条)。(3)胁从犯(刑法第28条)。(4)犯罪后自首又有重大立功表现的(刑法第68条)。

(九) 可以免除处罚的情节

(1)犯罪情节轻微不需要判处刑罚的(刑法第37条)。(2)犯罪较轻的自首犯(刑法第67条)。(3)非法种植罂粟或者其他毒品原植物,在收获前自动铲除的(刑法第351条)。

(十) 应当免除处罚的情节

没有造成损害的中止犯(刑法第24条)。

三、酌定情节

酌定情节,虽然不是刑法明文规定的情节,但对量刑仍然起着重要影响作用。酌定情节大致可分为两大类若干表现形式:

(一) 影响行为人人身危险性程度的酌定情节

(1) 犯罪人的一贯表现。犯罪人的一贯表现虽然不是与定罪与法定量刑情节相关的因素,但它能反映行为人的人身危险性。比如一个犯罪人一贯遵纪守法,没有不良表现,另一个犯罪人不务正业,经常小偷小摸,如果他们盗窃了相同数额的财物,构成犯罪的,前者量刑就应当轻于后者。

(2) 前科。前科是指依法受过刑事处罚的事实,刑法第100条对此有所规定。有前科的人犯了与无前科的人相同的罪,前者的量刑应重于后者。但是构成累犯或者是特定的再犯(如刑法第356条的规定),则属于法定情节。

(3) 犯罪动机。犯罪动机不同,直接影响罪过程度,是量刑时应考虑的酌定情节。如奸情杀人与基于义愤杀人相比,其动机更为恶劣,量刑就应相对较重。

(4) 犯罪后的态度。主要指是否有坦白或抗拒的情节及犯罪后为消除损害所作的努力。比如有的人犯罪后坦白认罪,积极消除损害,有的人犯罪后则抗拒抓捕、隐匿赃物,这反映出行为人的人身危险性不同,改造的难易程度不同,量刑时对前者应相对从轻处罚。

(二) 影响行为人社会危害性程度的酌定情节

(1) 犯罪的手段。犯罪手段的残忍、狡诈、隐蔽程度,直接反映犯罪行为的危害程度,因而影响量刑。比如用残忍的手段杀人,其危害性大于用一般的手段杀人,量刑相对较重。

(2) 犯罪的时空及环境条件。犯罪的时间、地点、环境条件不同,也能说明行为的社会危害程度不同。比如,在白天的公共场所实施的强奸妇女行为与在夜间或僻静的地方实施强奸妇女行为相比,前者的社会危害性显然更大,其量刑理应重于后者。

(3) 犯罪的对象。在刑法没有将特定对象规定为构成要件的情况下,犯罪对象的具体差别,反映行为的社会危害程度,因而量刑的轻重应有差别。比如乘人之危实施犯罪的比在正常情况下对人实施犯罪严重。

(4) 犯罪结果。在刑法没有将特定犯罪结果规定为构成要件的情况下,危害结果

(包括直接结果、间接结果)的轻重对说明行为的社会危害性起重要作用,因而成为量刑时应酌情考虑的重要情节。

(5) 犯罪行为方式。犯罪行为可分为作为与不作为两种方式。以积极作为方式实施的犯罪,危害性一般大于以消极不作为方式实施的犯罪,因而是量刑时应考虑的情节,对前者处罚应重于后者。

(6) 犯罪人的身体状况。有的人由于先天发育不良或者后天伤残生病,在意志方面有缺陷,因而控制能力减弱,其社会危害性也相对较小。比如在痴患状态下所实施的犯罪,可适当从轻处罚。

(7) 社会形势。社会形势是指社会发展的状况。社会危害性具有历史性,它随着社会形势的发展而变化,正常社会形势下的犯罪危害性小于严峻社会形势下的犯罪,因而社会形势影响量刑。

(8) 民愤。民愤是指犯罪行为在群众中造成的影响、震动,导致广大群众产生要求惩办犯罪人的呼声。社会危害性具有社会性,社会主体(群众)对犯罪行为的感受程度影响该犯罪行为的社会危害性程度。比如,民愤极大的犯罪的危害性重于民愤不大的犯罪的危害性,量刑时应区别对待。

四、累犯情节

累犯,是指被判处一定刑罚的犯罪人,在刑罚执行完毕或者赦免以后,在法定期限内又犯一定之罪的情况。累犯是法定从重情节。根据刑法第65、66条的规定,累犯分为一般累犯与特殊累犯,但法律后果相同。

(一) 一般累犯

刑法第65条第1款规定:被判处有期徒刑以上刑罚的犯罪分子,刑罚执行完毕或者赦免以后,在5年以内再犯应当判处有期徒刑以上刑罚之罪的,是累犯,应当从重处罚,但是过失犯罪除外。这就是关于一般累犯的规定。据此,一般累犯的成立条件是:

(1) 前罪与后罪都必须是故意犯罪,如果前后两罪或者其中一罪是过失犯罪,就不成立累犯。

(2) 前罪被判处有期徒刑以上刑罚,后罪应当判处有期徒刑以上刑罚。因此,如果前罪被判处的是拘役、管制或者单处附加刑,无论后罪多么严重,也不成立累犯;反之,前罪被判处有期徒刑以上刑罚,后罪应当判处拘役、管制或单处附加刑的,也不成立累犯。

（3）后罪发生的时间，必须在前罪所判处的刑罚执行完毕或者赦免以后的5年之内。由于累犯的成立以前罪"刑罚执行完毕或者赦免以后"5年内再犯罪为条件，故被假释的犯罪人在假释考验期内再犯新罪的，被判处缓刑的犯罪人在缓刑考验期内再犯新罪的，以及被判处缓刑的犯罪人在缓刑考验期满后再犯新罪的，都不成立累犯。此外，刑罚执行完毕是指主刑执行完毕，附加刑是否执行完毕不影响累犯的成立。

（二）特殊累犯

刑法第66条规定：危害国家安全的犯罪分子在刑罚执行完毕或者赦免以后，在任何时候再犯危害国家安全罪的，都以累犯论处。这是关于特殊累犯的规定。据此，特殊累犯的成立条件是：

（1）前罪和后罪都必须是危害国家安全的犯罪。如果前后两罪或者其中一罪不是危害国家安全的犯罪，则不成立特殊累犯，符合条件的成立一般累犯。

（2）必须是在刑罚执行完毕或者赦免以后再犯罪。至于前罪所判处的刑罚种类，后罪应当判处何种刑罚，以及前罪与后罪的相隔时间，都不影响特殊累犯的成立。不难看出，刑法规定特别累犯并对其成立条件作一定放宽，是因为危害国家安全罪是最严重、最危险的犯罪，需要坚决、严厉打击。

（三）对累犯的处罚

累犯具有更深的主观恶性，更大的人身危险性。其实施的犯罪行为也具有更严重的社会危害性，故刑法第65条第1款规定，对累犯应当从重处罚。

五、自首情节

自首是法定可以从轻或减轻处罚情节，刑法第67条对此作了明文规定。自首可以分为一般自首与特别自首。

（一）一般自首

一般自首，是指犯罪以后自动投案，如实供述自己的罪行的行为。其成立条件是：

1. 犯罪以后自动投案

自动投案，一般是指犯罪事实或者犯罪嫌疑人未被司法机关发觉，或者虽被发觉但犯罪嫌疑人尚未受到讯问、未被采取强制措施时，直接向公安机关、人民检察院或者人民法院投案，从而将自己置于司法机关的合法控制下，接受司法机关的审查与裁判的行为。根据自首制度的立法精神与有关司法解释，下列情形也应视为自动投案：(1)犯罪嫌疑人向所在单位、城乡基层组织或者其他有关负责人员投案的；(2)犯罪嫌疑人因病、伤或者为了减轻犯罪后果委托他人先代为投案的，或者先以信、电投案的；(3)罪行尚未被司法机关发觉，仅因形迹可疑，被有关组织查询或者司法机关盘问、教育后，主动交代自己的罪行的；(4)犯罪后逃跑，在通缉、追捕的过程中，主动投案的；(5)经查实犯罪嫌疑人确已准备投案，或者正在投案途中，被司法机关捕获的；(6)并非出于犯罪嫌疑人主动，而是经亲友规劝、陪同投案的；(7)司法机关通知犯罪嫌疑人的亲友，或者亲友主动报案后，将犯罪嫌疑人送去投案的。

犯罪人的投案动机是多种多样的，有的是出于真心悔悟，有的是为了争取宽大处理，有的是因为亲友劝说，有的是由于潜逃后生活所迫。自动投案意味着犯罪人自己主动投案，下列情形不能视为自动投案：(1)犯罪嫌疑人先投案交代罪行后，又潜逃的；(2)以不署名或化名将非法所得寄给司法机关或报刊、杂志社的。

2. 如实供述自己的罪行

即犯罪嫌疑人自动投案后，如实交代自己所犯的全部罪行。“如实”的实质是既不缩小也不扩大自己的罪行。

在认定“如实供述自己的罪行”时，应注意以下几点：(1)犯有数罪的犯罪嫌疑人仅如实供述所犯数罪中部分犯罪的，只对如实供述部分犯罪的行为，认定为自首。(2)在共同犯罪案件中，作为一般共同犯罪成员的犯罪人，如果要如实供述自己的罪行，就必须交代自己所知的同案犯的罪行，否则对“自己的罪行”的供述不可能“如实”；共同犯罪中的主犯，尤其是集团犯罪中的首要分子，如果要如实供述自己的罪行，就必须交代整个共同犯罪的全部罪行，否则其对“自己的罪行”的供述也不可能“如实”。特别要注意的是，有的犯罪人出于掩护其他共同犯罪人目的，有预谋地投案包揽共同犯罪的全部责任的，不能视为如实供述自己的罪行。(3)犯罪嫌疑人自动投案如实供述自己的罪行后又翻供的，不能认定为自首；但在一审判决前又能如实供述的，应当认定为自首。(4)由于客观因素，不能全部交代所有的犯罪事实，但如实供述自己的主要犯罪事实的，也应属于如实供述自己的罪行。但如果隐瞒主要犯罪事实，或者以交代轻罪达到掩盖重罪的目的的，就不是如实供述自己的罪行。(5)犯罪人自动投案如实供述自己的罪行后，为自己进行辩护，提出上诉，或者更正、补充某些事实的，应当允许，不能将这些行为视为没有如实供述自己的罪行。

（二）特别自首

特别自首，也称准自首，是指被采取强制措施的犯罪嫌疑人、被告人和正在服刑的罪犯,如实供述司法机关尚未掌握的本人其他罪行的行为。刑法第 67 条明文规定,对这种情况“以自首论”。根据司法解释,其中的“司法机关尚未掌握的本人其他罪行”,是指与司法机关掌握的或者判决确定的罪行属不同种罪行。如果如实供述司法机关尚未掌握的罪行,与司法机关已掌握或者判决确定的罪行属同种罪行的,可以酌情从轻处罚;如实供述的同种罪行较重的,一般应当从轻处罚。

(三) 自首与坦白的区别

坦白,是指犯罪人被动归案后,如实交代自己被指控的犯罪事实的行为。自首与坦白存在相同之处:都以自己实施了犯罪行为为前提;都是在归案后如实交代自己的犯罪事实;都是从宽处罚的情节。坦白与一般自首的关键区别在于是否自动投案:一般自首是犯罪人自动投案后,如实供述自己的罪行;坦白是被动归案后如实供述自己的罪行。坦白与特别自首的关键区别在于所供述的罪行是否已被司法机关掌握:被采取强制措施的犯罪嫌疑人、被告人和正在服刑的罪犯,如实供述司法机关还未掌握的本人其他罪行的,是自首;如实供述司法机关已经掌握的本人罪行的,是坦白。因此,自首与坦白所反映的犯罪人的人身危险程度不同,换言之,自首更能说明犯罪人的人身危险性较轻。基于同样的理由,自首是法定的从宽量刑情节,坦白是酌定量刑情节。

(四) 自首的法律后果

刑法第 67 条第 1 款后段规定:对于自首的犯罪分子,可以从轻或者减轻处罚;其中,犯罪较轻的,可以免除处罚。据此,对于自首的犯罪人应分清不同情况区别处理:

(1) 犯罪以后自首的,无论罪行轻重,均可以从轻或者减轻处罚;其中如果犯罪较轻的,可以免除处罚。

(2) 犯罪以后自首的,只是“可以”从轻处罚,不是“应当”从轻处罚。

(3) 一人犯数罪时,犯罪人仅对其中部分犯罪自首的,自首的上述法律效果只适用于已自首的犯罪,对于没有自首的犯罪,不得以自首为由从轻处罚。

(4) 二人以上共同犯罪时,自首的法律效果只适用于自首的共同犯罪人,不能适用于没有自首的其他共同犯罪人。

六、立功情节

立功是法定从宽情节,刑法第 68 条对此作了明文规定。

(一) 立功的概念和表现形式

立功,是指犯罪人揭发他人的犯罪行为,查证属实的,或者是提供重要线索,从而得以侦破其他案件等表现。根据刑法第 68 条的规定及 1998 年 4 月 6 日最高人民法院《关于处理自首和立功具体应用法律若干问题的解释》的规定,立功包括以下几种表现形式:

1. 揭发他人犯罪行为并且查证属实的立功

构成这种立功,必须具备以下条件:(1)必须有揭发他人犯罪行为的行为。没有揭发他人犯罪行为的行为,或者虽有揭发行为,但揭发的不是他人的犯罪行为,不属于立功表现。(2)揭发的是他人的犯罪行为,包括共同犯罪案件中的犯罪人揭发同案犯共同犯罪以外的其他犯罪。这是立功与自首或者坦白的界限。(3)揭发他人的犯罪行为,必须经过查证属实的。如果揭发的他人犯罪行为无法查证或者查无实据的,不认为是立功。如果故意作虚假揭发,构成犯罪的,应依法追究刑事责任。

2. 提供重要线索,从而得以侦破其他案件的立功

构成这种立功,必须同时具备以下条件:(1)向司法机关提供了重要线索。这种线索必须与刑事案件有关,如果提供的线索与侦破案件无关或者无重要关系,不应认为是立功。(2)已提供的线索必须是本案以外的其他案件的线索。(3)提供的线索必须是经查证属实,其他案件是因其提供的线索而得以侦破的。

3. 其他立功方式

主要是:(1)阻止他人的犯罪活动。(2)协助司法机关抓捕其他犯罪嫌疑人(包括同案犯)。(3)具有其他有利于国家和社会的突出表现的。

(二) 立功的分类

根据我国刑法规定,立功可分为一般立功和重大立功两种。

一般立功主要包括:犯罪人到案后有检举、揭发他人犯罪行为,包括共同犯罪案件中的犯罪人揭发同案犯共同犯罪以外的其他犯罪,经查证属实;提供侦破其他案件的重要线索,经查证属实;阻止他人犯罪活动;协助司法机关抓捕其他犯罪人(包括同案犯);具有其他有利于国家和社会的突出表现的。

重大立功主要包括:有检举、揭发他人重大犯罪行为,经查证属实;提供侦破其他重大案件的重要线索,经查证属实;阻止他人重大犯罪活动;协助司法机关抓捕其他重大犯罪嫌疑人(包括同案犯);对国家和社会有重大贡献等表现的。

(三) 立功的处罚原则

刑法对立功的处罚原则,具体规定在三方面:

第一,犯罪人有立功表现的,可以从轻或者减轻处罚。这里的"可以",应当理解为在通常情况下都要考虑从轻或者减轻处罚,但不是"应当"。

第二,有重大立功表现的犯罪人可以减轻或者免除处罚。究竟适用"减轻"还是"免除处罚",要根据犯罪人本人所犯罪行的性质、情节、后果以及立功的具体表现酌情决定。

第三,犯罪后自首,又有重大立功表现的,应当减轻或者免除处罚。这里的"应当"是硬性规定,无论其所犯犯罪行为多么严重,都应当考虑予以减轻或者免除处罚。

【案例分析】

案例1

[案情] 刘某是某冶炼厂工人。一次,刘某违章操作,造成旁边一起工作的同事田某重伤,刘某因此被判有期徒刑。刘某刑满释放后,原工厂没有歧视他,仍然接受他回原单位工作。刘某看到社会上许多人都过上了富裕日子,而自己工作了那么长时间却依旧过着穷日子。他不去查找自己的原因,又不想凭着辛勤的劳动致富,绞尽脑汁,打起了工厂铝锭的主意,认为这是一种无本万利的致富方法。在刘某出狱后的第三年,刘某开始经常利用上下班和加班时间,将工厂的铝锭切割成大小不等的块状,分批偷出厂外,然后低价转卖给他人,先后获利5万元。问题:刘某是否构成累犯?

[分析] 刘某不构成累犯。构成累犯,前罪和后罪都必须是故意犯罪。如果行为人实施的前罪与后罪都是过失犯罪,或者前罪与后罪之一是过失犯罪,都不能构成累犯。本案中,刘某虽然犯罪被释放后的第三年又犯了应判处有期徒刑以上刑罚的罪,但是由于他第一次犯的是过失犯罪,所以不能构成累犯。

案例2

[案情] 甲和乙共同入户抢劫并致人死亡后分头逃跑,后甲因犯强奸罪被抓获归案。在羁押期间,甲向公安人员供述了自己和乙共同所犯的抢劫罪行,并提供了乙因犯故意伤害罪被关押在另一城市的看守所的有关情况,使乙所犯的抢劫罪受到刑事追究。问题:甲的行为能否成立自首和立功?

[分析] 甲的行为成立特别自首和重大立功。刑法规定,被采取强制措施的犯罪嫌疑人、被告人和正在服刑的罪犯,如实供述司法机关还未掌握的本人其他罪行的,以自首论。本案中,甲因强奸罪被采取强制措施,在押期间,如实供述自己曾实施的入户抢劫并致人死亡罪行,属于刑法规定"以自首论"的情形。另外,根据刑法及相关司法解释的规定,犯罪分子有检举、揭发他人重大犯罪行为,经查证属实;提供侦破其他重

大案件的重要线索,经查证属实;阻止他人重大犯罪活动;协助司法机关抓捕其他重大犯罪嫌疑人(包括同案犯);对国家和社会有其他重大贡献等表现的,应当认定为有重大立功表现。本案中甲检举、揭发了乙的犯罪行为,并向公安机关提供线索协助其对乙追究刑事责任。同时所揭发犯罪为“入户抢劫并致人死亡”,应属重大犯罪行为,所以认定为重大立功表现。

第三节 量刑制度

一、从重、从轻、减轻与免除处罚制度

(一) 从重与从轻处罚

刑法第62条规定:“犯罪人具有本法规定的从重、从轻处罚情节的,应当在法定刑的限度以内判处刑罚。”据此,从重处罚,是指在法定刑的限定内判处较重的刑罚;从轻处罚,是指在法定刑的限定内判处较轻的刑罚。具体适用从重与从轻处罚制度应把握以下几点:

(1) 从重处罚与从轻处罚,都必须是在法定刑的限定内判处刑罚,而不能高于法定刑或低于法定刑判处刑罚。包括既可以在法定刑限定内选择较重或较轻的刑种,也可以在法定刑限定内选择较长或较短的刑期。

(2) 从重处罚是相对于既没有从轻又没有从重处罚情节的一般情况下的应判处的刑罚而言,即比没有上述情节时的刑罚要相对重一些;从轻处罚也是相对于既没有从轻处罚又没有从重处罚情节的一般情况下所应判处的刑罚而言,即比没有上述情节时的刑罚要相对轻一些。①可见,从重处罚不意味着一律判处法定最高刑,从轻处罚也不是指一律判处法定最低刑。比如,某罪的法定刑为10年以上有期徒刑、无期徒刑或死刑,在没有考虑从重、从轻处罚情节时,认定某甲应判处15年有期徒刑,考虑他有从重情节,决定宣告刑为无期徒刑;若考虑他有从轻情节,决定宣告刑为13年有期徒刑。显然,对某甲从重处罚时,不一定判处法定最高刑死刑,反之,对某甲从轻处罚时,也不一定要判处法定最低刑10年有期徒刑。

---

① 参见张明楷著:《刑法学》,法律出版社1997年版,第456—457页。

(3)“法定刑限度以内”是指所犯罪行应适用的法定刑限度,而不是指法定罪的法定刑限度。比如,抢劫罪(法定罪)的法定刑限度是3年以上有期徒刑、无期徒刑或死刑。如果某甲“入户”抢劫(所犯抢劫罪行),其适用法定刑限度应该是10年以上有期徒刑、无期徒刑或死刑。因此,如果对某甲予以从重处罚或从轻处罚,只能在10年以上有期徒刑、死刑限度内进行。

(二) 减轻处罚

刑法第63条第1款规定:“犯罪分子具有本法规定减轻处罚情节的,应当在法定刑以下判处刑罚。”减轻处罚有两种情况:一是具有法定的减轻处罚情节时予以减轻处罚,如造成损害的中止犯;二是犯罪人虽然不具有刑法规定的减轻处罚情节,但是根据案件的特殊情况需要减轻处罚时,经最高人民法院核准,也可以减轻处罚。这就是所谓的酌定减刑权。

在具体适用减轻处罚制度时,应把握以下两点:

(1) 虽然刑法第99条规定,“本法所称以上、以下、以内,包括本数”,但我们认为刑法第63条第1款“以下”不包括本数在内,即减轻处罚是低于法定刑判处刑罚。因为如果认为这里的“以下”包括本数在内,就会使减轻处罚与从轻处罚发生交叉。

(2)“应当在法定刑以下判处刑罚”,这里的“法定刑”,是指所犯罪行应适用的法定刑,而不是法定罪的法定刑。比如,抢劫罪(法定罪)的法定刑是3年以上有期徒刑、无期徒刑或死刑,如果某甲“入户”抢劫(所犯抢劫罪行),其适用的法定刑是10年以上有期徒刑、无期徒刑或死刑,对某甲予以减轻处罚,则只能在10年以下有期徒刑中选择刑期;如果某乙实施了一般抢劫行为(所犯罪行),其适用的法定刑是3年以上10年以下有期徒刑,对某乙予以减轻处罚,则只能在3年以下有期徒刑中选择刑期。

(三) 免除处罚

免除处罚,又称免予刑事处分,即对行为作有罪宣告,但对行为人免除刑罚处罚。适用免除处罚制度,应把握以下几方面:

(1) 免除处罚的适用条件。在减轻或者免除处罚事由以及从轻、减轻或免除处罚事由场合,对行为人是否宣告免除处罚,应考虑以下条件:①行为人的行为已经构成了犯罪。这是免除处罚的前提条件,也是免除处罚与宣告无罪、不适用刑罚的区别之处。②犯罪情节轻微。这是适用免除处罚的本质条件,但这里的情节轻微与刑法第13条但书所规定的“情节显著轻微危害不大的”的情况有本质区别。后者不构成犯罪,不存在免除处罚的问题。③不需要判处刑罚。

（2）如何理解刑法第37条所规定的“对于犯罪情节轻微不需要判处刑罚的，可以免予刑事处罚”？对此，有人认为：“……在决定不判处刑罚的时候，如果具备免除处罚情节，需要免除处罚时，应当依照规定免除处罚情节的有关条文，判处免除处罚。如果不具备法定免除处罚情节，而又不需要判处刑罚的，则应当依照《刑法》第37条规定，判处免予刑事处分①。”也有人认为“……刑法第37条旨在概括规定，具有免除处罚情节因而免除刑罚处罚时，可以适用非刑罚方法……不能直接根据刑法第37条的规定免除处罚，只有当行为人具有刑法规定的具体的免除处罚的情节时，才能免除处罚②。”我们认为，第二种观点更可取，即刑法第37条所规定的不是独立的免除刑罚的事由，只是其他具体的免除处罚情节的概括性规定。因为“情节轻微”是一个模糊概念，如果可以直接根据刑法第37条的规定免除处罚，就会导致法官的自由裁量权过大，因而与刑法第3条规定的罪刑法定原则相悖。

二、数罪并罚制度

（一）数罪并罚的概念和特征

数罪并罚，是指人民法院对一人犯数罪分别定罪量刑，然后按照法定的原则和方法，决定应当执行的刑罚。数罪并罚具有如下特征：

（1）一人犯数罪。数罪可以分为同种数罪和异种数罪两类。一人犯数罪是实行数罪并罚的前提。这里的数罪，是具备数个犯罪构成的数罪，即实质的数罪。因此，实质的一罪、法定的一罪或处断的一罪，比如想象竞合犯、结果加重犯、继续犯、惯犯、结合犯、转化犯、连续犯、牵连犯、吸收犯等均不属于数罪范畴，不适用数罪并罚。

（2）数罪必须发生在判决宣告以前或者刑罚执行完毕以前。具体包括三种情况：一是判决宣告以前一人犯数罪；二是判决宣告以后，刑罚执行完毕以前，发现被判刑的犯罪人在判决宣告以前还有漏罪；三是判决宣告后，刑罚执行完毕以前，被判刑的犯罪人又犯新罪的。如果在刑罚执行完毕后犯罪人又犯罪，符合累犯条件的，依累犯从重处罚；不符合累犯条件的，可按酌定量刑情节论。如果刑罚执行完毕以后，发现判决宣告以前还有其他罪没有判决，又未超过追诉时效的，应依法定罪量刑，但这既不是数罪并罚问题，也不是累犯和酌定量刑情节问题。

（3）对数罪分别定罪量刑后，依据法定原则和方法，决定执行的刑罚。刑法总则对数罪并罚原则作了明确规定，审判人员在对一人犯数罪确定刑罚时，应严格遵守这些原则。

① 参见何秉松主编：《刑法教科书》，中国法制出版社1997年版，第505页。
② 参见张明楷著：《刑法学》，法律出版社1997年版，第490—491页。

(二) 数罪并罚的原则

数罪并罚原则,是指对一人犯数罪合并处罚所依据的原则。各国刑法所采取的原则主要有吸收原则、并科原则、限制加重原则与混合原则。吸收原则的内容是将数罪分别定罪量刑,然后选择最重的一种刑罚作为执行的刑罚,其余较轻的刑罚都被最重的刑罚吸收。并科原则也即相加原则,其内容是将数罪分别定罪量刑后,然后将各罪所处的刑罚相加在一起全部执行。限制加重原则的内容是,以数罪中的最高刑罚为基础,再加重一定的刑罚作为执行的刑罚,或者在数刑的合并刑期以下,依法酌情决定执行的刑罚。

刑法第69条规定:判决宣告以前一人犯数罪的,除判处死刑和无期徒刑的以外,应当在总和刑期以下、数刑中最高刑期以上,酌情决定执行的刑期,但是管制最高不能超过3年,拘役最高不能超过1年,有期徒刑最高不能超过20年。如果数罪中有判处附加刑的,附加刑仍须执行。据此,刑法对数罪并罚采取的是混合原则。

(1) 对于判处死刑和无期徒刑的,采取吸收原则。①数罪中判处几个死刑或者最重刑为死刑时,只执行一个死刑,不执行其他主刑。②数罪中判处几个无期徒刑或者最重刑为无期徒刑时,只执行一个无期徒刑,不执行其他主刑。在这种情况下,不能将两个以上的无期徒刑决定合并执行死刑。从形式上说,两个以上无期徒刑即使相加,也还是无期徒刑。

(2) 对于判处有期徒刑、拘役和管制的,采取限制加重原则。有期徒刑、拘役、管制都有期限,本身可以合并,但如果采取相加原则,就显得过严,而且不符合实际;如果采取吸收原则,就显得过宽,不利于预防犯罪。于是,刑法规定了限制加重原则。“限制”表现为两个方面:一是受总和刑期的限制,二是受数罪并罚法定最高刑的限制。以有期徒刑为例,被告人犯了两个罪,所判处的刑罚分别为10年和8年,总和刑期为18年,最高刑为10年,故应在10年以上18年以下决定执行的刑罚,此时受总和刑期的限制。如果被告人犯了三个罪,所判处的刑罚分别为10年、8年和6年,总和刑期为24年,最高刑为10年,但法律规定数罪并罚时有期徒刑不得超过20年,故只能在10年以上20年以下决定执行的刑期,此时受数罪并罚法定最高刑的限制。“加重”表现为,不仅可以在所判数刑中的最高刑期以上,而且可以超过有期徒刑、拘役、管制的一般法定最高限度,决定执行的刑期。有期徒刑在数罪并罚时可以超过15年达到20年,拘役可以超过6个月达到1年,管制可以超过2年达到3年。

(3) 数罪中有判处附加刑的,附加刑仍须执行,即对判处附加刑的,采取附加刑与主刑并科的原则。如一人犯数罪,其中有两个罪分别被判处罚金与剥夺政治权利,那么,在执行主刑的同时,这两种附加刑仍须执行。因为附加刑与主刑的性质不同,不得换算与吸收，却可以并科执行。此外，刑法虽然没有明文规定附加刑的并罚，但根据有关司法解释，依法对犯罪人所犯数罪分别判处罚金的，应当实行并罚，将所判处的罚金数额相加，执行总和数额。一人犯数罪依法同时并处罚金和没收财产的，应当合并执行；但并处没收全部财产的，只执行没收财产刑。

（三）适用数罪并罚的三种情况

根据刑法第 69 条、第 70 条与第 71 条的规定，适用数罪并罚有三种情况：

1. 判决宣告以前一人犯数罪的并罚

一人所犯数罪在判决宣告以前都已被发现的，根据刑法第 69 条的规定处理，即按上述数罪并罚原则处理。

对判决宣告以前一人犯不同种数罪的应实行并罚，这没有任何争议。问题在于，判决宣告以前一人犯同种数罪的，是以一罪论处，还是以数罪进行并罚？对此，有三种不同观点：一是肯定说，即此种情况下的同种数罪也应实行数罪并罚。二是否定说，即此种情况下的同种数罪不必并罚，只需作为一罪从重处罚即可。三是折衷说，即对于此种情况下的同种数罪，一般不必并罚，可按一罪从重处罚；但如果该罪只有一个量刑幅度，若不并罚就不能体现对数罪从严惩处的精神，为了弥补法定刑过轻的缺陷，也可以并罚。我们倾向折衷说，但补充为“对判决宣告以前一人犯同种数罪的，原则上应以一罪论处；但在以一罪论处不符合罪刑相适应原则，或者前后犯罪相隔时间很长，不宜作为一罪的从重情节或法定刑升格的情节处理时，应实行并罚①。”

2. 判决宣告以后刑罚执行完毕以前发现漏罪并罚

刑法第 70 条规定：“判决宣告以后，刑罚执行完毕以前，发现被判刑的犯罪分子在判决宣告以前还有其他罪没有判决的，应当对新发现的罪作出判决，把前后两个判决所判决的刑罚，依照本法第 69 条的规定，决定执行的刑罚。已经执行的刑期，应当计算在新判决决定的刑期以内。”

根据上述规定，判决宣告以后、刑罚执行完毕以前发现漏罪的并罚，按如下步骤进行：第一，对发现的漏罪作出判决。第二，把前后判决所判处的刑罚，依照刑法第 69 条的规定，决定执行的刑罚。第三，已经执行的刑期，应当计算在新判决决定的刑期以内。依此步骤计算刑期的方法称为“先并后减法”。比如，某甲犯 A 罪被判处有期徒刑 10 年，在刑罚执行 4 年后，发现他在判决宣告以前还犯有 B、C 罪没有处理。这时，首先应对新发现的罪作出判决，假设分别判处 5 年和 6 年。其次再按刑法第 69 条规定，

① 参见张明楷著：《刑法学》，法律出版社 1997 年版，第 464 页。

在10年以上20年以下的幅度内决定执行的刑罚。假设应执行刑罚为18年。最后再减去实际执行的4年(用18年减去4年),也就是说,某甲还需执行14年。

另外,根据刑法第77条规定,被宣告缓刑的犯罪人,在缓刑考验期限内发现判决宣告以前还有其他罪没有判决的,应当撤销缓刑,对新发现的罪作出判决,把前罪和后罪所判处的刑罚,依照刑罚第69条的规定,决定执行的刑罚。根据刑法第86条的规定,在假释考验期限内,发现被假释的犯罪人在判决宣告以前还有其他罪没有判决的,应当撤销假释,依刑法第70条的规定实行数罪并罚。

3. 判决宣告以后刑罚执行完毕以前又犯新罪的并罚

刑法第71条规定:"判决宣告以后,刑罚执行完毕以前,被判刑的犯罪分子又犯罪的,应当对新犯的罪作出判决,把前罪没有执行的刑罚和后罪所判处的刑罚,依照《刑法》第69条的规定,决定执行的刑罚。"

根据上述规定,判决宣告以后刑罚执行完毕以前又犯新罪的并罚,按如下步骤进行:第一,对新犯的罪作出判决。第二,确定前罪没有执行的刑罚,即以前罪所判刑罚减去已执行的刑罚。第三,把前罪没有执行的刑罚和后罪所判的刑罚,依照刑法第69条的规定,决定执行的刑罚。依此步骤计算刑期的方法称为"先减后并法"。比如,某乙因犯A罪被判处有期徒刑10年,执行3年后,又在监狱内犯B罪和C罪。对此案并罚的步骤是:首先,对B罪和C罪作出判决,假设分别判处4年和8年。其次,确定前罪没有执行的刑罚,即用10年减去3年,还剩7年。再次,按刑法第69条规定,在8年以上19年以下决定执行的刑罚,假设应执行刑罚为15年。

另外,根据刑法第77条的规定,被宣告缓刑的犯罪人,在缓刑考验期内又犯新罪的,应当撤销缓刑,对新犯的罪作出判决,把前罪和后罪所判处的刑罚,依照刑法第69条的规定,决定执行的刑罚。根据刑法第86条的规定,被假释的犯罪人,在假释考验期内又犯罪的,应当撤销假释,依照刑法第71条的规定实行数罪并罚。

"先减后并法"与"先并后减法"相比,可能给予犯罪人的惩罚更重。其表现在:首先,在一定条件下,决定执行刑期的最低期限较高。其次,按"先减后并法",犯罪人实际执行的刑罚,有期徒刑最高可以超过20年,拘役最高可以超过1年,管制最高可以超过3年,而按"先并后减法",则不会超过。

三、缓刑制度

(一) 缓刑的概念

在我国,缓刑是指对于被判处拘役、3年以下有期徒刑的犯罪人,根据其犯罪情节和悔罪表现,如果暂缓执行刑罚确实不致再危害社会,就规定一定的考验期,暂缓刑罚的执行;在考验期内,如果遵守一定条件,原判刑罚就不再执行的一项制度。简言之,缓刑是有条件地不执行所判决的刑罚。其特点是:既判处一定刑罚,又暂不执行,但在一定期间保留执行的可能性。缓刑不是一种独立的刑种。从裁量是否执行所判刑罚的意义上说,缓刑是一种量刑制度;从刑罚执行的意义上说,缓刑也是一种刑罚执行制度。

缓刑不同于死刑缓期执行。二者虽然都是有条件地不执行原判刑罚,都不是独立的刑种,但在适用对象、执行方法、考验期限和法律后果等方面存在本质区别:(1)缓刑适用于被判处拘役或者3年以下有期徒刑的犯罪人;死缓适用于应当判处死刑但不是必须立即执行的犯罪人。(2)对于宣告缓刑的犯罪人不予关押;对于宣告死缓的犯罪人必须予以监禁,并强迫劳动改造,以观后效。(3)缓刑依所判处的刑种与刑期不同而有不同的法定考验期限;死缓的考验期为2年。(4)缓刑的后果要么是原判刑罚不再执行,要么是执行原判刑罚乃至数罪并罚;死缓的后果根据情况既可能是减为无期徒刑或有期徒刑,也可能是执行死刑。

缓刑与对军人的“战时缓刑”具有区别。刑法第449条规定:在战时,对被判处3年以下有期徒刑没有现实危险宣告缓刑的犯罪军人,允许其戴罪立功,确有立功表现时,可以撤销原判刑罚,不以犯罪论处。不难看出,战时缓刑虽然可谓一种特殊缓刑,但实际上是刑事责任消灭的一种特殊方式。缓刑与战时缓刑在适用的时间、适用的对象、适用的条件、考验的内容、法律后果等方面存在相当明显的区别。

(二)缓刑的适用条件

根据刑法第72条、第74条的规定,适用缓刑必须符合以下条件:

(1)缓刑只适用于被判处拘役或者3年以下有期徒刑的犯罪人。对此应理解为:①这里所说的被判处拘役或者3年以下有期徒刑,是就宣告刑而言,而不是指法定刑。②对被判处管制或者单处附加刑的,不能适用缓刑。因为管制或者单处附加刑都不存在剥夺人身自由的问题,适用缓刑没有实际意义。③如果一人犯数罪,实行数罪并罚后,决定执行的刑罚为3年以下有期徒刑或者拘役的,也可以适用缓刑。

(2)根据犯罪人的犯罪情节和悔罪表现,适用缓刑确实不致再危害社会。并非对被判处拘役或者3年以下有期徒刑的犯罪人都可以适用缓刑,适用缓刑的实质条件是,暂不执行所判刑罚,犯罪人也确实不致再危害社会;而判断确实不致再危害社会的根据,是犯罪人的犯罪情节和悔罪表现。

(3)必须不是累犯。换言之,对于累犯,不适用缓刑。因为累犯是在执行一定刑罚之后再次犯罪,说明其人身危险性严重,难以改造;如果不执行所判处的刑罚,他们再次犯罪的可能性更大,故对累犯不能适用缓刑。

(三)缓刑的考验期限与考察

缓刑的考验期限,是指对被宣告缓刑的犯罪人进行考察的一定期间。

根据刑法第73条的规定,拘役的缓刑考验期限为原判刑期以上1年以下,但是不能少于2个月;有期徒刑的缓刑考验期限为原判刑期以上5年以下,但是不能少于1年。可见,缓刑考验期限不得短于原判刑期,可以等于或者长于原判刑期。

给宣告缓刑的犯罪人规定一定的考验期限,是为了对他进行考察;没有必要的考察,缓刑就难以起到应有的作用。根据刑法第76条的规定,被宣告缓刑的犯罪人,在缓刑考验期内,由公安机关考察,所在单位或者基层组织予以配合。考察的范围较广,包括了解犯罪人的改造情况,督促其遵纪守法,预防其重新犯罪,等等。考察的方法没有限制,但既不能放任不管,也不能将考察变成管制。

根据刑法第75条的规定,被宣告缓刑的犯罪人,应当遵守下列规定:(1)遵守法律、行政法规,服从监督;(2)按照考察机关的规定报告自己的活动情况;(3)遵守考察机关关于会客的规定;(4)离开所居住的市、县或者迁居,应当报经考察机关批准。

此外,根据刑法第72条第2款的规定,被宣告缓刑的犯罪人,如果被判处附加刑的,附加刑仍须执行。这说明,缓刑的效力不及于附加刑。

(四)缓刑考验期满与缓刑的撤销

缓刑考验期满,是指犯罪人在缓刑考验期内,没有再犯新罪,没有发现判决宣告以前还有其他罪没有判决,没有情节严重的违反有关缓刑的监督管理规定的行为,并且经过了考验期限。根据刑法第76条的规定,被宣告缓刑的犯罪人,如果没有上述三种情形,缓刑考验期满,原判的刑罚就不再执行,并公开予以宣告。“原判的刑罚就不再执行”,是指原判决的有罪宣告仍然有效,原判的刑罚也没有错误,但由于犯罪人在考验期内符合法定条件,原判决所宣告的刑罚不再执行。

缓刑的撤销,是指由于犯罪人在缓刑考验期内,没有遵守法定条件,而将原判决宣告的缓刑予以撤销,使犯罪人执行原判刑罚。缓刑的撤销包括两种情况:

一是被宣告缓刑的犯罪人,在缓刑考验期内犯新罪,或者发现判决宣告以前还有其他罪没有判决的,应当撤销缓刑,将新犯的罪或者新发现的罪作出判决,把前罪和后罪所判处的刑罚,依照刑法第69条的规定,决定执行的刑罚。如果原判决宣告以前先行羁押的,羁押日期应当折抵刑期。需要说明的是,只要是在缓刑考验期内犯新罪,即使经过了缓刑考验期限后才发现新罪,也应当撤销缓刑。

二是被宣告缓刑的犯罪人,在缓刑考验期内,违反法律、行政法规或者国务院公安部门有关缓刑的监督管理规定,情节严重的,应当撤销缓刑,执行原判刑罚。在这种情况下撤销缓刑,不存在数罪并罚的问题。

【案例分析】

案例 1

[案情] 钟某在担任某企业会计期间,先后利用职务之便侵吞该企业巨额资金,用于其个人挥霍、享乐。后来,钟某罪行暴露,被司法机关判处有期徒刑14年。关进监狱以后,钟某想到自己已经29岁,再服刑14年,就到了43岁,人生已过大半,以后再怎么辛苦努力也毫无用处了,自己利用贪污来的钱大肆享受了好几年,也算够本了。这么一想,他干脆来个破罐子破摔,丝毫不思悔改。在服刑的第2年的某一天,钟某在劳动中同犯人吕某发生冲突,竟然操起木棒将吕某打成重伤。问题,如何对钟某实行数罪并罚?

[分析] 对钟某的两罪应采用"先减后并"的方法并罚,即将钟某未执行的贪污罪的有期徒刑同他的故意伤害罪的刑罚一起并罚。刑法规定,判决宣告以后,刑罚执行完毕以前,被判刑的犯罪分子又犯罪的,应当对新犯的罪作出判决,把前罪没有执行的刑罚和后罪所判处的刑罚,依照本法第69条的规定,决定执行的刑罚,即"先减后并"。

案例 2

[案情] 余某虽生在农村,但从小娇生惯养,受父母溺爱。成人后,又不务正业,游手好闲,经常同本村几个年轻人一起四处逛荡。一次,余某同本村青年汪某、于某窜到广西柳州,先后诈骗数次,共得人民币60 000元,余某分得30 000元。在回家途中,三人又合伙在广州盗窃摩托车2辆,价值6 000元。卖掉赃物后,余某获赃款4 000元。案发后,余某及其同案犯汪某、于某被司法机关逮捕。在审判中,余某提出,他家中只有老父一人,如果自己关进监狱,父亲便无人赡养,因而请求法院对其判处缓刑,以便他既能服刑又能照顾家中老人。问题:余某的请求能否成立?

[分析] 余某的请求不能成立,对余某不能适用缓刑。刑法规定,适用缓刑必须具备三方面条件:犯罪分子被判处拘役或3年以下有期徒刑的刑罚;根据犯罪分子的犯罪情节和悔罪表现,认为适用缓刑不致再危害社会;犯罪分子不是累犯。本案中,一方面,余某犯有重大盗窃罪,又犯有诈骗罪,应实行数罪并罚,因此被判处的决定执行的刑罚可能远远高于3年有期徒刑,故不具备适用缓刑的第一个条件,同时,余某也没有悔罪表现。所

以,余某所提出的家中还有老父亲这一理由并不能成为对其适用缓刑的条件。

【本章小结】

量刑,也称刑罚裁量,是指审判机关在查明犯罪事实、认定犯罪性质的基础上,依法对犯罪人裁量刑罚的审判活动。量刑原则是以犯罪事实为根据,以刑事法律为准绳。量刑情节,是指在某种行为已经构成犯罪的前提下,人民法院对犯罪人裁量刑罚时应当考虑的,据以决定量刑轻重或者免除刑罚处罚的各种情况。量刑情节反映了犯罪行为的社会危害程度和行为人的人身危险性。人民法院在量刑过程中,依据这些情况,可以对犯罪人作出"从重"、"从轻"、或者"减轻"、"免除"处罚的决定。法定情节包括刑法总则规定的情节与刑法分则规定的情节。酌定情节虽然不是刑法明文规定的情节,但对量刑仍然起着重要影响作用。累犯,是指被判处一定刑罚的犯罪人,在刑罚执行完毕或者赦免以后,在法定期限内又犯一定之罪的情况。累犯是法定从重情节。累犯分为一般累犯与特殊累犯。自首是法定可以从轻或减轻处罚情节。自首可以分为一般自首与特别自首。立功,是指犯罪人揭发他人的犯罪行为,查证属实的,或者是提供重要线索,从而得以侦破其他案件等表现。数罪并罚,是指人民法院对一人犯数罪分别定罪量刑,然后按照法定的原则和方法,决定应当执行的刑罚。缓刑是指对于被判处拘役、3年以下有期徒刑的犯罪人,根据其犯罪情节和悔罪表现,如果暂缓执行刑罚确实不致再危害社会,就规定一定的考验期,暂缓刑罚的执行;在考验期内,如果遵守一定条件,原判刑罚就不再执行的一项制度。

本章思考题

1. 什么是量刑? 量刑原则有哪些?
2. 什么是法定情节?
3. 什么是酌定情节?
4. 什么是累犯? 其成立条件有哪些?
5. 什么是自首? 其成立条件有哪些?
6. 什么是立功? 其成立条件有哪些?
7. 什么是数罪并罚? 如何理解其适用的三种情况?
8. 什么是缓刑? 其成立条件有哪些?

第十三章 行 刑

【本章学习目的】

通过本章的学习，了解行刑的概念和特征；了解行刑目的和行刑原则；掌握减刑的概念和适用条件；掌握假释的概念和适用条件。

第一节 行刑概述

一、行刑的概念和特征

（一）概念

行刑，是执行刑罚的简称，指的是特定国家机关将生效的刑事判决依照法定程序付诸实施的刑事司法活动。

（二）特征

（1）行刑是一种刑事司法活动。也就是说，行刑是国家刑事活动的有机组成部分，它与求刑、量刑一样同属于国家刑事司法活动的范畴。

（2）行刑的主体是特定的国家司法机关。行刑作为一项严肃的执行活动，必须由依法享有行刑权的国家机关行使，除此之外，其他任何机关和个人均无权行使。根据刑法、刑事诉讼法和监狱法的有关规定，死刑缓期2年执行、无期徒刑、有期徒刑，由监狱执行；死刑立即执行、没收财产和罚金由人民法院执行；拘役、管制、剥夺政治权利由公安机关执行。

(3) 行刑的内容是将生效的刑事判决付诸实施。行刑必须是根据已经发生法律效力的刑事判决。未发生法律效力的判决不得执行。

(4) 行刑必须依法定程序进行。刑法、刑事诉讼法和监狱法都对行刑活动作了规定。特别是监狱法,是专门的刑事执行法,它就如何具体执行死刑缓期 2 年执行、无期徒刑和有期徒刑,从收押到刑满释放,都做了详细规定。所以,行刑活动必须严格依这些规定进行。

二、行刑目的

行刑目的,是指通过行刑活动达到所希望的结果。其具体表现为惩罚罪犯和改造罪犯两方面,惩罚罪犯体现了行刑目的的公正性,而改造罪犯则体现了行刑目的的功利性。

(一) 惩罚罪犯

行刑过程首先体现了对犯罪人的惩罚。行刑既然是刑罚的付诸实施,当然包含惩罚的意蕴。刑罚方法不同,惩罚的内容与严厉性程度也就有所差别。生命刑是最重的刑罚,其内容表现为剥夺生命。自由刑也是较为严厉的刑罚,其对罪犯实施惩罚主要表现在:(1)剥夺自由。主要表现为将罪犯监管起来,剥夺其人身自由;实行严格监管,监督其遵守各项监规纪律;强制其参加监狱或其他执行场所组织的各项活动等。(2)随着自由被剥夺而丧失或限制其他一些权利行为能力或权利资格,如与配偶同居的行为能力、与亲友共同生活的权利资格等等。罚金刑主要是通过剥夺罪犯的一定经济利益,使其得到惩罚。资格刑主要是通过剥夺罪犯参加国家管理等政治权利,使其得到惩罚。

只有让罪犯受到惩罚,才能使其认识到国家法律的严肃性,才能使其感受到刑罚的威严,从而实现刑罚的威慑功能;同时,也只有使罪犯受到惩罚,才能使被害人及其亲属的感情受到抚慰,从而实现刑罚的安抚功能。可见,惩罚罪犯是行刑的目的。

(二) 改造罪犯

行刑目的不仅体现在惩罚罪犯方面,而且更体现在改造罪犯方面。行刑过程中的改造主要是指对犯罪人进行教育改造,包括思想教育改造、职业教育改造与劳动教育改造等。其中最主要的是劳动教育改造。刑法第 46 条规定:“被判处有期徒刑、无期徒刑的犯罪分子,在监狱或者其他执行场所执行;凡有劳动能力的,都应当参加劳动,接受教育和改造。"刑法第43条第2款规定:"在执行期间,被判处拘役的犯罪分子每月可以回家一天至两天;参加劳动的,可以酌量发给报酬。"

监狱法第3条明确规定了监狱行刑的任务是将罪犯改造成为守法公民,这是与无产阶级所肩负的改造社会、改造人类的伟大历史使命相一致的。可见,把改造罪犯作为行刑的目的,是实现监狱行刑的任务及实现无产阶级所肩负的伟大历史使命的必然要求。

三、行刑原则

行刑原则是贯穿于整个行刑过程中,对行刑机构具有指导性意义的准则。行刑原则主要包括法治化原则、教育性原则、谦抑性原则、个别化原则以及社会化原则。

(一)行刑法治化原则

行刑是一项严肃的执法活动,必须严格依法进行。比如,对无期徒刑、有期徒刑的执行方面,从罪犯的收押、对罪犯提出的申诉、控告、举报的处理、监外执行、减刑、假释以及刑满释放等活动,都必须严格依照监狱法、刑事诉讼法和刑法的规定进行。

(二)行刑教育性原则

行刑的教育性原则,是指从教育改造罪犯出发,采用潜移默化或者善意劝导等方式,而不是以单纯关押的办法,使罪犯的思想和行为逐渐良性化,从而重新回归社会。教育性原则是建立在"人是可以改造的"基础上的。根据马克思主义观点,罪犯并非天生犯罪人,只是由于受外界不良因素的影响而走上犯罪道路的,因此,绝大多数罪犯都是可以通过教育感化从而得到改造。

(三)行刑谦抑性原则

行刑谦抑性原则,又称行刑经济性或节俭性原则,是指在行刑过程中,力求以最小的投入来获得有效地预防和控制犯罪的最大社会效益。

(四)行刑个别化原则

行刑个别化原则,是指在行刑过程中,要对不同类型的罪犯,予以个别处理。由于罪犯的犯罪原因、生活经历、社会背景、罪行性质、刑期长短、主观恶性程度等各不相同,罪犯个人的性格、气质、能力、年龄、性别等互有差异,决定了对罪犯改造的难易程度亦互不相同。因此,对不同的行刑对象的惩罚和改造,应当予以个别化。

(五)行刑社会化原则

行刑社会化原则,是指监狱行刑要尽可能地打破监狱与外部正常社会之间的隔绝状态,使罪犯有较多的与外部社会接触的机会,同时调动监狱外的一切积极因素参与对罪犯的改造,使罪犯出狱后能顺利回归社会。

关于具体刑罚的执行,有的在论述刑种时已作说明,有的要在刑事诉讼法学或监狱法学中讲解。下面仅就刑法规定的减刑与假释制度进行讨论。

第二节 减刑制度

一、减刑的概念

减刑,是指对于被判处管制、拘役、有期徒刑、无期徒刑的犯罪人,在刑罚执行期间,如果认真遵守监规,接受教育改造,确有悔改表现,或者有立功表现的,适当减轻原判刑罚的制度。例如,被判处无期徒刑的犯罪人,在执行期间确有立功表现,将无期徒刑减为15年有期徒刑;被判处10年有期徒刑的犯罪人,在执行期间确有悔改表现,将10年有期徒刑减为8年有期徒刑。

根据刑法第78条的规定,减刑分为两种情况:一是可以减刑,即具备一定条件时,人民法院可以裁定减刑。二是应当减刑,即有重大立功表现时,人民法院应当减刑。从减刑的方法与效果来看,减刑也分为两种情况:一是将无期徒刑减为有期徒刑,这是刑种的变更;二是将管制、拘役、有期徒刑的刑期减少,不能变更刑种。

减刑与改判有原则性的区别。改判是因为原判决在认定事实或适用法律上有错误,而依照法定程序撤销原判决,重新作出判决。改判是基于原判决存在错误而对原判决的否定,而减刑并不否定原判决,它是在原判决确定后,在刑罚执行过程中因犯罪人确有悔改或有立功表现,将原判刑罚予以适当的减轻。

减刑不同于死缓减刑。死缓减刑是判处死刑缓期执行的犯罪人在死缓期内没有故意犯罪,而予以减刑的制度。虽然一般减刑与死缓减刑都是对原判刑罚的减轻,但两者还是有较大的差别。从适用条件来看,判处死缓的犯罪人只要在法定的期限内没有故意犯罪即可获得减刑,而一般减刑条件要求则较高,犯罪人必须确有悔改表现或有立功表现才可获减刑;从适用对象来看,死缓减刑仅适用于被判处死期缓期执行的犯罪人,而一般减刑适用于被判处管制、拘役、有期徒刑、无期徒刑的犯罪人;从考察时间来看,死缓减刑的考察期限为两年,而一般减刑没有明确的时间限制。因此,不能将二者相混淆。

减刑与减轻处罚不同。减轻处罚是指人民法院根据犯罪人所具有的法定或者酌定处罚情节,依法在法定刑以下判处刑罚。减刑则是在刑罚执行期间,依法对原判刑罚予以适当的减轻,两者在性质上有本质的区别。首先,两者适用的对象不同。减轻处罚适用的对象是未决犯,减刑适用的对象是已决犯。其次,两者所属法律范畴不同。减轻处罚是人民法院的一种刑罚裁量活动,属于量刑的范畴,而减刑是刑罚执行过程中根据法定情形缩短原刑罚的制度,属于行刑的范畴。

减刑也不同于特赦。根据宪法第 67 条规定,特赦由全国人民代表大会常务委员会决定,而减刑由人民法院决定。其次,特赦的对象是一类或几类犯罪人,而减刑的对象是个别犯罪人。再次,两者在目的上也有所不同。特赦主要是满足国家政治形势发展的需要,而减刑则着眼于犯罪人的改造。

减刑作为对确有悔改或有立功表现的犯罪人实行的一项宽大制度,是惩罚与教育改造相结合政策的体现。它有利于稳定犯罪人的改造情绪,提高犯罪人接受改造的积极性,促进犯罪人的改造,对实现刑罚的目的有重要的意义。

二、减刑的条件

刑法第 78 条规定:“被判处管制、拘役、有期徒刑、无期徒刑的犯罪分子,在执行期间如果认真遵守监规,接受教育改造,确有悔改表现的,或者有立功表现的,可以减刑;有重大立功表现的,应当减刑。减刑以后实际执行的刑期,判处管制、拘役、有期徒刑的,不能少于原判刑期的二分之一;判处无期徒刑的,不能少于十年”。据此可知,减刑有三个法定条件:(1)对象条件。减刑仅适用于被判处管制、拘役、有期徒刑、无期徒刑的犯罪人。(2)实质条件。减刑只能适用于在刑罚执行过程中确有悔改或立功表现的犯罪人。(3)减刑的限度条件,即减刑不得超过一定的限度。具备一定条件才能减刑。

(一) 对象条件

减刑只适用于被判处管制、拘役、有期徒刑、无期徒刑的犯罪分子。这说明减刑的适用对象,只有刑罚种类的限制,而没有刑期长短和犯罪性质的限制。

（二）实质条件

减刑的实质条件是指受刑人在刑罚执行过程中确有悔改或立功表现。将有悔改或立功表现作为减刑的实质条件，体现了刑法设立减刑制度的宗旨，即通过肯定受刑人已有的改造成绩，激励其继续努力改造，逐步减少以至消除犯罪人的人身危险性，使其不再危害社会。根据刑法规定，减刑可以分为可以减刑与应当减刑两种情况，前者是相对减刑，后者是绝对减刑，现分述如下：

1. 相对减刑的实质条件

相对减刑的实质条件是指在刑罚执行期间，认真遵守监规，接受教育改造，确有悔改表现的，或者有立功表现。因此，相对减刑具有两种实质条件：一是悔改表现。根据1997年10月28日最高人民法院《关于办理减刑、假释案件具体应用法律若干问题的规定》第1条第1项的规定，确有悔改表现是指同时具备以下四个方面情形：认罪服法；认真遵守监规，接受教育改造；积极参加政治、文化、技术学习；积极参加劳动，完成生产任务。二是立功表现。这里的立功表现，根据前引司法解释第1条第2项的规定，是指具有下列情形之一的：(1)揭发、检举监内外犯罪活动，或者提供重要的破案线索，经查证属实的；(2)阻止他人犯罪活动的；(3)在生产、科研中进行技术革新，成绩突出的；(4)在抢险救灾或者排除重大事故中表现积极的；(5)有其他有利于国家和社会的突出事迹的。

2. 绝对减刑的实质条件

绝对减刑的实质条件是指在刑罚执行期间，受刑人具有重大立功表现。根据刑法第78条的规定，重大立功表现主要是指：(1)阻止他人重大犯罪活动的，即受刑人在服刑期间，发现他人正在进行重大犯罪活动而予以制止。(2)检举监狱内外重大犯罪活动的，即受刑人在服刑期间，发现他人在监狱内正在进行重大犯罪活动而予以告发或者获知他人在监狱外有重大犯罪活动的线索而予以揭发。(3)有发明创造或者重大技术革新的，即受刑人学有专长，在服刑期间认真钻研科学技术，有发明创造或者重要技术革新。(4)在日常生产、生活中舍己救人的，即犯罪人在他人的人身遭受严重危险的情况下，奋不顾身，抢救他人。(5)在抗御自然灾害或者排除重大事故中，有突出表现的，即在抗御自然灾害或者排除重大事故的紧要关头，受刑人积极投入救灾抢险，表现突出。(6)对国家和社会有其他重大贡献的，这是一个空白规定，以容纳前五项所未能包括之事项。只有与前五项情形相当者，才能视为对国家和社会有其他重大贡献而应当减刑。

（三）限度条件

根据刑法第78条第2款的规定，减刑以后实际执行的刑期，判处管制、拘役、有期徒刑的,不能少于原判刑期的1/2;判处无期徒刑的,不能少于10年。从这一规定可以看出,减刑的形式有两种:一是刑种的变更,例如将无期徒刑减为有期徒刑;二是刑期的变更,例如缩短有期徒刑本身的刑期。除无期徒刑的限度是实际执行10年以外,其他刑罚的限度采用的是比例制,即实际执行的刑期,不能少于原判刑期的1/2。

三、减刑的适用

(一) 减刑的程序

刑法第79条规定:"对于犯罪分子的减刑,由执行机关向中级以上人民法院提出减刑建议书。人民法院应当组成合议庭进行审理,对确有悔改或者立功表现的,裁定予以减刑。非经法定程序不得减刑。"

1. 减刑的管辖

减刑案件的审判管辖是中级以上人民法院,即只有中级人民法院、高级人民法院、最高人民法院才有减刑的裁定权。被判处有期徒刑、无期徒刑的减刑,由执行机关向当地中级人民法院提出减刑建议书。对于被判处管制、拘役以及被判处1年以下有期徒刑或者余刑在1年以下,在看守所服刑的犯罪人的减刑,由县级公安机关负责提出减刑建议书,经地、市公安机关审核同意后,提请当地中级人民法院审理裁定。

2. 减刑的程序

(1)对犯罪人考察,提出减刑建议书。这是减刑的基础性工作,主要是对犯罪人在刑罚执行过程中的思想、行为进行认真的考察,以此来认定犯罪人是否确有悔改或立功表现。监狱及其他执行机关对犯罪人进行考察后认为确有悔改或立功表现,符合减刑的条件,就可以向人民法院提出减刑意见,由人民法院依法裁定减刑。(2)法院裁定减刑。中级以上人民法院受理减刑案件后,应当依法组成合议庭,认真审核执行机关申报的材料及手续是否齐全,如材料不齐或手续不全的,应当通知执行机关补充或退回补充调查,对重要案件要深入执行机关进行核实。合议庭对犯罪人确有悔改或立功表现的事实和证据认定确凿后,应制定减刑刑事裁定书,依法对犯罪人宣告减刑。

(二) 减刑的实体适用

1. 减刑的起始

前引司法解释第1条、第6条、第7条对不同刑种的犯罪人适用减刑的起始时间作出了不同的规定,弥补了刑法的不足:(1)被判处5年以上有期徒刑的犯罪人,一般在执行一年半以上方可减刑;被判处不满6年有期徒刑的,可以比照上述规定的时间适当缩短。确有重大立功表现的,可以不受上述减刑起始和间隔时间的限制。(2)无期徒刑犯罪人在执行期间,如果确有悔改表现的,或者有立功表现的,服刑2年以后,可以减刑。无期徒刑犯罪人在刑罚执行期间又犯罪,被判处有期徒刑以下刑罚的,自新罪判决之日起一般在2年以内不予减刑;对新罪判处无期徒刑的,减刑起始时间要适当延长。

2. 减刑的幅度

减刑的幅度是指一次减刑的期限。根据前引司法解释的规定,对无期徒刑犯的减刑,如确有悔改表现的,或有立功表现的,一般可减为18年以上20年以下有期徒刑;对有重大立功表现的,可减为13年以上18年以下有期徒刑。对有期徒刑犯,如果确有悔改或者立功表现,一次减刑不超过1年以下有期徒刑;如果确有悔改并有立功表现的,或者有重大立功表现,一次减刑不超过2年以下有期徒刑;被判处10年以上有期徒刑的犯罪人,如果悔改表现突出或者有立功表现,一次减刑不超过2年有期徒刑,如果悔改表现突出并有立功表现,或者有重大立功表现,一次减刑不得超过3年有期徒刑。

3. 减刑的间隔时间

减刑的间隔时间是指同一犯罪人前后两次减刑的时间间距。根据前引司法解释的规定,对于被判处5年以上有期徒刑的犯罪人,两次减刑之间一般应当间隔1年以上。被判处10年以上有期徒刑的犯罪人,一次减2年至3年有期徒刑之后,再减刑时,其间隔时间一般不得少于2年。被判处不满5年有期徒刑的犯罪人,可以比照上述规定,适当缩短时间。确有重大立功表现的,可以不受上述时间的限制。

4. 减刑后刑期的计算

减刑后刑期的计算,因原判刑罚的种类不同而有所区别:对于原判管制、拘役、有期徒刑的,减刑后的刑期自原判决开始执行之日起计算,原判决已经执行的部分,应当计入减刑后的刑期以内;被判处无期徒刑的犯罪人,在其刑期被减为有期徒刑后,其刑期自法院裁定减刑之日起计算,减刑之前已经执行的刑期,不得计入减刑以后的刑期以内。

5. 关于缓刑犯、未成年犯减刑的适用

根据前引司法解释的规定,对有重大立功表现的缓刑犯可以适用减刑。减刑后实际执行的刑期不能少于原判刑期的1/2,相应缩减的缓刑考验期限不能低于减刑后实际执行的刑期。判处拘役的缓刑期不能少于2个月,判处有期徒刑的缓刑考验期限不能少于1年。对犯罪时未成年的犯罪人的减刑,在掌握标准上可以比照成年犯罪人依法适度放宽。未成年犯罪人能认罪服法,遵守监规,积极参加学习、劳动的,即可视为确有悔改表现予以减刑,其减刑的幅度可以适当放宽,间隔的时间可以适当缩短。

【案例分析】

[案情] 季某因犯盗窃罪被判处有期刑10年。在服刑期间,季某服刑地发洪水,监狱被淹,季某不但没有趁机逃跑,反而加入抗洪抢险队伍,冒着生命危险抢救了多名被困群众,并主动回到监狱。鉴于季某的突出表现,监狱直接给季某减刑3年。问题:监狱做法是否正确?

[分析] 监狱做法不完全正确。刑法规定,被判处管制、拘役、有期徒刑、无期徒刑的犯罪分子,在执行期间如果认真遵守监规,接受教育改造,确有悔改表现的,或者有立功表现的,可以减刑;有重大立功表现的,应当减刑。本案中,季某的行为属于重大立功,符合减刑条件,但监狱的做法不符合法定程序。正确做法是:由监狱向中级以上人民法院递交减刑建议书,由人民法院依法作出裁定。

第三节 假释制度

一、假释的概念

假释,是指对于被判处有期徒刑或者无期徒刑的犯罪人,在执行一定的刑期以后,如果确有悔改表现,不致再危害社会,将其附条件地提前予以释放的一种刑罚执行制度。

假释不同于释放。释放是无条件地解除对犯罪人的监禁,不再存在收监的问题;假释则是对犯罪人有条件地提前释放,仍存在收监的可能性。

假释不同于监外执行。监外执行是指犯罪人在监狱内服刑期间,因具有某种特定情形,如疾病、怀孕等,而依法放到监外执行的刑罚制度。它与假释有着本质的区别。(1)两者适用的对象不同。假释适用于服刑期间确有悔改表现的犯罪人;监外执行适用于某些有特殊情况不宜在监内执行的罪犯。(2)两者的收监条件不同。假释考验期内没有犯新罪,就认为原判决刑罚执行完毕;监外执行妨碍执行的因素消失,就应收监执行。(3)两者的期间计算不同。假释如被撤销,假释期间不折抵刑期;监外执行监外期间应计入原判刑期。

假释不同于缓刑。两者虽然都是有条件地不执行原判刑罚,但两者在适用对象、依据、时间以及不执行的刑期方面有着明显的不同:(1)缓刑适用于被判处拘役、3年以下有期徒刑的犯罪人;假释仅适用于被判处有期徒刑、无期徒刑的犯罪人。(2)缓刑的适用根据是犯罪人的犯罪情节和悔改表现;而假释则是根据犯罪人在刑罚执行过程中确有悔改而作出的。(3)缓刑是在判决的同时宣告的;假释是在刑罚执行过程中决定的。(4)缓刑是有条件地不执行原判刑罚的全部刑期;假释是有条件地不执行原判刑罚尚未执行的刑期。

假释不同于减刑。两者虽然适用条件上有所相似,但在适用对象、次数有着明显的区别:(1)减刑适用于被判处管制、拘役、有期徒刑、无期徒刑的犯罪人;假释仅适用于被判处有期徒刑和无期徒刑的犯罪人。(2)减刑不受次数的限制;假释只能适用一次。(3)减刑减去的刑罚不再执行;假释有考验期和撤销假释的规定。

二、假释的适用条件

刑法第81条规定:"被判处有期徒刑的犯罪分子,执行原判刑期二分之一以上,被判处无期徒刑的犯罪分子,实际执行十年以上,如果认真遵守监规,接受教育改造,确有悔改表现,假释后不致再危害社会的,可以假释。如果有特殊情况,经最高人民法院核准,可以不受上述执行刑期的限制。对累犯以及因杀人、爆炸、抢劫、强奸、绑架等暴力性犯罪被判处十年以上有期徒刑、无期徒刑的犯罪分子,不得假释。"根据这一规定,适用假释必须具备以下条件:

(一)对象条件

假释只适用于被判处有期徒刑或无期徒刑的犯罪分子,对累犯以及因杀人、爆炸、抢劫、强奸、绑架等暴力性犯罪被判处10年以上有期徒刑、无期徒刑的犯罪分子除外。死刑立即执行,因其特殊性质,不存在假释的问题。死刑缓期2年执行也不能直接适用假释,只有在死缓减为无期徒刑或有期徒刑之后,具备了假释的条件才可以适用假释。拘役的刑期短,适用假释没有实际意义。如果被判处拘役的罪犯确有悔改表现,可以宣告缓刑或者减刑。被判处管制的犯罪分子,因不在监内执行,仅限制部分自由,没有必要适用假释。也就是说,其他种类的刑罚,或因性质,或因执行方式,或因刑期较短所决定而不能或不必适用假释。

(二)实质条件

犯罪分子认真遵守监规,接受教育改造,确有悔改表现,假释后不致再危害社会,这是适用假释的实质条件。根据前引司法解释第 10 条的规定,这里的不致再危害社会是指罪犯在刑罚执行期间一贯表现好,确已具备本规定第 1 条第 1 项所列情形,不致违法、重新犯罪的,或者是老年、身体有残疾(不含自杀致残),并丧失作案能力的。其中,该司法解释第 1 条第 1 项所列情形是:(1)认罪服法;(2)一贯遵守罪犯改造行为规范和监狱纪律;(3)积极参加政治、文化、技术学习;(4)积极参加劳动,爱护公物,完成劳动任务。

(三) 时间条件

假释只适用于已经执行一部分刑罚的犯罪分子。被判处有期徒刑或者无期徒刑的罪犯,还必须执行一部分刑罚,才能适用假释。根据刑法第 81 条及有关司法解释的规定,被判处无期徒刑的犯罪分子,实际执行 10 年以上,才可以适用假释。对无期徒刑减为有期徒刑的罪犯,仍应按原判无期徒刑实际执行 10 年以上,才可以适用假释。对判处有期徒刑的罪犯适用假释,执行原判刑期 1/2 以上的起始时间,应从羁押之日起计算。为使假释适用具有一定的灵活性,刑法第 81 条还规定:"如果有特殊情况,经最高人民法院核准,可以不受上述执行刑期的限制。"根据前引司法解释第 11 条的规定,这里的特殊情况,是指有国家政治、国防、外交等方面特殊需要的情况。

三、假释的适用

(一) 假释的程序

刑法第 82 条规定:"对于犯罪分子的假释,依照本法第七十九条规定的程序进行。非经法定程序不得假释。"参照第 79 条关于减刑的程序可知,一般假释的程序如下:(1)执行机关根据实际情况提出假释意见书。(2)中级以上人民法院组成合议庭进行审理。合议庭必须认真审查执行机关申报的材料,确认犯罪人是否符合假释的条件。(3)对于符合假释条件的,合议庭裁定予以假释。对于不符合假释条件的,不予假释。

对于刑法第 81 条规定的"如有特殊情况,经最高人民法院核准"的特殊假释案件,程序如下:(1)执行机关提出假释建议书。(2)中级以上人民法院组成合议庭审理。(3)中级人民法院裁定假释的,应当在裁定书中写明"本裁定经最高人民法院核准后生效",并写出书面报告连同全部材料报送最高人民法院审核。高级人民法院裁定假释的,也应在裁定中写明"本裁定经最高人民法院核准后生效",并写出书面报告报送最高人民法院核准。(4)最高人民法院组成合议庭审理后,应当依法作出予以核准或不予以核准的刑事裁定书。

(二) 假释的考验期限

刑法第83条规定“有期徒刑的假释考验期限,为没有执行完毕的刑期;无期徒刑的假释考验期限为十年。假释考验期限,从假释之日起计算。”假释并不影响附加刑的执行。犯罪人被宣告假释后,若原判决有附加刑,附加刑仍须继续执行。原判决对犯罪人附有剥夺政治权利的,从假释之日起算。原判决中没有附加剥夺政治权利,犯罪人在假释期内应享有政治权利。

(三) 假释的考察

刑法第84条专门规定了被宣告假释的犯罪人应遵守下列规定:(1)遵守法律、行政法规,服从监督。(2)按照监督机关的规定报告自己的活动情况。(3)遵守监督机关关于会客的规定。(4)离开居住的市、县或者迁居,应当报经监督机关批准。

在假释的考验期内,如果假释犯没有再犯新罪,没有发现在判决宣告前还有漏罪没有判决,或者没有严重的违法行为,假释期满就应认为原判刑罚已执行完毕,并应当向犯罪人和当地群众或其所在单位公开予以宣告假释期满。

(四) 假释的撤销

假释是附条件的提前释放,犯罪人在假释考验期内违反一定的条件,假释就可以被撤销。刑法第86条对撤销假释的条件作了明文规定:(1)被判处假释的犯罪人在假释的考验期内又犯新罪。(2)在假释期限内,发现被假释的犯罪人在判决宣告以前还有其他罪没有判决,即发现“漏罪”。(3)被假释的犯罪人在假释的考验期内,有违反法律、行政法规或者国务院公安部门有关假释的监督管理规定的行为,尚未构成新的犯罪,应当依照法定程序撤销假释,收监执行未执行完毕的刑罚。

【案例分析】

[案情] 张某因引诱他人卖淫被判处有期徒刑7年。在服刑期间张某认真遵守监规,真心实意地接受教育改造,有明显的悔改表现。监狱在对其仔细考查以后,确认将她释放后,她不致再次犯罪。因此,在张某服完5年刑后,监狱向人民法院提出假释建议书。后来人民法院裁定对她假释。张某被假释后,她的亲友都认为,放出来就没有事了。问题:张某放出来就真的没有事了吗?

[分析] 不一定。根据刑法规定,被判处假释的犯罪人在假释的考验期内又犯新罪,应当撤销假释,对新犯的罪作出判决,然后再将前罪没有执行的刑罚和新罪判处的

刑罚,按照数罪并罚的原则决定执行的刑罚。被假释的犯罪人在假释的考验期内,有违反法律、行政法规或者国务院公安部门有关假释的监督管理规定的行为,尚未构成新的犯罪,应当依照法定程序撤销假释,收监执行未执行完毕的刑罚。本案中,如果张某在假释的考验期内又犯新罪,或者违反法律、行政法规或者国务院公安部门有关假释的监督管理规定的行为的,应该撤销假释。

【本章小结】

行刑,是指特定国家机关将生效的刑事判决依照法定程序付诸实施的刑事司法活动。行刑目的表现为惩罚罪犯和改造罪犯两方面。行刑原则主要包括法治化原则、教育性原则、谦抑性原则、个别化原则以及社会化原则。刑法主要规定了减刑和假释两种行刑活动。减刑,是指对于被判处管制、拘役、有期徒刑、无期徒刑的犯罪人,在刑罚执行期间,如果认真遵守监规,接受教育改造,确有悔改表现,或者有立功表现的,适当减轻原判刑罚的制度。假释,是指对于被判处有期徒刑或者无期徒刑的犯罪人,在执行一定的刑期以后,如果确有悔改表现,不致再危害社会,将其附条件地提前予以释放的一种刑罚执行制度。

本章思考题

1. 什么是行刑?行刑具有哪些特征?
2. 如何理解行刑目的?
3. 如何理解行刑原则?
4. 什么是减刑?减刑的适用条件有哪些?
5. 什么是假释?假释的适用条件有哪些?

第十四章 刑罚的消灭

【本章学习目的】

通过本章的学习，了解刑罚消灭的事由；掌握追诉时效的期限、追诉期限的计算；了解赦免的概念及我国特赦制度的特点。

第一节 刑罚的消灭概述

一、刑罚消灭的概念

刑罚消灭，是指由于法定的或事实的原因，致使代表国家的司法机关不能对犯罪人行使具体的刑罚权。

刑罚消灭以行为人的行为构成犯罪为前提。因为刑罚消灭以应当适用刑罚或者正在执行刑罚为前提，而应当适用或者正在执行刑罚以行为构成犯罪为前提，故刑罚消灭事实上以行为构成犯罪为前提。在行为不构成犯罪的情况下，不存在刑罚消灭的问题。

刑罚消灭必须基于一定的事由。其中，有些主要是由于法律的规定而导致刑罚消灭，如超过追诉时效。在这种情况下，虽然司法机关事实上可能行使刑罚权，但法律规定不得行使刑罚权。有些主要是由于特定事实的出现而导致刑罚消灭，如犯罪嫌疑人、被告人死亡。

二、刑罚消灭的事由

刑罚消灭事由有：(1)超过追诉时效的；(2)经特赦令免除刑罚的；(3)告诉才处理

的犯罪,没有告诉或者撤回告诉的;(4)犯罪嫌疑人、被告人死亡的;(5)其他法定事由。

对于告诉才处理的犯罪,如果原告人没有告诉或者告诉后在判决确定以前撤回告诉的,导致刑罚消灭。在犯罪嫌疑人、被告人死亡后,司法机关难以行使刑罚权,也导致刑罚消灭。其他法定事由,如被判处罚金的犯罪人由于遭遇不能抗拒的灾祸缴纳确实有困难的,而免除缴纳罚金,此即罚金执行权消灭。一般认为,刑罚执行完毕、缓刑考验期满、假释考验期满也是刑罚消灭事由,不过,它与上面所列举的几种刑罚消灭事由具有性质上的区别。下面仅探讨时效与赦免两种刑罚消灭事由。

第二节 时 效

一、时效概述

时效分为追诉时效与行刑时效。

追诉时效,是刑法规定的追究犯罪人刑事责任的有效期限;在此期限内,司法机关有权追究犯罪人的刑事责任;超过了此期限,司法机关就不能再追究刑事责任。刑法规定了追诉时效制度。规定追诉时效制度显然不是故意放纵犯罪,而是为了有效地实现刑法的目的。规定追诉时效制度体现了刑罚目的,体现了宽严相济的刑事政策,有利于司法机关集中精力惩治现行犯罪活动,有利于社会秩序的安定,有利于调动一切积极因素、团结一切可以团结的力量。

行刑时效,是指刑法规定的,对被判处刑罚的人执行刑罚的有效期限;在此期限内,司法机关有权执行刑罚;超过了此期限,司法机关就不能执行刑罚。因此,超过行刑时效,意味着在作出了罪刑宣告后也不能行使行刑权。一般认为,判处刑罚而没有执行的原因主要是,战争或者重大自然灾害,司法机关的疏漏,罪犯的脱逃。但前两种情况没有出现过,后一种情况不能成为刑罚消灭的正当理由。刑法没有规定行刑时效。

二、追诉时效的期限

刑法第87条规定,犯罪经过下列期限不再追诉:(1)法定最高刑为不满5年有期徒刑的,经过5年;(2)法定最高刑为5年以上不满10年有期徒刑的,经过10年;(3)法定最高刑为10年以上有期徒刑的,经过15年;(4)法定最高刑为无期徒刑、死刑的,经过20年;如果20年以后认为必须追诉的,须报请最高人民检察院核准。

刑法规定的追诉时效期限有两个方面的根据:一方面,追诉时效的期限长短,与犯罪行为的社会危害程度、刑罚的轻重相适应。即社会危害程度低、刑罚轻的,追诉时效期限就短;反之,社会危害程度高、刑罚重的,追诉时效期限就长。可以认为,这是罪刑相适应原则在追诉期限上的体现。另一方面,刑法充分估计到行为人犯罪后隐匿、逃避的时间,使得犯罪人利用时效制度逃避法律制裁的可能性相当小。

追诉时效期限以法定最高刑为标准,不是以实际应当判处的刑罚为标准。以法定最高刑为标准,是指根据行为人所犯罪行的轻重,判定应当适用的刑法条款与相应的量刑幅度,按其法定最高刑来计算追诉期限。如果所犯罪行的刑罚,分别规定有几条或几款时,即按其罪行应当适用的条或款的法定最高刑计算;如果同一条或同一款中有几个量刑幅度时,即按其罪行应当适用的量刑幅度的法定最高刑计算;如果条文只规定了单一的量刑幅度,则按此条的法定最高刑计算。

如果法定最高刑为无期徒刑、死刑,20年以后认为必须追诉的,须报请最高人民检察院核准。"认为必须追诉的"犯罪,应限于那些社会危害性特别严重,行为人的人身危险性特别严重,所造成的社会影响极大、经过20年以后仍没有被社会遗忘的一些重大犯罪。

三、追诉期限的计算

根据刑法第88、89条的规定,追诉期限的计算有四种情况:

(一)一般犯罪追诉期限的计算

这里所说的一般犯罪,是指没有连续与继续状态的犯罪。这种犯罪的"追诉期限从犯罪之日起计算"(第89条第1款前段)。"犯罪之日"应是犯罪成立之日,即行为符合犯罪构成之日。

(二)连续或继续犯罪追诉期限的计算

"犯罪行为有连续或者继续状态的,从犯罪行为终了之日起计算"(第89条第1款后段)。犯罪行为有连续状态的,属于连续犯;犯罪行为有继续状态的,属于继续犯或持续犯。

(三) 追诉时效的延长

追诉时效的延长,是指在追诉时效的进行期间,因为发生法律规定的事由,而使追诉时效暂时停止执行。刑法规定了两种追诉时效延长的情况:

(1) 刑法第88条第1款规定:在人民检察院、公安机关、国家安全机关立案侦查或者人民法院受理案件以后,逃避侦查或者审判的,不受追诉期限的限制。据此,这种时效延长的情况必须具备两个条件:(1)被人民检察院、公安机关、国家安全机关立案侦查或者人民法院受理了案件;(2)行为人逃避侦查或者审判。具备这两个条件的,不论经过多长时间,任何时候都可以追诉。在司法机关立案侦查或者受理案件以后,行为人并没有逃避侦查与审判的,仍然受追诉期限的限制。

(2) 刑法第88条第2款规定:被害人在追诉期限内提出控告,人民法院、人民检察院、公安机关应当立案而不予立案的,不受追诉期限的限制。因此,被害人在追诉期限内提出控告,符合立案条件而应当立案的,不管司法机关出于何种原因没有立案,不论行为人是否逃避侦查或者审判,不论经过多长时间,任何时候都可以追诉。

(四) 追诉时效的中断

追诉时效的中断,也称追诉时效的更新,是指在时效进行期间,因发生法律规定的事由,而使以前所经过的时效期间归于无效,法律规定的事由终了之时,时效重新开始计算。

刑法第89条第2款规定:在追诉期限以内又犯罪的,前罪追诉的期限从犯后罪之日起计算,即在追诉期限以内又犯罪的,前罪的追诉时效便中断,其追诉时效从后罪成立之日起重新计算。

【案例分析】

[案情] 王某受封建思想的影响,重男轻女,在已生了两个女儿后,坚持要生一个儿子。县计划生育委员会派人专门去做他的工作。他非但不听,反而将工作人员打成轻伤。此事在当地群众中造成恶劣影响。王某知道自己惹了祸,心里十分害怕。这时,邻居中有个稍懂法律的人告诉他说,可以到外面去避避风,因为法律有规定,经过一定的年限后,司法机关就不会再来追究刑事责任了。于是,王某在警察来抓他之前就逃到广东去了。问题:王某能逃避刑事处罚吗?

[分析] 王某不能逃避刑事处罚。刑法规定,法定最高刑为不满5年有期徒刑的,经过5年,司法机关不再追诉。在人民检察院、公安机关、国家安全机关立案侦查

或者人民法院受理案件以后,逃避侦查或者审判的,不受追诉期限的限制。本案中,王某所犯的是妨害公务罪,妨害公务罪的法定最高刑是3年有期徒刑,其追诉时效为5年。但是,由于公安机关已对他立了案,在此种情况下,即使过了5年的期限,司法机关还可以对他追诉,即所谓追诉时效的延长。

第三节 赦免

一、赦免的概念

赦免,是国家宣告对犯罪人免除其罪、免除其刑的一种法律制度,包括大赦与特赦。

大赦,通常是指国家对某一时期内犯有一定罪行的不特定犯罪人免予追诉和免除刑罚执行的制度。大赦的对象既可能是国家某一时期的各种犯罪人,也可能是某一地区的全体犯罪人,还可能是某一类或者某一事件的全体犯罪人;大赦的效果涉及罪与刑两个方面,既赦其罪,也赦其刑,即罪与刑同时免除。

特赦,一般是指国家对较为特定的犯罪人免除执行全部或者部分刑罚的制度。特赦的对象是较为特定的犯罪人;特赦的效果只是免除刑罚执行,而不免除有罪宣告。

我国已经取消了大赦制度,刑法第65条、第66条所指的赦免应仅限于特赦。我国现行宪法规定的特赦,由全国人大常委会决定,由国家主席发布特赦令。

二、我国特赦制度的特点

新中国成立后,我国共实行过七次特赦。对这七次特赦的特点可概括如下:

(1) 特赦的对象基本上只限于战争罪犯。除第一次特赦包括部分反革命罪犯与普通刑事犯外,其他几次特赦的对象都是战争罪犯。

(2) 特赦的范围是一类或几类犯罪人,而不是个别犯罪人。

(3) 特赦的前提是犯罪人在服刑过程中确实有改恶从善的表现。

(4) 对需要特赦的犯罪人,根据其罪行轻重与悔改表现实行区别对待:罪行轻因而所判刑罚轻的,予以释放;罪行重因而所判刑罚重的,只是减轻刑罚。

（5）特赦的效力只及于刑而不及于罪，即特赦的效力只是免除执行剩余刑罚或者减轻原判刑罚，不是免除执行全部刑罚，更不是使宣告刑与有罪宣告无效。

【本章小结】

刑罚消灭，是指由于法定的或事实的原因，致使代表国家的司法机关不能对犯罪人行使具体的刑罚权。时效与赦免是两种重要的刑罚消灭事由。时效分为追诉时效与行刑时效。追诉时效，是刑法规定的追究犯罪人刑事责任的有效期限；在此期限内，司法机关有权追究犯罪人的刑事责任；超过了此期限，司法机关就不能再追究刑事责任。赦免是国家宣告对犯罪人免除其罪、免除其刑的一种法律制度，包括大赦与特赦。

本章思考题

1. 刑罚消灭的事由主要有哪些?
2. 刑法对追诉时效的期限是如何规定的?
3. 刑法对追诉期限的计算是如何规定的?
4. 什么是赦免?
5. 我国特赦制度有哪些特点?

第三篇　分　　论

第十五章　刑法分论概说

【本章学习目的】

通过本章的学习，了解刑法总论与刑法分论之间的关系；理解罪状的种类、罪名的种类及法定刑的种类；掌握法条竞合的含义及其适用原则。

第一节　刑法分论与刑法总论的关系

刑法典的体系是由总则和分则两大部分组成。刑法总则是关于犯罪、刑事责任和刑罚的一般性规定，而刑法分则是对各类、各种不同的犯罪的刑事责任和刑罚作出具体规定。总则以分则为依托，同时又指导、补充分则。与刑法总则和刑法分则相适应，刑法学体系主要由刑法总论与刑法分论两大部分组成。刑法总论与刑法分论之间的关系，等同于刑法总则和刑法分则的关系，是一种一般与特殊、抽象与具体、共性与个性的关系。

一、刑法分论对总论的作用

刑法分论对总论的作用主要表现在以下几个方面：(1)刑法总论所阐述的有关犯罪、刑事责任和刑罚的基本理论是从刑法分论具体犯罪中抽象、概括出来的，反映了各种具体犯罪的共性和认定、处罚犯罪的一般原则。(2)刑法总论关于犯罪、刑事责任和刑罚的一般原理、原则，无论对定罪还是量刑都具有重要的作用，但这些抽象的原理、原则只有通过刑法分论对具体犯罪的论述，才能得到实际的贯彻和体现，从而便于理解和把握。(3)刑法分论通过对具体犯罪问题的研究,使总论的原理、原则有了深刻的内涵与广博的外在表现,内容更加丰富,同时往往会发现刑法总论原理、原则的不足,从而有助于刑法总论的发展和完善。

二、刑法总论对刑法分论的作用

刑法总论对刑法分论的作用主要表现为以下几个方面:(1)刑法总论通过对具体犯罪的科学抽象和概括,提炼出关于犯罪、刑事责任和刑罚的一般原理,使我们从宏观上把握具体犯罪的实质,对具体犯罪问题获得更高层面的认识。(2)刑法总论关于犯罪、刑事责任和刑罚的一般原理、原则抽象、概括于具体犯罪,因此对指导刑法分论去科学地分析每一种具体犯罪,正确解决具体犯罪的有关问题具有重要的意义。(3)刑法总论是关于犯罪、刑事责任和刑罚的基本理论,它对于刑法分论的研究具有一定的规范和约束作用,即刑法分论的研究不能违背总论得到公认的原理、原则。

第二节 刑法分则的体系

一、刑法分则体系的概念

刑法分则体系,是指刑法分则对不同的犯罪进行科学的分类,并且按照一定的次序排列而形成的体系。

将各类犯罪按照一定的标准分类排列,形成科学的刑法分则体系,具有重要的意义。首先,建立科学的刑法分则体系,对各类犯罪进行合理的分类和排列,使形形色色的犯罪条理化、系统化,从而使刑法分则条文井然有序,便于查找和适用。司法人员在具体的司法实践中可以较为准确地认识各类犯罪的一般特征和各种犯罪的具体特征,正确地把握各类及各种犯罪的危害程度,准确区分具体罪与罪之间的界限,从而对犯罪准确适用刑罚。其次,根据一定的标准和规则对犯罪进行科学的分类,并按照一定的程序进行合理的排列,体现了刑法的价值取向。我国刑法分则对各类、各种犯罪,一般根据犯罪的社会危害程度,采取由重到轻的顺序排列,表明了刑法打击犯罪的重点所在。

二、刑法分则体系的特点

我国的刑法分则将犯罪分为十类,每一类为一章,排列的顺序是危害国家安全罪,危害公共安全罪,破坏社会主义市场经济秩序罪,侵犯公民人身权利、民主权利罪,侵犯财产罪,妨害社会管理秩序罪,危害国防利益罪,贪污贿赂罪,渎职罪,军人违反职责罪。从刑法分则对犯罪的排列可以看出刑法分则体系具有以下特点:

(一)原则上是依据犯罪的同类客体对犯罪进行分类

同类客体反映的社会危害性基本相同或接近,放在一起有利于对同类客体的犯罪进行具体的分析与比较研究,更便于准确把握其性质、特征与社会危害性。当然也不完全是这样,如将妨害婚姻罪归入侵犯人身权利、民主权利罪,将贪污贿赂罪独立出来,就难以说是按同类客体进行的分类。

(二)依据各类犯罪的社会危害程度对类罪进行排列

我国刑法分则基本上是按照各类犯罪同类客体的重要性程度,或者说是按照各类罪的社会危害性严重程度,由重到轻的顺序进行排列的。如危害国家安全罪排在第一,危害公共安全罪排在第二等。

(三)依据犯罪的社会危害程度及犯罪间的内在联系对具体犯罪进行安排

如首先将背叛国家罪、放火罪、故意杀人罪、抢劫罪等分别安排在各章或各类罪之首;同时考虑到具体罪之间的内在联系,如放火罪之后是失火罪,故意杀人罪之后是过失致人死亡罪。

(四)依据犯罪的主要客体对复杂客体的犯罪进行归类

复杂客体犯罪侵犯的是两种以上的合法权益,刑法分则主要是选择其中一个重要或主要的客体,将其归入一种罪的类别中。如抢劫罪归入侵犯财产罪,合同诈骗罪归入破坏社会主义市场经济秩序罪。

第三节 刑法分则的条文结构

刑法分则条文包括两方面内容，一个是罪状即对犯罪状况的描述，另一个是法定刑即对应当判处刑罚的规定。罪状和法定刑就是刑法分则条文的基本结构。

一、罪状

罪状，是指刑法分则条文对于某种犯罪具体状况的描述，即犯罪构成要件的规定。根据刑法分则条文对基本罪状的描述方式，罪状可以概括为四种类型，即简单罪状、叙明罪状、引证罪状和空白罪状。

（一）简单罪状

是指刑法分则条文对某种犯罪的具体状况不作任何描述，只是列出罪名。如刑法第232条中“故意杀人的”、第233条中“过失致人死亡的”等均系简单罪状。简单罪状的特点是简要概括、避免繁琐。刑法分则中之所以大量采用简单罪状的叙述方式，就是因为这些犯罪的构成特征是众所周知的，勿需具体描述。

（二）叙明罪状

又称说明罪状，是指刑法分则条文对某种犯罪的具体状况作了详细的描述，以便说明该种犯罪构成的具体条件。如刑法第111条规定：“为境外机构、组织、人员窃取、刺探、收买、非法提供国家秘密或者情报的，处5年以上10年以下有期徒刑”，就是叙明罪状。其特点是叙述具体，要件明确，避免歧义。刑法分则中之所以采取叙明罪状的方式，主要是因为这些犯罪的构成特征具有特殊性，不为一般人所知。

（三）引证罪状

是指刑法分则条文对某种犯罪的具体状况不作任何描述但需要引用刑法分则的其他条文说明该种犯罪构成的具体条件。如第124条规定“破坏广播电视设施、公用电信设施，危害公共安全的”构成破坏广播电视设施、公用电信设施罪，同时规定“过失犯前款罪的”构成过失破坏广播电视设施、公用电信设施罪就是引证罪状。

(四) 空白罪状

又称参见罪状,是指刑法分则条文只规定了某种犯罪行为,但是具体的犯罪构成条件要参照其他法律、法规的规定才能确定。如第128条规定“违反枪支管理规定,非法持有、私藏枪支、弹药的”,第344条规定“违反森林法的规定,非法采伐、毁坏珍贵树木的”,等等,需要参照枪支管理的有关规定和森林法的有关规定才能确定是否构成犯罪,这就是空白罪状。

二、罪名

罪名,是指犯罪的名称。罪名是以罪状为基础的,罪名包含在罪状之中。根据罪名的不同情况,可以划分为以下几种不同的类型:

(一) 类罪名与具体罪名

类罪名,是指某一类犯罪的名称,也就是我国刑法分则所规定的各种犯罪的每一章的名称,如危害国家安全罪、侵犯公民人身权利、民主权利罪、渎职罪,等等。类罪名的特点在于只是对某一类犯罪的名称作出了概括,但是本身既不能作为定罪的罪名使用,也不包含法定刑的内容。

具体罪名,是指各种具体犯罪的名称。具体罪名规定在包含有罪刑单位内容的刑法分则条文之中。具体罪名是司法机关追究刑事责任的法律依据,也是确定行为人的行为构成某种犯罪的依据,如交通肇事罪、故意伤害罪、交通肇事罪,等等。

具体罪名规定在类罪名之中,各种具体罪名排列组合成为各类罪名。类罪名与具体罪名之间是一种包容和被包容的关系。

(二) 单一罪名与选择罪名、概括罪名

单一罪名,是指刑法分则条文所规定的单纯的一种犯罪,不包含涉及其他犯罪的内容,也不能分解使用的罪名形式。如故意杀人罪、打击报复证人罪、故意泄露国家秘密罪等就是单一罪名。

选择罪名,是指刑法分则条文所包含的犯罪构成内容复杂,在一个条文中包含了不同的行为方式或者不同的犯罪对象,既可以按照行为方式的不同或者犯罪对象的不同分别确定罪名,也可以概括为一个罪名使用的罪名形式。如走私、贩卖、运输、制造毒品罪就是行为方式不同的选择罪名形式,拐卖妇女、儿童罪就是犯罪对象不同的选择罪名形式。选择罪名即使在多种行为方式或者多个犯罪对象同时存在的情况下,也

不实行数罪并罚而只定一罪。

概括罪名,是指刑法分则条文所包含的犯罪构成内容复杂,但是只能概括使用而不能分解使用的罪名形式。例如,合同诈骗罪,其中包含以虚构的单位或者冒用他人名义签订合同,以伪造、变造、作废的票据或者其他虚假的产权证明作担保,没有实际履行能力,以先履行小额合同或者部分履行合同的方法,诱骗对方当事人继续签订和履行合同,收受对方当事人给付的货物、货款、预付款或者担保财产后逃匿,以及以其他方法骗取对方当事人财物等不同的行为方式,但无论采用哪种方式或者采用几种行为方式,罪名都只定合同诈骗罪。概括罪名既具有单一罪名的特点,又具有选择罪名的特点,是介于单一罪名和选择罪名之间的一种罪名形式。

我国刑法分则条文并没有确定具体罪名。1997 年 12 月 9 日公布的最高人民法院《关于执行〈中华人民共和国刑法〉确定罪名的规定》,2002 年 3 月 15 日公布的最高人民法院、最高人民检察院《关于执行〈中华人民共和国刑法〉确定罪名的补充规定》,2003 年 8 月 15 日公布的最高人民法院、最高人民检察院《关于执行〈中华人民共和国刑法〉确定罪名的补充规定(二)》,2007 年 10 月 25 日公布的最高人民法院、最高人民检察院《关于执行〈中华人民共和国刑法〉确定罪名的补充规定(三)》,2009 年 10 月 14 日公布的最高人民法院、最高人民检察院《关于执行〈中华人民共和国刑法〉确定罪名的补充规定(四)》是我们所使用罪名的依据。

三、法定刑

(一)法定刑的概念

法定刑,是指包含有罪刑关系的条文所规定的适用于具体犯罪的刑罚种类和刑罚幅度。简言之,法定刑就是法律明文规定的刑种和刑度。在刑法总则中,明确规定了管制、拘役、有期徒刑、无期徒刑和死刑五种主刑和罚金、剥夺政治权利、没收财产、驱逐出境四种附加刑,并且分别规定了上述九种刑罚方法的适用对象。在刑法分则条文中,针对每一种犯罪的不同情况,从九种刑罚方法中选择适用于该种犯罪的刑罚种类加以规定,所选择的刑罚方法既可以是一种,也可以是几种。

法定刑不同于宣告刑。法定刑是刑法所规定的刑种和刑度,宣告刑是人民法院对某一个具体犯罪判决应当执行的刑罚。法定刑与宣告刑的区别主要是:(1)法定刑是在立法时就已经确定的;而宣告刑是在人民法院针对某一具体案件判决时确定的。(2)一般来说,法定刑在没有具体适用之前还是不确定的;而宣告刑一经判决就只能是确定的。(3)法定刑是立法上的规定;而宣告刑则是执法中的适用。

（二）法定刑的种类

依据刑法分则条文中法定刑的刑种、刑度是否确定以及确定的程度为标准，可以将法定刑划分为绝对确定的法定刑、绝对不确定的法定刑和相对确定的法定刑三种类型。

1. 绝对确定的法定刑

绝对确定的法定刑，是指刑法分则条文规定的法定刑的刑种和刑度只有一个，法官没有任何自由裁量的余地，如按照刑法第239条规定，犯绑架罪，致使被绑架人死亡或者杀害被绑架人的，处死刑，并处没收财产。这一规定就是绝对确定的法定刑。从世界各国的刑事立法趋势来看，绝对确定的法定刑正在越来越少被采用。

2. 绝对不确定的法定刑

绝对不确定的法定刑，是指只规定对某种犯罪予以刑罚处罚，但是却没有规定对该种犯罪应当适用的刑种和刑度，如对某种犯罪规定"依法制裁"、"依法严惩"、"依法追究刑事责任"，等等，究竟用哪一种刑罚方法和哪一个量刑幅度则没有规定，完全由法官自由决定。绝对不确定的法定刑的缺陷是非常明显的，与法治要求不相符合。我国刑法中没有绝对不确定的法定刑。

3. 相对确定的法定刑

相对确定的法定刑，是指在刑法分则条文中明确规定对该种犯罪适用的刑种和刑度，并对最高刑和最低刑作出限制性的规定。相对确定的法定刑有较大的裁量幅度，便于审判机关根据犯罪人的不同情况适用不同的刑罚，是我国刑法分则条文中普遍采用的形式。根据刑法分则条文采用相对确定的法定刑的不同情况，又可以划分为以下几种类型：

（1）只规定最高限度的法定刑。法定刑的最低限度没有规定，应当依照刑法总则的有关规定确定。例如，第233条规定，过失致人死亡情节较轻的，处3年以下有期徒刑。按照刑法总则的规定，有期徒刑的最低限度是6个月。

（2）只规定最低限度的法定刑。法定刑的最高限度没有规定，应当依照刑法总则的有关规定确定。例如，第133条规定，交通肇事后因逃逸致人死亡的，处7年以上有期徒刑。按照刑法总则的规定，有期徒刑的最高限度是15年。

（3）规定最高限度和最低限度的法定刑。如第294条第2款规定：境外的黑社会组织的人员到中华人民共和国境内发展组织成员的，处3年以上10年以下有期徒刑。

（4）规定两种以上的刑罚方法，同时对有期徒刑的最高限度作出规定，如第295条规定：传授犯罪方法的，处5年以下有期徒刑、拘役或者管制。有期徒刑的最低限度、拘役和管制的最高和最低限度都应当依照刑法总则的有关规定确定。

(5) 规定两种以上的主刑、两个以上的量刑幅度并同时规定附加刑,其中有期徒刑只规定最低限度。如第383条规定:个人贪污数额在10万元以上的,处10年以上有期徒刑或者无期徒刑,可以并处没收财产;情节特别严重的,处死刑,并处没收财产。

(6) 规定两种以上的主刑、两个以上的量刑幅度并同时规定附加刑,其中有期徒刑规定了最高限度和最低限度。如第353条规定:引诱、教唆、欺骗他人吸食、注射毒品的,处3年以下有期徒刑、拘役或者管制,并处罚金;情节严重的,处3年以上10年以下有期徒刑,并处罚金。

(7) 规定援引其他条文中规定的法定刑。如第386条规定:对犯受贿罪的,根据受贿所得数额及情节,依照本法第383条的规定处罚。

第四节 刑法分则的法条竞合

一、法条竞合的概念

法条竞合,是指同一行为因刑法分则法条的错综规定,出现数个法条所规定的构成要件,在其内容上具有逻辑上的存在从属或者交叉关系的情形。

法条竞合具有三个特征:(1)只有一个犯罪行为。一个犯罪行为是构成法条竞合的必要前提。所谓一个犯罪行为,是指行为人在一定犯意的支配下,一次实施符合某种犯罪构成要件的行为。(2)符合数刑法分则法条所规定的犯罪构成要件。在法条竞合的情况下,行为人实施的一个犯罪行为符合数法条所规定的犯罪构成要件,因而形成竞合现象。(3)犯罪构成要件之间存在逻辑上的从属或者交叉关系。在法条竞合的情况下,不同法条之间存在逻辑上的从属或者交叉关系,这是法条竞合的逻辑本质。

二、法条竞合类型

根据互相竞合的两个法条之间的逻辑关系,可以把法条竞合分为两类:

（一）从属关系的法条竞合

从属关系是指两个事项之间具有一种隶属性，其中一个事项是另一个事项的一部分。刑法中从属关系的法条竞合是指一个法条中罪状隶属于另一个法条中的罪状。其表现为普通法（或普通条款）与特别法（或特别条款）的竞合。例如，我国刑法第 266 条规定了诈骗罪，这是普通条款，而刑法第 192 条规定了集资诈骗罪、第 193 条规定了贷款诈骗罪、第 194 条规定了金融票据诈骗罪、第 195 条规定了信用证诈骗罪、第 196 条规定了信用卡诈骗罪、第 197 条规定了有价证券诈骗罪、第 198 条规定了保险诈骗罪、第 204 条规定了骗取出口退税罪、第 224 条规定了合同诈骗罪，这是特别条款。这种情况下的竞合，就是从属关系的法条竞合。

（二）交叉关系的法条竞合

交叉关系是指两个事项之间具有重合性，其中一个事项的内容与另一个事项的内容各有一部分相交。刑法中交叉关系的法条竞合是指一个法条中罪状与另一个法条中的罪状有一部分相交的情形。例如，我国刑法第 266 条规定了诈骗罪，第 279 条规定了招摇撞骗罪。从犯罪方法上看，诈骗罪在犯罪方法上并无限制，而招摇撞骗罪则限于采用冒充国家机关工作人员的方法。因此，从两个法条的罪状内容分析，冒充国家机关工作人员诈骗财物的行为既符合诈骗罪的规定，又符合招摇撞骗罪的规定，两者之间存在交互竞合。

三、法条竞合的适用原则

法条竞合适用法律的根据是禁止重复评价，即在互相竞合的数法条中，选择优位法适用。法条竞合具有以下适用原则：

（一）特别法（或特别条款）优于普通法（或普通条款）原则

这是在从属关系的法条竞合情形下适用的原则。例如，刑法第 226 条关于诈骗罪的条款中，就有“本法另有规定的，依照规定”的内容，表明在诈骗罪与其他特殊诈骗罪发生法条竞合的情况下，应以其他特殊诈骗罪论处。

当然，在刑法有明文规定的情况，即使是从属关系的法条竞合也应当适用重法优于轻法的原则。例如，我国刑法第 149 条第 2 款规定：“生产、销售本节第 141 条至第 148 条所列产品，构成各法条规定的犯罪，同时又构成本节第 140 条规定之罪的，依照处罚较重的规定定罪处罚。”这就是我国刑法将在普通条款与特别条款竞合的情况下,重法优于轻法原则的特别规定。有此特别规定的,不适用特别法(或特别条款)优于普通法(或普通条款)原则,而应适用重法优于轻法原则。

(二)重法优于轻法的原则

这是在交叉关系的法条竞合情形下适用的原则。例如,我国刑法第266条规定了诈骗罪,其最高法定刑为无期徒刑,刑法第279条规定了招摇撞骗罪,其最高法定刑为10年有期徒刑。如果行为人冒充国家机关工作人员进行招摇撞骗,骗取财物数额巨大的,既构成诈骗罪,又构成招摇撞骗罪,按重法优于轻法的原则,应以诈骗罪论处。

【案例分析】

[**案情**] 刘某,祖籍江苏省某县市,大学毕业后曾为北京某报社记者,后因违反采访纪律、非法收取他人好处被报社开除。刘某被开除后,仍恶习不改,经常冒充国家工作人员四处行骗。某年5月份,刘某冒充国家教育部某副司级领导,打着能帮助解决北京某些名牌大学录取指标的幌子先后到江苏、浙江、广东、江西等地进行行骗,先后共骗取20位家长给予的所谓录取指标争取费用人民币180万元。后刘某冒充教育部官员行为被戳穿,刘某被江西省某法院以招摇撞骗罪判处有期徒刑8年。问题:江西省某法院的判处判决是否合理?

[**分析**] 江西省某法院的判处判决不合理,刘某的行为应该以诈骗罪论。本案中,刘某的行为既构成诈骗罪,又构成招摇撞骗罪,属于交叉关系的法条竞合。由于诈骗数额达180万元,属于“数额特别巨大”,应该以诈骗罪论。

【本章小结】

刑法典的体系由总则和分则两大部分组成。刑法总论与刑法分论之间的关系,等同于刑法总则和刑法分则的关系,是一种一般与特殊、抽象与具体、共性与个性的关系。我国的刑法分则将犯罪分为十类,每一类为一章。刑法分则条文包括两方面内容,一个是罪状即对犯罪状况的描述,另一个是法定刑即对应当判处刑罚的规定。罪状和法定刑就是刑法分则条文的基本结构。法条竞合,是指同一行为因刑法分则法条的错综规定,出现数个法条所规定的构成要件,在其内容上具有逻辑上的存在从属或者交叉关系的情形。根据互相竞合的两个法条之间的逻辑关系,可以把法条竞合分为两类:即从属关系的法条竞合和交叉关系的法条竞合。

本章思考题

1. 如何理解刑法分论与刑法总论的关系?
2. 刑法分则体系有哪些特点?
3. 什么是罪状? 罪状有哪几种形式?
4. 什么是罪名? 罪名可以分为哪几种类型?
5. 什么是法定刑? 法定刑可以分为哪几种类型?
6. 什么是法条竞合? 法条竞合的适用原则有哪些?

第十六章　危害国家安全罪

【本章学习目的】

通过本章的学习，了解危害国家安全罪的定义、具体罪名和同类客体；掌握各种重点讲授的危害国家安全罪具体罪名的定义、构成要件；理解认定有关危害国家安全罪具体罪名时应当区别的各种界限和应当注意的问题。

第一节　危害国家安全罪概述

一、定义

危害国家安全罪，是指危害中华人民共和国的主权、领土完整与安全，破坏国家统一、颠覆国家政权、推翻社会主义制度及其他危害国家安全利益的行为。

二、具体罪名

根据刑法分则第一章的规定，危害国家安全罪包括12个具体罪名。

可以将本章具体罪名分为三类：一是危害国家政权和分裂国家方面的犯罪。具体包括背叛国家罪，分裂国家罪，煽动分裂国家罪，武装叛乱、暴乱罪，颠覆国家政权罪，煽动颠覆国家政权罪，资助危害国家安全犯罪活动罪。二是叛变、叛逃方面的犯罪。具体包括投敌叛变罪，叛逃罪。三是间谍、资敌方面的犯罪。具体包括间谍罪，为境外窃取、刺探、收买、非法提供国家机密、情报罪，资敌罪。

三、同类客体

本类犯罪侵犯的客体是国家的安全。所谓国家安全，是指我国主权、领土完整和安全以及人民民主专政的政权和社会主义制度的安全。国家安全是全国各族人民的根本利益所在，因而我国刑法把同危害国家安全犯罪作斗争放在首要地位，并予以严厉的制裁。

第二节　危害国家政权和分裂国家方面的犯罪

一、背叛国家罪

（一）定义

背叛国家罪，是指中国公民勾结外国或与境外机构、组织、个人相勾结，危害国家的主权、领土完整和安全的行为。

（二）构成要件

（1）客观方面表现为实施了勾结外国或与境外机构、组织、个人相勾结，危害国家主权、领土完整和安全的行为。

（2）主体为一般主体。即具有刑事责任能力的自然人。该罪主体只能是中国公民，一般是指在我党、政、军机关内部窃据要职、掌握重要权力的人或在社会上有重大政治影响的人，但特殊情况下一般公民也可构成本罪。

（3）主观方面表现为故意，且是直接故意。即明知是勾结外国、境外机构、组织、个人危害中国的主权、领土完整和安全的行为而有意实施，并且希望危害国家安全结果发生的心理态度。

（三）刑事责任

刑法第 102 条第 1 款、第 2 款规定，犯本罪的，处无期徒刑或者十年以上有期徒刑。刑法第 113 条第 1 款规定，犯本罪的，对国家和人民危害特别严重、情节特别恶劣的，可以判处死刑。第 2 款规定,犯本罪的,可以并处没收财产。

二、分裂国家罪

(一) 定义

分裂国家罪,是指组织、策划、实施分裂国家、破坏国家统一的行为。

(二) 构成要件

(1) 客观方面表现为实施了组织、策划、实施分裂国家和破坏国家统一的行为。所谓组织,是指为分裂国家召集若干人而进行的一种行为或活动;所谓策划,是指为分裂国家而暗中出谋划策、制定计划或方案等;所谓实施,是指将策划的内容付诸行动。

(2) 主体为一般主体。即具有刑事责任能力的自然人。该罪主体主要是一些窃据党和国家重要权力或有一定社会地位和影响的人。

(3) 主观方面表现为故意,且是直接故意。即明知是组织、策划、实施分裂国家、破坏国家统一的行为而有意实施,并且希望危害国家安全结果发生的心理态度。至于行为人的动机如何,对构成犯罪没有影响。

(三) 刑事责任

刑法第 103 条第 1 款规定,犯本罪的,对首要分子或者罪行重大的,处无期徒刑或者 10 年以上有期徒刑;对积极参加的,处 3 年以上 10 年以下有期徒刑;对其他参加的,处 3 年以下有期徒刑、拘役、管制或者剥夺政治权利。刑法第 113 条第 1 款规定,犯本罪的,对国家和人民危害特别严重、情节特别恶劣的,可以判处死刑。第 2 款规定,犯本罪的,可以并处没收财产。刑法第 106 条规定,与境外机构、组织、个人相勾结犯本罪的,从重处罚。

三、煽动分裂国家罪

(一) 定义

煽动分裂国家罪,是指为分裂国家、破坏国家统一,割据一方、另立伪政府、对抗中央人民政府的统一领导,而进行的有关宣传煽动行为。

(二) 构成要件

(1) 客观方面表现为煽动分裂国家,破坏国家统一的行为。所谓煽动,是指以语言、文字、图像等方法对他人进行蛊惑或劝诱,具体如当众演讲、呼喊口号、投寄信件、散发传单等。主要是煽动挑拨民族关系,制造民族矛盾,搞民族分裂活动,破坏各民族的团结和国家统一。煽动的对象一般是不特定的多数人,至于被煽动的对象是否接受煽动或有关煽动效果等,均不影响本罪的成立。

(2) 主体为一般主体。即具有刑事责任能力的自然人。包括中国人、外国人和无国籍人。

(3) 主观方面表现为故意,且是直接故意。即明知是煽动分裂国家的行为而有意实施,并且希望危害国家安全结果发生的主观心理态度。

(三) 刑事责任

刑法第 103 条第 2 款规定,犯本罪的,处五年以下有期徒刑、拘役、管制或者剥夺政治权利;对其中的首要分子或者罪行重大的,处五年以上有期徒刑。刑法第 113 条第 2 款规定,犯本罪的,可以并处没收财产。刑法第 106 条规定,与境外机构、组织、个人相勾结犯本罪的,从重处罚。

四、武装叛乱、暴乱罪

(一) 定义

武装叛乱、暴乱罪,是指组织、策划、实施武装叛乱、暴乱的行为。

(二) 构成要件

(1) 客观方面表现为实施了组织、策划、实施武装叛乱、暴乱的行为。所谓叛乱,是指意图投靠境外组织或者境外敌对势力而反叛国家和政府。所谓暴乱,是指不以投靠境外敌对势力为目的,而是采用武力的形式,直接与国家或者政府进行对抗。

(2) 主体为一般主体。即具有刑事责任能力的自然人。

(3) 主观方面表现为故意,且是直接故意。即明知是武装叛乱、暴乱的行为而有意实施,并且希望危害国家安全结果发生的主观心理态度。

(三) 刑事责任

刑法第 104 条第 1 款规定,犯本罪的,对首要分子或者罪行重大的,处无期徒刑或者 10 年以上有期徒刑;对积极参加的,处 3 年以下有期徒刑、拘役、管制或者剥夺政治权利。第2款规定，策动、胁迫、勾引、收买国家机关工作人员、武装部队人员、民兵进行武装叛乱或者暴乱的，依照第1款的规定从重处罚。刑法第113条第1款规定，犯本罪对国家和人民危害特别严重、情节特别恶劣的，可以判处死刑。第2款规定，犯本罪的，可以并处没收财产。

五、颠覆国家政权罪

（一）定义

颠覆国家政权罪，是指组织、策划、实施颠覆国家政权、推翻社会主义制度的行为。

（二）构成要件

（1）客观方面表现为实施了组织、策划、实施颠覆国家政权、推翻社会主义制度的行为。所谓颠覆国家政权，是指以各种非法手段推翻国家政权组织，包括我国各级权力机关、行政机关、司法机关、军事机关在内的整个政权。所谓推翻社会主义制度，是指以各种方式改变社会主义制度的国家性质。

（2）主体为一般主体。即具有刑事责任能力的自然人。

（3）主观方面表现为故意，且是直接故意。即明知是组织、策划、实施颠覆国家政权、推翻社会主义制度的行为而有意实施，并且希望危害国家安全结果发生的主观心理态度。

（三）刑事责任

刑法第105条第1款规定，犯本罪的，对首要分子或者罪行重大的，处无期徒刑或者10年以上有期徒刑；对积极参加的，处3年以上10年以下有期徒刑；对其他参加的，处3年以下有期徒刑、拘役、管制或者剥夺政治权利。刑法第113条第2款规定，犯本罪的，可以并处没收财产。刑法第106条规定，与境外机构、组织、个人相勾结犯本罪的，从重处罚。

六、煽动颠覆国家政权罪

（一）定义

煽动颠覆国家政权罪，是指以造谣、诽谤或其他方式煽动颠覆国家政权、推翻社会主义制度的行为。

(二) 构成要件

(1) 客观方面表现为以造谣、诽谤或其他方式煽动颠覆国家政权、推翻社会主义制度的行为。所谓造谣,是指制造并散布敌视我国国家政权和社会主义制度的言论。所谓诽谤,是指捏造并散布虚假事实,诋毁我国国家政权和社会主义制度。所谓其他方式,是指造谣、诽谤以外的能够引起人们仇视我国国家政权和社会主义制度的行为。1998 年 12 月 11 日最高人民法院《关于审理非法出版物刑事案件具体应用法律若干问题的解释》第 1 条明确规定:明知出版物中载有煽动颠覆国家政权、推翻社会主义制度的内容,而予以出版、印刷、复制、发行、传播的,以煽动颠覆国家政权罪处罚。这是对本罪行为的补充性规定。

(2) 主体为一般主体。即具有刑事责任能力的自然人。

(3) 主观方面表现为故意,且是直接故意。即明知是煽动颠覆国家政权的行为而有意实施,并且希望危害国家安全结果发生的主观心理态度。

(三) 刑事责任

刑法第 105 条第 2 款规定,犯本罪的,处 5 年以下有期徒刑、拘役、管制或者剥夺政治权利;首要分子或者罪行重大的,处 5 年以上有期徒刑。刑法第 113 条第 2 款规定,犯本罪的,可以并处没收财产。刑法第 106 条规定,与境外机构、组织、个人相勾结犯本罪的,从重处罚。

七、资助危害国家安全犯罪活动罪

(一) 定义

资助危害国家安全犯罪活动罪,是指境内外机构、组织或个人资助境内组织或个人实施背叛国家罪、分裂国家罪、煽动分裂国家罪、武装叛乱暴乱罪、颠覆国家政权罪和煽动颠覆国家政权罪等的行为。

(二) 构成要件

(1) 客观方面表现为实施了资助这些犯罪的行为。所谓资助,是指向实施危害国家安全犯罪的组织或者个人提供资金、通讯器材、交通工具或者其他物品。所谓危害国家安全犯罪活动,是指刑法第 102 条规定的背叛国家罪、第 103 条规定的分裂国家罪、煽动分裂国家罪、第 104 条规定的武装叛乱、暴乱罪、第 105 条规定的颠覆国家政权罪、煽动颠覆国家政权罪。

(2) 主体为一般主体。既可以是自然人也可以是单位,但刑法规定只追究直接责任人的刑事责任。

(3) 主观方面表现为故意,且是直接故意。即明知是危害国家安全犯罪活动而有意予以资助,并且希望危害国家安全结果发生的主观心理态度。

(三) 刑事责任

刑法第107条规定,犯本罪的,对直接责任人员,处5年以下有期徒刑、拘役、管制或者剥夺政治权利。情节严重的,处5年以上有期徒刑。刑法第113条第2款规定,犯本罪的,可以并处没收财产。

【案例分析】

[案情] 刘某某在1998年初购买一部电脑,并于1999年在某县电信局注册登记上网。自1999年6月至2000年8月间,刘某某署名"Lgwf",通过电子信箱在江苏省南京市民富网络服务有限公司网站、贵州省铜仁信息港《焚净茶庄》BBS、宁夏公众网BBS公告栏、江西"九江信息港"BBS论坛、厦门"商务中国"网站、深圳市"深圳之窗"网站、新疆"塔城信息港"BBS论坛上,发表文章11篇,煽动颠覆国家政权,推翻社会主义制度。问题:刘某某的行为如何定性?

[分析] 刘某某的行为构成煽动颠覆国家政权罪。本案中,刘某某因对社会主义制度及国家领导人不满,在互联网上多次发表推翻国家政权、诋毁社会主义制度的文章,其主观上具有煽动颠覆国家政权的犯罪故意,客观上实施了煽动颠覆国家政权的行为,已构成煽动颠覆国家政权罪。

第三节 叛变、叛逃方面的犯罪

一、投敌叛变罪

(一) 定义

投敌叛变罪,是指中国公民背叛国家、投奔敌对营垒或投奔敌方或被捕被俘后投降敌人危害国家安全的行为。

（二）构成要件

（1）客观方面表现为实施了投敌叛变的行为。所谓投敌,是指投奔国际上与我国为敌的国家或国内敌对势力。所谓叛变,是指反叛投降敌方变为敌方人员。具体表现在:①投奔到境外的敌对国家及其控制区。②投奔国内的敌对方。③通过与境外敌对国家或敌方联络,成为敌方助手,实际已背叛国家变为敌方工作人员。④被捕被俘后投降敌人或敌方。

（2）主体为一般主体。即具有刑事责任能力的自然人。

（3）主观方面表现为故意,且是直接故意。即明知是投敌叛变的行为而有意实施,并且希望危害国家安全结果发生的主观心理态度。

（三）刑事责任

刑法第108条规定,犯本罪的,处3年以上10年以下有期徒刑;情节严重或者带领武装部队人员、人民警察、民兵投敌叛变的,处10年以上有期徒刑或者无期徒刑。刑法第113条第1款规定,犯本罪的,对国家和人民危害特别严重、情节特别恶劣的,可以判处死刑。第2款规定,犯本罪的,可以并处没收财产。

二、叛逃罪

（一）定义

叛逃罪,是指国家机关工作人员或者掌握国家秘密的国家工作人员在履行公务期间,擅离岗位,叛逃境外或者在境外叛逃,危害中华人民共和国国家安全的行为。

（二）构成要件

（1）客观方面表现为在履行公务期间实施了擅离岗位叛逃境外或者在境外叛逃,危害国家安全的行为。所谓履行公务期间,是指在职的国家机关工作人员在执行公务期间。所谓擅离岗位,是指违反规定私自离开岗位。所谓叛逃境外,是指与境外机构、组织联络,从境内逃离到境外。所谓在境外叛逃,是指在境外擅自不回国或者擅自脱离在国外的岗位,投靠境外机构、组织。

（2）主体为特殊主体。即除了具有刑事责任能力的自然人条件外,还必须具有特殊身份,即国家机关工作人员或掌握国家秘密的国家工作人员。

(3) 主观方面表现为故意,且是直接故意。即明知是叛逃行为而有意实施,并且希望危害国家安全结果发生的主观心理态度。

(三) 刑事责任

刑法第109条第1款规定,犯本罪的,处五年以下有期徒刑、拘役、管制或者剥夺政治权利;情节严重的,处5年以上10年以下有期徒刑。第2款规定,掌握国家秘密的国家工作人员犯本罪的,从重处罚。刑法第113条第2款规定,犯本罪的,可以并处没收财产。

第四节　间谍、资敌方面的犯罪

一、间谍罪

(一) 定义

间谍罪,是指参加间谍组织或接受间谍组织及其代理人的任务,或为敌人指示轰击目标的行为。

(二) 构成要件

(1) 客观方面表现为实施了参加间谍组织或接受间谍组织及其代理人的任务,或为敌人指示轰击目标的行为。只要实施其中一种行为即构成犯罪。所谓间谍组织,是指外国政府或境外敌对势力建立的旨在收集我国情报,进行颠覆破坏活动等危害我国国家安全利益的组织。所谓为敌人指示轰击目标,是指为处于军事及政治对抗状态的外国提供我国地形图、军事图或直接为其指示目标,方便敌人轰击或轰炸的行为。

(2) 主体为一般主体。即具有刑事责任能力的自然人。

(3) 主观方面表现为故意,且是直接故意。即明知是间谍组织而参加或者明知是间谍组织及其代理人而接受其任务,并且希望危害国家安全结果发生的主观心理态度。

（三）刑事责任

刑法第 110 条规定，犯本罪的，处 10 年以上有期徒刑或者无期徒刑；情节较轻的，处 3 年以上 10 年以下有期徒刑。刑法第 113 条第 1 款规定，犯本罪，对国家和人民危害特别严重、情节特别恶劣的，可以判处死刑。第 2 款规定，犯本罪的，可以并处没收财产。

二、为境外窃取、刺探、收买、非法提供国家秘密、情报罪

（一）定义

为境外窃取、刺探、收买、非法提供国家秘密、情报罪，是指为境外的机构、组织、人员窃取、刺探、收买、非法提供国家秘密或情报的行为。

（二）构成要件

（1）客观方面表现为实施了为境外机构、组织、人员窃取、刺探、收买、非法提供国家秘密或情报的行为。行为方式包括：①窃取，即以各种形式秘密窃取。②刺探，即采用探听或者一定的专门技术获取。③收买，即利用金钱和物质利益以换取。④非法提供，即违反法律规定提供。根据 2000 年 11 月 20 日最高人民法院《关于审理为境外窃取、刺探、收买、非法提供国家秘密、情报案件具体应用法律若干问题的解释》第 2 条之规定，为境外窃取、刺探、收买、非法提供国家秘密、情报，具有下列情形之一的，属于本罪构成行为：①为境外窃取、刺探、收买、非法提供机密级国家秘密的；②为境外窃取、刺探、收买、非法提供三项以上秘密级国家秘密的；③为境外窃取、刺探、收买、非法提供国家秘密、情报，对国家安全和利益造成其他严重损害的。

（2）主体为一般主体。即具有刑事责任能力的自然人。包括中国公民、外国公民和无国籍人。

（3）主观方面表现为故意，且是直接故意。即明知是国家秘密、情报而窃取、刺探、收买、非法提供，并且希望危害国家安全结果发生的主观心理态度。

（三）刑事责任

刑法第 111 条规定，犯本罪的，处 5 年以上 10 年以下有期徒刑；情节特别严重的，处 10 年以上有期徒刑或者无期徒刑；情节较轻的，处 5 年以下有期徒刑、拘役、管制或者剥夺政治权利。刑法第 113 条第 1 款规定，犯本罪，对国家和人民危害特别严重、情节特别恶劣的，可以判处死刑。第 2 款规定，犯本罪的，可以并处没收财产。

三、资敌罪

(一) 定义

资敌罪,是指战时供给敌人武器装备、军用物资资助敌人的行为。

(二) 构成要件

(1) 客观方面表现为战时实施了供给敌人武器装备、军用物资资助敌人的行为。所谓战时,是指战争时期或期间及作战状态。所谓武器装备,通常包括枪械、火炮、火箭、导弹、弹药、爆炸器材、坦克、作战飞机、舰艇、核武器等。所谓军用物资,是指供军事作战、训练、施工、科研、后勤保障等用于军事行动的一切物资。

(2) 主体为一般主体。即具有刑事责任能力的自然人。

(3) 主观方面表现为故意,且是直接故意。即明知是战时供给敌人武器装备、军用物资的行为而有意实施,并且希望危害国家安全结果发生的主观心理态度。

(三) 刑事责任

刑法第112条规定,犯本罪的,处10年以上有期徒刑或者无期徒刑;情节较轻的,处3年以上10年以下有期徒刑。刑法第113条第1款规定,犯本罪,对国家和人民危害特别严重、情节特别恶劣的,可以判处死刑。第2款规定,犯本罪的,可以并处没收财产。

【案例分析】

[案情] 张某于1999年在赣州从事非法传销,因涉嫌诈骗批捕在逃,8月负案偷渡去台湾,2001年7月被台湾警方查获。其间,被台间谍组织约见,张答应为其收集祖国大陆的政治、经济、军事情报。2002年1月张某被遣返内地。2002年4月至2006年期间,张某与钟某向台间谍组织人员传送了数份政治、经济、军事情报,并收受台情报人员给付的间谍经费3 456美元及1 000元人民币。问题:张某的行为如何定性?

[分析] 张某的行为构成间谍罪。本案中,张某接受台间谍组织的任务,并向台间谍组织人员传送了数份政治、经济、军事情报,其行为已经构成间谍罪。

【本章小结】

危害国家安全罪是指危害中华人民共和国的主权、领土完整与安全,破坏国家统一、颠覆国家政权、推翻社会主义制度及其他危害国家安全利益的行为。本类犯罪侵犯的客体是国家的安全。可以将本章具体罪名分为三类:一是危害国家政权和分裂国家方面的犯罪。二是叛变、叛逃方面的犯罪。三是间谍、资敌方面的犯罪。

本章思考题

1. 什么是背叛国家罪?
2. 什么是煽动分裂国家罪?
3. 什么是资助危害国家安全犯罪活动罪?
4. 什么是叛逃罪? 如何理解该罪的犯罪主体要件?
5. 间谍罪的客观方面有哪些表现形式?
6. 什么是为境外窃取、刺探、收买、非法提供国家机密、情报罪?

第十七章　危害公共安全罪

【本章学习目的】

通过本章的学习，了解危害公共安全罪的定义、具体罪名和同类客体；掌握各种重点讲授的危害公共安全罪具体罪名的定义、构成要件；理解认定有关危害公共安全罪具体罪名时应当区别的各种界限和应当注意的问题。

第一节　危害公共安全罪概述

一、定义

危害公共安全罪，是指故意或者过失地实施危害不特定多数人的生命、健康或者重大财产安全的行为。

二、具体罪名

根据刑法分则第二章、《刑法修正案（三）》及《刑法修正案（六）》的规定，危害公共安全罪包括46个具体罪名。

可以将本章具体罪名分为五类：一是以危险方法危害公共安全的犯罪。具体包括放火罪，决水罪，爆炸罪，投放危险物质罪，以危险方法危害公共安全罪，失火罪，过失决水罪，过失爆炸罪，过失投放危险物质罪，过失以危险方法危害公共安全罪。二是以破坏损坏方式危害公共安全的犯罪。具体包括破坏交通工具罪，破坏交通设施罪，破坏电力设备罪,破坏易燃易爆设备罪,过失损坏交通工具罪,过失损坏交通设施罪,过失损坏电力设备罪,过失损坏易燃易爆设备罪,破坏广播电视设施、公用电信设施罪,过失损坏广播电视设施、公用电信设施罪。三是以恐怖方式危害公共安全的犯罪。具体包括组织、领导、参加恐怖组织罪,资助恐怖活动罪,劫持航空器罪,劫持船只、汽车罪,暴力危及飞行安全罪。四是以违反特殊管理规定危害公共安全的犯罪。具体包括非法制造、买卖、运输、邮寄、储存枪支、弹药、爆炸物罪,非法制造、买卖、运输、储存危险物质罪,违规制造、销售枪支罪,盗窃、抢夺枪支、弹药、爆炸物、危险物质罪,抢劫枪支、弹药、爆炸物、危险物质罪,非法持有、私藏枪支、弹药罪,非法出租、出借枪支罪,丢失枪支不报罪,非法携带枪支、弹药、管制刀具、危险物品危及公共安全罪。五是以重大事故危害公共安全的犯罪。具体包括重大飞行事故罪,铁路运营安全事故罪,交通肇事罪,重大责任事故罪,强令违章冒险作业罪,重大劳动安全事故罪,大型群众性活动重大安全事故罪,危险物品肇事罪,工程重大安全事故罪,教育设施重大安全事故罪,消防责任事故罪,不报、谎报安全事故罪。

三、同类客体

本类犯罪侵犯的客体是公共安全。所谓公共安全,是指不特定多数人的生命、健康和重大公共财产安全以及其他公共利益安全。这里的不特定,是与特定相对而言的,它是指犯罪行为可能侵害的对象和可能造成的危害结果事先无法确定,行为人对此既无法预料也难以控制。例如在地铁车厢安放爆炸装置,可能造成乘车的多人伤亡;在自来水中投毒,可能会使饮用该水的无数人畜中毒死亡等。如果犯罪行为指向特定的人身或者财产,而不直接危及不特定多数人的生命、健康和重大公私财产的安全,则不构成危害公共安全罪,而应当分别属于侵犯人身权利或者侵犯财产的犯罪。

值得注意的是,行为人的具体行为是否构成危害公共安全罪,不能以行为人主观上有无确定的侵犯对象作为依据,不能以行为是否产生实际的严重后果作为依据,而应当以行为是否可能在一定条件下具有产生不特定严重后果的可能性和危险性来认定,应当根据行为在客观上是否有危害公共安全的本质属性来具体认定。换言之,无论行为人实施犯罪行为时主观上有无特定的侵犯对象,只要其行为造成或者可能造成难以预料和难以控制的严重后果,已经或者足以对不特定多数人的生命、健康、重大公共财产以及其他公共利益造成危害,就属于危害公共安全的犯罪行为。但是如果行为人所侵害的是特定对象,并且有意识地把损害结果控制在特定对象的范围内,没有并且实际上也不可能造成不特定多数人的伤亡、公共财产或其他公共安全利益的重大损失的,即使行为人采取了通常属于危害公共安全的方法,如放火、爆炸等,也不应当认定为本章所规定的危害公共安全犯罪。

第二节 以危险方法危害公共安全的犯罪

一、放火罪

(一) 定义

放火罪,是指故意纵火引烧公私财物而危及公共安全的行为。

(二) 构成要件

(1) 客观方面表现为行为人实施了放火危害公共安全的行为。所谓放火,是指故意引燃公私财物的行为。危害的对象是工厂、矿山、油田、港口、仓库、住宅、森林、农场、牧场、重要管道、公共建筑物或者其他公私财物。燃烧对象不管是公共财物还是私人财物,只要足以危害公共安全,即构成放火罪的客观方面要件。

(2) 主体为一般主体。即具有刑事责任能力的自然人。根据刑法第 17 条第 2 款的规定,满 14 周岁不满 16 周岁的人犯放火罪的,应当负刑事责任。

(3) 主观方面表现为故意。即明知放火行为会危及不特定多数人的健康、生命或者重大财产安全,并且希望或者放任这种结果发生的主观心理态度。

(三) 认定

1. 罪与非罪

(1)放火罪与一般放火行为的界限。关键看其是否足以危害公共安全,足以造成危害公共安全的构成犯罪,否则不构成犯罪。(2)放火罪与意外火灾的界限。意外火灾是由于人的意志以外不能预见或不能抗拒的原因而引起的危害公共安全的火灾。如雷电、地震、自然火灾及其他不能预见或不能抗拒的缘由引起的火灾。

2. 此罪与彼罪

(1)放火罪与故意杀人罪的界限。在行为人使用放火的方法实施杀人行为时,如果其放火的行为已经危及到公共安全,应当认定为放火罪;如果放火的行为没有危及到公共安全,则应当认定为故意杀人罪。(2)放火罪与故意毁坏财物罪的界限。在行为人实施放火行为的同时,也会造成公私财物的毁坏,区分的关键仍然在于放火的行为是否危及到公共安全。放火行为危及到公共安全的,是放火罪;如果行为人只是为毁坏财物而采用了放火焚烧的方法,但是并没有危及到公共安全的,应当定为故意毁坏公私财物罪。

3. 既遂与未遂

区分放火罪的既遂与未遂并不在于行为人是否达到了预期的目的,而在于是否具备了刑法分则规定的放火罪的全部构成要件。只要行为人实施了放火的行为,有造成公私财物被焚毁的危险,即使没有造成实际的损害结果,也是放火罪的既遂;造成危害结果的,则是放火罪的加重结果犯。只有放火行为因行为人意志以外的原因而没有得逞的,如在行为人正要点火时被抓获,或者因自然力的原因无法点燃等,才是放火罪的未遂。

(四) 刑事责任

刑法第 114 条(《刑法修正案(三)》第 1 条)规定,犯本罪,尚未造成严重后果的,处 3 年以上 10 年以下有期徒刑。刑法第 115 条第 1 款(《刑法修正案(三)》第 2 条)规定,犯本罪,致人重伤、死亡或者使公私财产遭受重大损失的,处 10 年以上有期徒刑、无期徒刑或者死刑。

二、决水罪

(一) 定义

决水罪,是指故意破坏水利设施,制造水患而危及公共安全的行为。

(二) 构成要件

(1) 客观方面表现为实施了破坏水利设施危害公共安全的行为。所谓决水,是指通过破坏水利设施,足以造成水流横溢、泛滥成灾的状况。

(2) 主体为一般主体。即具有刑事责任能力的自然人。

(3) 主观上表现为故意。即明知决水行为会危及不特定多数人的健康、生命或者重大财产安全,并且希望或者放任这种结果发生的主观心理态度。

(三) 刑事责任

刑法第 114 条(《刑法修正案(三)》第 1 条)规定,犯本罪,尚未造成严重后果的,处

3年以上10年以下有期徒刑。刑法第115条第1款(《刑法修正案(三)》第2条)规定,犯本罪,致人重伤、死亡或者使公私财产遭受重大损失的,处10年以上有期徒刑、无期徒刑或者死刑。

三、爆炸罪

(一) 定义

爆炸罪,是指故意引爆爆炸物、其他装置或设备而危害公共安全的行为。

(二) 构成要件

(1) 客观方面表现行为人实施了引爆爆炸物、其他装置或设备而危害公共安全的行为。所谓引爆爆炸物,主要是指引起或导致炸弹、炸药、雷管、手榴弹等的爆炸。所谓引爆其他装置和设备,主要是指引起或导致一切固体、液体、气体装置的爆炸,以及机器、锅炉、管道的爆炸等。

(2) 主体为一般主体。即具有刑事责任能力的自然人。根据刑法第17条第2款的规定,已满14周岁不满16周岁的人犯爆炸罪的,应当负刑事责任。

(3) 主观方面表现为故意。即明知爆炸行为会造成公私财产的重大损失和致人重伤、死亡的后果,并且希望或者放任这种结果发生的主观心理态度。

(三) 认定

主要是此罪与彼罪的认定:(1)爆炸罪与故意杀人罪的界限。对使用爆炸的方法杀人的,要注意分析其爆炸的行为是否足以危及公共安全。如果行为人虽然使用了爆炸的方法杀人,但其行为并没有危及公共安全,应当认定为故意杀人罪;如果危及公共安全,则应当认定为爆炸罪。(2)爆炸罪与故意毁坏财物罪的界限。行为人使用爆炸的方法,也会同时造成公私财产的毁坏,在这种情况下,不应当再对毁坏财物的行为单独定罪,因为爆炸罪已经包含了毁坏财物的内容。如果行为人的目的只是为了毁坏财物,虽然使用了爆炸的方法,但其爆炸的行为并没有危及公共安全的,不应当认定为爆炸罪。

(四) 刑事责任

刑法第114条(《刑法修正案(三)》第1条)规定,犯本罪,尚未造成严重后果的,处3年以上10年以下有期徒刑。刑法第115条第1款(《刑法修正案(三)》第2条)规定,犯本罪,致人重伤、死亡或者使公私财产遭受重大损失的,处10年以上有期徒刑、无期徒刑或者死刑。

四、投放危险物质罪

（一）定义

投放危险物质罪，是指故意投放毒害性、放射性、传染病病原体等物质，危害公共安全的行为。

（二）构成要件

（1）客观方面表现行为人实施了投放毒害性、放射性、传染病病原体等物质，危害公共安全的行为。所谓毒害性物质，是指能够引起人和动物机体中毒，严重危及其生命和健康的物质，如氰化钾、甲胺磷、砒霜、敌敌畏、敌百虫等。所谓放射性物质，是指通过原子核裂变能够放出射线，对人和动物的机体具有严重伤害作用的物质，如镭、铀、钴等。所谓传染病病原体，是指能够直接引起霍乱、伤寒、炭疽病等各种传染病的病菌或病毒的物质。

（2）主体为一般主体。即具有刑事责任能力的自然人。根据刑法第 17 条第 2 款的规定，已满 14 周岁不满 16 周岁的人犯投毒罪的，应当负刑事责任。《刑法修正案（三）》已将本罪修改为投放危险物质罪。因此，刑法第 17 条第 2 款中的投毒罪也应置换为投放危险物质罪，已满 14 周岁不满 16 周岁的人应对投放危险物质罪承担刑事责任。

（3）主观方面表现为故意。即明知投放危险物质行为会造成他人伤亡或者公私财产重大损失的后果，并且希望或者放任这种结果发生的主观心理态度。

（三）刑事责任

刑法第 114 条（《刑法修正案（三）》第 1 条）规定，犯本罪，尚未造成严重后果的，处 3 年以上 10 年以下有期徒刑。刑法第 115 条第 1 款（《刑法修正案（三）》第 2 条）规定，犯本罪，致人重伤、死亡或者使公私财产遭受重大损失的，处 10 年以上有期徒刑、无期徒刑或者死刑。

五、以危险方法危害公共安全罪

（一）定义

以危险方法危害公共安全罪，是指故意使用放火、决水、爆炸、投放危险物质罪以外的并与之性质相当的危险方法,足以严重危害公共安全的行为。相对于放火、决水、爆炸、投放危险物质等特定手段的危害公共安全罪来说,以危险方法危害公共安全罪是一个兜底的罪名。

(二) 构成要件

(1) 客观方面表现为使用与放火、决水、爆炸、投放危险物质性质相当的危险方法危害公共安全的行为。这些行为具有与放火、决水、爆炸、投放危险物质在危险性质上的相当性,一旦实施足以危害公共安全。例如驾车撞人、私架电网等。

(2) 主体是一般主体。值得注意的是,虽然本罪与放火罪、决水罪、爆炸罪、投放危险物质性罪规定在同一条文中,法定刑相同,但刑法第17条第2款只规定已满14周岁不满16周岁的人,犯放火罪、爆炸罪、投放危险物质性罪的,应当负刑事责任,而未规定犯故意以其他危险方法危害公共安全罪的也应负刑事责任。根据罪刑法定原则,已满14周岁不满16周岁的人不能成为本罪主体。

(3) 主观方面表现为故意。即明知实施危险方法会危害公共安全,造成他人的人身伤亡或者公私财产重大损失的后果,并且希望或者放任这种结果发生的主观心理态度。

(三) 刑事责任

刑法第114条(《刑法修正案(三)》第1条)规定,犯本罪,尚未造成严重后果的,处3年以上10年以下有期徒刑。刑法第115条第1款(《刑法修正案(三)》第2条)规定,犯本罪,致人重伤、死亡或者使公私财产遭受重大损失的,处10年以上有期徒刑、无期徒刑或者死刑。

六、本节其他罪名

(一) 失火罪

1. 定义

失火罪,是指过失引起火灾而危害公共安全,致人重伤、死亡或者使公私财物遭受重大损失的行为。

2. 刑事责任

刑法第115条规定,犯本罪的,处3年以上7年以下有期徒刑;情节较轻的,处3年以下有期徒刑或者拘役。

（二）过失决水罪

1. 定义

过失决水罪，是指由于过失造成水利设施被破坏，引起水患，危害公共安全，致人重伤、死亡或者使公私财产遭受重大损失的行为。

2. 刑事责任

刑法第115条规定，犯本罪的，处3年以上7年以下有期徒刑；情节较轻的，处3年以下有期徒刑或者拘役。

（三）过失爆炸罪

1. 定义

过失爆炸罪，是指由于过失引起爆炸事故，危害公共安全，致人重伤、死亡或者使公私财产遭受重大损失的行为。

2. 刑事责任

刑法第115条规定，犯本罪的，处3年以上7年以下有期徒刑；情节较轻的，处3年以下有期徒刑或者拘役。

（四）过失投放危险物质罪

1. 定义

过失投放危险物质罪，是指由于过失投放毒害性、放射性、传染病病原体等物质，危害公共安全，致人重伤、死亡或者使公私财产遭受重大损失的行为。

2. 刑事责任

刑法第115条规定，犯本罪的，处3年以上7年以下有期徒刑；情节较轻的，处3年以下有期徒刑或者拘役。

（五）过失以危险方法危害公共安全罪

1. 定义

过失以危险方法危害公共安全罪，是指由于过失以危险方法危害公共安全，致人重伤、死亡或者使公私财产遭受重大损失的行为。

2. 刑事责任

刑法第115条规定，犯本罪的，处3年以上7年以下有期徒刑；情节较轻的，处3年以下有期徒刑或者拘役。

【案例分析】

案例1

[案情] 自2001年4月份始,行为人金某与女青年杨某某保持不正当两性关系,该情况为金某之妻得知后,夫妻关系恶化,金某离家与杨某某同居,后金某经济状况不断恶化。2002年春季后,金某之妻向其索要子女抚养及教育费用,金某找方某某、王某某索债,方、王二人未予清偿,金某萌生以炸药威胁方某某、王某某还款之念。2002年7月19日上午,金某从贾某处索要炸药、导火索、雷管等物,于当晚制作成炸药包一个,装在旅行包内,并将所剩2枚雷管装在裤子口袋内。第二日,金某找到方某某、王某某索要欠款,由于二人偿付了部分欠款,并答应余款限期还清,金某暂时放弃使用炸药包之念。7月21日上午,金某随同杨某某为杨母过生日,将装有炸药包的旅行包带到杨家。当日14时许,金某在杨家喝酒后到杨家西间房内休息,想到自己有家难回、子女不能照顾、名誉尽损之处境,顿生自杀之念,并对杨某某心生怨恨,欲借机报复杨家。趁杨家人及众亲属在房屋正间吃饭之机,金某用火机点燃放在西间旅行包内的炸药包,引发剧烈爆炸,导致杨家三间房屋被炸倒塌,杨某某之外祖母钟某某、杨某某之舅母姜某某、杨某某之外甥女钟某死亡,杨某某及其祖父杨某义重伤,杨某某之舅父刘某某、杨某某之弟杨某刚、杨某某之姐杨某红、杨某某之祖母李某某轻伤,杨某某之母刘某某、杨某某之姐夫钟某轻微伤。同时造成房屋等财物损坏,价值人民币5 609元。金某亦被炸伤,后被查获。问题:金某的行为如何定性?

[分析] 金某的行为构成爆炸罪。爆炸罪是指故意引爆爆炸物、其他装置或设备而危害公共安全的行为。本案中,行为人金某为报复他人,在众人聚集的地方引爆炸药,致使房屋倒塌;公民财产造成严重破坏,并致3人死亡、2人重伤、4人轻伤、2人轻微伤,严重危害了公共安全,其行为已构成爆炸罪。

案例2

[案情] 2007年7月,行为人张某等人明知三聚氰胺是化工产品、不能供人食用,以三聚氰胺和麦芽糊精为原料,配制出专供往原奶中添加、以提高原奶蛋白检测含量的混合物(俗称"蛋白粉")。至2008年8月,张某累计生产"蛋白粉"770余吨,销售600余吨,销售金额683万余元。张某等人生产、销售的"蛋白粉"被某些奶厅(站)经营者添加到原奶中,销售给石家庄三鹿集团股份有限公司等奶制品生产企业。三鹿集团使用含有三聚氰胺的原奶生产的婴幼儿奶粉流入市场后,导致全国众多婴幼儿因食用含有三聚氰胺的婴幼儿奶粉引发泌尿系统疾患,多人死亡。问题:张某的行为如何

定性？

［分析］　张某的行为构成以危险方法危害公共安全罪。本案中，行为人张某等人生产、销售的“蛋白粉”的行为严重危害了公共安全，该行为与放火、决水、爆炸、投放危险物质等行为性质相当，已经构成以危险方法危害公共安全罪。

第三节　以破坏损坏方式危害公共安全的犯罪

一、破坏交通工具罪

（一）定义

破坏交通工具罪，是指故意破坏火车、汽车、电车、船只、航空器，危害公共安全的行为。

（二）构成要件

（1）客观方面表现为实施了破坏正在使用中的火车、汽车、电车、船只、航空器，足以使其发生倾覆、毁坏危险或者造成严重后果的行为。犯罪对象是火车、汽车、电车、船只、航空器等大型交通工具。如果行为人破坏的是自行车、摩托车、手推车、人力车以及用于田间作业的手扶拖拉机等，不可能产生上述严重后果，不能构成本罪。破坏交通工具的行为必须具有造成交通工具倾覆、毁坏的危险，即破坏的是交通工具的关键部位，与交通工具的安全运行紧密相连，或者使交通工具报废或严重毁损；行为人所破坏的还必须是正在使用期间的交通工具，如果破坏的是尚未投入使用、正在修理中或者封存不用的交通工具，不能构成破坏交通工具罪。

（2）主体为一般主体。即具有刑事责任能力的自然人。

（3）主观方面表现为故意。即明知实施破坏火车、汽车、电车、船只、航空器的行为会造成危害公共安全的结果，并且希望或者放任这种结果发生的主观心理态度。

（三）刑事责任

刑法第 116 条规定，犯本罪，尚未造成严重后果的，处 3 年以上 10 年以下有期徒刑。刑法第 119 条第 1 款规定，犯本罪，造成严重后果的，处 10 年以上有期徒刑、无期徒刑或者死刑。

二、破坏交通设施罪

(一) 定义

破坏交通设施罪,是指故意破坏轨道、桥梁、隧道、公路、机场、航道、标志或者进行其他破坏活动,危害公共安全的行为。

(二) 构成要件

(1) 客观方面表现为实施了破坏正在使用的轨道、桥梁、隧道、公路、机场、航道、灯塔、标志或者进行其他破坏活动,足以使火车、汽车、电车、船只、航空器发生倾覆、毁坏危险或者造成严重后果的行为。犯罪对象是正在使用中的轨道、桥梁、隧道、公路、机场、航道、灯塔、标志等。

(2) 主体为一般主体。即具有刑事责任能力的自然人。

(3) 主观方面表现为故意。即明知实施破坏轨道、桥梁、隧道、公路、机场、航道、标志或者进行其他破坏活动的行为会造成危害公共安全的结果,并且希望或者放任这种结果发生的主观心理态度。

(三) 刑事责任

刑法第 116 条规定,犯本罪,尚未造成严重后果的,处 3 年以上 10 年以下有期徒刑。刑法第 119 条第 1 款规定,犯本罪,造成严重后果的,处 10 年以上有期徒刑、无期徒刑或者死刑。

三、破坏电力设备罪

(一) 定义

破坏电力设备罪,是指故意破坏电力设备,危害公共安全的行为。

(二) 构成要件

(1) 客观方面表现为实施了破坏正在使用的电力设备,危及公共安全尚未造成严重后果或者造成严重后果的行为。犯罪对象是正在使用的电力设备,主要包括发电、变电、输电、供电设备等。如果破坏的不是正在使用的电器及零件,或与发电、变电、输电、供电无关的电力部门的其他财产,则不按本罪论处。

（2）主体为一般主体。即具有刑事责任能力的自然人。

（3）主观方面表现为故意。即明知实施破坏电力设备的行为会造成危害公共安全的结果,并且希望或者放任这种结果发生的主观心理态度。

（三）刑事责任

刑法第116条规定,犯本罪,尚未造成严重后果的,处3年以上10年以下有期徒刑。刑法第119条第1款规定,犯本罪,造成严重后果的,处10年以上有期徒刑、无期徒刑或者死刑。

四、破坏易燃易爆设备罪

（一）定义

破坏易燃易爆设备罪,是指故意破坏燃气或者其他易燃易爆设备,危害公共安全的行为。

（二）构成要件

（1）客观方面表现为实施了破坏燃气或者其他易燃易爆设备,足以危及公共安全尚未造成严重后果或者造成严重后果的行为。

（2）主体为一般主体。即具有刑事责任能力的自然人。

（3）主观方面表现为故意。即明知实施破坏燃气或者其他易燃易爆设备的行为会造成危害公共安全的结果,并且希望或者放任这种结果发生的主观心理态度。

（三）刑事责任

刑法第116条规定,犯本罪,尚未造成严重后果的,处3年以上10年以下有期徒刑。刑法第119条第1款规定,犯本罪,造成严重后果的,处10年以上有期徒刑、无期徒刑或者死刑。

五、破坏广播电视设施、公用电信设施罪

（一）定义

破坏广播电视设施、公用电信设施罪,是指故意破坏广播电视设施、公用电信设

施,危害公共安全的行为。

(二)构成要件

(1)客观方面表现为实施了破坏广播电视设施、公用电信设施,危害公共安全的行为。破坏方法是多种多样的,例如拆卸或者毁坏广播电视设施、公用电信设施的重要部件,砸毁机器设备,偷割电线、电缆等。当行为人采用毁坏或者盗窃方法破坏广播电视设施、公用电信设施的时候,一行为既触犯本罪名,又触犯故意毁坏财物罪、破坏生产经营罪、盗窃罪等罪名,属于想象竞合犯,应从一重罪处断。

(2)主体为一般主体。即具有刑事责任能力的自然人。

(3)主观方面表现为故意。即明知实施破坏广播电视设施、公用电信设施的行为会造成危害公共安全的结果,并且希望或者放任这种结果发生的主观心理态度。

(三)刑事责任

刑法第124条规定,犯本罪,尚未造成严重后果的,处3年以上7年以下有期徒刑;造成严重后果的,处7年以上有期徒刑。

六、本节其他罪名

(一)过失损坏交通工具罪

1. 定义

过失损坏交通工具罪,是指行为人由于过失造成火车、汽车、电车、船只、航空器的倾覆、毁坏,致人重伤、死亡或者使公私财产遭受重大损失,危害公共安全的行为。

2. 刑事责任

刑法第119条第2款规定,犯本罪的,处3年以上7年以下有期徒刑;情节较轻的,处3年以下有期徒刑或者拘役。

(二)过失损坏交通设施罪

1. 定义

过失损坏交通设施罪,是指由于过失造成交通设施的损坏,致人重伤、死亡或者使公私财产遭受重大损失,危害公共安全的行为。

2. 刑事责任

刑法第119条第2款规定,犯本罪的,处3年以上7年以下有期徒刑;情节较轻的,处3年以下有期徒刑或者拘役。

(三) 过失损坏电力设备罪

1. 定义

过失损坏电力设备罪,是指由于过失造成电力设备的损坏,致人重伤、死亡或者使公私财产遭受重大损失,危害公共安全的行为。

2. 刑事责任

刑法第119条第2款规定,犯本罪的,处3年以上7年以下有期徒刑;情节较轻的,处3年以下有期徒刑或者拘役。

(四) 过失损坏易燃易爆设备罪

1. 定义

过失损坏易燃易爆设备罪,是指由于过失造成易燃易爆设备的损坏,致人重伤、死亡或者使公私财产遭受重大损失,危害公共安全的行为。

2. 刑事责任

刑法第119条第2款规定,犯本罪的,处3年以上7年以下有期徒刑;情节较轻的,处3年以下有期徒刑或者拘役。

(五) 过失损坏广播电视设施、公用电信设施罪

1. 定义

过失损坏广播电视设施、公用电信设施罪,是指由于过失造成广播电视设施、公用电信设施的损坏,致人重伤、死亡或者使公私财产遭受重大损失,危害公共安全的行为。

2. 刑事责任

刑法第124条第2款规定,犯本罪的,处3年以上7年以下有期徒刑;情节较轻的,处3年以下有期徒刑或者拘役。

【案例分析】

[案情]　林某和俞某是对门邻居,素来不和,积怨颇深,某年12月23日,俞某在家中与几个朋友聚会,喝酒、猜拳、唱卡拉OK,林某被吵得心烦,大为恼火,冲出去与俞某理论,俞与几个朋友不但不听还将其奚落一番。林回到家中越想越气,趁俞某等人

玩得正欢不注意,偷偷下楼将俞那辆客货两用车的刹车装置弄坏,使其失灵。由于余某等人喝醉酒,次日清晨才醒来,当准备开车时,俞的一个朋友说他一个月前考到了驾照,希望俞某让他开一会儿。俞表示同意并对车进行了一番检查,发现刹车装置失灵,并得知是人为破坏所致,便急忙找人来修理,并报告公安机关。问题:林某的行为如何定性?

[分析] 林某的行为构成破坏交通工具罪。本案中,林某将车辆的刹车装置破坏,使之失灵。刹车装置是机动车的关键装置,一经破坏则足以危害公共安全,因此林某的行为完全符合破坏交通工具罪的条件。

第四节 以恐怖方式危害公共安全的犯罪

一、组织、领导、参加恐怖组织罪

(一) 定义

组织、领导、参加恐怖组织罪,是指组织、领导或者参加恐怖组织,危害公共安全的行为。

(二) 构成要件

(1) 客观方面表现为实施了组织、领导或者参加恐怖组织的行为。所谓恐怖组织,是指以制造社会恐怖为主要目的,具有较为紧密的组织结构形式,专门进行恐怖犯罪活动的组织。

(2) 主体为一般主体。即具有刑事责任能力的自然人。

(3) 主观方面表现为故意。其中,组织、领导的行为是直接故意,而参加的行为既可以是直接故意,也可以是间接故意。

(三) 认定

(1) 一罪与数罪。如果行为人不仅组织、领导或者参加恐怖活动组织,还实施了杀人、爆炸、绑架等犯罪的,则要依照数罪并罚的规定处罚。

(2) 既遂与未遂。只要行为人实施了组织、领导、参加恐怖组织的行为即构成既遂,至于是否进行其他犯罪活动,并不影响本罪既遂的成立。

(四) 刑事责任

刑法第120条(《刑法修正案(三)》第3条)规定,组织、领导恐怖活动组织的,处十年以上有期徒刑或者无期徒刑;积极参加的,处3年以上10年以下有期徒刑;其他参加的,处3年以下有期徒刑、拘役、管制或者剥夺政治权利。

二、资助恐怖活动罪

(一) 定义

资助恐怖活动罪,是指以金钱或者其他物质资助恐怖活动组织或者实施恐怖活动的个人的行为。

(二) 构成要件

(1) 客观方面表现为实施了以金钱或者其他物质资助恐怖活动组织或者实施恐怖活动的个人的行为。

(2) 主体为一般主体。既可以是自然人也可以是单位。

(3) 主观方面表现为故意。即明知实施资助恐怖活动组织或者实施恐怖活动的个人的行为会造成危害公共安全的结果,并且希望或者放任这种结果发生的主观心理态度。

(三) 刑事责任

刑法第120条(《刑法修正案(三)》第4条)规定,犯本罪的,处5年以下有期徒刑、拘役、管制或者剥夺政治权利,并处罚金;情节严重的,处5年以上有期徒刑,并处罚金或者没收财产。第2款规定,单位犯前款罪的,对单位判处罚金,并对其直接负责的主管人员和其他直接责任人员,依照前款的规定处罚。

三、劫持航空器罪

(一) 定义

劫持航空器罪,是指以暴力、胁迫或者其他方法劫持航空器,危害公共安全的行为。

(二) 构成要件

(1) 客观方面表现为实施了以暴力、胁迫或者其他方法劫持航空器的行为。所谓暴力,是指对航空器上的驾驶人员、机组人员或者其他人员,进行殴打、伤害乃至于杀害。所谓胁迫,是指对航空器上的驾驶人员、机组人员或者其他人员,进行精神恐吓或者暴力威胁。所谓其他方法,是指上述暴力、胁迫以外的其他劫持方法,例如麻醉驾驶人员等。所谓航空器,是指在空间飞行的各种航空工具,包括飞机、宇宙飞船、热气球等。

(2) 主体为一般主体。即具有刑事责任能力的自然人。

(3) 主观方面表现为故意。即明知实施以暴力、胁迫或者其他方法劫持航空器的行为会造成危害公共安全的结果,并且希望或者放任这种结果发生的主观心理态度。

(三) 刑事责任

刑法第 121 条规定,犯本罪的,处 10 年以上有期徒刑或者无期徒刑;致人重伤、死亡或者使航空器遭受严重破坏的,处死刑。

四、劫持船只、汽车罪

(一) 定义

劫持船只、汽车罪,是指以暴力、胁迫或者其他方法劫持船只、汽车,危害公共安全的行为。

(二) 构成要件

(1) 客观方面表现为使用暴力、胁迫或者其他方法劫持船只、汽车的行为。所谓暴力,是指对驾驶、操作人员实施打击或者身体强制,使其不能反抗,如捆绑、伤害、杀害等。所谓威胁,是指以暴力为内容而进行的精神强制,使驾驶人员、操作人员不敢反抗。所谓其他方法,是指除暴力、威胁以外的方法,如使用麻醉品将驾驶人员致昏致醉等。

(2) 主体为一般主体。即具有刑事责任能力的自然人。

(3) 主观方面表现为故意。即明知实施以暴力、胁迫或者其他方法劫持船只、汽车的行为会造成危害公共安全的结果,并且希望或者放任这种结果发生的主观心理态度。

（三）刑事责任

刑法第122条规定，犯本罪的，处5年以上10年以下有期徒刑；造成严重后果的，处10年以上有期徒刑或者无期徒刑。

五、暴力危及飞行安全罪

（一）定义

暴力危及飞行安全罪，是指对飞行中的航空器上的人员使用暴力，危及飞行安全的行为。

（二）构成要件

（1）客观方面表现为对飞行中的航空器上的人员实施了暴力行为。所谓暴力，是指殴打、捆绑或者其他指向人身的伤害行为。所谓航空器上的人员，既包括航空器上的驾驶人员、服务人员，也包括航空器上的乘坐人员。

（2）主体为一般主体。即具有刑事责任能力的自然人。

（3）主观方面表现为故意。即明知实施对飞行中的航空器上的人员使用暴力的行为会造成危害公共安全的结果，并且希望或者放任这种结果发生的主观心理态度。

（三）刑事责任

刑法第123条规定，犯本罪，尚未造成严重后果的，处5年以下有期徒刑或者拘役；造成严重后果的，处5年以上有期徒刑。

【案例分析】

［案情］ 某日晚，陈某酒后打一辆出租车回家，当陈某准备下车时，发现身上没带足够的钱付车费，于是下车就跑。见出租车驾驶员和行人追赶，陈某赶紧跑到路中间，一辆大货车见路中有人，来了个急刹。陈某慌不择路地跳上货车，坐在车门架上，掏出随身携带的弹簧刀威胁货车驾驶员开车逃避出租车的追赶。货车刚行驶到第二个路口，设卡检查的警察发现货车里坐有4人，形迹可疑。民警要求货车上的人下车接受检查。车上的3人陆续下车，惟有陈某一人呆在车上。民警再三催促他下车，陈某看见货车司机将车钥匙已带走，无机会逃跑，便跳下车，双手捂住胸口，大吼："让开啊，不然就引爆炸弹。"出人意料，陈某竟"自投罗网"，钻进了路边停放的一辆警车。5分钟

过去了,特警、排爆专家等大批警力赶到现场,而陈某已经在车上睡着了。据陈某交代,他根本不会开车,刹车、油门分不清。问题:陈某的行为如何定性?

[分析] 陈某的行为构成劫持汽车罪。本案中,陈某为了逃避出租车驾驶员的追赶,使用暴力手段劫持货车,严重威胁到公共安全,其行为已经构成劫持汽车罪。

第五节 以违反特殊管理规定危害公共安全的犯罪

一、非法制造、买卖、运输、邮寄、储存枪支、弹药、爆炸物罪

(一) 定义

非法制造、买卖、运输、邮寄、储存枪支、弹药、爆炸物罪,是指违反国家有关枪支、弹药、爆炸物的管理规定,未经批准,非法制造、买卖、运输、邮寄、储存枪支、弹药、爆炸物,危害公共安全的行为。

(二) 构件要件

(1) 客观方面表现为实施了非法制造、买卖、运输、邮寄、储存枪支、弹药、爆炸物的行为。所谓非法制造,是指违反国家有关法规,没有法律上的依据,也未经国家有关部门许可的私自制造,包括自行设计、制造、改装、修复和买零件装配等。所谓非法买卖,是指违反法律规定,私自从事枪支、弹药、爆炸物的经营活动,或私自购买、出卖的行为。所谓非法运输,是指未经国家有关部门批准,私自从事运输的行为。所谓非法邮寄,是指违反国家邮政部门的管理规定,以邮件形式夹寄的行为。所谓非法储存,是指未经国家有关部门批准私自保留、存放的行为。所谓枪支,是指《中华人民共和国枪支管理办法》规定的各种军用枪支和民用枪支,包括手枪、步枪、冲锋枪、机枪、射击运动用的枪支、狩猎用的有膛线枪、霰弹枪、火药枪、发射金属弹丸的气枪等。根据司法解释的规定,私自制造的钢珠枪也属于枪支的范畴。所谓弹药,是指各种枪支使用的弹药。所谓爆炸物,是指能够引起爆炸,具有较大杀伤力的物品,如雷管、炸药、导爆索以及军用的手榴弹、地雷等。

根据2001年5月10日最高人民法院《关于审理非法制造、买卖、运输枪支、弹药、爆炸物等刑事案件具体应用法律若干问题的解释》第1条之规定,个人或者单位非法

制造、买卖、运输、邮寄、储存枪支、弹药、爆炸物,具有下列情形之一的,应当定罪处罚:(1)非法制造、买卖、运输、邮寄、储存军用枪支1支以上的;(2)非法制造、买卖、运输、邮寄、储存以火药为动力发射枪弹的非军用枪支1支以上或者以压缩气体等为动力的其他非军用枪支2支以上的;(3)非法制造、买卖、运输、邮寄、储存军用子弹10发以上、气枪铅弹500发以上或者其他非军用子弹100发以上的;(4)非法制造、买卖、运输、邮寄、储存手榴弹1枚以上的;(5)非法制造、买卖、运输、邮寄、储存爆炸装置的;(6)非法制造、买卖、运输、邮寄、储存炸药、发射药、黑火药1千克以上或者烟火药3千克以上、雷管30枚以上或者导火索、导爆索30米以上的;(7)具有生产爆炸物品资格的单位不按照规定的品种制造,或者具有销售、使用爆炸物品资格的单位超过限额买卖炸药、发射药、黑火药10千克以上或者烟火药30千克以上、雷管300枚以上或者导火索、导爆索300米以上的;(8)多次非法制造、买卖、运输、邮寄、储存弹药、爆炸物的;(9)虽未达到上述最低数量标准,但具有造成严重后果等其他恶劣情节的。

(2) 主体为一般主体。既可以是自然人也可以是单位。

(3) 主观方面表现为故意。即明知实施非法制造、买卖、运输、邮寄、储存枪支、弹药、爆炸物的行为会造成危害公共安全的结果,并且希望或者放任这种结果发生的主观心理态度。

(三) 刑事责任

刑法第125条第1款规定,犯本罪的,处3年以上10年以下有期徒刑;情节严重的,处10年以上有期徒刑、无期徒刑或者死刑。第3款规定,单位犯本罪的,对单位判处罚金,并对其直接负责的主管人员和其他直接责任人员,依照第1款的规定处罚。

二、非法制造、买卖、运输、储存危险物质罪

(一) 定义

非法制造、买卖、运输、储存危险物质罪,是指非法制造、买卖、运输、储存毒害性、放射性、传染病病原体等物质,危害公共安全的行为。

(二) 构成要件

(1) 客观方面实施了非法制造、买卖、运输、储存毒害性、放射性、传染病病原体等物质,危害公共安全的行为。

(2) 主体为一般主体。既可以是自然人也可以是单位。

(3) 主观方面表现为故意。即明知实施非法制造、买卖、运输、储存危险物质的行为会造成危害公共安全的结果,并且希望或者放任这种结果发生的主观心理态度。

(三) 刑事责任

刑法第125条第2款(《刑法修正案(三)》第5条)规定,犯本罪的,处3年以上10年以下有期徒刑;情节严重的,处10年以上有期徒刑、无期徒刑或者死刑。第3款规定,单位犯本罪的,对单位判处罚金,并对其直接负责的主管人员和其他直接责任人员,依照第1款的规定处罚。

三、违规制造、销售枪支罪

(一) 定义

违规制造、销售枪支罪,是指依法被指定、确定的枪支制造、销售企业,违反国家对枪支的管理规定,非法制造、销售枪支,危害公共安全的行为。

(二) 构成要件

(1) 客观方面表现为违反枪支管理规定,非法制造、销售枪支的行为。具体包括以下三种情形:以非法销售为目的,超过限额或者不按照规定的品种制造、配售枪支;以非法销售为目的,制造无号、重号、假号的枪支;非法销售枪支或者在境内销售为出口制造的枪支。具备上述三种行为之一的,就构成犯罪。

(2) 主体是特殊主体。只能是单位,即依法被指定、确定的枪支制造企业、配售企业。其中包括接受国家出口枪支任务的外贸企业。如果个人或者不是被依法指定、确定的企业非法制造、销售枪支的,则构成刑法第125条规定的非法制造、买卖枪支罪。

(3) 主观方面表现为故意。即明知实施违规制造、销售枪支的行为会造成危害公共安全的结果,并且希望或者放任这种结果发生的主观心理态度。

(三) 刑事责任

刑法第126条规定,犯本罪的,对单位判处罚金,并对其直接负责的主管人员和其他直接责任人员,处5年以下有期徒刑;情节严重的,处5年以上10年以下有期徒刑;情节特别严重的,处10年以上有期徒刑或者无期徒刑。

四、盗窃、抢夺枪支、弹药、爆炸物、危险物质罪

(一) 定义

盗窃、抢夺枪支、弹药、爆炸物、危险物质罪,是指秘密窃取或者乘人不备公然夺取枪支、弹药、爆炸物或者毒害性、放射性、传染病病原体等物质,危害公共安全的行为。

(二) 构成要件

(1) 客观方面表现为实施了秘密窃取或者公然夺取枪支、弹药、爆炸物、危险物质,危害公共安全的行为。根据2001年5月10日最高人民法院《关于审理非法制造、买卖、运输枪支、弹药、爆炸物等刑事案件具体应用法律若干问题的解释》第4条第1款之规定,盗窃、抢夺枪支、弹药、爆炸物,具有下列情形之一的,应当定罪:①盗窃、抢夺以火药为动力的发射枪弹非军用枪支1支以上或者以压缩气体等为动力的其他非军用枪支2支以上的;②盗窃、抢夺军用子弹10发以上、气枪铅弹500发以上或者其他非军用子弹100发以上的;③盗窃、抢夺爆炸装置的;④盗窃、抢夺炸药、发射药、黑火药1千克以上或者烟火药3千克以上、雷管30枚以上或者导火索、导爆索30米以上的;⑤虽未达到上述最低数量标准,但具有造成严重后果等其他恶劣情节的。该司法解释颁布时间早于《刑法修正案(三)》,因此,对《刑法修正案(三)》中增设的盗窃、抢夺危险物质罪未作规定。

(2) 主体为一般主体。即具有刑事责任能力的自然人。

(3) 主观方面表现为故意。即明知实施盗窃、抢夺枪支、弹药、爆炸物、危险物质的行为会造成危害公共安全的结果,并且希望或者放任这种结果发生的主观心理态度。

(三) 认定

要注意区分盗窃、抢夺枪支、弹药、爆炸物、危险物质罪与盗窃罪、抢夺罪的界限。区分的关键在于本罪的犯罪对象是特定的枪支、弹药、爆炸物或者毒害性、放射性、传染病病原体等物质,而盗窃罪、抢夺罪的犯罪对象则是不特定的公私财物。

(四) 刑事责任

刑法第127条第1款(《刑法修正案(三)》第6条第1款)规定,犯本罪的,处3年

以上10年以下有期徒刑;情节严重的,处10年以上有期徒刑、无期徒刑或者死刑。第2款(《刑法修正案(三)》第1条)规定,犯本罪而盗窃、抢夺国家机关、军警人员、民兵的枪支、弹药、爆炸物的,处10年以上有期徒刑、无期徒刑或者死刑。

五、抢劫枪支、弹药、爆炸物、危险物质罪

(一)定义

抢劫枪支、弹药、爆炸物、危险物质罪,是指以暴力、胁迫或者其他方法,强行劫取枪支、弹药、爆炸物或者毒害性、放射性、传染病病原体等物质,危害公共安全的行为。

(二)构成要件

(1)客观方面表现为行为人实施了以暴力、胁迫或者其他方法,强行劫取枪支、弹药、爆炸物或者毒害性、放射性、传染病病原体等物质,危害公共安全的行为。所谓暴力,是指对被害人身体实施强暴手段,足以危及其人身安全,致使被害人不能反抗。所谓胁迫,是指以立即使用暴力相威胁,实行精神强制,使被害人产生恐惧而不敢反抗。所谓其他方法,是指除暴力或者胁迫以外,使被害人丧失反抗能力或者不知反抗的各种方法,例如药物麻醉等。

(2)主体为一般主体。即具有刑事责任能力的自然人。

(3)主观方面表现为故意。即明知实施抢劫枪支、弹药、爆炸物、危险物质的行为会造成危害公共安全的结果,并且希望或者放任这种结果发生的主观心理态度。

(三)认定

在认定这类案件性质时,要注意区分抢劫枪支、弹药、爆炸物、危险物质罪与抢劫罪的界限。区分的关键在于抢劫枪支、弹药、爆炸物、危险物质罪的犯罪对象是特定的枪支、弹药、爆炸物或者毒害性、放射性、传染病病原体等物质,而抢劫罪的犯罪对象则是不特定的公私财物。

(四)刑事责任

刑法第127条第2款(《刑法修正案(三)》第6条第2款)规定,犯本罪的,处10年以上有期徒刑、无期徒刑或者死刑。

六、非法持有、私藏枪支、弹药罪

（一）定义

非法持有、私藏枪支、弹药罪，是指违反国家对枪支、弹药的管理规定，私自携带或者隐藏枪支、弹药，危害公共安全的行为。

（二）构成要件

（1）客观方面表现为行为人实施了违反枪支管理规定，非法持有、私藏枪支、弹药的行为。所谓非法持有，是指不符合配备、配置枪支、弹药案件的人员，违反枪支管理法律、法规的规定，擅自持有枪支、弹药的行为。所谓私藏，是指依法配备、配置枪支、弹药的人员，在配备、配置枪支、弹药的条件消除后，违反枪支管理法律、法规的规定，私自藏匿所配备、配置的枪支、弹药且拒不交出的行为。根据2001年5月10日最高人民法院《关于审理非法制造、买卖、运输枪支、弹药、爆炸物等刑事案件具体应用法律若干问题的解释》第5条第1款之规定，非法持有、私藏枪支、弹药具有下列情形之一的，应当定罪：①非法持有、私藏军用枪支1支的；②非法持有、私藏以火药为动力发射枪弹的非军用枪支1支或者以压缩气体等为动力的其他非军用枪支2支以上的；③非法持有、私藏军用子弹20发以上、气枪铅弹1 000发以上或者其他非军用子弹200发以上的；④非法持有、私藏手榴弹1枚以上的；⑤非法持有、私藏的弹药造成人员伤亡、财产损失的。

（2）主体为一般主体。即具有刑事责任能力的自然人。

（3）主观方面表现为故意。即明知实施非法持有、私藏枪支、弹药的行为会造成危害公共安全的结果，并且希望或者放任这种结果发生的主观心理态度。

（三）刑事责任

刑法第128条第1款规定，犯本罪的，处3年以下有期徒刑、拘役或者管制；情节严重的，处3年以上7年以下有期徒刑。

七、非法出租、出借枪支罪

（一）定义

非法出租、出借枪支罪，是指依法配备公务用枪的人员，违反枪支管理规定，私自出租、出借枪支;或者依法配置枪支的人员,违反枪支管理规定,非法出租、出借枪支,造成严重后果,危害公共安全的行为。

(二) 构成要件

(1) 客观方面表现为非法出租、出借依法配备的公务用枪或者依法配置的枪支的行为。包括两种情况:①非法出租、出借依法配备的公务用枪的,只要有出租、出借公务用枪的行为,就构成犯罪;②非法出租、出借依法配置的枪支的,除了要有出租、出借枪支的行为之外,还必须造成严重后果的,才能构成犯罪。

(2) 主体是特殊主体。既可以是自然人也可以是单位,即依法配备公务用枪或者依法配置枪支的人员及单位。

(3) 主观方面表现为故意。即明知实施非法出租、出借枪支的行为会造成危害公共安全的结果,并且希望或者放任这种结果发生的主观心理态度。

(三) 认定

如果行为人明知租用、借用枪支的人是为了实施某种犯罪而租用、借用枪支,却仍然出租或者出借,则成为租用、借用枪支人所实施犯罪的共犯,应当按照共同犯罪的规定予以处罚。

(四) 刑事责任

刑法第 128 条第 2、3 款规定,犯本罪的,依照第 1 款规定处罚,即处 3 年以下有期徒刑、拘役或者管制;情节严重的,处 3 年以上 7 年以下有期徒刑。第 4 款规定,单位犯本罪的,对单位判处罚金,并对其直接负责的主管人员和其他直接责任人员,依照第 1 款的规定处罚。

八、丢失枪支不报罪

(一) 定义

丢失枪支不报罪,是指依法配备公务用枪的人员,丢失枪支不及时报告,造成严重后果,危害公共安全的行为。

(二) 构成要件

(1) 客观方面表现为丢失枪支不及时报告,造成严重后果的行为。具体包括三方面:①丢失枪支。即遗失枪支,包括管理不善而遗失,被盗、被抢、被骗等其他丧失对枪支的控制的情形。②不及时报告。包括两种情况:一是丢失枪支后根本不报告;二是丢失枪支后拖延一段时间才报告,并没有及时报告。所谓及时报告,是指行为人发现丢失枪支后立即报告。③造成严重后果。是指枪支被犯罪分子控制、索取、利用或者枪支拾得者因不懂枪支使用方法而造成误伤、误杀等后果。以上三方面情况必须同时具备,才能构成本罪。

(2) 主体是特殊主体。即依法配备公务用枪的人员。

(3) 主观方面表现为过失。即应当预见自己的丢失枪支不及时报告的行为可能造成严重后果,由于疏忽大意而没有预见,或者虽已预见但轻信能够避免的心理态度。

(三) 刑事责任

刑法第129条规定,犯本罪的,处3年以下有期徒刑或者拘役。

九、非法携带枪支、弹药、管制刀具、危险物品危及公共安全罪

(一) 定义

非法携带枪支、弹药、管制刀具、危险物品危及公共安全罪,是指违反国家有关管理规定,非法携带枪支、弹药、管制刀具或者爆炸性、易燃性、放射性、毒害性、腐蚀性物品,进入公共场所或者公共交通工具,情节严重,危及公共安全的行为。

(二) 构成要件

(1) 客观方面表现为非法携带枪支、弹药、管制刀具或者爆炸性、易燃性、放射性、毒害性、腐蚀性物品,进入公共场所或者公共交通工具,危及公共安全,情节严重的行为。根据司法解释的规定,具有下列情形之一的,视为情节严重,应当以本罪定罪处罚:①携带枪支或者手榴弹的;②携带爆炸装置的;③携带炸药、发射药、黑火药500克以上或者烟火药1 000克以上、雷管20枚以上或者导火索、导爆索20米以上的;④携带的弹药、爆炸物在公共场所或者公共交通工具上发生爆炸或者燃烧,尚未造成严重后果的;⑤具有其他严重情节的。非法携带上述第③项规定的爆炸物进入公共场所或者公共交通工具,虽未达到上述数量标准,但拒不交出的,依照对本罪的规定定罪处罚;携带的数量达到最低数量标准,能够主动、全部交出的,可不以犯罪论处。

(2) 主体为一般主体。即具有刑事责任能力的自然人。

(3) 主观方面表现为故意。即明知实施非法携带枪支、弹药、管制刀具或者爆炸

性、易燃性、放射性、毒害性、腐蚀性物品进入公共场所或者公共交通工具的行为会造成危害公共安全的结果，并且希望或者放任这种结果发生的主观心理态度。而且，行为人必须是明知携带的物品是危险物品。

（三）刑事责任

刑法第130条规定，犯本罪的，处3年以下有期徒刑或者管制。

【案例分析】

［案情］ 甲为某国家机关工作人员，依法配备有公务用枪。甲借用了乙的3万元现金。乙多次讨债，甲无力偿还，于是甲将公务用枪（无子弹）用作借债质押物交给乙，约定甲还款时，乙将枪支归还甲。3个月后，甲仍然未能归还借款，乙便将枪支送给其外甥丙玩耍。丙在一周后使用该枪支抢劫某银行储蓄所现金20余万元。问题：甲的行为如何定性？

［分析］ 甲的行为构成非法出租、出借枪支罪。本案中，甲身为依法配备公务用枪的人员，违反国家规定，将公务用枪用作借债质押物，使枪支处于非依法持枪人的控制、使用之下，严重危害公共安全，并且造成了严重后果，其行为已经构成非法出租、出借枪支罪。

第六节　以重大事故危害公共安全的犯罪

一、重大飞行事故罪

（一）定义

重大飞行事故罪，是指航空人员违反规章制度，致使发生重大飞行事故，造成严重后果，危害公共安全的行为。

（二）构成要件

（1）客观方面表现为不负责任，违反规章制度，造成重大飞行事故，后果严重的行为。所谓规章制度,是指民用航空管理、安全飞行的各项制度,如航空器的飞行时限、执勤时限的规定,酒类药物或其他麻醉剂的规定,航线、飞行高度的规定,航空器的维修、操作空域、运输、安全飞行的规定等。所谓重大飞行事故,是指在航空飞行过程中发生的航空器严重损坏或造成人员伤亡等。此外,在违反规章制度与重大飞行事故之间存在因果关系。

(2) 主体是特殊主体。即航空人员,包括从事民用航空活动的空勤人员和地面人员,如航空器上的驾驶员、机械员、领航员、乘务员、空中交通管制人员、地勤维修人员、通讯人员,等等。

(3) 主观方面表现为过失。即行为人应当预见自己的违章行为可能发生重大飞行事故,造成严重后果,由于疏忽大意而没有预见,或者已经预见,但轻信能够避免的心理态度。但就违反规章制度而言,行为人则往往是明知故犯。

(三) 刑事责任

刑法第131条规定,犯本罪的,处3年以下有期徒刑或者拘役;造成飞机坠毁或者人员死亡的,处3年以上7年以下有期徒刑。

二、铁路运营安全事故罪

(一) 定义

铁路运营安全事故罪,是指铁路职工违反规章制度,造成铁路运营事故,后果严重,危害公共安全的行为。

(二) 构成要件

(1) 客观方面表现为不负责任,违反规章制度,造成安全运营事故,后果严重的行为。所谓违反规章制度,是指违反有关铁路运营安全的各种规章制度,例如交通法规、运营管理制度、技术操作规程等。所谓铁路运营事故,是指铁路运营中发生的列车出轨、倾覆、爆炸、相撞等事故。此外,在违反规章制度与铁路运营事故之间存在因果关系。

(2) 主体是特殊主体。即铁路职工,包括铁路运输管理人员、维修人员、列车司机等。

(3) 主观方面表现为过失。即行为人应当预见自己的违章行为可能造成铁路运营事故的严重后果,由于疏忽大意而没有预见,或者已经预见,而轻信能够避免的一种心理态度。但就行为人违反规章制度而言,则往往是明知故犯。

(三) 刑事责任

刑法第132条规定,犯本罪的,处3年以下有期徒刑或者拘役;造成特别严重后果的,处3年以上7年以下有期徒刑。

三、交通肇事罪

(一) 定义

交通肇事罪,是指违反交通管理法规,发生重大交通事故,致人重伤、死亡或者使公私财产遭受重大损失,危害公共安全的行为。

(二) 构成要件

(1) 客观方面表现为违反交通管理法规,以至发生重大交通事故,致人重伤、死亡或者使公私财产遭受重大损失的行为。首先,要有违反交通管理法规的行为。所谓交通管理法规,是指保证交通运输正常进行和交通运输安全的规章制度,如《城市交通规则》、《机动车管理办法》、《内河避碰规则》、《渡口守则》、《中华人民共和国海上交通安全法》等。其次,必须发生重大事故,致人重伤、死亡或者使公私财产遭受重大损失的结果。根据2000年11月10日最高人民法院《关于审理交通肇事刑事案件具体应用法律若干问题的解释》第2条的规定,交通肇事罪的致人重伤、死亡或者使公私财产遭受重大损失是指具有下列情形之一的:①死亡1人或者重伤3人以上,负事故全部或者主要责任的;②死亡3人以上,负事故同等责任的;③造成公共财产或者他人财产直接损失,负事故全部或者主要责任,无能力赔偿数额在30万元以上的。交通肇事致1人以上重伤,负事故全部或者主要责任,并具有下列情形之一的,以交通肇事罪定罪处罚:①酒后、吸食毒品后驾驶机动车辆的;②无驾驶资格驾驶机动车辆的;③明知是安全装置不全或者安全机件失灵的机动车辆而驾驶的;④明知是无牌证或者已报废的机动车辆而驾驶的;⑤严重超载的;⑥为逃避法律追究逃离事故现场的。再次,在违反交通管理法规与重大事故之间存在因果关系。

(2) 主体为一般主体。即具有刑事责任能力的自然人,包括从事交通运输的人员和非交通运输的人员。

(3) 主观方面表现为过失。即行为人应当预见自己的违章行为可能发生重大交通事故并造成严重后果,但由于疏忽大意而没有预见,或者虽然预见但轻信能够避免的心理态度。至于对违反交通法规行为本身,则往往是明知故犯。

（三）认定

（1）罪与非罪。交通肇事罪的行为人主观上具有过失，是在违反交通管理法规的前提下发生的，如果行为人的行为虽然在客观上造成了某种危害结果，但既没有违反交通管理法规，主观上也不具有过失，应当属于交通事故中的意外事件。

（2）此罪与彼罪。①与驾驶交通工具撞人所犯之罪的区别。行为人利用交通工具进行的某些犯罪，如故意杀人、故意伤害、以危险方法危害公共安全罪等，与本罪有些相似。它们都发生在交通工具运行之中，并都发生人员伤亡等严重后果。本罪与它们的主要区别是：本罪为过失犯罪；而后者是故意犯罪，并因故意的内容不同，构成不同性质的犯罪。②与过失致人死亡罪、过失重伤罪、重大责任事故罪的区别。如果是在非交通运输中发生了交通工具致人死亡、重伤的，依不同情形定性为过失致人死亡罪、过失重伤罪或重大责任事故罪。

（3）转化犯的认定。根据前引司法解释第6条规定："行为人在交通肇事后为逃避法律追究，将被害人带离事故现场后隐藏或者遗弃，致使被害人无法得到救助而死亡或者严重残疾的，应当分别依照刑法第232条、第234条第二款的规定，以故意杀人罪或者故意伤害罪定罪处罚。"根据这一规定，交通肇事罪转化为故意杀人罪、故意伤害罪的条件是：①主观目的是为逃避法律追究。但对被害人的死亡或者重伤结果，行为人是具有犯罪故意的，即希望或者放任这种结果发生。②客观行为是将被害人带离事故现场后隐藏或者遗弃。这里的隐藏，是指藏匿在杂草丛中等不易被人发现的处所。遗弃，是指舍弃在偏僻之处。由于上述两种行为而使被害人无法获得救助。③客观上存在致人死亡或者严重残疾的结果。

（4）特殊共犯的认定。根据前引司法解释第5条第2款规定："交通肇事后，单位主管人员、机动车辆所有人、承包人或者乘车人指使肇事人逃逸，致使被害人因得不到救助而死亡的，以交通肇事罪的共犯论处。"交通肇事罪是过失犯罪，按照我国刑法规定，过失犯罪不存在共同犯罪的问题。司法解释做如此规定，只能当作一种特殊共犯处理。

（5）"因逃逸致人死亡"的认定。刑法第133条规定："……因逃逸致人死亡的，处7年以上有期徒刑。"根据前引司法解释第5条第1款之规定，这里的逃逸致人死亡，是指行为人在交通肇事后为逃逸法律追究而逃跑，致使被害人因得不到救助而死亡的情形。

（四）刑事责任

刑法第133条规定，犯本罪的，处3年以下有期徒刑或者拘役；交通肇事后逃逸或者有其他特别恶劣情节的,处3年以上7年以下有期徒刑;因逃逸致人死亡的,处7年以上有期徒刑。

四、重大责任事故罪

(一) 定义

重大责任事故罪,是指在生产、作业中违反有关安全管理的规定,因而发生重大伤亡事故或者造成其他严重后果,危害公共安全的行为。

(二) 构成要件

(1) 客观方面表现为在生产、作业中违反有关安全管理的规定,因而发生重大伤亡事故或者造成其他严重后果的行为。首先,事故必须是在生产、作业过程中发生的。这是构成生产、作业责任事故罪的前提条件。如果造成事故的行为与生产、作业无关,如在车间里私自使用电炉烧水、热饭引起火灾,造成重大损失,由于其行为与生产、作业没有任何关系,因此不能构成生产、作业责任事故罪。这里所说的安全管理规定,是指国家、主管部门或者本单位颁布、制定的与保障生产、作业安全有关的规章制度,包括操作规程、劳动纪律、劳动保护制度,等等。造成生产、作业责任事故的行为既可以表现为作为,也可以表现为不作为。其次,必须造成了重大伤亡事故,致人重伤、死亡或者使公私财产遭受重大损失。这是构成生产、作业责任事故罪的后果条件。虽然在生产作业过程中有违反安全管理规定的行为,但是没有造成严重后果的,不构成犯罪。重大伤亡是指重伤3人以上或者死亡1人以上;重大损失是指造成的经济损失在5万元以上,或者虽然不足5万元,但是情节特别严重,使正常的生产秩序受到严重破坏。

(2) 主体是特殊主体。即从事生产、作业的有关人员,既包括直接从事生产、作业的人员,也包括领导、指挥、调度生产、作业的人员。

(3) 主观方面表现为过失。即行为人应当预见自己的在生产、作业中违反有关安全管理的规定行为可能导致重大伤亡事故,造成严重后果,由于疏忽大意而没有预见,或者已经预见,但轻信能够避免的心理态度。

(三) 刑事责任

刑法第134条(《刑法修正案(六)》第1条第1款)规定,犯本罪的,处3年以下有期徒刑或者拘役;情节特别恶劣的,处3年以上7年以下有期徒刑。

五、强令违章冒险作业罪

(一) 定义

强令违章冒险作业罪,是指强令违章冒险作业,因而发生重大伤亡事故或者造成其他严重后果,危害公共安全的行为。

(二) 构成要件

(1) 客观方面表现为强令违章冒险作业,因而发生重大伤亡事故或者造成其他严重后果的行为。所谓强令,是指明知违章并且存在着很大的危险而仍然强迫下属进行作业。

(2) 主体是特殊主体。即具有强令资格的人,通常情况下是作业的领导者、指挥者、调度者。

(3) 主观方面表现为过失。即行为人应当预见自己的强令违章冒险作业行为可能导致重大伤亡事故,造成严重后果,由于疏忽大意而没有预见,或者已经预见,但轻信能够避免的心理态度。

(三) 刑事责任

刑法第134条(《刑法修正案(六)》第1条第2款)规定,犯本罪的,处5年以下有期徒刑或者拘役;情节特别恶劣的,处5年以上有期徒刑。

六、重大劳动安全事故罪

(一) 定义

重大劳动安全事故罪,是指安全生产设施或者安全生产条件不符合国家规定,因而发生重大伤亡事故或者造成其他严重后果,危害公共安全的行为。

(二) 构成要件

(1) 客观方面表现为安全生产设施或者安全生产条件不符合国家规定,因而发生重大伤亡事故或者造成其他严重后果,危害公共安全的行为。所谓安全生产设施,是指用于保护劳动者人身安全的各种设施。所谓不符合国家规定,是指用人单位提供的劳动安全设施不符合国家标准。

(2) 主体是特殊主体。即企业、事业单位的直接负责的主管人员和其他直接责任人员。

(3) 主观方面表现为过失。即行为人应当预见安全生产设施或者安全生产条件不符合国家规定的行为可能导致重大伤亡事故,造成严重后果,由于疏忽大意而没有预见,或者已经预见,但轻信能够避免的心理态度。

(三) 刑事责任

刑法第135条第1款(《刑法修正案(六)》第2条)规定,犯本罪的,对直接负责的主管人员和其他直接责任人员,处3年以下有期徒刑或者拘役;情节特别恶劣的,处3年以上7年以下有期徒刑。

七、大型群众性活动重大安全事故罪

(一) 定义

大型群众性活动重大安全事故罪,是指举办大型群众性活动违反安全管理规定,因而发生重大伤亡事故或者造成其他严重后果,危害公共安全的行为。

(二) 构成要件

(1) 客观方面表现为举办大型群众性活动违反安全管理规定,因而发生重大伤亡事故或者造成其他严重后果,危害公共安全的行为。所谓大型群众性活动,根据2007年8月29日颁布的《大型群众性活动安全管理条例》规定,是指法人或者其他组织面向社会公众举办的每场次预计参加人数达到1 000人以上的下列活动:①体育比赛活动;②演唱会、音乐会等文艺演出活动;③展览、展销等活动;④游园、灯会、庙会、花会、焰火晚会等活动;⑤人才招聘会、现场开奖的彩票销售等活动。

(2) 主体是特殊主体。即举办大型群众性活动直接负责的主管人员和其他直接责任人员。

(3) 主观方面表现为过失。即行为人应当预见举办大型群众性活动违反安全管理规定的行为可能导致重大伤亡事故,造成严重后果,由于疏忽大意而没有预见,或者已经预见,但轻信能够避免的心理态度。

(三) 刑事责任

刑法第135条第2款(《刑法修正案(六)》第3条)规定,犯本罪的,对直接负责的主管人员和其他直接责任人员,处3年以下有期徒刑或者拘役;情节特别恶劣的,处3

年以上7年以下有期徒刑。

八、本节其他罪名

(一) 危险物品肇事罪

1. 定义

危险物品肇事罪,是指违反爆炸性、易燃性、放射性、毒害性、腐蚀性物品的管理规定,在生产、储存、运输、使用中发生重大事故,造成严重后果,危害公共安全的行为。

2. 刑事责任

刑法第136条规定,犯本罪的,处3年以下有期徒刑或者拘役;后果特别严重的,处3年以上7年以下有期徒刑。

(二) 工程重大安全事故罪

1. 定义

工程重大安全事故罪,是指建设单位、设计单位、施工单位、工程监理单位违反国家规定,降低工程质量标准,造成重大安全事故,危害公共安全的行为。

2. 刑事责任

刑法第137条规定,犯本罪的,实行单罚制,即对建设单位、设计单位、施工单位、工程监理单位的直接责任人员处5年以下有期徒刑或者拘役,并处罚金;后果特别严重的,处5年以上10年以下有期徒刑,并处罚金。

(三) 教育设施重大安全事故罪

1. 定义

教育设施重大安全事故罪,是指明知校舍或者教育教学设施有危险,而不采取措施或者不及时报告,致使发生重大伤亡事故,危害公共安全的行为。

2. 刑事责任

刑法第138条规定,犯本罪的,处3年以下有期徒刑或者拘役;后果特别严重的,处3年以上7年以下有期徒刑。

(四) 消防责任事故罪

1. 定义

消防责任事故罪,是指违反消防管理规定,经消防监督机构通知采取改正措施而拒绝执行,因而造成严重后果,危害公共安全的行为。

2. 刑事责任

刑法第139条规定,犯本罪的,对单位的直接责任人员处3年以下有期徒刑或者拘役;后果特别严重的,处3年以上7年以下有期徒刑。

(五) 不报、谎报安全事故罪

1. 定义

不报、谎报安全事故罪,是指在安全事故发生后,负有报告职责的人员不报或者谎报事故情况,贻误事故抢救,情节严重,危害公共安全的行为。

2. 刑事责任

《刑法修正案(六)》第4条规定,犯本罪,情节严重的,处3年以下有期徒刑或者拘役;情节特别严重的,处3年以上7年以下有期徒刑。

【案例分析】

[案情] 甲系某公司经理,乙是其司机。某日,乙开车送甲去洽谈商务,途中因违章超速行驶当场将行人丙撞死,并致行人丁重伤。乙欲送丁去医院救治,被甲阻止。甲催乙送其前去洽谈商务,并称否则会造成重大经济损失。于是,乙打电话给120急救站后离开肇事现场。但因时间延误,丁不治身亡。问题:甲、乙的行为如何定性?

[分析] 甲、乙的行为构成交通肇事罪。本案中,乙某因违章超速行驶当场将行人丙撞死,并逃离现场,其行为已经构成交通肇事罪。按照相关司法解释的规定,交通肇事后,单位主管人员、机动车辆所有人、承包人或者乘车人指使肇事人逃逸,致使被害人因得不到救助而死亡的,以交通肇事罪的共犯论处。本案中,甲指使肇事人乙逃逸,致使被害人丁因得不到救助而死亡,因此也构成交通肇事罪。

【本章小结】

危害公共安全罪,是指故意或者过失地实施危害不特定多数人的生命、健康或者重大财产安全的行为。本类犯罪侵犯的客体是公共安全。可以将本章具体罪名分为五类:一是以危险方法危害公共安全的犯罪。二是以破坏损坏方式危害公共安全的犯罪。三是以恐怖方式危害公共安全的犯罪。四是以违反特殊管理规定危害公共安全的犯罪。五是以重大事故危害公共安全的犯罪。

本章思考题

1. 如何理解公共安全罪的同类客体?
2. 认定放火罪应该注意哪几方面问题?
3. 如何区分爆炸罪与故意杀人罪的界限?
4. 什么是以危险方法危害公共安全罪?
5. 什么是投放危险物质罪?
6. 认定组织、领导、参加恐怖组织罪应该注意哪几方面问题?
7. 认定交通肇事罪应该注意哪几方面问题?
8. 什么是重大责任事故罪?
9. 什么是破坏交通工具罪?
10. 什么是非法持有、私藏枪支、弹药罪?
11. 什么是丢失枪支不报罪?
12. 什么是强令违章冒险作业罪?
13. 什么是重大劳动安全事故罪?

第十八章　破坏社会主义市场经济秩序罪

【本章学习目的】

通过本章的学习，了解破坏社会主义市场经济秩序罪的定义、具体罪名和同类客体；掌握各种重点讲授的破坏社会主义市场经济秩序罪具体罪名的定义、构成要件；理解认定有关破坏社会主义市场经济秩序罪具体罪名时应当区别的各种界限和应当注意的问题。

第一节　破坏社会主义市场经济秩序罪概述

一、定义

破坏社会主义市场经济秩序罪，是指违反市场经济管理法规，进行非法经济活动，严重破坏社会主义市场经济秩序的行为。本章犯罪也就是通常所说的经济犯罪。

二、具体罪名

根据刑法分则第三章、《刑法修正案》、《刑法修正案（四）》、《刑法修正案（五）》、《刑法修正案（六）》及《刑法修正案（七）》的规定，破坏社会主义市场经济秩序罪包括104个具体罪名。

刑法把本章具体罪名分为八类：一是生产、销售伪劣商品罪。具体包括生产、销售伪劣产品罪，生产、销售假药罪，生产、销售劣药罪，生产、销售不符合卫生标准的食品罪，生产、销售有毒、有害食品罪，生产、销售不符合标准的医用器材罪，生产、销售不符合安全标准的产品罪，生产、销售伪劣农药、兽药、化肥、种子罪，生产、销售不符合卫生标准的化妆品罪。二是走私罪。具体包括走私普通货物、物品罪，走私武器、弹药罪，走私核材料罪，走私假币罪，走私文物罪，走私贵重金属罪，走私珍贵动物、珍贵动物制品罪，走私国家禁止进出口的货物、物品罪，走私淫秽物品罪，走私废物罪。三是妨害对公司、企业的管理秩序罪。具体包括虚报注册资本罪，非国家工作人员受贿罪，虚假出资、抽逃出资罪，欺诈发行股票、债券罪，违规披露、不披露重要信息罪，妨害清算罪，隐匿、故意销毁会计凭证、会计账簿、财务会计报告罪，虚假破产罪，对非国家工作人员行贿罪，非法经营同类营业罪，为亲友非法牟利罪，签订、履行合同失职被骗罪，国有公司、企业、事业单位人员失职罪，国有公司、企业、事业单位人员滥用职权罪，徇私舞弊低价折股、出售国有资产罪，背信损害上市公司利益罪。四是破坏金融管理秩序罪。具体包括伪造货币罪，出售、购买、运输假币罪，内幕交易、泄露内幕信息罪，操纵证券、期货市场罪，洗钱罪，金融机构工作人员购买假币、以假币换取货币罪，持有、使用假币罪，变造货币罪，擅自设立金融机构罪，伪造、变造、转让金融机构经营许可证、批准文件罪，高利转贷罪，骗取贷款、票据承兑、金融票证罪，非法吸收公众存款罪，伪造、变造金融票证罪，妨害信用卡管理罪，窃取、收买、非法提供信用卡信息罪，伪造、变造国家有价证券罪，伪造、变造股票、公司、企业债券罪，擅自发行股票、公司、企业债券罪，利用未公开信息交易罪，编造并传播证券、期货交易虚假信息罪，诱骗投资者买卖证券、期货合约罪，背信运用受托财产罪，违法运用资金罪，违法发放贷款罪，吸收客户资金不入账罪，违规出具金融票证罪，对违法票据予以承兑、付款、保证罪，逃汇罪，骗购外汇罪。五是金融诈骗罪。具体包括集资诈骗罪，贷款诈骗罪，信用卡诈骗罪，保险诈骗罪，票据诈骗罪，金融凭证诈骗罪，信用证诈骗罪，有价证券诈骗罪。六是危害税收征管罪。具体包括逃税罪，抗税罪，骗取出口退税罪，逃避追缴欠税罪，虚开增值税专用发票、用于骗取出口退税、抵扣税款发票罪，伪造、出售伪造的增值税专用发票罪，非法出售增值税专用发票罪，非法购买增值税专用发票、购买伪造的增值税专用发票罪，非法制造、出售非法制造的用于骗取出口退税、抵扣税款发票罪，非法制造、出售非法制造的发票罪，非法出售用于骗取出口退税、抵扣税款发票罪，非法出售发票罪。七是侵犯知识产权罪。具体包括假冒注册商标罪，销售假冒注册商标的商品罪，非法制造、销售非法制造的注册商标标识罪，假冒专利罪，侵犯著作权罪，销售侵权复制品罪，侵犯商业秘密罪。八是扰乱市场秩序罪。具体包括合同诈骗罪，组织、领导传销活动罪，非法经营罪，损害商业信誉、商品声誉罪，虚假广告罪，串通投标罪，强迫交易罪，伪造、倒卖伪造的有价票证罪，倒卖车票、船票罪，非法转让、倒卖土地使用权罪，提供虚假证明文件罪,出具证明文件重大失实罪,逃避商检罪。

三、同类客体

本类犯罪侵犯的客体是社会主义市场经济秩序。所谓经济秩序,是指国家通过法律调节经济关系所形成的正常、协调和有序的状态。所谓社会主义市场经济秩序,则是社会主义国家通过法律对由市场进行资源配置的经济运行过程进行调节所形成的正常、协调和有序的状态。破坏社会主义市场经济秩序的犯罪行为,直接违反国家经济管理法规,为了谋取个人或者单位局部非法利益,扰乱市场经济秩序,破坏社会生产、社会交换、社会分配和社会消费诸种经济关系,致使国家和人民利益遭受重大的经济损失。

第二节 生产、销售伪劣商品罪

一、生产、销售伪劣产品罪

(一) 定义

生产、销售伪劣产品罪,是指生产者、销售者故意在产品中掺杂、掺假,以假充真,以次充好或者以不合格产品冒充合格产品,销售金额在5万元以上的行为。

(二) 构成要件

(1) 客观方面表现为生产者、销售者实施了在产品中掺杂、掺假,以假充真,以次充好或以不合格产品冒充合格产品的行为。所谓掺杂、掺假,是指在产品中掺入杂质或者异物,致使产品质量不符合国家法律、法规或者产品明示质量标准规定的质量要求,降低、失去应有使用性能的行为。所谓以假充真,是指以不具有某种使用性能的产品冒充具有该种使用性能的产品的行为。所谓以次充好,是指以低等级、低档次产品冒充高等级、高档次产品,或者以残次、废旧零部件组合、拼装后冒充正品或者新产品的行为。所谓不合格产品,是指不符合《产品质量法》第26条第2款规定的质量要求的产品。

（2）主体为一般主体。既可以是自然人也可以是单位。

（3）主观方面表现为故意。即明知是伪劣产品而予以生产、销售的主观心理态度。

（三）认定

（1）罪与非罪。关键是销售的金额是否达到5万元，达到者为犯罪，达不到者为一般违法行为。后者由工商行政管理部门或产品质量监督部门予以行政处罚。所谓销售金额，是指生产者、销售者出售伪劣商品没有扣除成本、税收等的所有违法收入。它既不等同于获利数额，也不完全等同于经营数额。2001年4月5日最高人民法院、最高人民检察院《关于办理生产、销售伪劣商品刑事案件具体应用法律问题的解释》规定：多次实施生产、销售伪劣产品行为，未经处理的，伪劣产品的销售金额累计计算。

（2）生产、销售特殊伪劣产品按本罪论处的情形。生产、销售特殊伪劣产品，但某些生产、销售特殊伪劣产品的犯罪在构成要件有"对人体健康造成严重危害"的要求。因此，对于生产、销售特殊伪劣产品但又不构成这些犯罪，如果销售金额在5万元以上的，应以生产、销售伪劣产品罪论处。对此，刑法第149条第1款规定："生产、销售本节第141条至第148条所列产品，不构成各该条规定的犯罪，但是销售金额在5万元以上的，依照本节第140条的规定定罪处罚。"

（3）生产、销售伪劣产品罪的法条竞合。生产、销售伪劣产品罪与生产、销售特殊伪劣产品罪之间存在普通条款与特别条款的法条竞合关系，这是从属关系法条竞合的一种例外处罚原则，即按照重法优于轻法的原则论处。对此，刑法第149条第2款规定："生产、销售本节第141条至第148条所列产品，构成各该条规定的犯罪，同时又构成本节第140条规定之罪的，依照处罚较重的规定定罪处罚。"

（4）生产、销售伪劣产品罪的未遂。前引司法解释第2条第2款规定："伪劣产品尚未销售，货值金额达到刑法第140条规定的销售金额3倍以上的，以生产、销售伪劣产品罪（未遂）定罪处罚。"这里所说的货值金额，是以违法生产、销售的伪劣产品的标价计算；没有标价的，按照同类合格产品的市场中间价格计算。货值金额难以确定的，委托指定的估价部门确定。

（5）生产、销售伪劣产品罪的共犯。前引司法解释第9条规定："知道或者应当知道他人实施生产、销售伪劣商品犯罪，而为其提供贷款、资金、账号、发票、许可证件，或者提供生产、经营场所或者运输、仓储、保管、邮寄等便利条件，或者提供制假生产技术的，以生产、销售伪劣商品犯罪的共犯论处。"这里的共犯，主要是生产、销售伪劣产品罪的帮助犯。

(6) 生产、销售伪劣产品罪的罪数。前引司法解释第 1 条规定:“实施生产、销售伪劣商品犯罪,同时构成侵犯知识产权、非法经营等其他犯罪的,依照处罚较重的规定定罪处罚。”这是关于生产、销售伪劣产品罪与其他犯罪的想象竞合犯的规定。

前引司法解释第 11 条规定:“实施刑法第 140 条至第 148 条规定的犯罪,又以暴力,威胁方法抗拒查处,构成其他犯罪的,依照数罪并罚的规定处罚。”这是关于生产、销售伪劣产品罪与其他犯罪的牵连犯的规定。因此,对以暴力、威胁方法抗拒查处生产、销售伪劣产品的,应构成数罪,即生产、销售伪劣产品罪和妨害公务罪。

(四) 刑事责任

刑法第 140 条规定,犯本罪,销售金额 5 万元以上不满 20 万元的,处 2 年以下有期徒刑或者拘役,并处或者单处销售金额 50% 以上 2 倍以下罚金;销售金额 20 万元以上不满 50 万元的,处 2 年以上 7 年以下有期徒刑,并处销售金额 50% 以上 2 倍以下罚金;销售金额 50 万元以上不满 200 万元的,处 7 年以上有期徒刑,并处销售金额 50% 以上 2 倍以下罚金;销售金额 200 万元以上的,处 15 年有期徒刑或者无期徒刑,并处销售金额 50% 以上 2 倍以下罚金或者没收财产。刑法第 150 条规定,单位犯本罪的,对单位判处罚金,并对其直接负责的主管人员和其他直接责任人员,依照个人犯罪的规定处罚。

二、本节其他罪名

(一) 生产、销售假药罪

1. 定义

生产、销售假药罪,是指生产者、销售者违反国家药品管理法规,明知是假药而进行生产、销售,足以严重危害人体健康的行为。

2. 刑事责任

刑法第 141 条第 1 款规定,犯本罪,足以严重危害人体健康的,处 3 年以下有期徒刑或者拘役,并处或者单处销售金额 50% 以上 2 倍以下罚金;对人体健康造成严重危害的,处 3 年以上 10 年以下有期徒刑,并处销售金额 50% 以上 2 倍以下罚金;致人死亡或者对人体健康造成特别严重危害的,处 10 年以上有期徒刑、无期徒刑或者死刑,并处销售金额 50% 以上 2 倍以下罚金或者没收财产。刑法第 150 条规定,单位犯本罪的,对单位判处罚金,并对其直接负责的主管人员和其他直接责任人员,依照个人犯罪的规定处罚。

（二）生产、销售劣药罪

1. 定义

生产、销售劣药罪，是指违反国家药品管理法规，明知是劣药而进行生产、销售，对人体健康造成严重危害的行为。

2. 刑事责任

刑法第142条规定，犯本罪的，处3年以上10年以下有期徒刑，并处销售金额50%以上2倍以下罚金；后果特别严重的，处10年以上有期徒刑或者无期徒刑，并处销售金额50%以上2倍以下罚金或者没收财产。刑法第150条规定，单位犯本罪的，对单位判处罚金，并对其直接负责的主管人员和其他直接责任人员依照个人犯罪的规定处罚。

（三）生产、销售不符合卫生标准的食品罪

1. 定义

生产、销售不符合卫生标准的食品罪，是指违反国家食品卫生管理法规，生产、销售不符合卫生标准的食品，足以造成严重食物中毒事故或者其他严重食源性疾患，危害人体健康的行为。

2. 刑事责任

刑法第143条规定，犯本罪，足以造成严重食物中毒事故或者其他严重食源性疾患的，处3年以下有期徒刑或者拘役，并处或者单处销售金额50%以上2倍以下罚金；对人体健康造成严重危害的，处3年以上7年以下有期徒刑，并处销售金额50%以上2倍以下罚金；后果特别严重的，处7年以上有期徒刑或者无期徒刑，并处销售金额50%以上2倍以下罚金或者没收财产。刑法第150条规定，单位犯本罪的，对单位判处罚金，并对其直接负责的主管人员和其他直接责任人员，依照个人犯罪的规定处罚。

（四）生产、销售有毒、有害食品罪

1. 定义

生产、销售有毒、有害食品罪，是指违反国家食品卫生管理法规，在生产、销售的食品中掺入有毒、有害的非食品原料，或者销售明知掺有有毒、有害的非食品原料的食品的行为。

2. 刑事责任

刑法第144条规定，犯本罪的，处5年以下有期徒刑或者拘役，并处或者单处销售

金额50%以上2倍以下罚金;造成严重食物中毒事故或者其他严重食源性疾患,对人体健康造成严重危害的,处5年以上10年以下有期徒刑,并处销售金额50%以上2倍以下罚金;致人死亡或者对人体健康造成特别严重危害的,处10年以上有期徒刑,无期徒刑或者死刑,并处销售金额50%以上2倍以下罚金或者没收财产。刑法第150条规定,单位犯本罪的,对单位判处罚金,并对其直接负责的主管人员和其他直接责任人员,依照个人犯罪的规定处罚。

(五)生产、销售不符合标准的医用器材罪

1. 定义

生产、销售不符合标准的医用器材罪,是指违反国家产品质量管理法规,生产不符合保障人体健康的国家标准、行业标准的医疗器械、医用卫生材料,或者销售明知是不符合国家标准、行业标准的医疗器械、医用卫生材料,对人体健康造成严重危害的行为。

2. 刑事责任

刑法第145条(《刑法修正案(四)》第1条)规定,犯本罪,足以严重危害人体健康的,处5年以下有期徒刑或者拘役,并处销售金额50%以上2倍以下罚金;对人体健康造成严重危害的,处3年以上10年以下有期徒刑,并处销售金额50%以上2倍以下罚金;后果特别严重的,处10年以上有期徒刑或者无期徒刑,并处销售金额50%以上2倍以下罚金或者没收财产。刑法第150条规定,单位犯本罪的,对单位判处罚金;并对其直接负责的主管人员和其他直接责任人员,依照个人犯罪的规定处罚。

(六)生产、销售不符合安全标准的产品罪

1. 定义

生产、销售不符合安全标准的产品罪,是指违反国家产品质量法规,生产不符合保障人身、财产安全的国家标准、行业标准的电器、压力容器、易燃易爆产品或者其他不符合保障人身、财产安全的国家标准、行业标准的产品,或者销售明知是以上不符合保障人身、财产安全的国家标准、行业标准的产品,造成严重后果的行为。

2. 刑事责任

刑法第146条规定,犯本罪的,处5年以上有期徒刑,并处销售金额50%以上2倍以下罚金;后果特别严重的,处5年以上有期徒刑,并处销售金额50%以上2倍以下罚金。刑法第150条规定,单位犯本罪的,对单位判处罚金,并对其直接负责的主管人员和其他直接责任人员依照个人犯罪的规定处罚。

(七) 生产、销售伪劣农药、兽药、化肥、种子罪

1. 定义

生产、销售伪劣农药、兽药、化肥、种子罪，是指违反国家产品质量法规，生产假农药、假兽药、假化肥，销售明知是假的或者失去效能的农药、兽药、化肥、种子，或者生产者、销售者以不合格的农药、兽药、化肥、种子冒充合格的农药、兽药、化肥、种子，使生产遭受较大损失的行为。

2. 刑事责任

刑法第147条规定，犯本罪的，处3年以下有期徒刑或者拘役，并处或者单处销售金额50%以上2倍以下罚金；使生产遭受重大损失的，处3年以上7年以下有期徒刑，并处销售金额50%以上2倍以下罚金；使生产遭受特别重大损失的，处7年以上有期徒刑或者无期徒刑，并处销售金额50%以上2倍以下罚金。刑法第150条规定，单位犯本罪的，对单位判处罚金，并对其直接负责的主管人员和其他直接责任人员依照个人犯罪的规定处罚。

(八) 生产、销售不符合卫生标准的化妆品罪

1. 定义

生产、销售不符合卫生标准的化妆品罪，是指违反国家产品质量法规，生产不符合卫生标准的化妆品，或者销售明知是不符合卫生标准的化妆品，造成严重后果的行为。

2. 刑事责任

刑法第148条规定，犯本罪的，处3年以下有期徒刑或者拘役，并处或者单处销售金额50%以上2倍以下罚金。刑法第150条规定，单位犯本罪的，对单位判处罚金，并对其直接负责的主管人员和其他直接责任人员依照个人犯罪的规定处罚。

【案例分析】

[案情]　2008年8月1日，河北省出入境检验检疫局检验检疫技术中心出具检测报告，确认三鹿集团股份有限公司送检的奶粉样品中含有三聚氰胺。同日，三鹿集团董事长田文华等召开集团经营班子扩大会进行商议，在明知三鹿牌婴幼儿系列奶粉中含有三聚氰胺的情况下，虽然作出了暂时封存产品、对库存产品的三聚氰胺含量进行检测以及以返货形式换回市场上含有三聚氰胺的三鹿牌婴幼儿奶粉等决定，但仍准许库存产品三聚氰胺含量10毫克/千克以下的出厂销售，直到被政府勒令停止生产和销售为止。经检测和审计，2008年8月2日至9月12日，三鹿集团共生产含有三聚氰胺

的婴幼儿奶粉904.243 2 吨;销售含有三聚氰胺的婴幼儿奶粉813.737 吨,销售金额47 560 800元。此外,三鹿集团还将因含有三聚氰胺而被拒收的原奶转往相关下属企业生产液态奶,生产、销售的液态奶共计269.440 62 吨,销售金额合计1 814 022.98 元。问题:三鹿集团股份有限公司及其原董事长的行为如何定性?

[分析] 三鹿集团股份有限公司及其原董事长的行为构成生产、销售伪劣产品罪。本案中,虽然国家还没有把三聚氰胺列入食品检验的范围,但三鹿集团高层轻信一份“欧盟有关三聚氰胺参考文献”,该文献认为,三聚氰胺含量在20 毫克以下是安全的。他们便以此为参考,用三聚氰胺含量10 毫克/千克以下的奶粉置换市场上三聚氰胺含量更高的奶粉,并且还将因含有三聚氰胺而被拒收的原奶转往相关下属企业生产液态奶,生产、销售的液态奶共计269.440 62 吨。可见,三鹿集团股份有限公司实施了生产、销售伪劣产品的行为,且销售金额特别巨大,已经构成生产、销售伪劣产品罪。

第三节 走 私 罪

一、走私普通货物、物品罪

(一) 定义

走私普通货物、物品罪,是指违反海关法规,逃避海关监管,非法运输、携带、邮寄除武器、弹药、核材料、伪造的货币、文物、贵重金属、珍贵动物及其制品、珍稀植物及其制品、淫秽物品以及毒品之外的其他货物、物品进出国(边)境,偷逃应缴关税及工商税数额较大的行为。

(二) 构成要件

(1) 客观方面表现为违反海关法规,逃避海关监管,非法运输、携带、邮寄除武器、弹药、核材料、伪造的货币、文物、贵重金属、珍贵动物及其制品、珍稀植物及其制品、淫秽物品以及毒品之外的其他货物、物品进出国(边)境,偷逃应缴关税及工商税数额较大的行为。所谓偷逃关税及工商税数额较大,是指偷逃关税及工商税的数额在5 万元以上。如果行为人多次走私未经处理,必须按照累计走私货物、物品的偷逃应缴税额计算和处罚。

(2) 主体为一般主体。既可以是自然人也可以是单位。

(3) 主观方面表现为故意。即明知是走私普通货物、物品的行为而有意实施的主观心理态度。

(三) 认定

(1) 罪与非罪。区别行为人的行为是否构成走私普通货物、物品罪的关键在于,所走私的货物、物品偷逃应缴关税款额是否达到5万元以上,没有达到这一数额标准的只是一般的走私行为而不构成走私犯罪。

(2) 此罪与彼罪。主要是本罪与其他有关走私犯罪的界限。二者区别的关键是走私对象的不同。走私武器、弹药等特殊性质的物品的,分别构成相应的走私犯罪;走私除特殊性质物品以外的普通货物、物品的,构成本罪。值得注意的是,如果虽然走私特殊性质的物品,但并不构成该走私罪的,如果偷逃应缴关税款额达到5万元以上的,应以走私普通货物、物品罪论处。例如,甲某违反海关法规,逃避海关监管,从境外非法携带巨额黄金入境。此案中,甲某的行为不构成走私贵重金属罪,因为该罪必须是非法携带、运输、邮寄黄金、白银和其他贵重金属出国(边)境的行为。因此,对甲某应以走私普通货物、物品罪论处。

(四) 刑事责任

刑法第153条第1款规定,犯本罪的,根据情节轻重,分别依照下列规定处罚:①走私货物、物品偷逃应缴税额在50万元以上的,处10年以上有期徒刑或者无期徒刑,并处偷逃应缴税额1倍以上5倍以下罚金或者没收财产;情节特别严重的,依照本法第151条第4款的规定处罚,即处无期徒刑或者死刑,并处没收财产。这里的情节特别严重,是指多次违反海关法规,逃避海关监管进行走私,数额特别巨大的;走私犯罪集团的首要分子等。②走私货物、物品偷逃应缴税额在15万元以上不满50万元的,处3年以上10年以下有期徒刑,并处偷逃应缴税额1倍以上5倍以下罚金;情节特别严重的,处10年以上有期徒刑或者无期徒刑,并处偷逃应缴税额1倍以上5倍以下罚金或者没收财产。这里的情节特别严重,是指多次违反海关法规,逃避海关监管,数额巨大的;走私犯罪集团的首要分子等。③走私货物、物品偷逃应缴税额在5万元以上不满15万元的,处3年以下有期徒刑或者拘役,并处偷逃应缴税额1倍以上5倍以下罚金。第2款规定,单位犯本罪的,对单位判处罚金,并对其直接负责的主管人员和其他直接责任人员,处3年以下有期徒刑或者拘役;情节严重的;处3年以上10年以下有期徒刑;情节特别严重的,处10年以上有期徒刑。

二、本节其他罪名

（一）走私武器、弹药罪

1. 定义

走私武器、弹药罪，是指违反海关法规，逃避海关监管，非法携带、运输、邮寄武器、弹药进出国（边）境的行为。

2. 刑事责任

刑法第151条第1款规定，犯本罪的，处7年以上有期徒刑，并处罚金或者没收财产；情节较轻的，处3年以上7年以下有期徒刑，并处罚金。第4款规定，情节特别严重的，处无期徒刑或者死刑，并处没收财产。第5款规定，单位犯本罪的，对单位判处罚金，并对其直接负责的主管人员和其他直接责任人员，依照个人犯罪的规定处罚。

（二）走私核材料罪

1. 定义

走私核材料罪，是指违反海关法规，逃避海关监管，非法携带、运输、邮寄核材料进出国（边）境的行为。

2. 刑事责任

刑法第151条第1款规定，犯本罪的，处7年以上有期徒刑，并处罚金或者没收财产；情节较轻的，处3年以上7年以下有期徒刑，并处罚金；第4款规定，情节特别严重的，处无期徒刑或者死刑，并处没收财产。第5款规定，单位犯本罪的，对单位判处罚金，并对其直接负责的主管人员或者其他直接责任人员，依照个人犯罪的规定处罚。

（三）走私假币罪

1. 定义

走私假币罪，是指违反海关法规，逃避海关监管，非法携带、运输、邮寄伪造的货币进出国（边）境的行为。

2. 刑事责任

刑法第151条第1款规定，犯本罪的，处7年以上有期徒刑，并处罚金或者没收财产；情节较轻的，处3年以上7年以下有期徒刑，并处罚金。第4款规定，情节特别严重的，处无期徒刑或者死刑，并处没收财产。第5款规定，单位犯本罪的，对单位判处罚金，并对其直接负责的主管人员和其他直接责任人员依照个人犯罪的规定处罚。

(四) 走私文物罪

1. 定义

走私文物罪，是指违反海关法规，逃避海关监管，非法携带、运输、邮寄国家禁止出口的文物进出国(边)境的行为。

2. 刑事责任

刑法第151条第2款规定，犯本罪的，处5年以上有期徒刑，并处罚金；情节较轻的，处5年以下有期徒刑，并处罚金。第4款规定，情节特别严重的，处无期徒刑或者死刑，并处没收财产。第5款规定，单位犯本罪的，对单位判处罚金，并对其直接负责的主管人员和其他直接责任人员依照个人犯罪的规定处罚。

(五) 走私贵重金属罪

1. 定义

走私贵重金属罪，是指违反海关法规，逃避海关监管，非法携带、运输、邮寄黄金、白银和其他贵重金属进出国(边)境的行为。

2. 刑事责任

刑法第151条第2款规定，犯本罪的，处5年以上有期徒刑，并处罚金；情节较轻的，处5年以下有期徒刑；并处罚金；第4款规定，情节特别严重的，处无期徒刑或者死刑，并处没收财产。第5款规定，单位犯本罪的，对单位判处罚金，并对其直接负责的主管人员或者其他直接责任人员依照个人犯罪的规定处罚。

(六) 走私珍贵动物、珍贵动物制品罪

1. 定义

走私珍贵动物、珍贵动物制品罪，是指违反海关法规，逃避海关监管，非法携带、运输、邮寄珍贵动物、珍贵动物制品进出国(边)境的行为。

2. 刑事责任

刑法第151条第2款规定，犯本罪的，处5年以上有期徒刑，并处罚金；情节较轻的，处5年以下有期徒刑，并处罚金。第4款规定，情节特别严重的，处无期徒刑或者死刑，并处没收财产。第5款规定，单位犯本罪的，对单位判处罚金，并对其直接负责的

主管人员和其他直接责任人员,依照个人犯罪的规定处罚。

(七) 走私国家禁止进出口的货物、物品罪

1. 定义

走私国家禁止进出口的货物、物品罪,是指违反海关法规,逃避海关监管,非法携带、运输、邮寄珍稀植物及其制品,以及除武器、弹药、核材料、伪造的货币、文物、贵重金属、珍贵动物、淫秽物品以及毒品之外的其他国家禁止进出口的其他货物、物品的行为。

2. 刑事责任

刑法第 151 条第 3 款(《刑法修正案(七)》第 1 条)规定,犯本罪的,处 5 年以下有期徒刑,并处或者单处罚金;情节严重的,处 5 年以上有期徒刑,并处罚金。第 5 款规定,单位犯本罪的,对单位判处罚金,对其直接负责的主管人员和其他直接责任人员,依照个人犯罪的规定处罚。

(八) 走私淫秽物品罪

1. 定义

走私淫秽物品罪,是指以牟利或者传播为目的,违反海关法规,逃避海关监管,非法运输、携带、邮寄淫秽的影片、录像带、录音带、图片、书刊或者其他淫秽物品进出国(边)境的行为。

2. 刑事责任

刑法第 152 条第 1 款规定,犯本罪的,处 3 年以上 10 年以下有期徒刑,并处罚金;情节严重的,处10 年以上有期徒刑或者无期徒刑,并处罚金或者没收财产;情节较轻的,处3年以下有期徒刑、拘役或者管制,并处罚金。第 2 款规定,单位犯本罪的,对单位判处罚金,并对其直接负责的主管人员或者其他直接责任人员,依照个人犯罪的规定处罚。

(九) 走私废物罪

1. 定义

走私废物罪,是指违反海关法规,逃避海关监管,将境外固体废物、液态废物和气态废物运输进境,情节严重的行为。

2. 刑事责任

刑法第 155 条第 2 款(《刑法修正案(四)》第 2 条)规定,犯本罪的,处 5 年以下有期徒刑,并处或者单处罚金;情节特别严重的,处 5 年以上有期徒刑,并处罚金。第 3 款

规定,单位犯本罪的,对单位判处罚金,并对其直接负责的主管人员和其他直接责任人员,依照个人犯罪的规定处罚。

三、认定本节罪名应注意问题

(一) 刑法第154条关于以走私普通货物、物品罪论处情形

刑法第154条规定了以走私普通货物、物品罪定罪处罚的两种情况:

(1) 未经海关许可并且未补缴应缴税额,擅自将批准进口的来料加工、来件装配、补偿贸易的原材料、零件、制成品、设备等保税货物,在境内销售牟利的。所谓保税货物,是指经过海关批准,免办纳税手续入境,在我国境内储存、加工、装配后再复运出境的原材料、零件、制成品、设备等货物。按照国际贸易惯例,保税货物必须在一国境内储存、加工、装配后再复运出境,如果确实需要在该国境内销售上述货物,则必须报海关许可并补缴应当缴纳的海关关税和工商税,否则,偷逃进口纳税的行为实际就是一种变相的走私行为。

(2) 未经海关许可并且未补缴应缴税额,擅自将特定减税、免税进口的货物、物品,在境内销售牟利的。所谓特定减税、免税进口的货物、物品,是指经海关许可进口并酌情减征、免征关税的下列货物、物品:①经济特区等特定地区进口的货物;②中外合资企业、中外合作企业、外资企业等特定企业进口的货物;③有特定用途的进口货物、物品;④用于公益事业的境外捐赠物品。凡是特定减税、免税进口的货物、物品,都只能用于特定地区、特定企业、特定用途,不得转为他用。如果确实需要在境内销售上述货物、物品,必须报经海关许可并补缴应当缴纳的海关关税和工商税,否则也属于偷逃进口纳税的行为,是一种实质上的走私行为。

(二) 刑法第155条(《刑法修正案(四)》第3条)关于以走私罪论处情形

第一,直接向走私人非法收购国家禁止进口物品的,或者直接向走私人非法收购走私进口的其他货物、物品,数额较大的,以走私罪论处。直接向走私人非法收购国家禁止进口物品如伪造的货币、淫秽物品、毒品,等等,收购行为一经实施,就构成犯罪,并没有数额上的要求;而直接向走私人非法收购走私进口的其他货物、物品,必须达到数额较大的程度才能构成犯罪。

第二,在内海、领海、界河、界湖运输、收购、贩卖国家禁止进出口的物品的,或者运输、收购、贩卖国家限制进出口的货物、物品,数额较大,没有合法证明的,以走私罪论处。内海、领海都属于中华人民共和国的领域范围,而界河、界湖是我国与外国接壤分

界的河流、湖泊。在内海、领海、界河、界湖运输、收购、贩卖国家禁止进出口的物品,如武器、弹药、淫秽物品、毒品、文物、珍贵金属,等等,只要没有合法证明,不论数额大小都以走私论处;在内海、领海、界河、界湖运输、收购、贩卖国家限制进出口的货物、物品,如香烟、酒类、贵重中药材,等等,除了没有合法证明以外,还必须达到数额较大的程度,才能以走私论处。

上述以走私罪论处的两种行为,根据具体情况的不同,分别按照刑法第151—153条的规定处罚。

(三) 走私罪的共犯

刑法第156条规定:“与走私罪犯通谋,为其提供贷款、资金、账号、发票、证明,或者为其提供运输、保管、邮寄或者其他方便的,以走私罪的共犯论处。”这里的通谋,根据2002年7月8日最高人民法院、最高人民检察院、海关总署《关于处理走私刑事案件适用法律若干问题的意见》第15条的规定,是指犯罪行为人之间事先或者事中形成的共同的走私故意。

(四) 走私罪的从重处罚事由

刑法第157条第1款规定:“武装掩护走私的,依照本法第151条第1款、第4款的规定从重处罚。”这是关于走私罪的从重处罚事由。根据这一规定,武装掩护走私,无论走私何种货物、物品,均应以刑法第151条第1款、第4款的规定从重处罚。

(五) 走私罪的罪数

刑法第157条第2款规定:“以暴力、威胁方法抗拒缉私的,以走私罪和本法第277条规定的阻碍国家机关工作人员依法执行职务罪,依照数罪并罚的规定处罚。”这是关于走私罪与妨碍公务罪的牵连犯的规定。根据这一规定,对于走私罪与妨碍公务罪构成的牵连犯,应实行数罪并罚。

【案例分析】

[案情] 黄某、王某二人从境外走私入境假币150余万元。运载假币的渔船刚一到岸,即被海关缉私人员发现。黄某、王某手持铁棍、匕首将缉私人员打成重伤后携带假币逃走。问题:黄某、王某的行为如何定性?

[分析] 黄某、王某的行为构成走私假币罪和故意伤害罪。本案中,黄某、王某实

施了暴力抗拒缉私的行为，应当数罪并罚，构成走私假币罪和妨害公务罪。但由于他们的妨碍公务行为致缉私人员重伤，属于妨害公务罪与故意伤害罪的想象竞合犯，应从一重罪处罚，以故意伤害罪论。因此，黄某、王某的行为构成走私假币罪和故意伤害罪。

第四节　妨害对公司、企业的管理秩序罪

一、虚报注册资本罪

（一）定义

虚报注册资本罪，是指行为人申请公司登记使用虚假证明文件或者采用其他欺诈手段，虚报注册资本，欺骗公司登记主管部门取得公司登记，虚报注册资本数额巨大、后果严重或者有其他严重情节的行为。

（二）构成要件

1. 客观方面表现为实施了使用虚假证明文件或采用其他欺骗手段虚报注册资本，欺骗公司登记主管部门，取得公司登记，且虚报注册资本数额巨大，后果严重或有其他严重情节的行为。所谓使用虚假证明文件，是指在申请公司登记过程中，出具不真实的验资报告、资产评估报告、验资证明等材料。所谓采取其他欺诈手段，是指采取贿赂等非法手段收买公司登记主管部门的工作人员或者其他有关部门的工作人员。

2. 主体是特殊主体。既可以是自然人也可以是单位，具体指公司登记的申请人。

3. 主观方面表现为故意。即明知是虚报注册资本的行为而有意实施的主观心理态度。

（三）刑事责任

刑法第158条第1款规定，犯本罪的，处3年以下有期徒刑或者拘役，并处或者单处虚报注册资本金额1%以上5%以下罚金。第2款规定，单位犯本罪的，对单位判处罚金，并对其直接负责的主管人员和其他直接责任人员，处3年以下有期徒刑或者拘役。

二、非国家工作人员受贿罪

(一) 定义

非国家工作人员受贿罪,是指公司、企业或者其他单位的工作人员利用职务上的便利,索取他人财物或者非法收受他人财物,为他人谋取利益,数额较大的行为。

(二) 构成要件

(1) 客观方面表现为利用职务上的便利,索取他人财物或者非法收受他人财物,为他人谋取利益,数额较大的行为。

首先,利用职务上的便利是构成本罪的前提条件。所谓利用职务上的便利,是指公司、企业或者其他单位的工作人员利用自己职务上主管、经管、负责或参与某项工作的便利条件。

其次,受贿的方式主要有三种:①索取他人财物。所谓索取他人财物,是指利用组织、领导、监督、管理等职务上的便利,主动向有求于行为人职务行为的请托人索要财物。行为人利用职务便利主动索取他人财物的,只要达到数额较大的标准,就构成受贿罪,并不要求有为他人谋取利益的行为。数额较大,是指受贿数额在5 000元以上。②非法收受他人财物,为他人谋取利益。所谓非法收受他人财物是指利用组织、领导、监督、管理等职务上的便利,为请托人办事,接受请托人主动送给的财物;所谓为他人谋取利益,是指行为人收受他人财物,利用职务之便为他人或允诺为他人实现某种利益。该利益是合法还是非法,该利益是否已谋取到,均不影响本罪的成立。可见,行为人利用职务便利被动收受他人财物的,则还必须同时具有为他人谋取利益和数额较大两个条件才能构成受贿罪。③非法收受回扣、手续费。所谓非法收受回扣、手续费,是指在经济往来中,利用职务上的便利,违反国家规定,收受各种名义的回扣、手续费,归个人所有的。

第三,贿赂的内容是财物。既包括金钱和实物,也包括可以用金钱计算数额的财产性利益,如提供房屋装修、含有金额的会员卡、代币卡(券)、旅游费用等。具体数额以实际支付的资费为准。收受银行卡的,不论受贿人是否实际取出或者消费,卡内的存款数额一般应全额认定为受贿数额。使用银行卡透支的,如果由给予银行卡的一方承担还款责任,透支数额也应当认定为受贿数额。

(2) 主体是特殊主体。即公司、企业或者其他单位的工作人员。主要包括两类:

第一,公司、企业的工作人员。公司包括有限责任公司和股份有限公司;企业是指有限责任公司、股份有限公司以外的企业。公司、企业的工作人员主要是指非国有公司、企业中的工作人员,以及国有公司、企业中的非国家工作人员;如果是国有公司、企业中的从事公务的人员和国有公司、企业委派到非国有公司、企业的公务人员,利用职务便利受贿的,应当依照刑法第385条、第386条定为受贿罪。

第二,其他单位的工作人员。根据2008年11月20日最高人民法院、最高人民检察院《关于办理商业贿赂刑事案件适用法律若干问题的意见》的规定,其他单位既包括事业单位、社会团体、村民委员会、居民委员会、村民小组等常设性的组织,也包括为组织体育赛事、文艺演出或者其他正当活动而成立的组委会、筹委会、工程承包队等非常设性的组织。该意见对以下几类单位中工作人员构成本罪情形作了具体规定:①医疗机构中的非国家工作人员,在药品、医疗器械、医用卫生材料等医药产品采购活动中,利用职务上的便利,索取销售方财物,或者非法收受销售方财物,为销售方谋取利益,构成犯罪的;医疗机构中的医务人员,利用开处方的职务便利,以各种名义非法收受药品、医疗器械、医用卫生材料等医药产品销售方财物,为医药产品销售方谋取利益,数额较大的。②学校及其他教育机构中的非国家工作人员,在教材、教具、校服或者其他物品的采购等活动中,利用职务上的便利,索取销售方财物,或者非法收受销售方财物,为销售方谋取利益,构成犯罪的;学校及其他教育机构中的教师,利用教学活动的职务便利,以各种名义非法收受教材、教具、校服或者其他物品销售方财物,为教材、教具、校服或者其他物品销售方谋取利益,数额较大的。③依法组建的评标委员会、竞争性谈判采购中谈判小组、询价采购中询价小组的组成人员,在招标、政府采购等事项的评标或者采购活动中,索取他人财物或者非法收受他人财物,为他人谋取利益,数额较大的。该意见还规定,医疗机构、学校及其他教育机构中的国家工作人员,以及依法组建的评标委员会、竞争性谈判采购中谈判小组、询价采购中询价小组中国家机关或者其他国有单位的代表有前款行为的,依照刑法第385条的规定,以受贿罪定罪处罚。

(3) 主观方面表现为故意。即明知是利用职务上的便利,索取他人财物或者非法收受他人财物,为他人谋取利益的行为而有意实施的主观心理态度。

(三) 刑事责任

刑法第163条(《刑法修正案(六)》第7条)规定,犯本罪,数额较大的,处5年以下有期徒刑或者拘役;数额巨大的,处5年以上有期徒刑,可以并处没收财产。所谓数额较大,是指受贿数额在5 000元至2万元以下;所谓数额巨大,是指受贿数额在10万元以上。

三、本节其他罪名

(一) 虚假出资、抽逃出资罪

1. 定义

虚假出资、抽逃出资罪,是指公司发起人、股东违反公司法规定,未交付货币、实物或者未转移财产权,虚假出资,或者在公司成立后又抽逃其出资,数额巨大、后果严重或者有其他严重情节的行为。

2. 刑事责任

刑法第159条第1款规定,犯本罪的,处5年以下有期徒刑或者拘役,并处或者单处虚假出资金额或者抽逃出资金额2%以上10%以下罚金。第2款规定,单位犯本罪的,对单位判处罚金,并对其直接负责的主管人员和其他直接责任人员,处5年以下有期徒刑或者拘役。

(二) 欺诈发行股票、债券罪

1. 定义

欺诈发行股票、债券罪,是指在招股说明书、认股书或者公司、企业债券募集办法中隐瞒重要事实或者编造重大虚假内容,发行股票或者公司、企业债券,数额巨大、后果严重或者有其他严重情节的行为。

2. 刑事责任

刑法第160条第1款规定,犯本罪的,处5年以下有期徒刑或拘役,并处或者单处非法募集资金金额1%以上5%以下罚金。第2款规定,单位犯本罪的,对单位判处罚金,并对其直接负责的主管人员和其他直接责任人员,处5年以下有期徒刑或者拘役。

(三) 违规披露、不披露重要信息罪

1. 定义

违规披露、不披露重要信息罪,是指依法负有信息披露义务的公司、企业向股东和社会公众提供虚假的或者隐瞒重要事实的财务会计报告,或者对依法应当披露的其他重要信息不按照规定披露,严重损害股东或者其他人利益,或者有其他严重情节的行为。

2. 刑事责任

刑法第161条(《刑法修正案(六)》第5条)规定,犯本罪的,对公司、企业中直接负

责的主管人员和其他直接责任人员，处3年以下有期徒刑或者拘役，并处或者单处2万元以上20万元以下罚金。

（四）妨害清算罪

1. 定义

妨害清算罪，是指公司、企业在进行清算时，隐匿财产，对资产负债表或者财产清单作虚伪记载或者在未清偿债务前分配公司、企业财产，严重损害债权人或者其他人利益的行为。

2. 刑事责任

刑法第162条规定，犯本罪的，对公司、企业直接负责的主管人员和其他责任人员，处5年以下有期徒刑或者拘役，并处或者单处2万元以上20万元以下罚金。

（五）隐匿、故意销毁会计凭证、会计账簿、财务会计报告罪

1. 定义

隐匿、故意销毁会计凭证、会计账簿、财务会计报告罪，是指隐匿或者故意销毁依法应当保存的会计凭证、会计账簿、财务会计报告，情节严重的行为。

2. 刑事责任

刑法第162条第1款（《刑法修正案》第1条第1款）规定，犯本罪的，处5年以下有期徒刑或者拘役，并处或者单处2万元以上20万元以下罚金。第2款规定，单位犯本罪的，对单位判处罚金，并对其直接负责的主管人员和其他直接责任人员，依照个人犯罪的规定处罚。

（六）虚假破产罪

1. 定义

虚假破产罪，是指公司、企业通过隐匿财产、承担虚构的债务或者以其他方法转移、处分财产，实施虚假破产，严重损害债权人或者其他人利益的行为。

2. 刑事责任

刑法第162条之二（《刑法修正案（六）》第6条）的规定，犯本罪的，对公司、企业中直接负责的主管人员和其他直接责任人员，处5年以下有期徒刑或者拘役，并处或者单处2万元以上20万元以下罚金。

（七）对非国家工作人员行贿罪

1. 定义

对非国家工作人员行贿罪，是指为谋取不正当利益，给予公司、企业或者其他单位的工作人员以财物，数额较大的行为。

2. 刑事责任

刑法第164条第1款(《刑法修正案(六)》第8条)规定，犯本罪的，处3年以下有期徒刑或者拘役；数额巨大的，处3年以上10年以下有期徒刑，并处罚金。第2款规定，单位犯本罪的，对单位判处罚金，并对其直接负责的主管人员和其他直接责任人员，依照个人犯罪的规定处罚。第3款规定，行贿人在被追诉前主动交代行贿行为的，可以减轻处罚或者免除处罚。

（八）非法经营同类营业罪

1. 定义

非法经营同类营业罪，是指国有公司、企业的董事、经理利用职务便利，自己经营或者为他人经营与其所任职公司、企业同类的营业，获取非法利益，数额巨大的行为。

2. 刑事责任

刑法第165条规定，犯本罪的，处3年以下有期徒刑或者拘役，并处或者单处罚金；数额特别巨大的，处3年以上7年以下有期徒刑，并处罚金。

（九）为亲友非法牟利罪

1. 定义

为亲友非法牟利罪，是指国有公司、企业、事业单位的工作人员，利用职务便利，为亲友非法牟利，致使国家利益遭受重大损失的行为。

2. 刑事责任

刑法第166条规定，犯本罪的，处3年以下有期徒刑或者拘役，并处或者单处罚金；致使国家利益遭受特别重大损失的，处3年以上7年以下有期徒刑，并处罚金。

（十）签订、履行合同失职被骗罪

1. 定义

签订、履行合同失职被骗罪，是指国有公司、企业、事业单位直接负责的主管人员，在签订、履行合同过程中，因严重不负责任而被诈骗，致使国家利益遭受重大损失的行为。

2. 刑事责任

刑法第 167 条规定,犯本罪的,处 3 年以下有期徒刑或者拘役;致使国家利益遭受特别重大损失的,处 3 年以上 7 年以下有期徒刑。

(十一) 国有公司、企业、事业单位人员失职罪

1. 定义

国有公司、企业、事业单位人员失职罪,是指国有公司、企业、事业单位的工作人员,由于严重不负责任,造成国有公司、企业、事业单位破产或者严重损失,致使国家利益遭受重大损失的行为。

2. 刑事责任

刑法第 168 条第 1 款(《刑法修正案》第 2 条)规定,犯本罪的,处 3 年以下有期徒刑或者拘役;致使国家利益遭受特别严重损失的,处 3 年以上 7 年以下有期徒刑。

(十二) 国有公司、企业、事业单位人员滥用职权罪

1. 定义

国有公司、企业、事业单位人员滥用职权罪,是指国有公司、企业、事业单位的工作人员,由于滥用职权,造成国有公司、企业、事业单位破产或者严重损失,致使国家利益遭受重大损失的行为。

2. 刑事责任

刑法第 168 条第 1 款(《刑法修正案》第 2 条)规定,犯本罪的,处 3 年以下有期徒刑或者拘役;致使国家利益遭受特别重大损失的,处 3 年以上 7 年以下有期徒刑。第 3 款规定,国有公司、企业、事业单位的工作人员,徇私舞弊,犯本罪的,从重处罚。

(十三) 徇私舞弊低价折股、出售国有资产罪

1. 定义

徇私舞弊低价折股、出售国有资产罪,是指国有公司、企业或者其上级主管部门直接负责的主管人员,徇私舞弊,将国有资产低价折股或者低价出售,致使国家利益遭受重大损失的行为。

2. 刑事责任

刑法第 169 条规定,犯本罪的,处 3 年以下有期徒刑或者拘役;致使国家利益遭受特别重大损失的,处 3 年以上 7 年以下有期徒刑。

（十四）背信损害上市公司利益罪

1. 定义

背信损害上市公司利益罪，是指上市公司的董事、监事、高级管理人员违背对公司的忠实义务，利用职务便利，操纵上市公司从事：(1)无偿向其他单位或者个人提供资金、商品、服务或者其他资产；(2)以明显不公平的条件，提供或者接受资金、商品、服务或者其他资产；(3)向明显不具有清偿能力的单位或者个人提供资金、商品、服务或者其他资产；(4)为明显不具有清偿能力的单位或者个人提供担保，或者无正当理由为其他单位或者个人提供担保；(5)无正当理由放弃债权、承担债务；(6)采用其他方式损害上市公司利益，致使上市公司利益遭受重大损失的行为。

2. 刑事责任

刑法第169条之一(《刑法修正案(六)》第9条)规定，犯本罪，致使上市公司利益遭受重大损失的，处3年以下有期徒刑或者拘役，并处或者单处罚金；致使上市公司利益遭受特别重大损失的，处3年以上7年以下有期徒刑，并处罚金。犯本罪的上市公司控股股东或者实际控制人是单位的，对单位判处罚金，并对其直接负责的主管人员或者其他直接责任人员，依照前述规定处罚。

【案例分析】

[案情] 张某于2001年被重庆某医院聘任为骨科主任。2002年底，有医疗器械供应商向张提出，按医院购买器械数额返点给他们回扣。张召集科室的几个医疗小组组长开会，商讨如何收取和分配回扣。此后，销售商按销售金额的15%返点。张某收到回扣后就把钱发给医疗组长，再由组长平分给参加手术的医生。2004年，重庆市医疗卫生系统对收受回扣现象开始进行整顿，张某等人赶忙收手。一年后，张见风声已过，又召集医疗组长开会商量收受回扣事宜，得到大家赞同后故伎重演。到2007年，张某带头收受回扣计7万余元，张某个人分了1万余元，案发后全部退赃。问题：张某的行为如何定性？

[分析] 张某的行为构成非国家工作人员受贿罪。本案中，张某与医院签订的是聘用合同，其骨科主任的职务并非国家主管的行政部门任命，其身份是医院的医务人员，属于非国家工作人员。其利用职务便利伙同他人收受回扣的行为，已经构成非国家工作人员受贿罪。

第五节　破坏金融管理秩序罪

一、伪造货币罪

(一) 定义

伪造货币罪,是指违反货币管理法规,依照货币的式样,制造假货币冒充真货币的行为。

(二) 构成要件

(1) 客观方面表现为违反国家货币管理法规,伪造货币的行为。所谓伪造货币,是指没有货币制造权的人仿照我国货币或外国货币非法制造、冒充货币的行为。伪造的具体方法很多,具体包括印刷、复印、描绘、临摹、拓印等。所谓货币,是指可在国内市场流通或者兑换的人民币和境外货币。货币面额应当以人民币计算,其他币种以案发时国家外汇管理机关公布的外汇牌价折算成人民币。

(2) 主体为一般主体。即具有刑事责任能力的自然人。

(3) 主观方面表现为故意。即明知是伪造货币的行为而有意实施的主观心理态度。

(三) 认定

(1) 罪与非罪。2000 年 4 月 20 日最高人民法院《关于审理伪造货币等案件具体应用法律若干问题的解释》第 1 条规定,伪造货币的总面额在 2 000 元以上或者币量在 200 张(枚)以上的,构成本罪。

(2) 共同犯罪。前引司法解释第 1 条第 3 款规定,为他人伪造货币提供版样的,依照本罪处罚。

(四) 刑事责任

刑法第 170 条规定,犯本罪的,处 3 年以上 10 年以下有期徒刑,并处 5 万元以上 50 万元以下罚金;有下列情形之一的,处 10 年以上有期徒刑、无期徒刑或者死刑,并处 5 万元以上 50 万元以下罚金或者没收财产:(1)伪造货币集团的首要分子;(2)伪造货币数额特别巨大的;(3)有其他特别严重情节的。

二、出售、购买、运输假币罪

(一) 定义

出售、购买、运输假币罪,是指出售、购买伪造的货币,或者明知是伪造的货币而运输,数额较大的行为。

(二) 构成要件

(1) 客观方面表现为出售、购买伪造的货币或者明知是伪造的货币而运输,数额较大的行为。所谓出售假币,是指将伪造的货币以低于票面额的价格卖出。所谓购买假币,是指将伪造的货币以低于票面额的价格买进。所谓运输假币,是指以随身携带、委托他人携带或者以邮寄、借助运输工具等方法,将假币从此地运往彼地。根据刑法规定,只有明知是伪造的货币运输的,才构成本罪。

(2) 主体为一般主体。即具有刑事责任能力的自然人。

(3) 主观方面表现为故意。即明知是伪造的货币而出售、购买、运输的主观心理态度。

(三) 认定

(1) 伪造货币并出售、运输的定性。刑法第 171 条第 3 款规定:"伪造货币并出售或者运输伪造的货币的,依照本法第 170 条的规定定罪从重处罚。"伪造货币并出售或者运输的,是伪造货币罪与出售、运输假币罪的牵连犯,根据刑法规定,对此应以伪造货币罪从重处罚。

(2) 购买假币后使用的定性。最高人民法院《关于审理伪造货币等案件具体应用法律若干问题的解释》第 2 条第 1 款规定:"行为人购买假币后使用,构成犯罪的,依照刑法第 171 条的规定,以购买假币罪定罪,从重处罚。"我国刑法第 172 条规定了使用假币罪,因此,购买假币后使用的,是购买假币罪与使用假币罪的牵连犯。根据司法解释规定,对此应以购买假币罪从重处罚。

(3) 出售、运输假币而使用的定性。前引司法解释第 2 条第 2 款规定。"行为人出售、运输假币构成犯罪,同时有使用假币行为的,依照刑法第 171 条、第 172 条的规定,实行数罪并罚。"出售、运输假币而又使用的,根据上述司法解释规定,构成数罪,应当实行数罪并罚。

（四）刑事责任

刑法第171条第1款规定，犯本罪的，处3年以下有期徒刑或者拘役，并处2万元以上20万元以下罚金；数额巨大的，处3年以上10年以下有期徒刑，并处5万元以上50万元以下罚金；数额特别巨大的，处10年以上有期徒刑或者无期徒刑，并处5万元以上50万元以下罚金或者没收财产。

三、内幕交易、泄露内幕信息罪

（一）定义

内幕交易、泄露内幕信息罪，是指证券、期货交易内幕信息的知情人员或者非法获取证券、期货交易内幕信息的人员，在涉及证券的发行、证券、期货交易或者其他对证券、期货交易价格有重大影响的信息尚未公开前，买入或者卖出该证券，或者从事与该内幕信息有关的期货交易，或者泄露该信息，或者明示、暗示他人从事上述交易活动，情节严重的行为。

（二）构成要件

（1）客观方面表现为证券、期货交易内幕信息的知情人员或者非法获取证券、期货交易内幕信息的人员，在涉及证券的发行、证券、期货交易或者其他对证券、期货交易价格有重大影响的信息尚未公开前，买入或者卖出该证券，或者从事与该内幕信息有关的期货交易，或者泄露该信息，或者明示、暗示他人从事上述交易活动，情节严重的行为。所谓内幕信息，是指为知情人员所知悉的、尚未公开的和可能影响证券交易市场价格的重大信息。具体包括：①证券发行人、期货交易人订立的重要合同，该合同可能对公司的资产、负债、权益和经营成果中的一项或者多项产生显著影响；②证券发行人、期货交易人的经营政策或者经营范围发生重大变化；③证券发行人、期货交易人发生重大的投资行为或者购置金额较大的长期资产的行为；④证券发行人、期货交易人发生重大债务；⑤证券发行人、期货交易人未能归还到期重大债务的违约情况；⑥证券发行人、期货交易人发生重大经营性或者非经营性亏损；⑦证券发行人、期货交易人资产遭受重大损失；⑧证券发行人、期货交易人的生产经营环境发生重大变化；⑨可能对证券、期货市场价格有显著影响的国家政策变化；⑩证券发行人、期货交易人的董事长、1/3以上的董事或者总经理发生变动；⑪持有发行人5%以上的发行在外的普通股的股东，其持有该种股票的增减变化每达到该种股票发行在外总额的2%以上的事实；⑫证券发行人的分红派息、增资扩股计划；⑬涉及证券发行人、期货交易人的重大诉讼事项;⑭证券发行人、期货交易人进入破产、清算状态;⑮证券发行人、期货交易人章程、注册资本和注册地址的变更;⑯因证券发行人、期货交易人无支付能力而发生相当于被退票人流动资金的5%以上的大额银行退票;⑰证券发行人、期货交易人更换为其审计的会计师事务所;⑱证券发行人、期货交易人债务担保的重大变更;⑲股票的二次发行;⑳证券发行人、期货交易人营业用主要资产的抵押、出售或者报废一次超过该资产的30%;㉑证券发行人、期货交易人的董事、监事或者高级管理人员的行为可能依法负有重大损害赔偿责任;㉒证券发行人的股东大会、董事会或者监事会的决定被依法撤销;㉓证券监管部门作出禁止证券发行人有控股权的大股东转让其股份的决定;㉔证券发行人、期货交易人的收购或者兼并;㉕证券发行人、期货交易人的合并或者分立以及其他重大信息。内幕信息不包括运用公开的信息和资料对证券市场作出的预测和分析。

(2) 主体是特殊主体。即证券、期货交易内幕信息知情人员或者非法获取证券交易内幕信息的人员。所谓知情人员,按照法律、行政法规的规定是指下述五种人员:①证券发行人、期货交易人的董事、监事、高级管理人员、秘书、打字员,以及其他可以通过履行职务接触或者获得内幕信息的职员;②证券发行人、期货交易人聘请的律师、会计师、资产评估人员、投资顾问等专业人员,证券、期货经营机构的管理人员、业务人员,以及其他因其业务可能接触或者获得内幕信息的人员;③根据法律、法规的规定,对证券发行人、期货交易人可以行使一定管理权或者监督权的人员,包括证券、期货监管部门和证券、期货交易场所的工作人员,证券发行人、期货交易人的主管部门和审批机关的工作人员,以及工商、税务等有关经济管理机关的工作人员等;④由于本人的职业地位、与证券发行人、期货交易人的合同关系或者工作联系,有可能接触或者获得内幕信息的人员,包括新闻记者、报刊编辑、电台主持人以及编排印刷人员等;⑤其他可能通过合法途径接触到内幕信息的人员。

(3) 主观方面表现为故意。即明知是内幕交易行为而有意实施或者明知是内幕信息而有意泄露的主观心理态度。

(三) 刑事责任

刑法第180条第1款(《刑法修正案(七)》第2条)规定,犯本罪的,处5年以下有期徒刑或者拘役,并处或者单处违法所得1倍以上5倍以下罚金;情节特别严重的,处5年以上10年以下有期徒刑,并处违法所得1倍以上5倍以下罚金。第2款规定,单位犯本罪的,对单位判处罚金,并对其直接负责的主管人员和其他直接责任人员,处5年以下有期徒刑。

四、操纵证券、期货市场罪

（一）定义

操纵证券、期货市场罪，是指在证券、期货活动中，违反国家有关规定，操纵证券、期货市场，情节严重的行为。

（二）构成要件

（1）客观方面表现为在证券、期货活动中，违反国家有关规定，操纵证券、期货市场，情节严重的行为。具体包括以下四种情形：①单独或者合谋，集中资金优势、持股优势或者持仓优势或者利用信息优势联合或者连续买卖，操纵证券、期货交易价格或者证券、期货交易量的；②与他人串通，以事先约定的时间、价格和方式相互进行证券、期货交易，影响证券、期货交易价格或者证券、期货交易量的；③以自己实际控制的账户之间进行证券交易，或者以自己为交易对象，自买自卖期货合约，影响证券、期货交易价格或者证券、期货交易量的；④以其他方法操纵证券、期货市场的。

（2）主体为一般主体。既可以是自然人也可以是单位。

（3）主观方面是故意。即明知是操纵证券、期货市场的行为而有意实施的主观心理态度。

（三）刑事责任

刑法第182条（《刑法修正案》第6条、《刑法修正案（六）》第11条）规定，犯本罪，情节严重的，处5年以下有期徒刑或者拘役，并处或者单处罚金；情节特别严重的，处5年以上10年以下有期徒刑，并处罚金。第2款规定，单位犯本罪的，对单位判处罚金，并对其直接负责的主管人员和其他直接责任人员，依照前述规定处罚。

五、洗钱罪

（一）定义

洗钱罪，是指明知是毒品犯罪、黑社会性质的组织犯罪、恐怖活动犯罪、走私犯罪、贪污贿赂犯罪、破坏金融管理秩序犯罪、金融诈骗犯罪的所得及其产生的收益，为掩饰、隐瞒其性质和来源而提供资金账户、协助将财产转换为现金、金融票据或者有价证券、通过转账或者其他结算方式协助资金转移、协助将资金汇往境外或者以其他方式掩饰、隐瞒犯罪的违法所得及其收益的性质和来源的行为。

（二）构成要件

（1）客观方面表现为实施了掩饰、隐瞒犯罪违法所得及其收益的性质和来源的行为。具体行为包括：①提供资金账户的；②协助将财产转换为现金、金融票据、有价证券的；③通过转账或者其他结算方式协助资金转移的；④协助将资金汇往境外的；⑤以其他方法掩饰、隐瞒犯罪所得及其收益的来源和性质的。掩饰、隐瞒的对象是毒品犯罪、黑社会性质的组织犯罪、恐怖活动犯罪、走私犯罪、贪污贿赂犯罪、破坏金融管理秩序犯罪、金融诈骗犯罪的违法所得及收益。

（2）主体为一般主体。既可以是自然人也可以是单位。

（3）主观方面是故意。即明知是毒品犯罪、黑社会性质的组织犯罪、恐怖活动犯罪、走私犯罪、贪污贿赂犯罪、破坏金融管理秩序犯罪、金融诈骗犯罪的所得及其产生的收益而掩盖、隐瞒其来源和性质的主观心理态度。

（三）刑事责任

刑法第 191 条第 1 款（《刑法修正案（六）》第 16 条）规定，犯本罪的，首先应当没收实施毒品犯罪、黑社会性质的组织犯罪、恐怖活动犯罪、走私犯罪、贪污贿赂犯罪、破坏金融管理秩序犯罪、金融诈骗犯罪的所得及其产生的收益，然后根据不同情况予以处罚。情节一般的，处 5 年以下有期徒刑或者拘役，并处或者单处洗钱数额 5% 以上 20% 以下罚金；情节严重的，处 5 年以上 10 年以下有期徒刑，并处洗钱数额 5% 以上 20% 以下罚金。第 2 款规定，单位犯本罪的，对单位判处罚金，并对其直接负责的主管人员和其他直接责任人员，处 5 年以下有期徒刑或者拘役。

六、本节其他罪名

（一）金融机构工作人员购买假币、以假币换取货币罪

1. 定义

金融机构工作人员购买假币、以假币换取货币罪，是指银行或者其他金融机构的工作人员购买伪造的货币，或者利用职务上的便利，以伪造的货币换取货币的行为。

2. 刑事责任

刑法第 171 条第 2 款规定，犯本罪的，处 3 年以上 10 年以下有期徒刑，并处 2 万元

以上20万元以下罚金;数额巨大或者有其他严重情节的,处10年以上有期徒刑或者无期徒刑,并处2万元以上20万元以下罚金或者没收财产;情节较轻的,处3年以下有期徒刑或者拘役,并处或者单处1万元以上10万元以下罚金。

(二) 持有、使用假币罪

1. 定义

持有、使用假币罪,是指违反货币管理法规,明知是伪造的货币而持有、使用,数额较大的行为。

2. 刑事责任

刑法第172条规定,犯本罪的,处3年以下有期徒刑或者拘役,并处或者单处1万元以上10万元以下罚金;数额巨大的,处3年以上10年以下有期徒刑,并处2万元以上20万元以下罚金;数额特别巨大的,处10年以上有期徒刑,并处5万元以上50万元以下罚金或者没收财产。

(三) 变造货币罪

1. 定义

变造货币罪,是指对货币采用挖补、剪贴、涂改、拼凑等方法,使原货币加大数量或者改变面额,数额较大的行为。

2. 刑事责任

刑法第173条规定,犯本罪的,处3年以下有期徒刑或者拘役,并处或者单处1万元以上10万元以下罚金;数额巨大的,处3年以上10年以下有期徒刑,并处2万元以上20万元以下罚金。

(四) 擅自设立金融机构罪

1. 定义

擅自设立金融机构罪,是指未经国家有关主管部门批准,擅自设立商业银行、证券交易所、期货交易所、证券公司、期货经纪公司、保险公司或者其他金融机构的行为。

2. 刑事责任

刑法第174条第1款(《刑法修正案》第3条第1款)规定,犯本罪的,处3年以下有期徒刑或者拘役,并处或者单处2万元以上20万元以下罚金;情节严重的,处3年以上10年以下有期徒刑,并处5万元以上50万元以下罚金。第3款规定,单位犯本罪的，对单位判处罚金，并对其直接负责的主管人员和其他直接责任人员，依照个人犯罪的规定处罚。

（五）伪造、变造、转让金融机构经营许可证、批准文件罪

1. 定义

伪造、变造、转让金融机构经营许可证、批准文件罪，是指伪造、变造、转让商业银行、证券交易所、期货交易所、证券公司、期货经纪公司、保险公司或者其他金融机构的经营许可证、批准文件，扰乱金融秩序的行为。

2. 刑事责任

刑法第174条第2款（《刑法修正案》第3条第2款）规定，犯本罪的，处3年以下有期徒刑或者拘役，并处或者单处2万元以上20万元以下罚金；情节严重的，处3年以上10年以下有期徒刑，并处5万元以上50万元以下罚金。第3款规定，单位犯本罪的，对单位判处罚金，并对其直接负责的主管人员和其他直接责任人员，依照个人犯罪的规定处罚。

（六）高利转贷罪

1. 定义

高利转贷罪，是指以转贷为目的，套取金融机构信贷资金高利转贷他人，违法所得数额较大的行为。

2. 刑事责任

刑法第175条第1款规定，犯本罪的，处3年以下有期徒刑或者拘役，并处违法所得1倍以上5倍以下罚金；数额巨大的，处3年以上7年以下有期徒刑，并处违法所得1倍以上5倍以下罚金。第2款规定，单位犯本罪的，对单位判处罚金，并对其直接负责的主管人员和其他直接责任人员，处3年以下有期徒刑或者拘役。

（七）骗取贷款、票据承兑、金融票证罪

1. 定义

骗取贷款、票据承兑、金融票证罪，是指以欺骗手段取得银行或者其他金融机构贷款、票据承兑、信用证、保函等，给银行或者其他金融机构造成重大损失或者有其他严重情节的行为。

2. 刑事责任

刑法第175条之一第1款（《刑法修正案（六）》第10条）规定，犯本罪，给银行或者

其他金融机构造成重大损失或者有其他严重情节的,处3年以下有期徒刑或者拘役,并处或者单处罚金;给银行或者其他金融机构造成特别重大损失或者有其他特别严重情节的,处3年以上7年以下有期徒刑,并处罚金。第2款规定,单位犯本罪的,对单位判处罚金,并对其直接负责的主管人员或者其他直接责任人员,依照前述规定处罚。

(八) 非法吸收公众存款罪

1. 定义

非法吸收公众存款罪,是指非法吸收公众存款或者变相吸收公众存款,扰乱金融秩序的行为。

2. 刑事责任

刑法第176条第1款规定,犯本罪的,处3年以下有期徒刑或者拘役,并处或者单处2万元以上20万元以下罚金;数额巨大或者有其他严重情节的,处3年以上10年以下有期徒刑,并处5万元以上50万元以下罚金。第2款规定,单位犯本罪的,对单位判处罚金,并对其直接负责的主管人员和其他直接责任人员,依照个人犯罪的规定处罚。

(九) 伪造、变造金融票证罪

1. 定义

伪造、变造金融票证罪,是指伪造、变造汇票、本票、支票、委托收款凭证、汇款凭证、银行存单等其他银行结算凭证、信用证或者附随的单据、文件或者伪造信用卡的行为。

2. 刑事责任

刑法第177条第1款规定,犯本罪的,处5年以下有期徒刑或者拘役,并处或者单处2万元以上20万元以下罚金;情节严重的,处5年以上10年以下有期徒刑,并处5万元以上50万元以下罚金;情节特别严重的,处10年以上有期徒刑或者无期徒刑,并处5万元以上50万元以下罚金或者没收财产。

(十) 妨害信用卡管理罪

1. 定义

妨害信用卡管理罪,是指明知是伪造的信用卡而持有、运输的,或者明知是伪造的空白信用卡而持有、运输,数量较大的;非法持有他人信用卡,数量较大的;使用虚假的身份证明骗领信用卡的;出售、购买、为他人提供伪造的信用卡或者以虚假的身份证明骗领信用卡的。

2. 刑事责任

刑法第177条之一第1款(《刑法修正案(五)》第1条)规定,犯本罪的,处3年以下有期徒刑或者拘役,并处或者单处1万元以上10万元以下罚金;数量巨大或者情节严重的,处3年以上10年以下有期徒刑,并处2万元以上20万元以下罚金。

(十一)窃取、收买、非法提供信用卡信息罪

1. 定义

窃取、收买、非法提供信用卡信息罪,是指窃取、收买或者非法提供他人信用卡信息资料的行为。

2. 刑事责任

刑法第177条之一第2款(《刑法修正案(五)》第1条)规定,犯本罪的,处3年以下有期徒刑或者拘役,并处或者单处1万元以上10万元以下罚金;数量巨大或者情节严重的,处3年以上10年以下有期徒刑,并处2万元以上20万元以下罚金。

(十二)伪造、变造国家有价证券罪

1. 定义

伪造、变造国家有价证券罪,是指伪造、变造国库券或者国家发行的其他有价证券的行为。

2. 刑事责任

刑法第178条第1款规定,犯本罪的,处3年以下有期徒刑或者拘役,并处或者单处2万元以上20万元以下罚金;数额巨大的,处3年以上10年以下有期徒刑,并处5万元以上50万元以下罚金;数额特别巨大的,处10年以上有期徒刑或者无期徒刑,并处5万元以上50万元以下罚金或者没收财产。第3款规定,单位犯本罪的,对单位判处罚金,并对其直接负责的主管人员和其他责任人员,依照个人犯罪的规定处罚。

(十三)伪造、变造股票、公司、企业债券罪

1. 定义

伪造、变造股票、公司、企业债券罪,是指伪造、变造股票或者公司、企业债券,数额较大的行为。

2. 刑事责任

刑法第178条第2款规定,犯本罪的,处3年以下有期徒刑或者拘役,并处或者单处1万元以上10万元以下罚金;数额巨大的,处3年以上10年以下有期徒刑,并处2万元以上20万元以下罚金。第3款规定,单位犯本罪的,对单位判处罚金,并对其直接负责的主管人员和其他直接责任人员,依照个人犯罪的规定处罚。

(十四) 擅自发行股票、公司、企业债券罪

1. 定义

擅自发行股票、公司、企业债券罪,是指未经国家有关主管部门批准,擅自发行股票或者公司、企业债券,数额巨大、后果严重或者有其他严重情节的行为。

2. 刑事责任

刑法第179条第1款规定,犯本罪的,处5年以下有期徒刑或者拘役,并处或者单处非法募集资金金额1%以上5%以下罚金。第2款规定,单位犯本罪的,对单位判处罚金,并对其直接负责的主管人员和其他直接责任人员,处5年以下有期徒刑或者拘役。

(十五) 利用未公开信息交易罪

1. 定义

利用未公开信息交易罪,是指证券交易所、期货交易所、证券公司、期货经纪公司、基金管理公司、商业银行、保险公司等金融机构的从业人员以及有关监管部门或者行业协会的工作人员,利用因职务便利获取的内幕信息以外的其他未公开的信息,违反规定,从事与该信息相关的证券、期货交易活动,或者明示、暗示他人从事相关交易活动,情节严重的行为。

2. 刑事责任

刑法第180条第4款(《刑法修正案(七)》第2条)规定,犯本罪的,处5年以下有期徒刑或者拘役,并处或者单处违法所得1倍以上5倍以下罚金;情节特别严重的,处5年以上10年以下有期徒刑,并处违法所得1倍以上5倍以下罚金。

(十六) 编造并传播证券、期货交易虚假信息罪

1. 定义

编造并传播证券、期货交易虚假信息罪,是指编造并且传播影响证券、期货交易的虚假信息,扰乱证券、期货交易市场秩序,造成严重后果的行为。

2. 刑事责任

刑法第181条第1款(《刑法修正案》第5条第1款)规定,犯本罪的,处5年以下有期徒刑或者拘役,并处或者单处1万元以上10万元以下罚金。第3款规定,单位犯本罪的,对单位判处罚金,并对其直接负责的主管人员和其他直接责任人员,处5年以下有期徒刑或者拘役。

(十七) 诱骗投资者买卖证券、期货合约罪

1. 定义

诱骗投资者买卖证券、期货合约罪,是指证券交易所、期货交易所、证券公司、期货经纪公司的从业人员、证券业协会、期货业协会或者证券期货监督管理部门的工作人员,故意提供虚假信息,或者伪造、编造、销毁交易记录,诱骗投资者买卖证券、期货合约,造成严重后果的行为。

2. 刑事责任

刑法第181条第2款(《刑法修正案》第5条第2款)规定,犯本罪的,处5年以下有期徒刑或者拘役,并处或者单处1万元以上10万元以下罚金;情节特别恶劣的,处5年以上10年以下有期徒刑,并处2万元以上20万元以下罚金。第3款规定,单位犯本罪的,对单位判处罚金,并对其直接负责的主管人员和其他直接责任人员,处5年以下有期徒刑或者拘役。

(十八) 背信运用受托财产罪

1. 定义

背信运用受托财产罪,是指商业银行、证券交易所、期货交易所、证券公司、期货经纪公司、保险公司或者其他金融机构,违背受托义务,擅自运用客户资金或者其他委托、信托的财产,情节严重的行为。

2. 刑事责任

刑法第185条之一第1款(《刑法修正案(六)》第12条第1款)规定,犯本罪,情节严重的,对单位判处罚金,并对其直接负责的主管人员和其他直接责任人员,处3年以下有期徒刑或者拘役,并处3万元以上30万元以下罚金;情节特别严重的,处3年以上10年以下有期徒刑,并处5万元以上50万元以下罚金。

(十九) 违法运用资金罪

1. 定义

违法运用资金罪,是指社会保障基金管理机构、住房公积金管理机构等公众资金

管理机构,以及保险公司、保险资产管理公司、证券投资基金管理公司,违反国家规定运用资金的行为。

2. 刑事责任

刑法第 185 条之一第 1 款(《刑法修正案(六)》第 12 条第 1 款)规定,犯本罪,情节严重的,对单位判处罚金,并对其直接负责的主管人员和其他直接责任人员,处 3 年以下有期徒刑或者拘役,并处 3 万元以上 10 万元以下罚金;情节特别严重的,处 3 年以上 10 年以下有期徒刑,并处 5 万元以上 50 万元以下罚金。

(二十) 违法发放贷款罪

1. 定义

违法发放贷款罪,是指银行或者其他金融机构的工作人员违反国家规定发放贷款,数额巨大或者造成重大损失的行为。

2. 刑事责任

刑法第 136 条第 1 款(《刑法修正案(六)》第 13 条)规定,犯本罪,数额巨大或者造成重大损失的,处 5 年以下有期徒刑或者拘役,并处 1 万元以上 10 万元以下罚金;数额特别巨大或者造成特别重大损失的,处 5 年以上有期徒刑,并处 2 万元以上 20 万元以下罚金。第 2 款规定,银行或者其他金融机构的工作人员违反国家规定,向关系人发放贷款的,依照前述规定从重处罚。第 3 款规定,单位犯本罪的,对单位判处罚金,并对其直接负责的主管人员和其他直接责任人员,依照上述规定处罚。

(二十一) 吸收客户资金不入账罪

1. 定义

吸收客户资金不入账罪,是指银行或者其他金融机构的工作人员吸收客户资金不入账,数额巨大或者造成重大损失的行为。

2. 刑事责任

刑法第 187 条第 1 款(《刑法修正案(六)》第 14 条)规定,犯本罪,数额巨大或者造成重大损失的,处 5 年以下有期徒刑或者拘役,并处 2 万元以上 20 万元以下罚金;数额特别巨大或者造成特别重大损失的,处 5 年以上有期徒刑,并处 5 万元以上 50 万元以下罚金。第 2 款规定,单位犯本罪的,对单位判处罚金,并对其直接负责的主管人员和其他直接责任人员,依照上述规定处罚。

(二十二) 违规出具金融票证罪

1. 定义

违规出具金融票证罪，是指银行或者其他金融机构的工作人员违反规定，为他人出具信用证或者其他保函、票据、存单、资信证明，造成较大损失的行为。

2. 刑事责任

刑法第188条第1款(《刑法修正案(六)》第15条)规定，犯本罪，造成较大损失的，处5年以下有期徒刑或者拘役；造成重大损失的，处5年以上有期徒刑。第2款规定，单位犯本罪的，对其直接负责的主管人员和其他直接责任人员，按照上述规定处罚。

(二十三) 对违法票据予以承兑、付款、保证罪

1. 定义

对违法票据予以承兑、付款、保证罪，是指银行或者其他金融机构的工作人员在票据业务中，对违反票据法规定的票据予以承兑、付款或者保证，造成重大损失的行为。

2. 刑事责任

刑法第189条第1款规定，犯本罪的，处5年以下有期徒刑或者拘役；造成特别重大损失的，处5年以上有期徒刑。第2款规定，单位犯本罪的，对单位判处罚金，并对其直接负责的主管人员和其他直接责任人员，依照个人犯罪的规定处罚。

(二十四) 逃汇罪

1. 定义

逃汇罪，是指国有公司、企业或者其他国有单位，违反国家规定，擅自将外汇存放境外，或者将境内的外汇非法转移到境外，情节严重的行为。

2. 刑事责任

刑法第190条(《关于惩治骗购外汇、逃汇和非法买卖外汇犯罪的决定》第3条)规定，犯本罪的，对单位判处逃汇数额5%以上30%以下罚金，并对其直接负责的主管人员和其他直接责任人员处5年以下有期徒刑或者拘役；数额巨大或者有其他严重情节的，对单位判处逃汇数额5%以上30%以下罚金，并对其直接负责的主管人员和其他直接责任人员处5年以上有期徒刑。

(二十五) 骗购外汇罪

1. 定义

骗购外汇罪，是指采用欺骗的手段，从国家外汇管理机关购买外汇，数额较大的

行为。

2. 刑事责任

刑法第190条之一第1款(《关于惩治骗购外汇、逃汇和非法买卖外汇犯罪的决定》第1条)规定,犯本罪的,处5年以下有期徒刑或者拘役,并处骗购外汇数额5%以上30%以下罚金;数额巨大或者有其他严重情节的,处5年以上10年以下有期徒刑,并处骗外汇数额5%以上30%以下罚金;数额特别巨大或者有其他特别严重情节的,处10年以上有期徒刑或者无期徒刑,并处骗购外汇数额5%以上30%以下罚金或者没收财产。第4款规定,单位犯本罪的,对单位依照第1款的规定判处罚金,并对其直接负责的主管人员和其他直接责任人员,处5年以下有期徒刑或者拘役;数额巨大或者有其他严重情节的,处5年以上10年以下有期徒刑;数额特别巨大或者有其他特别严重情节的,处10年以上有期徒刑或者无期徒刑。

【案例分析】

案例1

[案情] 某年8月9日,参加毒品犯罪、黑社会组织犯罪的贾某(另案处理)突然找到行为人游某说:“老兄,这一阵子风声很紧,你也知道,以前我制造、贩卖那玩艺弄了几个钱,生怕有点闪失,枉费了几年的心血,以后也没有了依靠。所以,我想让你给帮个忙,给我那几个钱找个保险的方法,也免了我的后顾之忧,即使事发坐牢,也没有什么怕的了。”游某由于跟贾某素来以兄弟相称,碍于情面,于是便帮他在银行立了10万元的账户。之后不久,随案发,贾某供述了自己的犯罪及其所得金钱去向,游某也随即被捕。问题:游某的行为如何定性?

[分析] 游某的行为构成洗钱罪。本案中,游某与贾某素称兄弟,明知其财产是通过毒品犯罪、参加黑社会组织犯罪的违法所得,而故意为其提供资金账户,其行为已经构成洗钱罪。

案例2

[案情] 2007年1月底至2月,时任杭萧钢构证券办副主任、证券事务代表的罗某在工作中,获悉公司与中基正在洽谈“安哥拉项目”的有关信息,他违反《证券法》有关规定,向原杭萧钢构证券办主任陈某透露了相关信息。陈某指令合作炒股票的王某分多次买入杭萧钢构股票共计6 961 896股,并在3月15日全部卖出,非法获利4 037万余元。问题:罗某、陈某、王某的行为如何定性?

[分析] 罗某构成泄露内幕信息罪;陈某、王某构成内幕交易罪。本案中,罗某身

为杭萧钢构证券办副主任，在涉及对杭萧钢构股票的交易价格有重大影响的信息尚未公开前，泄露该信息，其行为已经构成泄露内幕信息罪。陈某、王某在涉及对杭萧钢构股票的交易价格有重大影响的信息尚未公开前，买入并卖出该股票，他们的行为已经构成内幕交易罪。

第六节 金融诈骗罪

一、集资诈骗罪

（一）定义

集资诈骗罪，是指以非法占有为目的，采用虚构事实、隐瞒真相的方法，非法向社会公开募集资金，数额较大的行为。

（二）构成要件

（1）客观方面表现为使用诈骗方法非法集资，数额较大的行为。首先，行为人使用了诈骗方法。所谓诈骗方法，是指采取了虚构集资用途，隐瞒集资真相的方法。如行为人虚构投资项目，以虚假的证明文件、良好的经济效益和较高的回报率为诱饵，骗取集资款。其次，非法集资。所谓集资，就是面向社会不特定公众筹集资金的行为。在市场经济条件下，集资能够充分利用社会闲散资金，是公司、企业获得资金的主要来源。为了保障国家正常的金融秩序和公民的财产权益，集资必须依照法定的条件和程序进行，否则是非法的。非法集资就是指法人、其他组织或者个人，未经有权机关批准，向社会公众募集资金的行为。最后，数额较大。使用诈骗方法非法集资，只有数额较大的，才能构成本罪。

（2）主体为一般主体。既可以是自然人也可以是单位。

（3）主观方面是故意，并且具有非法占有的目的。根据1996年最高人民法院《关于审理诈骗案件具体应用法律的若干问题的解释》第3条之规定，凡使用诈骗方法非法集资且具有下列情形之一者，即可依法认定行为人具有非法占有之目的：①携带集资款逃跑的；②挥霍集资款，致使集资款无法返还的；③使用集资款进行违法犯罪活动，致使集资款无法返还的；④具有其他欺诈行为，拒不返还集资款，或者致使集资款无法返还的。

（三）刑事责任

刑法第 192 条规定，犯本罪的，处 5 年以下有期徒刑或者拘役，并处 2 万元以上 20 万元以下罚金；数额巨大或者有其他严重情节，处 5 年以上 10 年以下有期徒刑，并处 5 万元以上 50 万元以下罚金；数额特别巨大或者有其他特别严重情节的，处 10 年以上有期徒刑或者无期徒刑，并处 5 万元以上 50 万元以下罚金或者没收财产。刑法第 199 条规定，犯本罪，数额特别巨大并且给国家和人民利益造成特别重大损失的，处无期徒刑或者死刑，并处没收财产。刑法第 200 条规定，单位犯本罪的，对单位判处罚金，并且对其直接负责的主管人员和其他直接责任人员，处 5 年以下有期徒刑或者拘役；数额巨大或者有其他严重情节的，处 5 年以上 10 年以下有期徒刑；数额特别巨大或者有其他特别严重情节的，处 10 年以上有期徒刑或者无期徒刑。

二、贷款诈骗罪

（一）定义

贷款诈骗罪，是指以非法占有为目的，采用虚构事实、隐瞒真相的方法，诈骗银行或者其他金融机构的贷款，数额较大的行为。

（二）构成要件

（1）客观方面表现为采用虚构事实、隐瞒真相的方法，诈骗银行或者其他金融机构的贷款，数额较大的行为。具体包括下述五种情形：①编造引进资金、项目等虚假理由的；②使用虚假的经济合同的；③使用虚假的证明文件的；④使用虚假的产权证明作担保或者超出抵押物价值重复担保的；⑤以其他方法诈骗贷款的。

（2）主体为一般主体。即具有刑事责任能力的自然人。

（3）主观方面是故意，并且具有非法占有的目的。这里的非法占有目的，根据 2001 年 1 月 21 日最高人民法院发布的《全国法院审理金融犯罪案件工作座谈会纪要》的规定，是指具有下列情形之一的：①明知没有归还能力而大量骗取资金的；②非法获取资金后逃跑的；③肆意挥霍骗取资金的；④使用骗取的资金进行违法犯罪活动的；⑤抽逃、转移资金、隐匿资产，以逃避返还资金的；⑥隐匿、销毁账目，或者搞假破产、假倒闭，以逃避返还资金的；⑦其他非法占有资金、拒不返还的。

(三) 认定

(1) 罪与非罪。主要是贷款诈骗与贷款纠纷的界限。合法贷款以后没有按规定的用途使用贷款,或者由于某种原因致使不能按时返还贷款,在这种情况下,往往引起贷款纠纷。那么,这种贷款纠纷与贷款诈骗应当如何区分呢?对此,前引《纪要》指出:"对于合法取得贷款后,没有按规定的用途使用贷款,到期没有归还贷款的,不能以贷款诈骗罪定罪处罚;对于确有证据证明行为人不具有非法占有的目的,因不具备贷款的条件而采取了欺骗手段获取贷款,案发时有能力履行还贷的义务,或者案发时不能归还贷款是因为意志以外的原因,如因经营不善、被骗、市场风险等,不应以贷款诈骗罪定罪处罚。"

(2) 此罪与彼罪。主要是本罪与骗取贷款罪的界限。首先,本罪主观上必须具有非法占有贷款资金的目的;而骗取贷款罪主观上不具有非法占有的目的。其次,本罪的主体只能是自然人;而骗取贷款罪的主体既可以是自然人,也可以是单位。如果单位实施了骗取贷款的行为,其主观上没有非法占有的目的,且给银行或者其他金融机构造成重大损失或者有其他严重情节的,应认定为骗取贷款罪;有非法占有的目的,该如何定性?对此,前引《纪要》规定:"对于单位实施的贷款诈骗行为,不能以贷款诈骗罪定罪处罚,也不能以贷款诈骗罪追究直接负责的主管人员和其他直接责任人员的刑事责任,但是,在司法实践中,对于单位十分明显地以非法占有为目的,利用签订、履行借款合同诈骗银行或者其他金融机构贷款,符合刑法第224条规定的合同诈骗罪构成案件的,应当以合同诈骗罪处罚。"

(四) 刑事责任

刑法第193条规定,犯本罪的,处5年以下有期徒刑或者拘役,并处2万元以上20万元以下罚金;数额巨大或者有其他严重情节的,处5年以上10年以下有期徒刑,并处5万元以上50万元以下罚金;数额特别巨大或者有其他特别严重情节的,处10年以上有期徒刑或者无期徒刑,并处5万元以上50万元以下罚金或者没收财产。

三、信用卡诈骗罪

(一) 定义

信用卡诈骗罪,是指使用伪造、作废的信用卡,或者冒用他人的信用卡,或者利用信用卡恶意透支进行诈骗活动,数额较大的行为。

（二）构成要件

（1）客观方面表现为使用信用卡进行诈骗活动。具体包括下述四种情形：①使用伪造的信用卡，或者使用以虚假的身份证明骗领的信用卡的；②使用作废的信用卡的；③冒用他人信用卡的；④恶意透支的。

（2）主体为一般主体。即具有刑事责任能力的自然人。

（3）主观方面是故意。即明知是信用卡诈骗行为而有意实施，并且希望他人财产权受到侵害的主观心理态度。

（三）认定

（1）罪与非罪。行为人使用信用卡善意透支及时归还的，不是犯罪；恶意透支并且未想过要归还的，构成本罪。恶意透支具有三方面特征：①以非法占有为目的。②超过规定限额或者规定期限透支。③经发卡银行催收后仍不归还。

（2）此罪与彼罪。①盗窃他人信用卡并使用的，不以信用卡诈骗罪论处，而是以盗窃罪定罪处罚。②一般而言，拾得他人信用卡并使用的，属于冒用他人信用卡的情形，以信用卡诈骗罪论处；但使用他人遗留在ATM机上的信用卡的，应认定为盗窃罪，因为在此情形下，信用卡仍属于持卡人的占有物，而非遗忘物或遗失物。③伪造信用卡并用伪造的信用卡进行诈骗的，属于牵连犯，应当按照其中的重罪进行处罚。

（四）刑事责任

刑法第196条第1款规定，犯本罪的，处5年以下有期徒刑或者拘役，并处2万元以上20万元以下罚金；数额巨大或者有其他严重情节的，处5年以上10年以下有期徒刑，并处5万元以上50万元以下罚金；数额特别巨大或者有其他特别严重情节的，处10年以上有期徒刑或者无期徒刑，并处5万元以上50万元以下罚金或者没收财产。

四、保险诈骗罪

（一）定义

保险诈骗罪，是指投保人、被保险人或者受益人故意虚构保险标的，或者对发生的保险事故编造虚假的原因或者夸大损失程度，或者编造未曾发生的保险事故，或者故意造成被保险人死亡、伤残或者疾病，骗取保险金，数额较大的行为。

(二) 构成要件

(1) 客观方面表现为实施了虚构事实、隐瞒真相的各种欺诈手段骗取了保险金，数额较大的行为。具体包括下述五种情形：①投保人故意虚构保险标的，骗取保险金的；②投保人、被保险人或者受益人对发生的保险事故编造虚假的原因或者夸大损失的程度，骗取保险金的；③投保人、被保险人或者受益人编造未曾发生的保险事故，骗取保险金的；④投保人、被保险人故意造成财产损失的保险事故，骗取保险金的；⑤投保人、受益人故意造成被保险人死亡、伤残或者疾病，骗取保险金的。

(2) 主体是特殊主体。即投保人、被保险人或者受益人。

(3) 主观方面表现为故意。即明知是保险诈骗行为而有意实施，并且希望他人财产权受到侵害的主观心理态度。

(三) 认定

(1) 罪数。刑法第 198 条第 2 款规定："有前款第四项、第五项所列行为，同时构成其他犯罪的，依照数罪并罚的规定处罚。"这里的前款第四项规定，是指故意造成财产损失的保险事故。第五项规定，是指故意造成被保险人死亡、伤残或者疾病。行为人在实施上述保险诈骗行为时，可能采取爆炸、投毒、放火等方法制造财产保险事故，或者采取故意伤害、故意杀人等方法制造人身保险事故，这一方法行为已经构成犯罪，它与诈骗保险金的目的行为之间存在牵连关系，系牵连犯。对此，刑法明文规定实行数罪并罚。

(2) 共犯。保险事故的鉴定人、证明人、财产评估人故意提供虚假的证明文件，为他人诈骗提供条件的，以保险诈骗的共犯论处。

(3) 此罪与彼罪。保险公司的工作人员利用职务上的便利，故意编造未曾发生的保险事故进行虚假理赔，骗取保险金归自己所有的，依照职务侵占罪的规定定罪处罚；国有保险公司工作人员和国有保险公司委派到非国有保险公司从事公务的人员利用职务上的便利，故意编造未曾发生的保险事故进行虚假理赔，骗取保险金归自己所有的，依照贪污罪的规定定罪处罚。

(四) 刑事责任

刑法第 198 条第 1 款规定，犯本罪的，处 5 年以下有期徒刑或者拘役，并处 1 万元以上 10 万元以下罚金；数额巨大或者有其他严重情节的，处 5 年以上 10 年以下有期徒刑，并处 2 万元以上 20 万元以下罚金；数额特别巨大或者有其他特别严重情节的，处 10 年以上有期徒刑，并处 2 万元以上 20 万元以下罚金或者没收财产。第 3 款规定，单位犯本罪的，对单位判处罚金，并对其直接负责的主管人员和其他直接责任人员，处5年以下有期徒刑或者拘役；数额巨大或者有其他严重情节的，处5年以上10年以下有期徒刑；数额特别巨大或者有其他特别严重情节的，处10年以上有期徒刑。

五、本节其他罪名

（一）票据诈骗罪

1. 定义

票据诈骗罪，是指以非法占有为目的，采用虚构事实、隐瞒真相的方法，利用金融票据进行诈骗活动，数额较大的行为。刑法列举了五种票据诈骗的表现方式：(1)明知是伪造、变造的汇票、本票、支票而使用的；(2)明知是作废的汇票、本票、支票而使用的；(3)冒用他人的汇票、本票、支票的；(4)签发空头支票或者与其预留印鉴不符的支票，骗取财物的；(5)汇票、本票的出票人签发无资金保证的汇票、本票或者在出票时作虚假记载，骗取财物的。

2. 刑事责任

刑法第194条第1款规定，犯本罪的，处5年以下有期徒刑或者拘役，并处2万元以上20万元以下罚金；数额巨大或者有其他严重情节的，处5年以上10年以下有期徒刑，并处5万元以上50万元以下罚金；数额特别巨大或者有其他特别严重情节的，处10年以上有期徒刑或者无期徒刑，并处5万元以上50万元以下罚金或者没收财产。刑法第199条规定，犯本罪的，数额特别巨大并且给国家和人民利益造成特别重大损失的，处无期徒刑或者死刑，并处没收财产。刑法第200条规定，单位犯本罪的，对单位判处罚金，并对其直接负责的主管人员和其他直接责任人员，处5年以下有期徒刑或者拘役；数额巨大或者有其他严重情节的，处5年以上10年以下有期徒刑；数额特别巨大或者有其他特别严重情节的，处10年以上有期徒刑或者无期徒刑。

（二）金融凭证诈骗罪

1. 定义

金融凭证诈骗罪，是指以非法占有为目的，采用虚构事实、隐瞒真相的方法，使用伪造、变造的委托收款凭证、汇款凭证、银行存单等其他银行结算凭证进行诈骗活动的行为。

2. 刑事责任

刑法第194条第2款规定，犯本罪的，依照前款的规定处罚，即处5年以下有期徒刑或者拘役,并处2万元以上20万元以下罚金;数额巨大或者有其他严重情节的,处5年以上10年以下有期徒刑,并处5万元以上50万元以下罚金;数额特别巨大或者有其他特别严重情节的,处10年以上有期徒刑或者无期徒刑,并处5万元以上50万元以下罚金或者没收财产。刑法第199条规定,犯本罪,数额特别巨大并且给国家和人民利益造成特别重大损失的,处无期徒刑或者死刑,并处没收财产。刑法第200条规定,单位犯本罪的,对单位判处罚金,并对其直接负责的主管人员和其他直接责任人员,处5年以下有期徒刑或者拘役;数额巨大或者有其他严重情节的,处5年以上10年以下有期徒刑;数额特别巨大或者有其他特别严重情节的,处10年以上有期徒刑或者无期徒刑。

(三)信用证诈骗罪

1. 定义

信用证诈骗罪,是指利用伪造、变造的信用证或者附随的单据、文件,或者使用作废的信用证,或者骗取信用证以及以其他方法进行信用证诈骗活动的行为。刑法列举了四种信用证诈骗的表现方式:(1)使用伪造、变造的信用证或者附随的单据、文件的;(2)使用作废的信用证的;(3)骗取信用证的;(4)以其他方法进行信用证诈骗活动的。

2. 刑事责任

刑法第195条规定,犯本罪的,处5年以下有期徒刑或者拘役,并处2万元以上20万元以下罚金;数额巨大或者有其他严重情节的,处5年以上10年以下有期徒刑,并处5万元以上50万元以下罚金;数额特别巨大或者有其他特别严重情节的,处10年以上有期徒刑或者无期徒刑,并处5万元以上50万元以下罚金或者没收财产。刑法第199条规定,犯本罪,数额特别巨大并且给国家和人民利益造成特别重大损失的,处无期徒刑或者死刑,并处没收财产。刑法第200条规定,单位犯本罪的,对单位判处罚金,并对其直接负责的主管人员或者其他直接责任人员,处5年以下有期徒刑或者拘役;数额巨大或者有其他严重情节的,处5年以上10年以下有期徒刑;数额特别巨大或者有其他特别严重情节的,处10年以上有期徒刑或者无期徒刑。

(四)有价证券诈骗罪

1. 定义

有价证券诈骗罪,是指使用伪造、变造的国库券或者国家发行的其他有价证券进行诈骗活动,数额较大的行为。

2. 刑事责任

刑法第197条规定,犯本罪的,处5年以下有期徒刑或者拘役,并处2万元以上20

万元以下罚金;数额巨大或者有其他严重情节的,处5年以上10年以下有期徒刑,并处5万元以上50万元以下罚金;数额特别巨大或者有其他特别严重情节的,处10年以上有期徒刑或者无期徒刑,并处5万元以上50万元以下罚金或者没收财产。

【案例分析】

案例1

[案情] 行为人杨某在李某经营的休闲中心当服务员,杨某在玩李某的手机时,无意间发现有密码"168888"的字样。某年3月25日上午,杨某在该中心一楼的晾衣房晒衣服时,捡到一张中国农业银行银联卡,杨某便将捡到银联卡的事打电话告诉其情夫钟某。当天中午,二人在农业银行某市支行的自动取款机上由用"168888"密码试卡,试对密码后在自动取款机上连续取款5次,支取人民币4 100元。两人在确认银联卡是李某的以后,又在农业银行某分行红旗分理处柜台由杨某冒充李某支取人民币500元,在得知卡内仍有6 000多元后,两人最后到农业银行某区支行柜台,由杨某再次冒充李某支取人民币6 000元,当天两人共计取款10 600元。问题:杨某的行为如何定性?

[分析] 杨某的行为构成信用卡诈骗罪。本案中,杨某的信用卡并非通过秘密窃取的手段盗来的,而是在休闲中心捡到的,被告人杨某的捡到信用卡后取钱的行为不属于盗窃信用卡并使用的行为,不构成盗窃罪。杨某捡到信用卡以后,伙同其情夫钟某冒用李某的名义,支取10 600元,是一种属于冒用他人信用卡骗取财物的行为,其行为构成信用卡诈骗罪。

案例2

[案情] 2002年5月至2004年12月,汪某以某市宇晨养殖场、营口东华生态养殖公司等企业的名义,在未经国家金融管理部门批准、无资金保证能力的情况下,以高额回报为诱饵,采取用后笔集资款兑付前笔集资款本金和利息的手段,诱骗蚂蚁养殖户与其所属公司签订《蚂蚁养殖购销合同》共计109 161份,非法募集资金人民币29.949 9亿元。上述资金中,除偿还部分养殖户本金14.755亿元及支付高额利息7.214 7亿元、东华集团下属企业占用1.995 9亿元外,剩余款项被汪某个人以广告宣传、企业庆典、赞助、偿还个人贷款、借给个人或单位使用等各种形式支出,案发前尚有7.980 2亿元无法返还。2007年2月,营口市中级人民法院以汪某犯集资诈骗罪,判处其死刑、剥夺政治权利终身,并处没收个人全部财产。汪某对一审刑事部分判决不服,提出上诉。2007年11月,辽宁省高级人民法院二审裁定驳回上诉、维持原判。2008年

11 月 27 日,经最高人民法院核准,汪某 2008 年 11 月 26 日在辽宁省营口市被执行死刑。问题:法院的判决是否正确?

[分析] 法院的判决是正确的。本案中,汪某以非法占有为目的,采用虚构事实、隐瞒真相的方法,非法向社会公开募集资金,其行为已经构成集资诈骗罪。另外,汪某集资诈骗的数额特别巨大,而且给人民利益造成了特别重大损失,根据刑法规定,可以判处死刑,并处没收财产。

第七节 危害税收征管罪

一、逃税罪

(一) 定义

逃税罪,是指纳税人、扣缴义务人违反国家税收征管法规,采取欺骗、隐瞒手段进行虚假纳税申报或者不申报,逃避缴纳税款数额较大并且占应纳税额 10% 以上的行为。

(二) 构成要件

(1) 客观方面表现为实施了违反国家税收征管法规,采取欺骗、隐瞒手段进行虚假纳税申报或者不申报,逃避缴纳税款数额较大并且占应纳税额 10% 以上的行为。

(2) 主体是特殊主体。即纳税人、扣缴义务人,既可以是自然人也可以是单位。所谓纳税人,是指法律、行政法规规定的直接负有纳税义务的单位和个人。所谓扣缴义务人,是指法律、行政法规规定的负有代扣代缴、代收代缴税款义务的单位和个人。

(3) 主观方面表现为故意。即明知是逃税行为而有意实施的主观心理态度。

(三) 认定

(1) 罪与非罪。行为人由于过失而造成漏缴税款的,主观上没有逃税的故意,不构成逃税罪,应当补缴税款;行为人虽然有逃税的行为,但是逃税的数额和比例没有达到逃税罪标准的,是一般逃税行为,也不构成逃税罪。

(2) 多次逃税未经处理的情形。刑法第 201 条第 3 款(《刑法修正案(七)》第 3

条)规定:“对多次犯有前两款行为,未经处理后,按照累计数额计算。”

(四) 刑事责任

《刑法修正案(七)》第3条第1款规定,犯本罪的,处3年以下有期徒刑或者拘役,并处罚金;数额巨大并且占应纳税额30%以上的,处3年以上7年以下有期徒刑,并处罚金。第4款规定,有第一款行为,经税务机关依法下达追缴通知后,补缴应纳税款,缴纳滞纳金,已受行政处罚的,不予追究刑事责任;但是,5年内因逃避缴纳税款受过刑事处罚或者被税务机关给予二次以上行政处罚的除外。

二、抗税罪

(一) 定义

抗税罪,是指纳税人、扣缴义务人违反国家税收征管法规,以暴力、威胁方法拒不缴纳税款的行为。

(二) 构成要件

(1) 客观方面表现为以暴力、威胁方法,拒不缴纳税款的行为。所谓暴力,是指对正在进行征税工作的税务人员的人身进行捆绑、殴打、禁闭,危及其人身安全,从而阻止其履行征税职责,或者围攻、打砸税务机关及其办公用具,从而使税务机关不能进行正常的税收征收工作。所谓威胁,是指以将要对税务人员或其亲属的人身或其财产进行杀害、伤害、毁坏等为内容,对税务人员进行精神强制,使其不敢或放弃征收税工作。

(2) 主体是特殊主体。即纳税人、扣缴义务人。与逃税罪主体不同,本罪的主体只能是自然人。由于刑法没有规定单位可以犯本罪,故单位不能成为抗税罪的主体。单位以暴力、威胁方法拒不缴纳税款的,只应对单位的直接责任人员追究抗税罪的刑事责任,而不能判处单位构成抗税罪。

(3) 主观方面表现为故意。即明知是抗税行为而有意实施的主观心理态度。

(三) 认定

(1) 罪与非罪。抗税罪的手段表现为以暴力、威胁方法拒不缴纳税款,如果行为人没有使用暴力、威胁方法,而是以谩骂、耍赖等方法以达到拖欠税款目的的,不构成抗税罪。

(2) 转化犯。在实施抗税行为过程中,抗税人使用暴力往往致人重伤、死亡。根据2002年11月4日最高人民法院《关于审理偷税抗税刑事案件具体应用法律若干问题的解释》的规定,实施抗税行为致人重伤、死亡,构成故意伤害罪、故意杀人罪的,分别依照刑法第234条第2款、第232条的规定定罪处罚。

(3) 共犯。前引司法解释第6条第2款规定,与纳税人或者扣缴义务人共同实施抗税行为的,以抗税罪的共犯依法处罚。这是关于抗税罪共犯的规定,根据这一规定,非纳税人或者扣缴义务人可以和纳税人或者扣缴义务人相勾结,构成抗税罪的共犯。

(四) 刑事责任

刑法第202条规定,犯本罪的,处3年以下有期徒刑或者拘役,并处拒缴税款1倍以上5倍以下罚金;情节严重的,处5年以上7年以下有期徒刑,并处拒缴税款1倍以上5倍以下罚金。

三、骗取出口退税罪

(一) 定义

骗取出口退税罪,是指以假报出口或者其他欺骗手段,骗取国家出口退税款,数额较大的行为。

(二) 构成要件

(1) 客观方面表现为以假报出口或者其他欺骗手段,骗取国家出口退税款,数额较大的行为。根据2002年9月9日最高人民法院《关于审理骗取出口退税刑事案件具体应用法律若干问题的解释》第1条的规定,这里的假报出口,是指以虚构已税货物出口事实为目的,具有下列情形之一的行为:①伪造或者签订虚假的买卖合同;②以伪造、变造或者其他非法手段取得出口货物报关单、出口收汇核销单、出口货物专用缴款书等有关出口退税单据、凭证;③虚开、伪造、非法购买增值税专用发票或者其他可以用于出口退税的发票;④其他虚构已税货物出口事实的行为。前引司法解释第2条规定,具有下列情形之一的,应当认定为刑法第204条规定的其他欺骗手段:①骗取出口货物退税资格的;②将未纳税或者免税货物作为已税货物出口的;③虽有货物出口,但虚构该出口货物的品名、数量、单价等要素,骗取未实际纳税部分出口退税款的;④以其他手段骗取出口退税款的。

(2) 主体为一般主体。既可以是自然人也可以是单位。

(3) 主观方面表现为故意。即明知是骗取出口退税的行为而有意实施的主观心理态度。

(三) 认定

(1) 此罪与彼罪。主要是区分骗取出口退税罪与逃税罪的界限。本罪与逃税罪的界限是明确的:本罪是以报出口或者其他欺骗手段,骗取国家出口退税款,数额较大的行为;而逃税罪则是违反国家税收征管法规,采取欺骗、隐瞒手段进行虚假纳税申报或者不申报,逃避缴纳税款的行为。但是行为人缴纳税款后,采取假报出口或其他欺骗手段,骗取所缴纳的税款的,如何定性,则可能产生问题。对此,刑法第204条第2款规定,纳税人缴纳税款后,采取假报出口或其他欺骗手段,骗取所缴纳的税款的,依照逃税罪定罪处罚;骗取税款超过所缴纳的税款部分,依照骗取出口退税款的规定处罚。

(2) 共犯。前引司法解释第6条规定,有进出口经营权的公司、企业,明知他人意欲骗取国家出口退税款,仍违反国家有关进出口经营的规定,允许他人自带客户、自带货源、自带汇票并自行报关,骗取国家出口退税款的,应以骗取出口退税罪论处。这是关于出口退税罪共犯的规定。在这种情况下,有进出口经营权的公司、企业,在明知他人意欲骗取国家出口退税款而提供便利条件,应以骗取出口退税罪的共犯论处。

(3) 未遂。前引司法解释第7条规定,实施骗取国家出口退税行为,没有实际取得出口退税款的,可以比照既遂犯从轻或者减轻处罚。这是关于骗取出口退税罪未遂的规定。

(4) 罪数。前引司法解释第9条规定,实施骗取出口退税犯罪,同时构成虚开增值税专用发票罪等其他犯罪的,依照刑法处罚较重的规定定罪处罚。在这种情况下,在骗取出口退税罪和虚开增值税专用发票罪等其他犯罪之间存在牵连关系,系牵连犯。按照司法解释规定,对此应以重罪处断。

(四) 刑事责任

刑法第204条第1款规定,犯本罪的,处5年以下有期徒刑或者拘役,并处骗取税款1倍以上5倍以下罚金;数额巨大或者有其他严重情节的,处5年以上10年以下有期徒刑,并处骗取税款1倍以上5倍以下罚金;数额特别巨大或者有其他特别严重情节的,处10年以上有期徒刑或者无期徒刑,并处骗取税款1倍以上5倍以下罚金或者没收财产。刑法第211条规定,单位犯本罪的,对单位判处罚金,并对其直接负责的主管人员和其他直接责任人员,依照个人犯罪的规定处罚。

四、本节其他罪名

（一）逃避追缴欠税罪

1. 定义

逃避追缴欠税罪，是指纳税人违反税收征管法规，欠缴应纳税款，并采取转移或者隐匿财产的手段，致使税务机关无法追缴欠缴的税款，数额较大的行为。

2. 刑事责任

刑法第203条规定，犯本罪的，处3年以下有期徒刑或者拘役，并处或者单处欠缴税款1倍以上5倍以下罚金；数额在10万元以上的，处3年以上7年以下有期徒刑，并处欠缴税款1倍以上5倍以下罚金。刑法第211条规定，单位犯本罪的，对单位判处罚金，并对其直接负责的主管人员和其他直接责任人员，依照个人犯罪的规定处罚。

（二）虚开增值税专用发票、用于骗取出口退税、抵扣税款发票罪

1. 定义

虚开增值税专用发票、用于骗取出口退税、抵扣税款发票罪，是指违反国家税收征管法规，为他人虚开、为自己虚开、让他人为自己虚开、介绍他人虚开增值税专用发票或者用于骗取出口退税、抵扣税款的其他发票的行为。

2. 刑事责任

刑法第205条第1款规定，犯本罪的，处3年以下有期徒刑或者拘役，并处2万元以上20万元以下罚金；虚开的税款数额较大或者有其他严重情节的，处3年以上10年以下有期徒刑，并处5万元以上50万元以下罚金；虚开的税款数额巨大或者有其他特别严重情节的，处10年以上有期徒刑或者无期徒刑，并处5万元以上50万元以下罚金或者没收财产。第2款规定，有前款行为骗取国家税款，数额特别巨大，情节特别严重，给国家利益造成特别重大损失的，处无期徒刑或者死刑，并处没收财产。第3款规定，单位犯本罪的，对单位判处罚金，并对其直接负责的主管人员和其他直接责任人员，处3年以下有期徒刑或者拘役；虚开的税款数额较大或者有其他严重情节的，处3年以上10年以下有期徒刑；虚开的税款数额巨大或者有其他特别严重情节的，处10年以上有期徒刑或者无期徒刑。

（三）伪造、出售伪造的增值税专用发票罪

1. 定义

伪造、出售伪造的增值税专用发票罪，是指违反国家对增值税专用发票的管理规

定，伪造或者出售伪造的增值税专用发票的行为。

2. 刑事责任

刑法第206条第1款规定，犯本罪的，处3年以下有期徒刑、拘役或者管制，并处2万元以上20万元以下罚金；数量较大或者有其他严重情节的，处3年以上10年以下有期徒刑，并处5万元以上50万元以下罚金；数量巨大或者有其他特别严重情节的，处10年以上有期徒刑或者无期徒刑，并处5万元以上50万元以下罚金或者没收财产。第2款规定，伪造并出售伪造的增值税专用发票，数量特别巨大，情节特别严重，严重破坏经济秩序的，处无期徒刑或者死刑，并处没收财产。第3款规定，单位犯本罪的，对单位判处罚金，并对其直接负责的主管人员和其他直接责任人员，处3年以下有期徒刑、拘役或者管制；数量较大或者有其他严重情节的，处3年以上10年以下有期徒刑；数量巨大或者有其他特别严重情节的，处10年以上有期徒刑或无期徒刑。

（四）非法出售增值税专用发票罪

1. 定义

非法出售增值税专用发票罪，是指违反国家对增值税专用发票的管理规定，非法出售增值税专用发票的行为。

2. 刑事责任

刑法第207条规定，犯本罪的，处3年以下有期徒刑、拘役或者管制，并处2万元以上20万元以下罚金；数量较大的，处3年以上10年以下有期徒刑，并处5万元以上50万元以下罚金；数量巨大的，处10年以上有期徒刑或者无期徒刑，并处5万元以上50万元以下罚金或者没收财产。第211条规定，单位犯本罪的，对单位判处罚金，并对其直接负责的主管人员和其他直接责任人员，依照个人犯罪的规定处罚。

（五）非法购买增值税专用发票、购买伪造的增值税专用发票罪

1. 定义

非法购买增值税专用发票、购买伪造的增值税专用发票罪，是指违反国家对增值税专用发票的管理规定，非法购买增值税专用发票或者购买伪造的增值税专用发票的行为。

2. 刑事责任

刑法第208条第1款规定，犯本罪的，处5年以下有期徒刑或者拘役，并处或者单处2万元以上20万元以下罚金。第111条规定，单位犯本罪的，对单位判处罚金，并对其直接负责的主管人员和其他直接责任人员，依照个人犯罪的规定处罚。

（六）非法制造、出售非法制造的用于骗取出口退税、抵扣税款发票罪

1. 定义

非法制造、出售非法制造的用于骗取出口退税、抵扣税款发票罪，是指违反国家发票管理法规，伪造、擅自制造或者出售伪造、擅自制造的可以用于骗取出口退税、抵扣税款的其他发票的行为。

2. 刑事责任

刑法第309条第1款规定，犯本罪的，处3年以下有期徒刑、拘役或者管制，并处2万元以上20万元以下罚金；数量巨大的，处3年以上7年以下有期徒刑，并处5万元以上50万元以下罚金；数量特别巨大的，处7年以上有期徒刑，并处5万元以上50万元以下罚金或者没收财产。刑法第211条规定，单位犯本罪的，对单位判处罚金，并对其直接负责的主管人员和其他直接责任人员，依照个人犯罪的规定处罚。

（七）非法制造、出售非法制造的发票罪

1. 定义

非法制造、出售非法制造的发票罪，是指违反国家发票管理法规，伪造、擅自制造或者出售伪造、擅自制造的用于骗取出口退税、抵扣税款的发票以外的其他发票的行为。

2. 刑事责任

刑法第209条第2款规定，犯本罪的，处2年以下有期徒刑、拘役或者管制，并处或者单处1万元以上5万元以下罚金；情节严重的，处2年以上7年以下有期徒刑，并处5万元以上50万元以下罚金。刑法第211条规定，单位犯本罪的，对单位判处罚金，并对其直接负责的主管人员和其他直接责任人员，依照个人犯罪的规定处罚。

（八）非法出售用于骗取出口退税、抵扣税款发票罪

1. 定义

非法出售用于骗取出口退税、抵扣税款发票罪，是指违反国家发票管理法规，非法出售可以用于骗取出口退税、抵扣税款的其他发票的行为。

2. 刑事责任

刑法第209条第3款之规定，犯本罪的，依照第1款的规定处罚，即处3年以下有期徒刑、拘役或者管制，并处2万元以上20万元以下罚金，数量巨大的，处3年以上7年以下有期徒刑，并处5万元以上50万元以下罚金；数量特别巨大的，处7年以上有期徒刑，并处5万元以上50万元以下罚金或者没收财产。刑法第211条规定，单位犯本罪的，对单位判处罚金，并对其直接负责的主管人员和其他直接责任人员，依照个人犯

罪的规定处罚。

(九) 非法出售发票罪

1. 定义

非法出售发票罪,是指违反国家发票管理法规,非法出售用于骗取出口退税、抵扣税款的发票以外的其他发票的行为。

2. 刑事责任

刑法第209条第4款规定,犯本罪的,依照第2款的规定处罚,即处2年以下有期徒刑、拘役或者管制,并处或者单处1万元以上5万元以下罚金;情节严重的,处2年以上7年以下有期徒刑,并处5万元以上50万元以下罚金。刑法第211条规定,单位犯本罪的,对单位判处罚金,并对其直接负责的主管人员和其他直接责任人员,依照个人犯罪的规定处罚。

【案例分析】

[案情] 甲企业生产的一批外贸供货产品因外商原因无法出口,该企业采用伪造出口退税单证和签订虚假买卖合同等方法,骗取出口退税50万元(其中包括该批产品已征的产品税、增值税等税款19万元)。问题:甲企业的行为如何定性?

[分析] 甲企业的行为构成逃税罪和骗取出口退税罪,应该数罪并罚。刑法第204条第2款规定,纳税人缴纳税款后,采取假报出口或其他欺骗手段,骗取所缴纳的税款的,依照逃税罪定罪处罚;骗取税款超过所缴纳的税款部分,依照骗取出口退税款的规定处罚。本案中,甲企业骗取税款中的19万元属于其已缴纳税款,故对这19万元而言构成逃税罪;对于另外的31万元构成骗取出口退税罪。

第八节 侵犯知识产权罪

一、假冒注册商标罪

(一) 定义

假冒注册商标罪,是指违反商标管理法规,未经注册商标所有人许可,在同一种商品上使用与其注册商标相同的商标,情节严重的行为。

(二) 构成要件

(1) 客观方面表现为违反商标管理法规,未经注册商标所有人许可,在同一种商品上使用与其注册商标相同的商标,情节严重的行为。具体表现在四个方面:①行为人使用了与他人注册商标相同的商标。所谓注册商标,根据《中华人民共和国商标法》(简称《商标法》)第3条的规定,是指经商标局核准注册的商标。《商标法》第23条规定:"注册商标的有效期为10年,自核准之日起计算"。第24条规定:"注册商标有效期满,需要继续使用的,应当在期满前6个月内申请续展注册"。显然,只有假冒有效期内的注册商标的,才能构成本罪。所谓使用注册商标,是指将注册商标附着于商品,以区别自己的商品与他人商品的行为。只要行为人公然将注册商标附着于商品,即可认定行为人使用注册商标。②在同一种商品上使用了与他人注册商标相同的商标。行为人必须在同一种商品上使用与他人注册商标相同的商标,才构成本罪。如果行为人不是在同一种商品上使用与他人注册商标相同的商标的,不构成本罪。③未经注册商标所有人许可,在同一种商品上使用了与他人注册商标相同的商标。④情节严重。

(2) 主体为一般主体。既可以是自然人也可以是单位。

(3) 主观方面表现为故意。即明知是假冒注册商标的行为而有意实施的主观心理态度。

(三) 刑事责任

刑法第213条规定,犯本罪的,处3年以下有期徒刑或者拘役,并处或者单处罚金;情节特别严重的,处3年以上7年以下有期徒刑,并处罚金。刑法第220条规定,单位犯本罪的,对单位判处罚金,并对其直接负责的主管人员和其他直接责任人员,依照个人犯罪的规定处罚。

二、本节其他罪名

(一) 销售假冒注册商标的商品罪

1. 定义

销售假冒注册商标的商品罪,是指违反商标管理法规,销售明知是假冒注册商标的商品,销售金额数额较大的行为。

2. 刑事责任

刑法第214条规定,犯本罪的,处3年以下有期徒刑或者拘役,并处或者单处罚金;销售金额数额巨大的,处3年以上7年以下有期徒刑,并处罚金。刑法第220条规定,单位犯本罪的,对单位判处罚金,并对其直接负责的主管人员和其他直接责任人员,依照个人犯罪的规定处罚。

(二)非法制造、销售非法制造的注册商标标识罪

1. 定义

非法制造、销售非法制造的注册商标标识罪,是指违反商标管理法规,伪造、擅自制造他人注册商标标识或者销售伪造、擅自制造的注册商标标识,情节严重的行为。

2. 刑事责任

刑法第215条规定,犯本罪的,处3年以下有期徒刑、拘役或者管制,并处或者单处罚金,情节特别严重的,处3年以上7年以下有期徒刑,并处罚金。刑法第220条规定,单位犯本罪的,对单位判处罚金,并对其直接负责的主管人员和其他直接责任人员,依照个人犯罪的规定处罚。

(三)假冒专利罪

1. 定义

假冒专利罪,是指违反专利管理法规,未经专利权人许可,假冒他人专利,情节严重的行为。

2. 刑事责任

刑法第116条规定,犯本罪的,处3年以下有期徒刑或者拘役,并处或者单处罚金。刑法第220条规定,单位犯本罪的,对单位判处罚金,并对其直接负责的主管人员和其他直接责任人员,依照个人犯罪的规定处罚。

(四)侵犯著作权罪

1. 定义

侵犯著作权罪,是指以营利为目的,违反著作权管理法规,未经著作权人许可,侵犯他人的著作权,违法所得数额较大或者有其他严重情节的行为。刑法列举了四种侵犯著作权的表现方式:(1)未经著作权人许可,复制发行其文字作品、音乐、电影、电视、录像作品、计算机软件及其他作品的;(2)出版他人享有专有出版权的图书的;(3)未经录音录像制作者许可,复制发行其制作的录音录像的;(4)制作、出售假冒他人署名的美术作品的。

2. 刑事责任

刑法第117条规定,犯本罪的,处3年以下有期徒刑或者拘役,并处或者单处罚金;违法所得数额巨大或者有其他特别严重情节的,处3年以上7年以下有期徒刑,并处罚金。刑法第220条规定,单位犯本罪的,对单位判处罚金,并对其直接负责的主管人员或者其他直接责任人员,依照个人犯罪的规定处罚。

(五) 销售侵权复制品罪

1. 定义

销售侵权复制品罪,是指以营利为目的,违反著作权管理法规,明知是侵权复制品而故意销售,违法所得数额巨大的行为。

2. 刑事责任

刑法第218条规定,犯本罪的,处3年以下有期徒刑或者拘役,并处或者单处罚金。刑法第220条规定,单位犯本罪的,对单位判处罚金,并对其直接负责的主管人员和其他直接责任人员,依照个人犯罪的规定处罚。

(六) 侵犯商业秘密罪

1. 定义

侵犯商业秘密罪,是指采取不正当手段,获取、使用、披露或者允许他人使用权利人的商业秘密,给商业秘密的权利人造成重大损失的行为。刑法列举了三种侵犯商业秘密的表现方式:(1)以盗窃、利诱、胁迫或者其他不正当手段获取权利人的商业秘密的;(2)披露、使用或者允许他人使用以前项手段获取的权利人的商业秘密的;(3)违反约定或者违反权利人有关保守商业秘密的要求,披露、使用或者允许他人使用其所掌握的商业秘密的。

2. 刑事责任

刑法第119条规定,犯本罪的,处3年以下有期徒刑、拘役,并处或者单处罚金;造成特别严重后果的,处3年以上7年以下有期徒刑,并处罚金。刑法第200条规定,单位犯本罪的,对单位判处罚金,并对其直接负责的主管人员和其他直接责任人员,依照个人犯罪的规定处罚。

【案例分析】

[案情] 甲公司拥有某项独家技术每年为公司带来100万元利润,故对该技术严加保密。乙公司经理丙为获得该技术,带人将甲公司技术员丁在其回家路上强行拦截

并推入丙的汽车,对丁说如果他提供该技术资料就给他2万元,如果不提供就将他嫖娼之事公之于众。丁同意配合。次日丁向丙提供了该技术资料,并获得2万元报酬。问题:丙的行为如何定性?

[分析]　丙的行为构成侵犯商业秘密罪。本案中,丙以胁迫手段强行取得甲公司的商业秘密行为,符合侵犯商业秘密罪的客观要件,即以胁迫或者其他不正当手段获取权利人的商业秘密的情形。值得注意的是,丙的行为不构成敲诈勒索罪。因为敲诈勒索罪的行为人敲诈的是被害人的财物,而本案中真正受到损失的是甲公司而非其技术员丁,所以丙的行为不是敲诈勒索罪。

第九节　扰乱市场秩序罪

一、合同诈骗罪

(一) 定义

合同诈骗罪,是指以非法占有为目的,在签订、履行合同过程中,骗取对方当事人的财物,数额较大的行为。

(二) 构成要件

(1) 客观方面表现为在签订、履行合同过程中,骗取对方当事人的财物,数额较大的行为。具体包括下述五种情形:①以虚构的单位或者冒用他人名义签订合同的;②以伪造、变造、作废的票据或者其他虚假的产权证明作担保的;③没有实际履行能力,以先履行小额合同或者部分履行合同的方法,诱骗对方当事人继续签订和履行合同的;④收受对方当事人给付的货物、货款、预付款或者担保财产后逃匿的;⑤以其他方法骗取对方当事人财物的。

(2) 主体为一般主体。既可以是自然人也可以是单位。

(3) 主观方面表现为故意,且具有非法占有的目的。

(三) 认定

(1) 罪与非罪。①区分合同诈骗罪与经济合同纠纷的界限。经济合同纠纷是合同双方当事人对合同的履行情况或者合同未履行的后果产生纠纷,即对合同的变更或解除产生分歧。在经济合同纠纷的情况下,任何一方当事人都没有非法占有对方财物的目的,也没有骗取对方财物的行为,应当通过调解、仲裁或者民事诉讼的方式解决。②区分合同诈骗罪与合同欺诈的界限。合同欺诈是在所签订的合同中,故意隐瞒某些真实情况,如产品的瑕疵、功效等,但并不是不履行合同,也不具有非法占有对方财物的目的,不属于合同诈骗。

(2) 此罪与彼罪。主要是区分合同诈骗罪与诈骗罪的界限。合同诈骗与诈骗都是采用了虚构事实,隐瞒真相的方法,目的都是为了骗取公私财物,区别就在于合同诈骗罪采用的是特定的手段,即利用签订、履行合同的方式进行诈骗,而诈骗罪则没有任何特别的限制。

(四) 刑事责任

刑法第224条规定,犯本罪的,处3年以下有期徒刑或者拘役,并处或者单处罚金;数额巨大或者有其他严重情节的,处3年以上10年以下有期徒刑并处罚金;数额特别巨大或有其他特别严重情节的,处10年以上有期徒刑或者无期徒刑。刑法第231条规定,单位犯本罪的,对单位判处罚金,并对其直接负责的主管人员和其他直接责任人员,依照个人犯罪的规定处罚。

二、组织、领导传销活动罪

(一) 定义

组织、领导传销活动罪,是指组织、领导以推销商品、提供服务等经营活动为名,要求参加者以缴纳费用或者购买商品、服务等方式获得加入资格,并按照一定顺序组成层级,直接或者间接以发展人员的数量作为计酬或者返利依据,引诱、胁迫参加者继续发展他人参加,骗取财物,扰乱经济社会秩序的传销活动的行为。

(二) 构成要件

(1) 客观方面表现为实施了组织、领导以推销商品、提供服务等经营活动为名,要求参加者以缴纳费用或者购买商品、服务等方式获得加入资格,并按照一定顺序组成层级,直接或者间接以发展人员的数量作为计酬或者返利依据,引诱、胁迫参加者继续发展他人参加,骗取财物,扰乱经济社会秩序的传销活动的行为。

(2) 主体为一般主体。既可以是自然人也可以是单位。

（3）主观方面表现为故意。即明知是组织传销行为而有意实施的主观心理态度。

（三）刑事责任

刑法第224条之一（《刑法修正案（七）》第4条）规定，犯本罪的，处5年以下有期徒刑或者拘役，并处罚金；情节严重的，处5年以上有期徒刑，并处罚金。刑法第231条规定，单位犯本罪的，对单位判处罚金，并对其直接负责的主管人员和其他直接责任人员，依照个人犯罪的规定处罚。

三、非法经营罪

（一）定义

非法经营罪，是指违反国家规定，进行非法经营活动，扰乱市场秩序，情节严重的行为。

（二）构成要件

（1）客观方面表现为违反国家规定，进行非法经营活动，扰乱市场秩序，情节严重的行为。具体包括下述四种情形：①未经许可经营法律、行政法规规定的专营、专卖物品或者其他限制买卖的物品的；②买卖进出口许可证、进出口原产地证明以及其他法律、行政法规规定的经营许可证或者批准文件的；③未经国家有关主管部门批准非法经营证券、期货、保险业务的，或者非法从事资金支付结算业务的；④其他严重扰乱市场秩序的非法经营行为。根据相关司法解释，其他严重扰乱市场秩序的非法经营行为主要有：非法买卖外汇；非法经营出版物；非法经营电信业务；非法传销或者变相传销；违反国家在预防、控制突发传染病疫情等灾害期间，有关市场经营、价格管理等规定，哄抬物价，牟取暴利，严重扰乱市场秩序，违法所得数额较大或者有其他严重情节的行为；违反国家规定，擅自设立互联网上网服务营业场所，或者擅自从事互联网上网服务经营活动，情节严重的；未经国家批准擅自发行、销售彩票的。

（2）主体为一般主体。既可以是自然人也可以是单位。

（3）主观方面表现为故意。即明知是非法经营行为而有意实施的主观心理态度。

（三）刑事责任

刑法第225条（《刑法修正案（七）》第5条）规定，犯本罪的，处5年以下有期徒刑或者拘役，并处或者单处违法所得1倍以上5倍以下罚金，情节特别严重的，处5年以上有期徒刑,并处违法所得1倍以上5倍以下罚金或者没收财产。刑法第231条规定,单位犯本罪的,对单位判处罚金,并对其直接负责的主管人员和其他直接责任人员,依照个人犯罪的规定处罚。

四、本节其他罪名

(一) 损害商业信誉、商品声誉罪

1. 定义

损害商业信誉、商品声誉罪,是指捏造并散布虚构事实,损害他人的商业信誉、商品声誉,给他人造成重大损失或者有其他严重情节的行为。

2. 刑事责任

刑法第221条规定,犯本罪的,处2年以下有期徒刑或者拘役,并处或者单处罚金。刑法第231条规定,单位犯本罪的,对单位判处罚金,并对其直接负责的主管人员和其他直接责任人员,依照个人犯罪的规定处罚。

(二) 虚假广告罪

1. 定义

虚假广告罪,是指广告主、广告经营者、广告发布者违反国家规定,利用广告对商品或者服务作虚假宣传,情节严重的行为。

2. 刑事责任

刑法第222条规定,犯本罪的,处2年以下有期徒刑或者拘役,并处或者单处罚金。刑法第231条规定,单位犯本罪的,对单位判处罚金,并对其直接负责的主管人员和其他直接责任人员,依照个人犯罪的规定处罚。

(三) 串通投标罪

1. 定义

串通投标罪,是指在招标投标过程中,投标人相互串通投标报价,损害招标人或者其他投标人的利益,情节严重,或者投标人与招标人串通投标,损害国家、集体、公民的合法利益的行为。

2. 刑事责任

刑法第223条规定,犯本罪的,处3年以下有期徒刑或者拘役,并处或者单处罚金。刑法第231条规定,单位犯本罪的,对单位判处罚金,并对其直接负责的主管人员和其

他直接责任人员，依照个人犯罪的规定处罚。

（四）强迫交易罪

1. 定义

强迫交易罪，是指在商品交易中，以暴力、威胁手段强买强卖商品、强迫他人提供服务或者强迫他人接受服务，情节严重的行为。

2. 刑事责任

刑法第 226 条规定，犯本罪的，处 3 年以下有期徒刑或者拘役，并处或者单处罚金。刑法第 231 条规定，单位犯本罪的，对单位判处罚金，并对其直接负责的主管人员和其他直接责任人员，依照个人犯罪的规定处罚。

（五）伪造、倒卖伪造的有价票证罪

1. 定义

伪造、倒卖伪造的有价票证罪，是指伪造或者倒卖伪造的车票、船票、邮票或者其他有价票证，数额较大的行为。

2. 刑事责任

刑法第 227 条第 1 款规定，犯本罪的，处 2 年以下有期徒刑、拘役或者管制，并处或者单处票证价额 1 倍以上 5 倍以下罚金；数额巨大的，处 2 年以上 7 年以下有期徒刑。刑法第 231 条规定，单位犯本罪的，对单位判处罚金，并对其直接负责的主管人员或者其他直接责任人员，依照个人犯罪的规定处罚。

（六）倒卖车票、船票罪

1. 定义

倒卖车票、船票罪，是指非法倒卖车票、船票，情节严重的行为。

2. 刑事责任

刑法第 227 条第 2 款规定，犯本罪的，处 3 年以下有期徒刑、拘役或者管制，并处或者单处原证价额 1 倍以上 5 倍以下罚金。

（七）非法转让、倒卖土地使用权罪

1. 定义

非法转让、倒卖土地使用权罪，是指以牟利为目的，违反土地管理法规，非法转让、倒卖土地使用权，情节严重的行为。

2. 刑事责任

刑法第228条规定,犯本罪的,处3年以下有期徒刑或者拘役,并处或者单处非法转让、倒卖土地使用权价额的5%以上20%以下的罚金;情节特别严重的,处3年以上7年以下有期徒刑,并处非法转让、倒卖土地使用权价额的5%以上20%以下的罚金。刑法第231条规定,单位犯本罪的,对单位判处罚金,并对其直接负责的主管人员和其他直接责任人员,依照个人犯罪的规定处罚。

(八) 提供虚假证明文件罪

1. 定义

提供虚假证明文件罪,是指承担资产评估、验资、验证、会计、法律服务等职责的中介组织的人员,故意提供虚假证明文件,情节严重的行为。

2. 刑事责任

刑法第229条第1款规定,犯本罪的,处5年以下有期徒刑或者拘役,并处罚金。第2款规定,中介组织人员索取他人财物或者收受他人财物犯本罪的,处5年以上10年以下有期徒刑,并处罚金。刑法第231条规定,单位犯本罪的,对单位判处罚金,并对其直接负责的主管人员和其他直接责任人员,依照个人犯罪的规定处罚。

(九) 出具证明文件重大失实罪

1. 定义

出具证明文件重大失实罪,是指承担资产评估、验资、验证、会计、法律服务等职责的中介组织的人员,严重不负责任,出具的证明文件有重大失实,造成严重后果的行为。

2. 刑事责任

刑法第229条第3款规定,犯本罪的,处3年以下有期徒刑或者拘役,并处或者单处罚金。刑法第231条规定,单位犯本罪的,对单位判处罚金,并对其直接负责的主管人员和其他直接责任人员,依照个人犯罪的规定处罚。

(十) 逃避商检罪

1. 定义

逃避商检罪,是指违反进出口商品检验法的规定,逃避商品检验,将必须经商检机构检验的进口商品未报经检验而擅自销售、使用,或者将必须经商检机构检验的出口商品未报经检验合格而擅自出口,情节严重的行为。

2. 刑事责任

刑法第230条规定,犯本罪的,处3年以下有期徒刑或者拘役,并处或者单处罚金。刑法第231条规定,单位犯本罪的,对单位判处罚金,并对其直接负责的主管人员和其他直接责任人员,依照个人犯罪的规定处罚。

【案例分析】

案例1

[案情] 2007年9月17日,汪某伙同他人,经事先预谋,以化名"王强"及虚构的上海利昆广告有限公司的名义,与上海优胜印务有限公司签订价款8万元的印刷合同,并支付定金4 000元,在收取印务公司交付的印刷制品后,汪某以76 500元的低价出售,得款后逃匿。2008年1月1日,汪某被公安机关抓获归案。问题:汪某的行为如何定性?

[分析] 汪某的行为构成合同诈骗罪。本案中,汪某伙同他人,以非法占有为目的,在签订、履行合同的过程中,骗取被害单位财物,数额巨大,其行为已构成合同诈骗罪。

案例2

[案情] 行为人王某为非法获利,在未经中国证监会许可的情况下,自2006年5月至2007年5月多次在互联网上发布招募会员信息,先后以每人每年3 000元、5 000元、7 000元、9 000元、10 000元、13 000元、27 000元、37 000元不等的标准建立777团队、快乐777团队、777财聚团队、777财宝团队、777黄金客户、777铂金客户、777钻石客户收费,并对交费会员进行证券指导,收取16名会员缴纳的会费,非法经营收入205 612.72元,被非法占有。案发后,赃款被公安机关扣押。问题:王某的行为如何定性?

[分析] 王某的行为构成非法经营罪。刑法规定,未经国家有关主管部门批准,非法经营证券业务的,构成非法经营罪。本案中,王某未经中国证监会许可,违反国家规定,非法经营证券业务,扰乱市场秩序,违法收入205 612.72元,情节严重,其行为已构成非法经营罪。

【本章小结】

破坏社会主义市场经济秩序罪,是指违反市场经济管理法规,进行非法经济活动,严重破坏社会主义市场经济秩序的行为。本类犯罪侵犯的客体是社会主义市场经济秩序。刑法把本章具体罪名分为八类:一是生产、销售伪劣商品罪;二是走私罪;三是妨害对公司、企业的管理秩序罪;四是破坏金融管理秩序罪;五是金融诈骗罪;六是危害税收征管罪;七是侵犯知识产权罪;八是扰乱市场秩序罪。

本章思考题

1. 认定生产、销售伪劣产品罪应注意哪几方面问题?
2. 什么是走私普通货物、物品罪?
3. 如何理解非国家工作人员受贿罪的犯罪主体要件?
4. 内幕交易、泄露内幕信息罪的客观方面有哪些表现形式?
5. 操纵证券、期货市场罪的客观方面有哪些表现形式?
6. 洗钱罪的客观方面有哪些表现形式?
7. 什么是伪造货币罪?
8. 什么是逃汇罪?
9. 如何认定集资诈骗罪的非法占有之目的?
10. 认定贷款诈骗罪应注意哪几方面问题?
11. 认定信用卡诈骗罪应注意哪几方面问题?
12. 认定保险诈骗罪应注意哪几方面问题?
13. 什么是票据诈骗罪?
14. 什么是金融凭证诈骗罪?
15. 什么是信用证诈骗罪?
16. 如何区分合同诈骗罪与经济合同纠纷的界限?
17. 非法经营罪的客观方面有哪些表现形式?

第十九章 侵犯公民人身权利、民主权利罪

【本章学习目的】

通过本章的学习，了解侵犯公民人身权利、民主权利罪的定义、具体罪名和同类客体；掌握各种重点讲授的侵犯公民人身权利、民主权利罪具体罪名的定义、构成要件；理解认定有关侵犯公民人身权利、民主权利罪具体罪名时应当区别的各种界限和应当注意的问题。

第一节 侵犯公民人身权利、民主权利罪概述

一、定义

侵犯公民人身权利、民主权利罪，是指故意或者过失地侵犯公民的人身权利、民主权利以及其他权利，情节严重的行为。

二、具体罪名

根据刑法分则第四章、《刑法修正案(四)》、《刑法修正案(六)》及《刑法修正案(七)》的规定，侵犯公民人身权利、民主权利罪包括41个具体罪名。

可以将本章具体罪名分为六类：一是侵犯生命、健康的犯罪。具体包括故意杀人罪，过失致人死亡罪，故意伤害罪，过失致人重伤罪。二是侵犯妇女、儿童身心健康的犯罪。具体包括强奸罪，强制猥亵、侮辱妇女罪，猥亵儿童罪。三是侵犯人身自由的犯

罪。具体包括非法拘禁罪,绑架罪,拐卖妇女、儿童罪,收买被拐卖的妇女、儿童罪,聚众阻碍解救被收买的妇女、儿童罪,诬告陷害罪,强迫职工劳动罪,雇用童工从事危重劳动罪,非法搜查罪,非法侵入住宅罪,刑讯逼供罪,暴力取证罪,虐待被监管人罪。四是侵犯名誉、人格的犯罪。具体包括侮辱罪,诽谤罪,煽动民族仇恨、民族歧视罪,出版歧视、侮辱少数民族作品罪。五是侵犯民主权利的犯罪。具体包括非法剥夺公民宗教信仰自由罪,侵犯少数民族风俗习惯罪,侵犯通信自由罪,私自开拆、隐匿、毁弃邮件、电报罪,出售、非法提供公民个人信息罪,非法获取公民个人信息罪,报复陷害罪,打击、报复会计、统计人员罪,破坏选举罪。六是妨害婚姻家庭权利的犯罪。具体包括暴力干涉婚姻自由罪,重婚罪,破坏军婚罪,虐待罪,遗弃罪,拐骗儿童罪,组织残疾人、儿童乞讨罪,组织未成年人进行违反治安管理活动罪。

三、同类客体

本类犯罪侵犯的客体是公民的人身权利和民主权利。公民的人身权利,是指我国法律所保护的与公民的人身不可分离的权利,它包括公民的生命权、健康权、性的不可侵犯权、人身自由权、人格名誉权,以及与人身直接相关的住宅不受侵犯权等。公民的民主权利,是指公民所享有的管理国家和参加正常的社会活动的权利,主要包括选举权和被选举权、控告权、申诉权、批评权、检举权等。

第二节　侵犯生命、健康的犯罪

一、故意杀人罪

(一) 定义

故意杀人罪,是指故意非法剥夺他人生命的行为。

(二) 构成要件

(1) 客观方面表现为非法剥夺他人生命的行为。首先,行为人必须具有剥夺他人生命的行为。剥夺他人生命的行为,在具体表现形式上多种多样,有徒手采用拳打脚踢实施的,也有利用工具、动物或者无责任能力或无过错的人实施的;有的是行为人亲手实施各种剥夺他人生命的行为,有的则是行为人诱骗、诱发、威逼或帮助他人自杀。故意杀人的手段未必都是暴力的,如故意制造恐怖状态将他人恐吓而死的,也可以构成故意杀人罪。杀人的行为方式,既可以是作为,也可以是不作为。其次,剥夺他人生命的行为必须是非法的。这是区分合法行为与故意杀人罪的关键所在。执行死刑命令将死刑罪犯枪决;为了保护国家、社会的利益、本人或者他人的人身、财产或者其他权利而实施正当防卫将不法侵害人杀死等行为,虽然在客观上都是剥夺他人生命的行为,但是法律赋予这些行为合法性,不具有非法的特征,不可能构成故意杀人罪。再次,犯罪对象为有生命的自然人。尚未出生的胎儿和人死后的尸体,都不是故意杀人罪的对象。不过,如果行为人出于杀人的故意,误把尸体或其他无生命物体、动物当作有生命的人加以杀害,应按故意杀人罪未遂处理。

(2) 主体为一般主体。即具有刑事责任能力的自然人。根据刑法第 17 条第 2 款的规定,满 14 周岁不满 16 周岁的人犯故意杀人罪的,应当负刑事责任。

(3) 主观方面表现为故意,包括直接故意和间接故意。杀人动机是多种多样的,常见的有报复杀人、图财杀人、奸情杀人、义愤杀人等。动机不影响故意杀人罪的成立,可在量刑时予以适当考虑。

(三) 认定

(1) 罪与非罪。①自杀行为不为罪。故意杀人罪是故意非法剥夺他人生命的行为,如果故意剥夺自己生命,即自杀,则不属于犯罪。②自杀相关行为定性。第一,教唆自杀、逼迫自杀的,可以构成故意杀人罪。第二,相约自杀的,如果相约自杀者各自自杀,他人已死,其中一人自杀未遂。对自杀未遂者也不能追究刑事责任。如果相约自杀,由一人将他人杀死,本人却因反悔而未自杀或自杀未遂,对自杀未遂者应以故意杀人罪追究刑事责任。第三,致人自杀的,不应认定为故意杀人罪。例如暴力干涉婚姻自由、强奸、虐待或者争吵、轻微殴打等引起被害人自杀。在这种情况下,如果引起他人自杀的行为构成犯罪的,可以按照有关犯罪处理,并将自杀作为致人死亡的情形在量刑时予以考虑。如果引起他人自杀的行为不构成犯罪的,不应追究刑事责任。第四,受嘱托杀人的,一般应认定为故意杀人罪。行为人接受他人的嘱托将其杀死,这是一种被害人承诺的行为,但是,生命权不同于其他权利,任何人都无权接受他人的委托处置他人的生命。至于安乐死问题,现在还存在很大的争议,虽然有的国家已经在立法上确认安乐死为合法,但是也规定了严格的条件。我国还没有安乐死合法性的法律规定。因此,受嘱托杀人应当属于故意杀人的范畴。

(2) 此罪与彼罪。①区分本罪与过失致人死亡罪的界限。关键在于对他人死亡结果是希望或者放任,还是疏忽大意或者过于自信。②区分本罪与以放火等危险方法危及公共安全犯罪的界限。关键在于杀人行为是否足以危及公共安全,即使不特定多人的生命、健康或者重大公私财产的安全受到威胁。如果杀人行为没有危及公共安全,应当认定为故意杀人罪;如果危及公共安全,则应当认定为放火、爆炸、决水等以危险方法危及公共安全犯罪。

(3) 罪数。某种暴力犯罪的构成要件中或者处罚情节中已经包含故意杀人内容的,如抢劫致人死亡、绑架并杀害人质的,等等,其故意杀人的行为已经作为该种犯罪中的情节加以规定,只以行为人所实施的犯罪定罪处罚即可。但是,如果行为人在所实施的暴力犯罪完成以后,为了灭口或者逃避侦查又将被害人杀死的,其行为已经构成两罪,应当实行数罪并罚。

(四) 刑事责任

刑法第 232 条规定,犯本罪的,处死刑、无期徒刑或者 10 年以上有期徒刑;情节较轻的,处 3 年以上 10 年以下有期徒刑。

认定故意杀人罪的刑事责任应注意两点:(1)这里的情节较轻,主要是指防卫过当杀人、义愤杀人、因受被害人长期迫害而杀人、受嘱托杀人等。(2)要准确把握故意杀人罪适用死刑的标准。根据 1999 年 10 月 27 日最高人民法院《全国法院维护农村稳定刑事审判工作座谈会纪要》相关规定,对故意杀人罪是否判处死刑,不仅要看是否造成了被害人死亡结果,还要综合考虑案件的全部情况。对于因婚姻家庭、邻里纠纷等民间矛盾激化引发的故意杀人犯罪,适用死刑一定要十分慎重,应当与发生在社会上的严重危害社会治安的其他故意杀人犯罪案件有所区别。对于被害人一方有明显过错或对矛盾激化负有直接责任,或者被告人有法定从轻处罚情节的,一般不应判处死刑立即执行。要注意严格区分故意杀人罪与故意伤害罪的界限。在直接故意杀人与间接故意杀人案件中,犯罪人的主观恶性程度是不同的,在处刑上也应有所区别。间接故意杀人与故意伤害致人死亡,虽然都造成了死亡后果,但行为人故意的性质和内容是截然不同的。不注意区分犯罪的性质和故意的内容,只要有死亡后果就判处死刑的做法是错误的。

二、过失致人死亡罪

(一) 定义

过失致人死亡罪,是指由于过失而导致他人死亡的行为。

(二) 构成要件

(1) 客观方面表现为过失致人死亡的行为。刑法对过失致人死亡的方法并无限制,但如果其方法行为构成其他犯罪的,应以其他犯罪处理。

(2) 主体为一般主体。即具备刑事责任能力的自然人。

(3) 犯罪主观方面表现为过失,包括疏忽大意过失和过于自信过失。疏忽大意过失是指行为人应当预见自己的行为可能造成他人死亡的结果,由于疏忽大意而未预见,致使危害结果发生的心理态度;过于自信过失,是指行为人已经预见但轻信能够避免,以致他人死亡的心理态度。

(三) 认定

(1) 罪与非罪。意外事件和不可抗力造成他人死亡的,不构成犯罪。

(2) 此罪与彼罪。①过失致人死亡,刑法另有规定的,依照规定。所谓"另有规定的,依照规定"是指行为人实施了刑法分则条文规定的其他犯罪行为,虽然也由于过失造成他人死亡,符合过失致人死亡罪的构成特征,但是因刑法分则另有规定,就不再依照过失致人死亡罪定罪处罚,而依照刑法分则有关条文的规定定罪处罚,如因失火致人死亡的定为失火罪,交通肇事致人死亡的定为交通肇事罪,等等。②过于自信的致人死亡与间接故意杀人的界限。相同之处在于客观上都造成了他人死亡的结果,主观上都预见到自己的行为可能造成他人死亡的结果。区别在于行为人在行为当时的主观心理态度,是轻信这一结果可以避免,还是放任这一结果的发生。轻信这一结果可以避免的,则构成过失致人死亡罪。

(四) 刑事责任

刑法第 233 条规定,犯本罪的,处 3 年以上 7 年以下有期徒刑;情节较轻的,处 3 年以下有期徒刑。

三、故意伤害罪

(一) 定义

故意伤害罪,是指非法损害他人身体健康的行为。

(二) 构成要件

(1) 客观方面表现为非法损害他人身体健康的行为。以伤害造成的后果为标准,伤害分为轻伤、重伤、伤害致死三种情况。轻伤、重伤的区分应当以最高人民法院、最高人民检察院、公安部、司法部联合发布的《人体重伤鉴定标准》和《人体轻伤鉴定标准(试行)》为统一标准。依照前述标准,重伤是指使人肢体残废、毁人容貌、丧失听觉、丧失视觉、丧失其他器官功能或者其他对于人身健康有重大伤害的损伤;轻伤是指物理、化学及生物等各种外界因素作用于人体、造成组织器官结构的一定程度的损害或者部分功能障碍,尚未构成重伤又不属轻微伤害的损伤。

(2) 主体是一般主体。应当注意的是,故意伤害致人轻伤的,已满 16 周岁的人应当承担刑事责任;故意伤害致人重伤或者死亡的,已满 14 周岁的人就应当承担刑事责任。

(3) 主观方面表现为故意,包括直接故意和间接故意。

(三) 认定

(1) 罪与非罪。主要是划清本罪与一般殴打致人轻微伤害的界限。所谓轻微伤害,是指损伤经过简单治疗或不经治疗即可恢复健康,对身体器官无明显损伤,对人身健康影响不大的伤害。如鼻子被打出血。一般殴打的行为人主观上只是意图给他人造成暂时性的肉体疼痛,或使他人神经受到轻微刺激,并无破坏他人人体组织完整性和人体器官正常机能的伤害故意,社会危害性较小,所以不构成犯罪。

(2) 此罪与彼罪。①造成他人身体伤害,刑法另有规定的,依照规定。所谓"另有规定的,依照规定",是指为实施其他犯罪致使他人身体健康受到损害,即刑法分则其他条文中关于"致人重伤"的规定,应当按照该条文的特别规定定罪处罚,不再适用故意伤害罪的规定,如因抢劫致人重伤的定为抢劫罪;强奸致人重伤的定为强奸罪;等等。②区分本罪与故意杀人(未遂)罪的界限。故意伤害罪与故意杀人(未遂)罪在客观上都造成了他人身体健康损害的结果,两者的区分主要在于故意的内容不同:故意伤害罪具有伤害的故意,而故意杀人(未遂)罪则具有杀人的故意,只是由于犯罪分子意志以外的原因未得逞而已。③区分故意伤害(致人死亡)罪与故意杀人罪的界限。故意伤害(致人死亡)罪与故意杀人罪在客观上都造成了他人死亡的结果,两者的区分主要在于主观心理状态的不同:在故意伤害致人死亡的情况下,行为人只有伤害故意,致人死亡是过失所致;而在故意杀人的情况下,行为人具有杀人故意,对于他人死亡的结果是希望或者放任其发生的。④区分故意伤害(致人死亡)罪与过失致人死亡罪的界限。故意伤害(致人死亡)罪与过失致人死亡罪在客观上都造成了他人死亡的结果,并且对于他人死亡的结果主观上都是过失的,区分的关键在于:在故意伤害致人死亡的情况下,致人死亡结果是由故意伤害行为所致。而在过失致人死亡的情况下,致人死亡是一般行为所致。因此,应当根据致人死亡的行为是否故意伤害行为对上述两种性质不同的犯罪加以区分。在司法实践中,经常出现推人一把或者打人一拳,他人倒地因头部磕在石块或者其他硬物上而导致死亡的情形。在这种情况下,不能因为推人或者打人是故意的,就定为故意伤害(致人死亡)罪。因为推人或者打人虽然是故意的,但并未构成伤害,因而应以过失致人死亡论处。

(四) 刑事责任

刑法第234条第1款规定,犯本罪的,处3年以下有期徒刑、拘役或者管制。第2款规定,犯本罪,致人重伤的,处3年以上10年以下有期徒刑;致人死亡或者以特别残忍手段致人重伤造成严重残疾的,处10年以上有期徒刑、无期徒刑或者死刑。

四、过失致人重伤罪

(一) 定义

过失致人重伤罪,是指因过失造成他人身体健康受到严重伤害的行为。

(二) 构成要件

(1) 客观方面表现为过失致使他人重伤的行为。

(2) 主体为一般主体。即具备刑事责任能力的自然人。

(3) 犯罪主观方面表现为过失,包括疏忽大意过失和过于自信过失。

(三) 认定

(1) 罪与非罪。行为人因过失行为致人轻伤的,不构成犯罪。

(2) 此罪与彼罪。①过失致人重伤,刑法另有规定的,依照规定。所谓"另有规定的,依照规定",是指在其他刑法分则条文中规定的过失犯罪中造成他人重伤的,以该条文的规定定罪处罚,不再定过失重伤罪,如过失爆炸致人重伤的定为过失爆炸罪;危险物品肇事致人重伤的定为危险物品肇事罪;等等。②区分本罪与过失致人死亡罪的界限。关键在于过失行为造成的后果不同。致人重伤的,为过失致人重伤罪;致人死亡的则定过失致人死亡罪。如果过失致人重伤进而死亡的,应以过失致人死亡罪论处。例如,甲因过失行为造成乙脾脏破裂、大出血(重伤),后经抢救无效而死亡,构成过失致人死亡罪。

(四) 刑事责任

刑法第235条规定,犯本罪的,处3年以下有期徒刑或者拘役。

【案例分析】

[案情] 某年2月上旬,行为人马某在云南大学某学生公寓与其同学唐某、邵某、杨某等人在打牌过程中发生冲突,于是产生了杀害唐某、邵某、杨某、龚某等四人的念头。尔后,马某为实施犯罪积极进行准备。先后于2004年2月13日晚23时许,趁唐某坐在317宿舍内看报纸之机,2月14日晚23时许,趁邵某在317宿舍内洗脚之机,2月15日中午,趁杨某坐在317宿舍看报纸之机,2月15日晚19时许,以打牌为借口,将龚某骗到317宿舍趁其坐着看报纸之机,用铁锤将四名被害人锤杀,并将尸体藏匿于衣柜内。马某作案后于2月15日晚23时许,乘坐昆明至广州的火车逃离昆明。3月15日晚,在公安部的通缉下,马某在海南省三亚市被当地公安机关抓获归案。经昆明市公安局法医鉴定:四名被害人均系被他人用锤类工具打击头部至颅脑损伤死亡。问题:马某的行为如何定性?

[分析] 马某的行为构成故意杀人罪。本案中,马某因不能正确处理同学间的人际关系,因琐事与被害人积怨,即产生报复杀人的恶念,为实施犯罪,马某购买了作案凶器;为逃避罪责马某制作了假身份证并购买了作案后逃往异地的火车票,经周密策划和准备,先后将四名同学杀害。总之,马某主观上具有非法剥夺他人生命的故意,客观上实施了非法剥夺他人生命的行为,其行为已经构成故意杀人罪。

第三节 侵犯妇女、儿童身心健康的犯罪

一、强奸罪

(一) 定义

强奸罪,是指违背妇女意志,使用暴力、胁迫或者其他手段,强行与妇女发生性交或者奸淫幼女的行为。

(二) 构成要件

(1) 客观方面表现为违背妇女意志,使用暴力、胁迫或者其他手段,强行与妇女发生性交或者奸淫幼女的行为。强奸罪的行为有两种情形:一是强奸妇女,二是奸淫幼女。

① 强奸妇女行为。强奸妇女行为是指违背妇女意志,使用暴力、胁迫或者其他手段,强行与妇女发生性交。所谓违背妇女意志,是指没有得到妇女的同意,即妇女按照自己的意愿不同意与之发生性交行为。这里的违背妇女意志,与普通心理学上的含义不完全相同,仅限于"性交当时未得到妇女的同意。"所谓暴力手段,是指直接对妇女采取殴打、捆绑、堵嘴、卡脖子、按倒等危害人身自由和人身安全,致使妇女不能反抗的手段。所谓"胁迫手段",是指对被害妇女进行威胁、恐吓,达到精神上的强制,使妇女不能反抗的手段。胁迫手段多种多样:既可直接对被害人,也可通过第三者;既可口头,也可书面;既可暴力(如持刀),也可非暴力(如揭发隐私)等。所谓其他手段,是指暴力胁迫以外的使妇女丧失反抗能力,或者是利用妇女处于不知或无力反抗的状态而达奸污目的的方法。如将妇女灌醉,用药物麻醉,利用妇女昏迷、患病无力反抗状态等。还有冒充丈夫或情人实行奸淫的,神汉以治病为名进行奸淫的,均可视为其他手段。

② 奸淫幼女行为。奸淫幼女行为是与不满14周岁的幼女发生性交。奸淫幼女,刑法并不要求行为人使用暴力、胁迫或者其他手段。因为不满14周岁的幼女身心发育尚不成熟,缺乏辨别和反抗的能力,没有性承诺能力,无论被害幼女是否同意,与之发生性交即以强奸论。

(2) 主体为一般主体。即具备刑事责任能力的自然人。根据刑法第17条第2款的规定,已满14周岁不满16周岁的人犯强奸罪的,应当负刑事责任。通常情况下是男子,但妇女可以成为强奸罪的共犯,如教唆强奸、帮助强奸等。

(3) 主观方面表现为故意,且是直接故意。在奸淫幼女情形下,构成本罪是否以行为人明知侵害对象是幼女为条件,在理论上和实践中有不同观点。2003年1月24日最高人民法院颁布了《关于行为人明知是不满十四周岁的幼女,双方自愿发生性关系是否构成强奸罪问题的批复》,该批复明确规定:"……行为人确实不知对方是不满十四周岁的幼女,双方自愿发生性关系,未造成严重后果,情节显著轻微的,不认为是犯罪。"由此可见,该司法解释确认了奸淫幼女构成强奸罪应以明知对方是不满14周岁的幼女为条件。

(三) 认定

(1) 罪与非罪。①区分通奸与强奸的界限。通奸是指有配偶的男女双方之间或者已有配偶的一方与他人之间,自愿发生两性关系的行为。通奸不是犯罪,它与强奸存在本质上的不同,两者不可混为一谈。强奸与通奸的区别是:前者违背妇女意志,后者不违背妇女意志;前者采取暴力、胁迫等强制手段,后者不使用强制手段;前者主观上是有强行奸淫的决意,后者没有强行奸淫的决意。区分通奸与强奸还需注意两点:第一,求奸未成与强奸未遂的界限:前者主观上意欲与妇女通奸,不具有强行奸淫的决意;客观上往往表现为口头提出要求,或拉拉扯扯,甚至拥抱猥亵,一旦女方拒绝便停止行为。后者主观上有强行奸淫的决意;客观上表现为实施暴力或胁迫手段;造成未遂是由于行为人意志以外的原因。需特别注意的是,不能把求奸过程中的拉扯行为定为强奸中的暴力手段。第二,强奸与通奸的转化。根据1984年4月26日最高人民法院、最高人民检察院、公安部《关于当前办理强奸案件中具体应用法律的若干问题的解答》第3条第2项的规定,在区分强奸与通奸的时候,应当注意以下四点:一是有的妇女与人通奸,一旦翻脸,关系恶化,或者事情暴露后,怕丢面子,或者为推卸责任,嫁祸于人等情况,把通奸说成强奸的,不能定为强奸罪。在办案中,对于所谓半推半就的问题,要对双方平时的关系如何,性行为是在什么环境和情况下发生的,事情发生后女方的态度怎样,又在什么情况下告发等等事实和情节,认真审查清楚,作全面的分析,不是确系违背妇女意志的,一般不宜按强奸罪论处。如果确系违背妇女意志的,以强奸罪惩处。二是第一次性行为违背妇女的意志,但事后并未告发,后来女方又多次自愿与该男子发生性行为的,一般不宜以强奸罪论处。三是犯罪分子强奸妇女后,对被害妇女实施精神上的威胁,迫使其继续忍辱屈从的,应以强奸罪论处。四是男女双方先是通奸,后来女方不愿继续通奸,而男方纠缠不休,并以暴力或以败坏名誉等进行胁迫,强行与女方发生性行为的,以强奸罪论处。②2005年12月12日最高人民法院《关于审理未成年人刑事案件具体应用法律若干问题的解释》第6条规定,已满14周岁不满16周岁的人偶尔与幼女发生性行为,情节轻微、未造成严重后果的,不认为是犯罪。③妇女强奸男子的,不构成强奸罪。如果妇女强奸不满14周岁男童的,构成猥亵儿童罪。

(2) 既遂与未遂。关于强奸罪的既遂标准,理论界主要有性欲满足说、射精说、插入说、接触说几种观点。通常认为认定强奸既遂与否应以插入说,即男女生殖器的结合为标准;但对于奸淫幼女之行为而言,其既遂的标准则应采取接触说,即只要双方的性器官接触,就成立既遂。

(3) 此罪与彼罪。①婚内强奸行为一般不构成强奸罪,如果确有必要追究刑事责任的,可以按故意伤害罪、虐待罪等处理。但是,在婚姻关系非正常存续期间,例如离婚诉讼期间,婚内强奸可以构成强奸罪。②区分本罪与强制猥亵、侮辱妇女罪的界限。关键在于主观内容不同:强奸罪以强行性交为目的;而强制猥亵、侮辱妇女罪,在主观上具有寻求下流无耻的精神刺激和感官刺激的目的。

(四) 刑事责任

刑法第236条第1款规定,犯本罪的,处3年以上10年以下有期徒刑。第2款规定,奸淫不满14周岁的幼女的,以强奸论,从重处罚。第3款规定,强奸妇女、奸淫幼女,有下列情形之一的,处10年以上有期徒刑、无期徒刑或者死刑:①强奸妇女、奸淫幼女情节恶劣的;②强奸妇女、奸淫幼女多人的;③在公共场所当众强奸妇女的;④二人以上轮奸的;⑤致使被害人重伤、死亡或者造成其他严重后果的。

二、本节其他罪名

(一) 强制猥亵、侮辱妇女罪

1. 定义

强制猥亵、侮辱妇女罪,是指以暴力、胁迫或者其他方法强制猥亵妇女或者侮辱妇女的行为。所谓强制猥亵妇女,是指违背妇女意愿,以抠摸、搂抱、鸡奸、手淫等淫秽下流手段,猥亵妇女。所谓强制侮辱妇女,是指在公共场所故意向妇女显露生殖器或者用生殖器顶擦妇女身体,追逐、堵截妇女,偷剪妇女发辫、衣服,向妇女身上泼洒腐蚀物、涂抹污物等手段,侮辱妇女。

2. 刑事责任

刑法第237条第1款规定,犯本罪的,处5年以下有期徒刑或者拘役。第2款规定,聚众或者在公共场所当众强制猥亵、侮辱妇女的,处5年以上有期徒刑。

(二) 猥亵儿童罪

1. 定义

猥亵儿童罪,是指猥亵不满14周岁的儿童的行为。

2. 刑事责任

刑法第237条第3款规定,犯本罪的,依照前两款的规定从重处罚,即猥亵儿童的,处5年以下有期徒刑或者拘役,并在上述法定刑幅度内从重处罚;聚众或者在公共场所当众猥亵儿童的,处5年以上有期徒刑,并在上述法定刑幅度内从重处罚。

【案例分析】

案例1

[案情] 某年3月5日凌晨,行为人孙某饮酒之后去本厂21号女工宿舍,在推门

进宿舍时，将尚在熟睡的女工赵某某惊醒。赵以为站在床边的孙某是自己的男朋友，便说了一句"站在那干啥"。此时，孙某意识到赵把自己当成了其男朋友，即产生奸淫赵某某的恶念，走到赵某某的床前，先亲吻、搂抱，后脱去赵的上衣，将其奸淫。当被害人发现被告人不是自己的男朋友时，高声急呼救命，孙某仓皇逃走。当即，同宿舍的其他女工去本厂保卫科报案。随后，孙某被保卫人员抓获归案。问题：孙某的行为如何定性？

[分析] 孙某的行为构成强奸罪。本案中，孙某冒充赵某某的男朋友，采取欺骗手段将其奸淫，已经具备了强奸罪的其他手段，其行为构成强奸罪。

案例2

[案情] 某年9月至12月间，行为人黄某在担任某小学四年级(2)班的班主任兼语文教师期间，利用上课时让学生到讲台桌批改作业之机，在讲台桌后多次分别对16名未满14周岁的女学生进行猥亵。他或是摸掐女学生的阴部，或是用手指捅女学生的阴道，或是露出下体要女学生摸弄。问题：黄某的行为如何定性？

[分析] 黄某的行为构成猥亵儿童罪。本案中，黄某身为小学教师，在学校利用上课时要学生到讲台桌批改作业之机，采取淫秽下流的手段，多次分别对16名未满14周岁的女学生进行猥亵，其行为已构成猥亵儿童罪。

第四节 侵犯人身自由的犯罪

一、非法拘禁罪

(一) 定义

非法拘禁罪，是指以拘押、禁闭或者其他强制方法，非法剥夺他人人身自由权利的行为。

(二) 构成要件

(1) 客观方面表现为非法拘禁或者以其他方法非法剥夺他人人身自由的行为。所谓剥夺他人人身自由，是指使他人无法离开一定的处所，即他人的活动自由完全被控制在一定的空间范围内，并持续一定的时间。

（2）主体为一般主体。即具备刑事责任能力的自然人。

（3）主观方面表现为故意。即明知是非法拘禁的行为而有意实施的主观心理态度。

（三）认定

（1）罪与非罪。根据2005年12月29日最高人民检察院《关于渎职侵权犯罪案件立案标准》的规定，国家机关工作人员利用职权非法拘禁，涉嫌下列情形之一的，应予立案：①非法剥夺他人人身自由24小时以上的；②非法剥夺他人人身自由，并使用械具或者捆绑等恶劣手段，或者实施殴打、侮辱、虐待行为的；③非法拘禁，造成被拘禁人轻伤、重伤、死亡的；④非法拘禁，情节严重，导致被拘禁人自杀、自残造成重伤、死亡，或者精神失常的；⑤非法拘禁3人次以上的；⑥司法工作人员对明知是没有违法犯罪事实的人而非法拘禁的；⑦其他非法拘禁应予追究刑事责任的情形。

（2）转化犯。刑法第238条第2款规定："使用暴力致人伤残、死亡的，依照本法第234条、第232条的规定处罚。"这是指在非法拘禁的过程中，对被拘禁人故意实施伤害行为与杀害行为，对此应转化为故意伤害罪与故意杀人罪，因而是非法拘禁的转化犯。

（3）此罪与彼罪。主要是区分为索取债务而非法拘禁他人的非法拘禁罪与以勒索财物为目的绑架罪的界限。它们的共同点是：两者都是将他人扣押作为人质，以此相要挟，要求他人的亲属或者其他人交付一定数量的财物作为赎金以换回人质。两者的区分在于：前者是以他人欠债为前提的，其所索要的是他人所欠之债，这是一种索债型的非法拘禁。在这种情况下，由于是索债因而并不侵犯他人的财产所有权，但索债的手段侵犯了他人的人身自由权，因而应以非法拘禁罪论处。而绑架勒索，则不仅侵犯他人的人身自由权，而且侵犯了他人的财产所有权。由此可见。索债型的非法拘禁与绑架是两种性质不同的行为。在理解这里的债务的时候还需注意，根据2000年6月30日最高人民法院《关于为索取法律不予保护的债务非法拘禁他人行为如何定罪问题的解释》的规定："行为人为索取高利贷、赌债等法律不予保护的债务，非法扣押、拘禁他人的，依照刑法第238条的规定定罪处罚"。由此可见，这里的债务既包括合法债务也包括非法债务。

（四）刑事责任

刑法第238条第1款规定，犯本罪的，处3年以下有期徒刑、拘役、管制或者剥夺政治权利。具有殴打、侮辱情节的，从重处罚。第2款规定，犯前款罪，致人重伤的，处3年以上10年以下有期徒刑；致人死亡的，处10年以上有期徒刑。第5款规定，国家机关工作人员利用职权犯前三款罪的，依照前款的规定从重处罚。

二、绑架罪

(一) 定义

绑架罪,是指以勒索财物为目的绑架他人的,或者出于其他目的绑架他人作为人质,或者以勒索财物为目的偷盗婴幼儿的行为。

(二) 构成要件

(1) 客观方面表现为实施了以暴力、胁迫或其他方法劫持他人的行为。所谓暴力,是指直接对被害人进行捆绑等人身强制或者对被害人进行殴打、伤害等人身攻击。所谓胁迫,是指对被害人及其家属以实施暴力相威胁或者实行其他精神强制。所谓其他方法,是指暴力、胁迫以外的方法,例如使用药物、醉酒等方法使被害人昏迷或者昏睡。通过上述三种方法,使被害人处于不能反抗或者不敢反抗的境地,从而将被害人非法绑架离开其住所或者所在地,并置于行为人的直接控制之下,使其丧失人身自由。由此可见,绑架行为包括非法拘禁的内容。我国刑法中的绑架罪,除典型的绑架以外,还规定以勒索财物为目的偷盗婴幼儿的,也以绑架论处。

(2) 主体为一般主体。即具备刑事责任能力的自然人。

(3) 主观方面表现为故意,且以勒索财物或以他人作为人质为目的。

(三) 认定

(1) 罪与非罪。根据刑法规定,已满 14 周岁不满 16 周岁的人对绑架罪不承担刑事责任。但如果已满 14 周岁不满 16 周岁的人实施了绑架行为以后又杀害了被绑架人的,虽然对其绑架行为不追究刑事责任,但是对其故意杀害被绑架人的行为应当以故意杀人罪定罪处罚。

(2) 此罪与彼罪。主要是区分本罪与抢劫罪的界限:①行为方式不同:前者是以非法剥夺他人自由的方式;后者一般不表现为非法剥夺他人自由。②索要财物的对象不同:前者一般将索要财物对象指向第三者;后者则指向犯罪对象本人。③取得财物的时间不同:前者不可能实施绑架时取得;后者则当场取得。另外,根据 2001 年 11 月 8 日最高人民法院《关于对在绑架过程中以暴力、胁迫等手段当场劫取被害人财物的行为如何适用法律问题的答复》规定,行为人在绑架过程中,又以暴力、胁迫等手段当场劫取被害人财物,构成犯罪的,择一重罪处罚。

(3) 罪数。在绑架过程中,如果造成了被绑架人的死亡,无论死亡的结果是由于行为人的故意还是过失引起的,都只定绑架罪一罪,而不认定为数罪。如果在绑架过程中,对女性被绑架人实施了强奸,应当以绑架罪和强奸罪实行数罪并罚。

(4) 既遂与未遂。绑架罪是行为犯,只要完成绑架行为即为既遂,而不以是否实现勒索财物的目的或者其他目的作为未遂与既遂的区分标准。

(四) 刑事责任

《刑法修正案(七)》第6条第1款规定,犯本罪的,处10年以上有期徒刑或者无期徒刑,并处罚金或者没收财产;情节较轻的,处5年以上10年以下有期徒刑,并处罚金。第2款规定,致使被绑架人死亡或者杀害被绑架人的,处死刑,并处没收财产。第3款规定,以勒索财物为目的偷盗婴幼儿的,依照前两款的规定处罚。

三、拐卖妇女、儿童罪

(一) 定义

拐卖妇女、儿童罪,是指以出卖为目的,拐骗、绑架、收买、贩卖、接送、中转妇女、儿童的行为。

(二) 构成要件

(1) 客观方面表现为拐骗、绑架、收买、贩卖、接送、中转妇女、儿童的行为。所谓拐骗,是指采用欺骗、利诱等方法,将妇女、儿童置于行为人的支配之下。所谓绑架,是指采用暴力、胁迫或者其他方法,将妇女、儿童置于行为人的支配之下。所谓收买,是指为转手出卖而收买被拐卖、绑架的妇女、儿童。所谓贩卖,是指将他人拐卖、绑架的妇女、儿童出卖。所谓接送和中转,是指以出卖为目的,为被拐卖的妇女、儿童迎来送往、中转接待。根据刑法规定,只要具有上述行为之一即构成本罪。同时具有两种或者两种以上行为的,仍定一罪,不实行数罪并罚。此外,以出卖为目的,偷盗婴幼儿的,也应以本罪论处。

(2) 主体为一般主体。即具备刑事责任能力的自然人。

(3) 主观方面表现为故意,且具有出卖为目的。至于行为人的目的是否得以实现,出卖后是否获利,都不影响本罪的成立。

(三) 认定

(1) 罪与非罪。为他人介绍婚姻或者介绍收养子女而收取他人财物的行为与拐卖妇女、儿童有着本质的区别,前者不构成犯罪。

(2) 罪数。在拐卖妇女、儿童的过程中,往往与其他犯罪发生联系,如对被拐卖的妇女实施奸淫,强迫被拐卖的妇女卖淫,等等,按照刑法的规定,这些行为仍然属于拐卖妇女、儿童罪的范畴,应当作为拐卖妇女、儿童罪的一个量刑情节予以考虑,不认定为数罪。如果在拐卖妇女、儿童过程中,杀害或者伤害被拐卖的妇女、儿童的,行为已经超出了拐卖妇女、儿童的范围,应当认定为数罪,以拐卖妇女、儿童罪与故意杀人罪、故意伤害罪实行数罪并罚。

(3) 犯罪对象。犯罪对象是妇女、儿童,另外还包括婴幼儿。这里的妇女,根据1999年12月23日最高人民法院《关于审理拐卖妇女案件适用法律有关问题的解释》第1条规定:"拐卖妇女罪中的妇女,既包括具有中国国籍的妇女,也包括具有外国国籍和无国籍的妇女。被拐卖的外国妇女没有身份证明的,不影响对犯罪分子的定罪处罚。"这里的儿童和婴幼儿,根据司法解释的规定,儿童是指不满14周岁的人。其中,不满1周岁的为婴儿,1周岁以上不满6周岁的为幼儿。此外,根据2000年3月20日最高人民法院、最高人民检察院、公安部、民政部、司法部、中华全国妇女联合会《关于打击拐卖妇女儿童犯罪有关问题的通知》的规定,以营利为目的,出卖不满14周岁子女,情节恶劣的,借收养名义拐卖儿童的,以及出卖捡拾儿童的,均应以拐卖儿童罪追究刑事责任。出卖14周岁以上女性亲属或者其他不满14周岁亲属的,以拐卖妇女、儿童罪追究刑事责任。由此可见,不满14周岁子女、捡拾的儿童,以及女性亲属或者其他不满14周岁亲属,均可以成为本罪的犯罪对象。

(四) 刑事责任

刑法第240条第1款规定,犯本罪的,处5年以上10年以下有期徒刑,并处罚金;有下列情形之一的,处10年以上有期徒刑或者无期徒刑,并处罚金或者没收财产;情节特别严重的,处死刑,并处没收财产:(1)拐卖妇女、儿童集团的首要分子;(2)拐卖妇女、儿童三人以上的;(3)奸淫被拐卖妇女的;(4)诱骗、强迫被拐卖妇女卖淫或者将被拐卖的妇女卖给他人迫使其卖淫的;(5)以出卖为目的,使用暴力、胁迫或者麻醉方法绑架妇女、儿童的;(6)以出卖为目的,偷盗婴幼儿的;(7)造成被拐卖的妇女、儿童或者其亲属重伤、死亡或者其他严重后果的;(8)将妇女、儿童卖往境外的。

四、刑讯逼供罪

(一) 定义

刑讯逼供罪,是指司法工作人员对犯罪嫌疑人、被告人实施肉刑或者变相肉刑,以逼取口供的行为。

（二）构成要件

（1）客观方面表现为使用肉刑或变相肉刑向犯罪嫌疑人、被告人逼取口供的行为。所谓肉刑，是指使用刑具或捆绑、吊打、拳打脚踢、火烧火烤、用开水烫等摧残被害人肉体，使其痛苦的方法。所谓变相肉刑，是指肉刑以外的其他折磨方法和手段。如长时间罚站、不准睡眠、冻饿、"车轮战"等。行为人只有使用以上手段逼取口供的，方能构成本罪。所谓犯罪嫌疑人、被告人，都是指在刑事诉讼中被指控有犯罪行为而被司法机关依法追究刑事责任的人。根据《刑事诉讼法》的规定，公诉案件中，行为人在被提起公诉前称为犯罪嫌疑人，向人民法院提起公诉后至人民法院判决前称为被告人。自诉案件中无犯罪嫌疑人，在人民法院判决前皆称被告人，非对以上两类人使用肉刑或变相肉刑的，不能成立本罪。所谓逼取口供，是指逼迫犯罪嫌疑人、被告人作出行为人所期待的、对"犯罪事实"的供述。

（2）主体为特殊主体。即司法工作人员，也就是负有侦查、检察、审判、监管职责的工作人员。

（3）主观方面表现为故意，且有逼取口供的目的。

（三）认定

（1）罪与非罪。根据2005年12月29日最高人民检察院《关于渎职侵权犯罪案件立案标准》的规定，司法工作人员对犯罪嫌疑人、被告人使用肉刑或者变相肉刑逼取口供的行为，涉嫌下列情形之一的，应予立案：①以殴打、捆绑、违法使用械具等恶劣手段逼取口供的；②以较长时间冻、饿、晒、烤等手段逼取口供，严重损害犯罪嫌疑人、被告人身体健康的；③刑讯逼供造成犯罪嫌疑人、被告人轻伤、重伤、死亡的；④刑讯逼供，情节严重，导致犯罪嫌疑人、被告人自杀、自残造成重伤、死亡，或者精神失常的；⑤刑讯逼供，造成错案的；⑥刑讯逼供3人次以上的；⑦纵容、授意、指使、强迫他人刑讯逼供，具有上述情形之一的；⑧其他刑讯逼供应予追究刑事责任的情形。

（2）转化犯。刑讯逼供而致人伤残、死亡的，应以故意伤害罪或者故意杀人罪从重处罚，这是关于刑讯逼供罪的转化犯的规定。

（四）刑事责任

刑法第247条规定，犯本罪的，处3年以下有期徒刑或者拘役。致人伤残、死亡的，依照刑法第234条、第232条的规定定罪，从重处罚。

五、本节其他罪名

(一) 收买被拐卖的妇女儿童罪

1. 定义

收买被拐卖的妇女、儿童罪,是指明知是被拐卖的妇女、儿童而予以收买的行为。

2. 认定

收买被拐卖的妇女、儿童,并有强奸、非法拘禁、伤害、侮辱等犯罪行为的,数罪并罚;收买被拐卖的妇女、儿童又出卖的,依照拐卖妇女、儿童罪的规定定罪处罚。

3. 刑事责任

刑法第 241 条规定,收买被拐卖妇女、儿童的,处 3 年以下有期徒刑、拘役或管制。收买被拐卖的妇女、儿童,按照被买妇女的意愿,不阻碍其返回原居住地的,对被买儿童没有虐待行为,不阻碍对其进行解救的,可以不追究刑事责任。

(二) 聚众阻碍解救被收买的妇女、儿童罪

1. 定义

聚众阻碍解救被收买的妇女、儿童罪,是指纠集多人,阻碍国家机关工作人员解救被收买的妇女、儿童的行为。

2. 认定

如果阻碍解救活动不是以聚众的方式实施的,构成妨害公务罪。

3. 刑事责任

刑法第 242 条规定,犯本罪的,对首要分子,处 5 年以下有期徒刑或者拘役;其他参与者使用暴力、威胁方法的,按照刑法第 277 条规定的妨害公务罪处罚。

(三) 诬告陷害罪

1. 定义

诬告陷害罪,是指捏造犯罪事实,向国家机关或者有关单位作告发,意图使他人受到错误的刑事追究,情节严重的行为。

2. 认定

不是有意诬陷,而是错告,或者检举失实的,不构成犯罪。

3. 刑事责任

刑法第 243 条第 1 款规定,犯本罪的,处 3 年以下有期徒刑、拘役或者管制;造成严

重后果的,处3年以上10年以下有期徒刑。第2款规定,国家机关工作人员犯本罪的,从重处罚。

(四) 强迫职工劳动罪

1. 定义

强迫职工劳动罪,是指用人单位违反劳动管理法规,以限制人身自由方法强迫职工劳动,情节严重的行为。

2. 刑事责任

刑法第244条规定,犯本罪的,处3年以下有期徒刑或者拘役,并处或者单处罚金。

(五) 雇用童工从事危重劳动罪

1. 定义

雇用童工从事危重劳动罪,是指违反劳动管理法规,雇用未满16周岁的未成年人从事超强度体力劳动的,或者从事高空、井下作业的,或者在爆炸性、易燃性、放射性、毒害性等危险环境下从事劳动,情节严重的行为。

2. 认定

雇用未满16周岁的未成年人从事劳动造成事故,又构成其他犯罪的,数罪并罚。

3. 刑事责任

刑法第244条之一第1款(《刑法修正案(四)》第4条)规定,犯本罪的,对直接责任人员,处3年以下有期徒刑或者拘役,并处罚金;情节特别严重的,处3年以上7年以下有期徒刑,并处罚金。第2款规定,有前款行为,造成事故,又构成其他犯罪的,依照数罪并罚的规定处罚。

(六) 非法搜查罪

1. 定义

非法搜查罪,是指对他人的身体、住宅进行非法搜查的行为。

2. 认定

根据2005年12月29日最高人民检察院《关于渎职侵权犯罪案件立案标准》的规定,国家机关工作人员利用职权非法搜查,涉嫌下列情形之一的,应予立案:(1)非法搜查他人身体、住宅,并实施殴打、侮辱等行为的;(2)非法搜查,情节严重,导致被搜查人或者其近亲属自杀、自残造成重伤、死亡,或者精神失常的;(3)非法搜查,造成财物严重损坏的;(4)非法搜查3人(户)次以上的;(5)司法工作人员对明知是与涉嫌犯罪无关的人身、住宅非法搜查的;(6)其他非法搜查应予追究刑事责任的情形。

3. 刑事责任

刑法第245条第1款规定,犯本罪的,处3年以下有期徒刑或者拘役。第2款规定,司法工作人员滥用职权,犯前款罪的,从重处罚。

(七) 非法侵入住宅罪

1. 定义

非法侵入住宅罪,是指非法强行闯入他人住宅,或者经请求无理拒不退出他人住宅的行为。

2. 刑事责任

刑法第245条第1款规定,犯本罪的,处3年以下有期徒刑或者拘役。第2款规定,司法工作人员滥用职权,犯前款罪的,从重处罚。

(八) 暴力取证罪

1. 定义

暴力取证罪,是指司法工作人员对证人使用暴力,以逼取证言的行为。

2. 认定

根据2005年12月29日最高人民检察院《关于渎职侵权犯罪案件立案标准》的规定,司法工作人员以暴力逼取证人证言,涉嫌下列情形之一的,应予立案:(1)以殴打、捆绑、违法使用械具等恶劣手段逼取证人证言的;(2)暴力取证造成证人轻伤、重伤、死亡的;(3)暴力取证,情节严重,导致证人自杀、自残造成重伤、死亡,或者精神失常的;(4)暴力取证,造成错案的;(5)暴力取证3人次以上的;(6)纵容、授意、指使、强迫他人暴力取证,具有上述情形之一的;(7)其他暴力取证应予追究刑事责任的情形。

3. 刑事责任

刑法第247条规定,犯本罪的,处3年以下有期徒刑或者拘役。因暴力取证而致人伤残、死亡的,依照故意伤害罪、故意杀人罪定罪从重处罚。

(九) 虐待被监管人罪

1. 定义

虐待被监管人罪,是指监狱、拘留所、看守所等监管机构的监管人员,对被监管人进行殴打或者体罚虐待,或者监管人员指使被监管人殴打或者体罚虐待其他被监管人,情节严重的行为。

2. 认定

根据2005年12月29日最高人民检察院《关于渎职侵权犯罪案件立案标准》的规定,监狱、拘留所、看守所、拘役所、劳教所等监管机构的监管人员对被监管人进行殴打或者体罚虐待,涉嫌下列情形之一的,应予立案:(1)以殴打、捆绑、违法使用械具等恶劣手段虐待被监管人的;(2)以较长时间冻、饿、晒、烤等手段虐待被监管人,严重损害其身体健康的;(3)虐待造成被监管人轻伤、重伤、死亡的;(4)虐待被监管人,情节严重,导致被监管人自杀、自残造成重伤、死亡,或者精神失常的;(5)殴打或者体罚虐待3人次以上的;(6)指使被监管人殴打、体罚虐待其他被监管人,具有上述情形之一的;(7)其他情节严重的情形。

3. 刑事责任

刑法第248条规定,犯本罪,情节严重的,处3年以下有期徒刑或者拘役;情节特别严重的,处3年以上10年以下有期徒刑。致人伤残、死亡的,依照故意伤害罪、故意杀人罪的规定定罪处罚。

【案例分析】

案例1

[案情]　某年7月9日中午,苏某进入中央电视塔一层大厅内,突然用胳膊勒住19岁的检票员孟小姐的脖子,说:"大姐,你别动。"同时掏出随身携带的尖刀顶住孟小姐的后背。他这样勒着孟小姐退至大厅北侧触摸屏处,一边挥舞着尖刀一边叫嚷。苏某对孟小姐说:"我不会伤害你的性命,只想找新闻媒体说一些事情。"接到报警的保安、警察迅速赶到。苏某见形势越来越不利,朝自己腿上扎了一刀,称要见记者。这时,公安人员从他后面冲上去将其制服。问题:苏某的行为如何定性?

[分析]　苏某的行为构成绑架罪。本案中,苏某出于绑架他人作为人质的目的,使用暴力手段劫持孟小姐作为人质,其行为已经构成绑架罪。

案例2

[案情]　甲、乙合谋勒索丙的钱财。甲与丙及丙的儿子丁(17岁)相识。某日下午,甲将丁邀到一家游乐场游玩,然后由乙向丙打电话。乙称丁被绑架,令丙赶快送3万元现金到约定地点,不许报警,否则杀害丁。丙担心儿子的生命而没有报警,下午7点左右准备了3万元后送往约定地点。乙取得钱后通知甲,甲随后与丁分手回家。问题:甲、乙的行为如何定性?

[分析]　甲、乙的行为构成敲诈勒索罪。本案中,甲与乙主观上没有使用暴力绑

架的故意,客观上也没有使用暴力扣押人质的行为,所以不构成绑架罪。实际上,甲、乙采取的是虚构假绑架事实,使他人感到恐惧而被迫交付财物,构成敲诈勒索罪。

案例3

[案情] 王某是新疆某县农民,婚后生有两子。某年6月,因其有外遇,家庭关系恶化,王一怒之下带着情人来到乌鲁木齐非法同居。数月后,两人将所带钱财挥霍一空,生活捉襟见肘。王于是打起自己儿子的主意,该年10月底突然回到家中,抱走8个月大的二儿子,在乌市以8000元的价格卖给了一个体户,并谎称自己离婚后养不起两个孩子,只好"送"掉一个。然而不出一星期,王妻追到乌鲁木齐,并向警方报警,很快将孩子和王某找到。王妻告诉警方,他们家的经济状况一点也不困难,一年收入几万元,完全有能力养好孩子。问题:王某的行为如何定性?

[分析] 王某的行为构成拐卖儿童罪。本案中,王某是为了与情人有钱花而故意出卖亲生儿子的,其主观上具有明显的出卖之目的,而不是为了摆脱抚养义务;客观上王实施了"出卖"之行为,其行为已经构成拐卖儿童罪。

第五节 侵犯名誉、人格的犯罪

一、侮辱罪

(一) 定义

侮辱罪,是指以暴力或者其他方法公然贬低、损害他人的人格、名誉,情节严重的行为。

(二) 构成要件

(1) 客观方面表现为以暴力或其他方法公然贬损他人人格、败坏他人名誉,情节严重的行为。所谓公然,是指在大庭广众之中,也即在众多的人面前实施侮辱行为。侮辱行为具有以下三种形式:①暴力侮辱,即对被害人施以暴力或者以暴力相威胁,使其人格、名誉受到损害。②言语侮辱,即以言语对被害人进行嘲笑、辱骂。③文字侮辱,即以报刊、书信、出版物或者漫画等形式对被害人进行侮辱。例如,1998年12月11日最高人民法院《关于审理非法出版物刑事案件具体应用法律若干问题的解释》第6

条规定,在出版物中公然侮辱他人,情节严重的,以侮辱罪定罪处罚。这就是一种文字侮辱。

(2) 主体为一般主体。即具备刑事责任能力的自然人。

(3) 主观方面表现为故意,且具有损害他人人格、破坏他人名誉的目的。

(三) 刑事责任

刑法第246条第1款规定,犯本罪的,处3年以下有期徒刑、拘役、管制或者剥夺政治权利。第2款规定,犯本罪,告诉的才处理,但是严重危害社会秩序和国家利益的除外。本罪侵犯的客体是他人的人格权和名誉权。

二、诽谤罪

(一) 定义

诽谤罪,是指故意捏造并散布虚构的事实,以损害他人人格、名誉,情节严重的行为。

(二) 构成要件

(1) 客观方面表现为捏造并散布某种虚构的事实,损害他人人格、名誉的行为。所谓捏造事实,是指无中生有,凭空虚构事实。所谓散布,是指将捏造的事实扩散出去,让众多的人知道。扩散的方式主要有以下两种情形:①言语散布,即以口头语言的方式对捏造的事实加以散布。②文字散布,即以报刊、书信、出版物或者图画的方式对捏造的事实加以散布。例如,1998年12月11日最高人民法院《关于审理非法出版物刑事案件具体应用法律若干问题的解释》第6条规定,在出版物中捏造事实诽谤他人,情节严重的,以诽谤罪定罪处罚。

(2) 主体为一般主体。即具备刑事责任能力的自然人。

(3) 主观方面表现为故意,且具有损害他人人格、破坏他人名誉的目的。

(三) 认定

(1) 罪与非罪。只有情节严重的诽谤行为才能构成诽谤罪。所谓情节严重,是指诽谤行为的手段恶劣、后果严重等。例如,引起被害人或其亲属精神失常、自杀;造成了恶劣的社会影响或政治影响;严重危害社会秩序和国家利益的,等等。

(2) 此罪与彼罪。①区分本罪与侮辱罪的界限。这两种犯罪主体相同,主观目的意在损害他人人格,破坏他人名誉,不同之处主要体现在客观方面:第一,本罪的行为手段只能是口头的或文字的,而不能使用暴力;侮辱罪则既可以是口头的、文字的,也可以是暴力的。第二,本罪只能用捏造事实并公开散布的方式进行,侮辱罪则无此要求,即使是真实事实,只要用来公然侮辱他人,就构成侮辱罪。②区分本罪与诬告陷害罪的界限。诬告陷害罪包括捏造事实,向有关单位告发,意图使他人受刑事追究的行为,故两者有相似之处,但区别也是明显的。主要体现在:第一,捏造的事实内容不同,前者捏造的是足以损害他人人格,破坏他人名誉的事实;后者捏造的则是犯罪事实。第二,行为方式不同。前者是将捏造的事实散布出去,让众多的人知道;后者中的诬告一般仅是向司法机关或有关单位告发,而不是在社会上散布。而且,后者除诬告行为外,还包括陷害行为。第三,主观方面不同。前者意图损害他人的人格、名誉;后者的目的则是使他人受刑事追究。第四,构成犯罪的要求不同。前者以情节严重为构成犯罪的必备要件;后者则无此限。

(四) 刑事责任

刑法第246条第1款规定,犯本罪的,处3年以下有期徒刑、拘役、管制或者剥夺政治权利。第2款规定,犯本罪,告诉的才处理,但是严重危害社会秩序和国家利益的除外。

三、本节其他罪名

(一) 煽动民族仇恨、民族歧视罪

1. 定义

煽动民族仇恨、民族歧视罪,是指故意煽动民族仇恨和民族歧视,破坏民族团结,情节严重的行为。

2. 刑事责任

刑法第249条规定,犯本罪,情节严重的,处3年以下有期徒刑、拘役、管制或者剥夺政治权利;情节特别严重的,处3年以上10年以下有期徒刑。

(二) 出版歧视、侮辱少数民族作品罪

1. 定义

出版歧视、侮辱少数民族作品罪,是指故意在出版物中刊载歧视、侮辱少数民族的内容,情节恶劣,造成严重后果的行为。

2. 刑事责任

刑法第250条规定，犯本罪的，对出版单位的直接责任人员，处3年以下有期徒刑、拘役或者管制。

【案例分析】

［案情］ 阿某是某市一高二年级女学生。在一次活动中，她与高一女生小茹结怨，自此记恨在心。2007年9月11日下午5时，阿某打电话告诉外校的2个女生来帮忙“教训她一下”。2个女生爬墙翻入阿某的学校，3人等到放学时间，在学校篮球场拦住了正准备回家的小茹，并将小茹推到教学楼二楼的女厕所中。见到有热闹看，几名男生也围了上来。阿某等3人对小茹大打出手，还扯住她的头发往洗手盆中按，然后掀开小茹上衣，将她的内衣解开扔在地上。小茹的上身霎时间裸露在围观人群的眼前。有几名围观的男学生用手机拍摄了全过程，并在学校中相互传播。高二男生阿杰收到该视频后，将视频上传到互联网。问题：阿某的行为如何定性？

［分析］ 阿某的行为构成侮辱罪。本案中，阿某出于损害小茹的人格、名誉的目的，公然对小茹大打出手，还扯住她的头发往洗手盆中按，然后掀开小茹上衣，将她的内衣解开扔在地上，使小茹的人格受到严重侵害，其行为已经构成侮辱罪。

第六节 侵犯民主权利的犯罪

一、非法剥夺公民宗教信仰自由罪

（一）定义

非法剥夺公民宗教信仰自由罪，是指国家机关工作人员非法剥夺公民的宗教信仰自由，情节严重的行为。

（二）构成要件

（1）客观方面表现为非法剥夺公民宗教信仰自由的行为。宗教，在我国主要包括佛教、道教、伊斯兰教、天主教、基督教等。非法剥夺公民宗教信仰自由的行为，主要表现为制止他人信仰宗教,加入宗教团体;强迫他人放弃宗教信仰,退出宗教团体;强迫不信仰宗教的人信仰宗教,加入宗教团体;搅乱宗教仪式;非法破坏合法宗教场所及其他宗教设施等等。其行为手段不限,可以是暴力、威胁等。

(2) 主体是特殊主体。即国家机关工作人员。

(3) 主观方面表现为故意。即明知是非法剥夺公民宗教信仰自由的行为而有意实施的主观心理态度。

(三) 刑事责任

刑法第251条规定,犯本罪的,处2年以下有期徒刑或者拘役。

二、报复陷害罪

(一) 定义

报复陷害罪,是指国家机关工作人员滥用职权、假公济私,对控告人、申诉人、批评人、举报人实行报复陷害的行为。

(二) 构成要件

(1) 客观方面表现为滥用职权,假公济私,对控告人、申诉人、批评人、举报人实行报复陷害的行为。所谓滥用职权,假公济私,是指以工作为名,为徇私情或实现个人目的,非法利用职务权限。报复陷害须与滥用职权,假公济私相结合,方构成本罪。如行为人虽报复陷害他人,但未滥用职权,不能认定为本罪。报复陷害的方式多种多样,如克扣、停发工资、奖金;调动工作;降职降级;开除公职;制造假材料,涂改被害人档案,阻止被害人入团、入党;故意栽赃陷害;捕风捉影、小题大做,在政治、经济上给以迫害;故意设置生活障碍,制造生活困难,使被害人难以工作等等。

报复陷害的对象只能是控告人、申诉人、批评人、举报人。控告人是指因受侵害而向司法机关或其他有关国家机关告发他人有违法违纪事实的人。申诉人是指对司法机关已作出的判决、裁定或决定不服,对行政机关作出的行政处罚决定不服,对所受其他处分决定不服,向同级或上级机关提出变更或撤销请求的人。批评人是指对国家机关或其工作人员的缺点错误或思想作风提出批评的人。举报人是指向有关国家机关揭发他人违法犯罪事实的人。

(2) 主体为特殊主体。即国家机关工作人员。

(3) 主观方面表现为故意,且具有报复陷害他人的目的。

(三) 认定

根据2005年12月29日最高人民检察院《关于渎职侵权犯罪案件立案标准》的规定,国家机关工作人员滥用职权、假公济私,对控告人、申诉人、批评人、举报人实行打击报复、陷害,涉嫌下列情形之一的,应予立案:(1)报复陷害,情节严重,导致控告人、申诉人、批评人、举报人或者其近亲属自杀、自残造成重伤、死亡,或者精神失常的;(2)致使控告人、申诉人、批评人、举报人或者其近亲属的其他合法权利受到严重损害的;(3)其他报复陷害应予追究刑事责任的情形。

(四) 刑事责任

刑法第254条规定,犯本罪的,处2年以下有期徒刑或者拘役;情节严重的,处2年以上7年以下有期徒刑。

三、本节其他罪名

(一) 侵犯少数民族风俗习惯罪

1. 定义

侵犯少数民族风俗习惯罪,是指国家机关工作人员以强制手段非法干涉、破坏少数民族风俗习惯,情节严重的行为。

2. 刑事责任

刑法第251条规定,犯本罪的,处2年以下有期徒刑或者拘役。

(二) 侵犯通信自由罪

1. 定义

侵犯通信自由罪,是指隐匿、毁弃或者非法开拆他人信件,侵犯公民通信自由权利,情节严重的行为。

2. 刑事责任

刑法第252条规定,犯本罪的,处1年以下有期徒刑或者拘役。

(三) 私自开拆、隐匿、毁弃邮件、电报罪

1. 定义

私自开拆、隐匿、毁弃邮件、电报罪,是指邮政工作人员私自开拆或者隐匿、毁弃邮件电报的行为。

2. 认定

邮政工作人员私自开拆、隐匿、毁弃邮件、电报又从中窃取财物的，依照盗窃罪的规定从重处罚。

3. 刑事责任

刑法第 253 条规定，犯本罪的，处 2 年以下有期徒刑或者拘役。

（四）出售、非法提供公民个人信息罪

1. 定义

出售、非法提供公民个人信息罪，是指国家机关或者金融、电信、交通、教育、医疗等单位的工作人员，违反国家规定，将本单位在履行职责或者提供服务过程中获得的公民个人信息，出售或者非法提供给他人，情节严重的行为。

2. 刑事责任

刑法第 253 条之一第 1 款（《刑法修正案（七）》第 7 条）规定，犯本罪的，处 3 年以下有期徒刑或者拘役，并处或者单处罚金。第 3 款规定，对单位判处罚金，并对其直接负责的主管人员和其他直接责任人员，依照个人犯罪的规定处罚。

（五）非法获取公民个人信息罪

1. 定义

非法获取公民个人信息罪，是指窃取或者以其他方法非法获取公民个人信息，情节严重的行为。

2. 刑事责任

刑法第 253 条之一第 2 款（《刑法修正案（七）》第 7 条）规定，犯本罪的，处 3 年以下有期徒刑或者拘役，并处或者单处罚金。第 3 款规定，对单位判处罚金，并对其直接负责的主管人员和其他直接责任人员，依照个人犯罪的规定处罚。

（六）打击、报复会计、统计人员罪

1. 定义

打击、报复会计、统计人员罪，是指公司、企业、事业单位、机关、团体的领导人，对依法履行职责、抵制违反会计法、统计法行为的会计、统计人员实行打击报复，情节恶劣的行为。

2. 刑事责任

刑法第 255 条规定，犯本罪的，处 3 年以下有期徒刑或者拘役。

(七)破坏选举罪

1. 定义

破坏选举罪,是指在选举各级人民代表大会代表和国家机关领导人员时,以暴力、威胁、欺骗、贿赂、伪造选举文件、虚报选举票数等手段破坏选举或者妨害选民和代表自由行使选举权和被选举权,情节严重的行为。

2. 认定

根据2005年12月29日最高人民检察院《关于渎职侵权犯罪案件立案标准》的规定,国家机关工作人员利用职权破坏选举,涉嫌下列情形之一的,应予立案:(1)以暴力、威胁、欺骗、贿赂等手段,妨害选民、各级人民代表大会代表自由行使选举权和被选举权,致使选举无法正常进行,或者选举无效,或者选举结果不真实的;(2)以暴力破坏选举场所或者选举设备,致使选举无法正常进行的;(3)伪造选民证、选票等选举文件,虚报选举票数,产生不真实的选举结果或者强行宣布合法选举无效、非法选举有效的;(4)聚众冲击选举场所或者故意扰乱选举场所秩序,使选举工作无法进行的;(5)其他情节严重的情形。

3. 刑事责任

刑法第256条规定,犯本罪的,处3年以下有期徒刑、拘役或者剥夺政治权利。

【案例分析】

[案情] 李某,某县人民法院某乡法庭审判员。李某主审王某诉张某、赵某买卖纠纷案件,在核查证言过程中,李某对被告人张某的证人马某、万某采取威胁手段,逼其二人改变原证言,承认是张指使二人用伪证,并口头宣布对马某罚款500元,又书面决定对万某罚款1 000元。马某、万某分别向张某诉说了被威胁、罚款情况后,张某、马某、万某到县法院控告了李的违法行为,李某对此事作了私下调查。得知后,便产生报复张某的动机。某年8月,李某在未经法庭庭长(本案审判长)和其他合议庭成员同意,且在未对新取得的证人证言经法定程序确认情况下,超出合议范围,将“张某指使他人作伪证应如何追究法律责任”作为一项内容向审委会汇报,致使审委会作出了对张某拘留、罚款,对证人马某、万某处罚的错误决定。后李某对张某拘留15天并罚款1 000元(未交),对证人马某罚款500元,并多次向张某追要罚款。问题:李某的行为如何定性?

[分析] 李某的行为构成报复陷害罪。本案中,李某身为国家机关工作人员,却滥用职权,对举报人实行报复陷害,致使县法院审委会作出了对张某拘留、罚款,对证

人马某、万某处罚的错误决定,其行为已经构成报复陷害罪。

第七节 妨害婚姻家庭权利的犯罪

一、暴力干涉婚姻自由罪

(一) 定义

暴力干涉婚姻自由罪,是指以暴力手段干涉他人婚姻自由的行为。

(二) 构成要件

(1) 客观方面表现为以暴力手段干涉他人婚姻自由的行为。所谓暴力手段,是指对被害人进行捆绑、殴打等人身打击或强制的行为。所谓婚姻自由,包括结婚自由和离婚自由。结婚自由是指缔结婚姻关系必须出于男女双方完全自愿,不容许一方对他方加以强迫或任何第三者加以干涉。离婚自由是指如夫妻感情确已破裂,男女双方或任何一方可以向婚姻登记机关或人民法院提出解除婚姻关系的请求,任何人不得加以干涉。干涉他人婚姻自由的表现形式主要有:强迫他人与自己结婚;强迫他人与他人结婚;强迫他人不与他人结婚;强迫他人与自己离婚;强迫他人与他人离婚;强迫他人不与他人离婚。

(2) 主体为一般主体。即具备刑事责任能力的自然人。在实践中,本罪的主体多为被害人的父母、祖父母、监护人、兄弟姐妹及其他亲属。

(3) 主观方面表现为故意。犯罪动机多种多样,有的贪图彩礼;有的为高攀权势;有的为门当户对;有的为了换亲;甚至有的为了霸占他人妻子等。动机如何,不影响本罪的成立。

(三) 刑事责任

刑法第257条第1款规定,犯本罪的,处2年以下有期徒刑或者拘役。第2款规定,犯本罪,致使被害人死亡的,处2年以上7年以下有期徒刑。第3款规定,犯第1款罪,告诉的才处理。

二、重婚罪

(一) 定义

重婚罪,是指有配偶而重婚,或者明知他人有配偶而与之结婚的行为。

(二) 构成要件

(1) 客观方面表现为有配偶而与他人结婚或明知他人有配偶而与之结婚的行为。所谓有配偶,是指男女双方履行结婚登记手续后,其夫妻关系未经合法程序解除尚在存续之中。重婚行为有以下两种情形:①有配偶而重婚,指重婚人在本人的婚姻关系没有依法解除或者对方没有死亡的情况下,又与他人结婚。②明知他人有配偶而与之结婚,指相婚人本人虽然没有结婚,但是明知他人已经结婚而与其结婚。

(2) 主体为一般主体。即具备刑事责任能力的自然人。具体包括两种人,一是已有配偶而与他人结婚的人,即重婚人;一是自己没有配偶,但明知他人有配偶而与之结婚的人,即相婚人。

(3) 主观方面表现为故意。对于相婚人而言,还要求其主观上明知对方有配偶。如果有配偶的一方隐瞒了事实真相,使无配偶的一方受骗与之结婚的,对有配偶的一方应以本罪论处,无配偶的一方则不构成犯罪。行为人的动机多种多样,有的是喜新厌旧而重婚;有的是贪图享乐而重婚;有的是因夫妻关系不和,为解脱家庭生活痛苦而重婚;还有的是为传宗接代而重婚。动机如何,不影响本罪的成立,但量刑时应适当考虑。

(三) 认定

(1) 罪与非罪。①因遭受自然灾害外流谋生而重婚的,因配偶长期外出下落不明,造成家庭生活严重困难,又与他人结婚的,因强迫、包办婚姻或因婚后受虐待外逃重婚的,被拐卖后再婚的,由于都是受客观条件所迫,故不应以重婚罪论处。②有配偶而与他人通奸或非法同居,是一种违反道德的行为,不应以重婚罪论处。

(2) 事实重婚的认定。婚姻有法律婚与事实婚之分。法律婚又称为登记婚,是经婚姻登记机关登记并受法律保护的婚姻。事实婚,是未经婚姻登记机关登记但以夫妻关系共同生活而形成的事实上的婚姻。事实婚是不受法律保护的,那么,事实婚能否构成重婚罪呢?对此,1994 年 12 月 14 日最高人民法院《关于〈婚姻登记管理条例〉施行后发生的以夫妻名义非法同居的重婚案件是否以重婚罪定罪处罚的批复》规定:“新的《婚姻管理条例》(1994 年 1 月 12 日国务院批准,1994 年 2 月 1 日民政部发布)发布施行后,有配偶的人与他人以夫妻名义同居生活的,或者明知他人有配偶而与之以夫妻名义同居生活的,仍应按重婚罪定罪处罚。"因此,事实婚构成重婚的,仅限于前有法律婚后又有事实婚的情形。而前有事实婚后有法律婚以及前有事实婚后又有事实婚的情形,均不构成重婚罪。

(四) 刑事责任

刑法第258条规定,犯本罪的,处2年以下有期徒刑或者拘役。

三、虐待罪

(一) 定义

虐待罪,是指对共同生活的家庭成员,经常以打骂、冻饿、禁闭、强迫过度劳动、有病不给治疗或者其他方法进行摧残、折磨,情节恶劣的行为。

(二) 构成要件

(1) 客观方面表现为经常对家庭成员,以打骂、冻饿、禁闭、强迫过度劳动,有病不给治疗、侮辱人格等手段进行肉体或精神上摧残,折磨的行为。所谓家庭成员,指的是因婚姻、亲属或收养关系共同生活在一个家庭里的成员。行为人只有对与自己共同生活在一个家庭内的成员实施虐待行为的,才构成本罪,如丈夫虐待妻子,儿子虐待父母等。非家庭成员间的虐待行为,如师傅虐待徒弟,司法工作人员虐待被监管人等,构成犯罪的,可依照有关刑法条文定罪处罚,不应以本罪论处。虐待行为包括两种情况:一是对肉体的折磨,如殴打、捆绑、冻饿、强迫过度劳动,有病不给看等;二是精神上的摧残,如侮辱、谩骂、讥讽、不让参加社会活动等。实践中,行为人往往并非单纯使用肉体或精神上的虐待方法,而是经常交替使用上述方法对被害人实施虐待。另外,虐待罪是继续犯,须以在相当一段时间内,持续地实施各种虐待行为为构成条件。如果偶尔打骂、冻饿等,不构成本罪。

(2) 主体为特殊主体。即必须是与被害人具有婚姻、亲属或收养关系,并在一个家庭中共同生活的成员。

(3) 主观方面表现为故意。即明知是虐待行为而有意实施的主观心理态度。

(三) 认定

(1) 罪与非罪。在虐待罪中,行为人的虐待行为应当具有经常性,如果只是偶尔有打骂行为,不应当认定为虐待罪。此外,根据刑法规定,虐待家庭成员,情节恶劣的,才构成虐待罪。所谓情节恶劣,一般指虐待手段残酷的,动机卑劣的,长期进行虐待的,先后虐待多人的,对年老、年幼、患重病或残废而不能独立生活的人实施虐待的,引起被害人伤害等严重后果的等。虐待家庭成员,未达到情节恶劣的,应由有关部门对行为人进行批评教育,责令改正。

(2) 此罪与彼罪。主要是区分本罪与故意伤害罪、故意杀人罪的界限。在虐待案件中,如果由于行为人的一次暴力行为而造成被害人的伤害或者死亡的,应当认定为故意伤害罪、故意杀人罪。由于虐待行为本身而造成被害人的重伤、死亡的,属于结果加重犯的范畴,仍然应当认定为虐待罪并从重处罚。

(四) 刑事责任

刑法第 260 条第 1 款规定,犯本罪的,处 2 年以下有期徒刑、拘役或者管制。第 2 款规定,犯本罪,致使被害人重伤、死亡的,处 2 年以上 7 年以下有期徒刑。第 3 款规定,第 1 款罪,告诉的才处理。

四、遗弃罪

(一) 定义

遗弃罪,是指负有扶养义务的人,对年老、年幼、患病或者其他没有独立生活能力的人拒绝扶养,情节恶劣的行为。

(二) 构成要件

(1) 客观方面表现为对于年老、年幼、患病或者其他没有独立生活能力的人,负有扶养义务而拒绝扶养的行为。本罪是不作为犯罪,其客观方面必须具备以下条件:①行为人须有扶养义务,这是构成本罪的前提条件。所谓扶养,既包括长辈对晚辈的抚养,也包括晚辈对长辈的赡养,以及夫妻之间、兄弟姐妹之间的扶养。②行为人有能力扶养但却拒绝扶养。行为人如无扶养能力,如行为人因天灾人祸或下岗待业等原因,连自己的生活都难以维持,而未尽扶养义务的,不能认定为拒绝扶养。拒绝扶养,不仅指拒绝向受扶养人提供经济供给,还指对生活不能自理者拒绝提供必需的生活上的照料。③情节恶劣。所谓情节恶劣,是指由于遗弃而使被害人走投无路,被迫自杀的;被害人因生活无着流离失所的;在遗弃中又有虐待行为的;遗弃的动机极其卑鄙的;屡教不改的;以及遗弃造成恶劣社会影响的等。

(2) 主体为特殊主体。即只能是对被遗弃者负有扶养义务而拒绝扶养的人。对此,我国《婚姻法》有明确规定。

(3) 主观方面表现为故意。即明知是遗弃行为而有意实施的主观心理态度。

(三) 认定

(1) 罪与非罪。本罪的犯罪对象只能是年老、年幼、患病或其他没有独立生活能力的人。对具有独立生活能力又能独立生活的家庭成员不予扶养的,不构成本罪。

(2) 此罪与彼罪。主要是区分本罪与故意杀人罪的界限。这两种犯罪一般情况下较易区分。但是,对于弃婴或者把神志不清,行动困难的老人遗弃于外地的犯罪,则应视具体情况,区别对待。如果将上述被害人丢弃在容易被人发现的地方,如车站、码头、医院、商店、孤儿院、养老院、别人家门口以及通街大道等,便于及时得到救援,仍应以遗弃罪论处;如果将上述被害人弃于容易造成生命危险的地点,或丢弃在人迹罕至的深山老林,极可能出现冻饿致死或者被野兽伤害的后果,表明行为人主观上有杀人的故意,应以故意杀人罪论处。

(四) 刑事责任

刑法第 261 条规定,犯本罪的,处 5 年以下有期徒刑、拘役或者管制。

五、本节其他罪名

(一) 破坏军婚罪

1. 定义

破坏军婚罪,是指明知是现役军人的配偶而与之同居或者结婚的行为。

2. 认定

利用职权、从属关系,以胁迫手段奸淫现役军人的妻子,依照强奸罪的规定定罪处罚。

3. 刑事责任

刑法第 259 条规定,犯本罪的,处 3 年以下有期徒刑或者拘役。

(二) 拐骗儿童罪

1. 定义

拐骗儿童罪,是指拐骗不满 14 周岁的未成年人,脱离其家庭或者监护人的行为。

2. 刑事责任

刑法第262条规定,犯本罪的,处5年以下有期徒刑或者拘役。

(三) 组织残疾人、儿童乞讨罪

1. 定义

组织乞讨罪,是指以暴力、胁迫手段组织残疾人或者不满14周岁的未成年人乞讨的行为。

2. 刑事责任

刑法第262条之一(《刑法修正案(六)》第17条)规定,犯本罪的,处3年以下有期徒刑或者拘役,并处罚金;情节严重的,处3年以上7年以下有期徒刑,并处罚金。

(四) 组织未成年人进行违反治安管理活动罪

1. 定义

组织未成年人进行违反治安管理活动罪,是指组织未成年人进行盗窃、诈骗、抢夺、敲诈勒索等违反治安管理活动的行为。

2. 刑事责任

刑法第262条之二(《刑法修正案(七)》第8条)规定,犯本罪的,处3年以下有期徒刑或者拘役,并处罚金;情节严重的,处3年以上7年以下有期徒刑,并处罚金。

【案例分析】

案例1

[案情]　2008年5月28日,史某的妻子彭某在一家卫生院产下一女婴。5月30日,因女婴脸色发黄医生怀疑可能患有溶血症,遂建议史某夫妇带女婴到某区第一人民医院就诊。当天下午,两人将女婴送往医院,经医院确诊为患有ABO溶血症而需要住院治疗。史某在医生答复"出现不良情况的几率很小"后,仍担心女儿会因为溶血症影响智力发育变成废人,便决定不要这个女儿。当日17时许,史某以马上要带回甘肃治疗为借口坚持给尚未治愈的女儿办理了出院手续,随后将该女婴丢弃在某垃圾填埋场边上的山道旁杂草丛中。直至6月3日,奄奄一息的女婴被人发现。之后,女婴治疗康复,并由其母亲彭某领走。问题:史某的行为构成遗弃罪还是故意杀人罪?

[分析]　史某的行为构成故意杀人罪,而不构成遗弃罪。遗弃罪主观上不具有故

意非法剥夺他人生命的目的。本案中,行为人将自己有病的婴儿有意置于荒山野外无人之处,其行为虽然与遗弃有点相似,但主观故意不同,即目的是希望女儿死亡,而不是遗弃,所以,不构成遗弃罪,应按故意杀人罪追究刑事责任。

案例2

[案情] 村妇李某生下圆圆,因嫌弃是女孩,送给本村一夫妇。几年后,这对夫妇生了孩子,又将圆圆还给李某,还向其索要了3 000元抚养费。李某将心中不满转嫁到女儿身上,加之她自认为女儿与她属相不和,便时常殴打女儿。某日,圆圆闹肚子将大便弄到了床单上,李某便用桑树条抽打她,被其丈夫阻止。次日早上圆圆准备上学时,仍不解恨的李某再次用桑树条抽打圆圆,致其全身软组织严重损伤。圆圆到校后因受伤过重昏倒在地,被老师发现送往医院救治。事后经公安分局鉴定:圆圆属重伤害。问题:李某的行为如何定性?

[分析] 李某的行为构成虐待罪。本案中,李某因嫌弃女儿圆圆是女孩,经常以打骂方法对其进行摧残、折磨,并且致圆圆全身软组织严重损伤,其行为已经构成虐待罪。

【本章小结】

侵犯公民人身权利、民主权利罪,是指故意或者过失地侵犯公民的人身权利、民主权利以及其他权利,情节严重的行为。本类犯罪侵犯的客体是公民的人身权利和民主权利。可以将本章具体罪名分为六类:一是侵犯生命、健康的犯罪;二是侵犯妇女、儿童身心健康的犯罪;三是侵犯人身自由的犯罪;四是侵犯名誉、人格的犯罪;五是侵犯民主权利的犯罪;六是妨害婚姻家庭权利的犯罪。

本章思考题

1. 如何理解自杀相关行为的定性?
2. 认定故意伤害罪应注意哪几方面问题?
3. 认定强奸罪应注意哪几方面问题?
4. 认定非法拘禁罪应注意哪几方面问题?
5. 如何区分绑架罪与抢劫罪的界限?
6. 认定拐卖妇女、儿童罪应注意哪几方面问题?

7. 什么是诬告陷害罪?
8. 认定刑讯逼供罪应注意哪几方面问题?
9. 事实重婚如何定性?
10. 如何区分诽谤罪与侮辱罪的界限?
11. 什么是非法剥夺公民宗教信仰自由罪?
12. 什么是报复陷害罪?
13. 认定虐待罪应注意哪几方面问题?
14. 认定遗弃罪应注意哪几方面问题?

第二十章 侵犯财产罪

【本章学习目的】

通过本章的学习,了解侵犯财产罪的定义、具体罪名和同类客体;掌握各种重点讲授的侵犯财产罪具体罪名的定义、构成要件;理解认定有关侵犯财产罪具体罪名时应当区别的各种界限和应当注意的问题。

第一节 侵犯财产罪概述

一、定义

侵犯财产罪,是指以非法占有为目的,采用抢劫、盗窃、抢夺、诈骗等方法攫取公私财物,以及挪用、毁坏公私财物或者破坏生产经营的行为。

二、具体罪名

根据刑法分则第五章的规定,侵犯财产罪包括 12 个具体罪名。

可以将本章具体罪名分为四类:一是暴力、胁迫型财产犯罪。具体包括抢劫罪,抢夺罪,聚众哄抢罪,敲诈勒索罪。二是窃取、骗取型财产犯罪。具体包括盗窃罪,诈骗罪。三是侵占、挪用型财产犯罪。具体包括侵占罪,职务侵占罪,挪用资金罪,挪用特定款物罪。四是毁坏、破坏型财产犯罪。具体包括故意毁坏财物罪,破坏生产经营罪。

三、同类客体

本类犯罪侵犯的客体主要是公私财产所有权。财产所有权是指所有人依法对自己的财产享有占有、使用、收益、处分的权利。最核心的是处分权,即按照所有人自己的意志对财产进行自由处分的权利。一般来说,对任何一种权利的侵犯,都是对所有权不同程度的侵犯,而对处分权的侵犯,则是对所有权整体的最严重的侵犯,也是绝大部分侵犯财产罪的最本质的特征。侵犯财产罪的对象是公私财物所有权的物质表现,即公共财物和公民私人所有的财产。

第二节 暴力、胁迫型财产犯罪

一、抢劫罪

(一) 定义

抢劫罪,是指以非法占有为目的,以暴力、胁迫或者其他方法使他人不能抗拒,强行将公私财物抢走的行为。

(二) 构成要件

(1) 客观方面表现为以暴力、胁迫或者其他方法使他人不能抗拒,强行将公私财物抢走的行为。抢劫罪客观方面既包括手段行为又包括目的行为。第一,手段行为。抢劫罪的手段行为是使用暴力、胁迫或者其他方法。这是构成抢劫罪的基本条件,也是区分抢劫罪与抢夺罪的关键所在。所谓暴力,是指对被害人身体实施袭击或者其他强暴手段,例如殴打、伤害、捆绑、禁闭等足以危及被害人身体健康或者生命安全,致使被害人不能抗拒的方法。所谓胁迫,是指以立即实施暴力相威胁,实行精神强制,使被害人产生恐惧而不敢反抗的方法。所谓其他方法,是指上述暴力、胁迫以外,对被害人采取用酒灌醉、用药物麻醉等手段,使被害人不知反抗或者丧失反抗能力的方法。需要说明的是,被害人不能反抗、不敢反抗、无法反抗的状态必须是由行为人的强制性行为造成的,也就是说,行为人的强制性行为与被害人不能反抗、不敢反抗、无法反抗的状态之间具有刑法上的因果关系。如果是被害人由于自己的原因造成醉酒状态,或者是被害人处于昏睡状态,行为人拿走财物,不能认定为抢劫而只能是盗窃。第二,目的行为。抢劫罪的目的行为是当场强行夺取公私财物。这里的当场夺取,既包括从被害人手中夺取,也包括被害人被迫交出。

(2) 主体为一般主体。即具有刑事责任能力的自然人。根据刑法第 17 条第 2 款的规定,满 14 周岁不满 16 周岁的人犯抢劫罪的,应当负刑事责任。

(3) 主观方面是故意,且具有非法占有公私财物的目的。

(三) 认定

(1) 罪与非罪。抢劫罪是一种性质严重的犯罪,对于公民人身及公私财产安全具有极大的危害性。因此,我国刑法对抢劫罪在数额或情节上没有作限制性规定。但这并不意味着认定抢劫罪根本无须考虑财物的数额及犯罪情节。一般情况下,只要行为人实施了以暴力、胁迫或者其他方法劫取公私财物的行为,就要认定为犯罪。但是,如果使用轻微的威胁或者暴力,没有造成任何危害后果,抢少量财物的,依据刑法第 13 条的规定,不能按犯罪处理。

(2) 转化犯之一。刑法第 269 条规定:"犯盗窃、诈骗、抢夺罪,为窝藏赃物、抗拒抓捕或者毁灭罪证而当场使用暴力或者以暴力相威胁的,依照本法第 263 条的规定定罪处罚。"这是刑法关于转化型抢劫的规定。盗窃、诈骗、抢夺罪转化为抢劫罪的必须符合下述三个条件:①犯盗窃、诈骗、抢夺罪,是转化型抢劫的前提条件。依据 2005 年 6 月 8 日最高人民法院《关于审理抢劫、抢夺刑事案件适用法律若干问题的意见》(以下简称《意见》)的规定,行为人实施盗窃、诈骗、抢夺行为,未达到"数额较大",为窝藏赃物、抗拒抓捕或者毁灭罪证当场使用暴力或者以暴力相威胁,情节较轻、危害不大的,一般不以犯罪论处;但具有下列情节之一的,可依照刑法第 269 条的规定,以抢劫罪定罪处罚:盗窃、诈骗、抢夺接近"数额较大"标准的;入户或在公共交通工具上盗窃、诈骗、抢夺后在户外或交通工具外实施上述行为的;使用暴力致人轻微伤以上后果的;使用凶器或以凶器相威胁的;具有其他严重情节的。②为窝藏赃物、抗拒抓捕或者毁灭罪证,是转化型抢劫的主观条件。这里的窝藏赃物,是指为防护已经到手的赃物不被追回。抗拒抓捕,是指抗拒公安机关、失主或者其他公民的抓捕或者扭送。毁灭罪证,是指销毁或者湮灭作案现场上遗留的痕迹、物品或者其他证据以免成为罪证。③当场使用暴力或者以暴力相威胁,是转化型抢劫的客观条件。这里的当场,是指实施犯罪的现场,但现场发现犯罪人并随之追赶的过程,应视为现场的延伸。使用暴力或者以暴力相威胁,是指行为人对抓捕的人实施足以危及身体健康或者生命安全的行为,或者以将要实施这种行为相威胁。如果仅有轻微反抗，例如挣脱抓捕、推倒抓捕人，没有实施明显的暴力行为或者以暴力相威胁的，不能转化为抢劫，按其本罪定罪处罚。

（3）转化犯之二。刑法第267条第2款规定："携带凶器抢夺的，依照本法第二百六十三条的规定定罪处罚。"这是对携带凶器抢夺转化为抢劫罪的规定。依据《意见》的规定，"携带凶器抢夺"，是指行为人随身携带枪支、爆炸物、管制刀具等国家禁止个人携带的器械进行抢夺或者为了实施犯罪而携带其他器械进行抢夺的行为。行为人随身携带国家禁止个人携带的器械以外的其他器械抢夺，但有证据证明该器械确实不是为了实施犯罪准备的，不以抢劫罪定罪；行为人将随身携带凶器有意加以显示、能为被害人察觉到的，直接适用刑法第263条的规定定罪处罚；行为人携带凶器抢夺后，在逃跑过程中为窝藏赃物、抗拒抓捕或者毁灭罪证而当场使用暴力或者以暴力相威胁的，适用刑法第267条第二款的规定定罪处罚。

（4）抢劫罪数额的计算。依据《意见》的规定：①抢劫信用卡后使用、消费的，其实际使用、消费的数额为抢劫数额；抢劫信用卡后未实际使用、消费的，不计数额，根据情节轻重量刑。所抢信用卡数额巨大，但未实际使用、消费或者实际使用、消费的数额未达到巨大标准的，不适用"抢劫数额巨大"的法定刑。②为抢劫其他财物，劫取机动车辆当作犯罪工具或者逃跑工具使用的，被劫取机动车辆的价值计入抢劫数额；为实施抢劫以外的其他犯罪劫取机动车辆的，以抢劫罪和实施的其他犯罪实行数罪并罚。③抢劫存折、机动车辆的数额计算，参照执行《关于审理盗窃案件具体应用法律若干问题的解释》的相关规定。

（5）抢劫特定财物行为的定性。依据《意见》的规定：①以毒品、假币、淫秽物品等违禁品为对象，实施抢劫的，以抢劫罪定罪；抢劫的违禁品数量作为量刑情节予以考虑。抢劫违禁品后又以违禁品实施其他犯罪的，应以抢劫罪与具体实施的其他犯罪实行数罪并罚。②抢劫赌资、犯罪所得的赃款赃物的，以抢劫罪定罪，但行为人仅以其所输赌资或所赢赌债为抢劫对象，一般不以抢劫罪定罪处罚。构成其他犯罪的，依照刑法的相关规定处罚。③为个人使用，以暴力、胁迫等手段取得家庭成员或近亲属财产的，一般不以抢劫罪定罪处罚，构成其他犯罪的，依照刑法的相关规定处理；教唆或者伙同他人采取暴力、胁迫等手段劫取家庭成员或近亲属财产的，可以抢劫罪定罪处罚。

（6）罪数认定。依据《意见》的规定，行为人实施伤害、强奸等犯罪行为，在被害人未失去知觉，利用被害人不能反抗、不敢反抗的处境，临时起意劫取他人财物的，应以此前所实施的具体犯罪与抢劫罪实行数罪并罚；在被害人失去知觉或者没有发觉的情形下，以及实施故意杀人犯罪行为之后，临时起意拿走他人财物的，应以此前所实施的具体犯罪与盗窃罪实行数罪并罚。另外,根据2001年5月22日最高人民法院《关于抢劫过程中故意杀人案件如何定罪问题的批复》规定,行为人为劫取财物而预谋故意杀人,或者在劫取财物过程中,为制服被害人反抗而故意杀人的,以抢劫罪定罪处罚;行为人实施抢劫后,为灭口而故意杀人的,以抢劫罪和故意杀人罪定罪,实行数罪并罚。

(7) 此罪与彼罪。依据《意见》的规定:①行为人冒充正在执行公务的人民警察"抓赌"、"抓嫖",没收赌资或者罚款的行为,构成犯罪的,以招摇撞骗罪从重处罚;在实施上述行为中使用暴力或者暴力威胁的,以抢劫罪定罪处罚。行为人冒充治安联防队员"抓赌"、"抓嫖"、没收赌资或者罚款的行为,构成犯罪的,以敲诈勒索罪定罪处罚;在实施上述行为中使用暴力或者暴力威胁的,以抢劫罪定罪处罚。②从事正常商品买卖、交易或者劳动服务的人,以暴力、胁迫手段迫使他人交出与合理价钱、费用相差不大钱物,情节严重的,以强迫交易罪定罪处罚;以非法占有为目的,以买卖、交易、服务为幌子采用暴力、胁迫手段迫使他人交出与合理价钱、费用相差悬殊的钱物的,以抢劫罪定罪处刑。③区分抢劫罪与寻衅滋事罪的界限。寻衅滋事罪是严重扰乱社会秩序的犯罪,行为人实施寻衅滋事的行为时,客观上也可能表现为强拿硬要公私财物的特征。这种强拿硬要的行为与抢劫罪的区别在于:前者行为人主观上还具有逞强好胜和通过强拿硬要来填补其精神空虚等目的,后者行为人一般只具有非法占有他人财物的目的;前者行为人客观上一般不以严重侵犯他人人身权利的方法强拿硬要财物,而后者行为人则以暴力、胁迫等方式作为劫取他人财物的手段。司法实践中,对于未成年人使用或威胁使用轻微暴力强抢少量财物的行为,一般不宜以抢劫罪定罪处罚。其行为符合寻衅滋事罪特征的,可以寻衅滋事罪定罪处罚。④区分抢劫罪与故意伤害罪的界限。行为人为索取债务,使用暴力、暴力威胁等手段的,一般不以抢劫罪定罪处罚。构成故意伤害等其他犯罪的,依照刑法第234条等规定处罚。

(8) 驾驶车辆夺取他人财物行为的定性。依据《意见》的规定,对于驾驶机动车、非机动车夺取他人财物的,一般以抢夺罪从重处罚。但具有下列情形之一,应当以抢劫罪定罪处罚:①驾驶车辆,逼挤、撞击或强行逼倒他人以排除他人反抗,乘机夺取财物的;②驾驶车辆强抢财物时,因被害人不放手而采取强拉硬拽方法劫取财物的;③行为人明知其驾驶车辆强行夺取他人财物的手段会造成他人伤亡的后果,仍然强行夺取并放任造成财物持有人轻伤以上后果的。

(9) 既遂与未遂。依据《意见》的规定,抢劫罪侵犯的是复杂客体,既侵犯财产权利又侵犯人身权利,具备劫取财物或者造成他人轻伤以上后果两者之一的,均属抢劫既遂;既未劫取财物,又未造成他人人身伤害后果的,属抢劫未遂。据此,刑法第263条规定的八种处罚情节中除“抢劫致人重伤、死亡的”这一结果加重情节之外,其余七种处罚情节同样存在既遂、未遂问题,其中属抢劫未遂的,应当根据刑法关于加重情节的法定刑规定,结合未遂犯的处理原则量刑。

(四) 刑事责任

刑法第263条规定,犯本罪的,处3年以上10年以下有期徒刑,并处罚金;有下列情形之一的,处10年以上有期徒刑、无期徒刑或者死刑,并处罚金或者没收财产:(1)入户抢劫的;(2)在公共交通工具上抢劫的;(3)抢劫银行或者其他金融机构的;(4)多次抢劫或者抢劫数额巨大的;(5)抢劫致人重伤、死亡的;(6)冒充军警人员抢劫的;(7)持枪抢劫的;(8)抢劫军用物资或者抢险、救灾、救济物资的。

认定抢劫罪的刑事责任应正确理解各种加重处罚情节:(1)入户抢劫。这里的“入户抢劫”,根据2000年11月17日最高人民法院《关于审理抢劫案件具体应用法律若干问题的解释》(以下简称《解释》)的规定,是指为实施抢劫行为而进入他人生活的与外界相对隔离的住所,包括封闭的院落、牧民的帐篷、渔民作为家庭生活场所的渔船、为生活租用的房屋等进行抢劫的行为。对于入户盗窃,因被发现而当场使用暴力或者以暴力相威胁的行为,应当认定为“入户抢劫”。另外,依据《意见》的规定,认定“入户抢劫”时,应当注意以下三个问题:一是“户”的范围。“户”在这里是指住所,其特征表现为供他人家庭生活和与外界相对隔离两个方面,前者为功能特征,后者为场所特征。一般情况下,集体宿舍、旅店宾馆、临时搭建工棚等不应认定为“户”,但在特定情况下,如果确实具有上述两个特征的,也可以认定为“户”。二是“入户”目的的非法性。进入他人住所须以实施抢劫等犯罪为目的。抢劫行为虽然发生在户内,但行为人不以实施抢劫等犯罪为目的进入他人住所,而是在户内临时起意实施抢劫的,不属于“入户抢劫”。三是暴力或者暴力胁迫行为必须发生在户内。入户实施盗窃被发现,行为人为窝藏赃物、抗拒抓捕或者毁灭罪证而当场使用暴力或者以暴力相威胁的,如果暴力或者暴力胁迫行为发生在户内,可以认定为“入户抢劫”;如果发生在户外,不能认定为“入户抢劫”。(2)在公共交通工具上抢劫。这里的在公共交通工具上抢劫,依据《解释》的规定,是指在从事旅客运输的各种公共汽车,大、中型出租车,火车,船只,飞机等正在运营中的机动公共交通工具上对旅客、司售、乘务人员实施的抢劫,以及对运行途中的机动公共交通工具加以拦截后,对公共交通工具上的人员实施抢劫。另外,依据《意见》的规定,在未运营中的大、中型公共交通工具上针对司售、乘务人员抢劫的,或者在小型出租车上抢劫的,不属于“在公共交通工具上抢劫”。(3)抢劫银行或者其他金融机构。这里的抢劫银行或者其他金融机构,依据《解释》的规定,是指抢劫银行或者其他金融机构的经营资金、有价证券和客户的资金等。抢劫正在使用中的银行或者其他金融机构的运钞车的,视为抢劫银行或者其他金融机构。(4)多次抢劫或者抢劫数额巨大。这里的多次抢劫,依据《意见》的规定,是指抢劫三次以上。对于“多次”的认定,应以行为人实施的每一次抢劫行为均已构成犯罪为前提,综合考虑犯罪故意的产生、犯罪行为实施的时间、地点等因素,客观分析、认定。对于行为人基于一个犯意实施犯罪的,如在同一地点同时对在场的多人实施抢劫的;或基于同一犯意在同一地点实施连续抢劫犯罪的,如在同一地点连续地对途经此地的多人进行抢劫的;或在一次犯罪中对一栋居民楼房中的几户居民连续实施入户抢劫的,一般应认定为一次犯罪。抢劫数额巨大,依据《解释》的规定,参照各地确定的盗窃罪数额巨大的认定标准执行。(5)抢劫致人重伤、死亡。这里的抢劫致人重伤、死亡,包括过失致人重伤、死亡,也包括故意致人重伤、死亡。(6)冒充军警人员抢劫。这里的冒充军警人员抢劫,是指通过着装、出示假证件或者口头宣称等方法,假充军警人员实施抢劫。(7)持枪抢劫。这里的持枪抢劫,依据《解释》的规定,是指行为人使用枪支或者向被害人显示持有、佩带的枪支进行抢劫。枪支的概念和范围,适用《中华人民共和国枪支管理法》的规定。(8)抢劫军用物资或者抢险、救灾、救济物资。这里军用物资,是指除武器装备以外,供军事上使用的其他物品。抢险、救灾、救济物资,是指用于抢险、救灾、救济的物资。

二、抢夺罪

(一) 定义

抢夺罪,是指以非法占有为目的,公然夺取数额较大的公私财物的行为。

(二) 构成要件

(1) 客观方面表现为公然夺取数额较大的公私财物的行为。所谓公然夺取,是指在财物的所有人或保管人在场的情况下,当着财物所有人或保管人的面或者采用可以使其立即发觉的方法夺取财物。其中,有的是直接从财物所有人或保管人的手中或身上用力夺走财物;有的是拿起被害人放在身边的财物就跑。夺取虽然也需使用一定的力量,但这一力量是针对财物的,是为将他人控制下的财物转而成为自己控制所必需的强制力量。由此可见,它和抢劫罪中针对人身的强制有所不同。

(2) 主体为一般主体。即具有刑事责任能力的自然人。

(3) 主观方面表现为故意,且具有非法占有公私财物的目的。

(三) 认定

(1) 罪与非罪。只有数额较大的抢夺行为才构成犯罪。这里的数额较大,根据2002年7月15日最高人民法院《关于审理抢夺刑事案件具体应用法律若干问题的解释》(以下简称《解释》)的规定,是指500元至2 000元以上。依据《解释》的规定,抢夺公私财物虽然达到"数额较大"的标准,但具有下列情形之一的,可以视为刑法第37条规定的"犯罪情节轻微不需要判处刑罚",免予刑事处罚:①已满16周岁不满18周岁的未成年人作案,属于初犯或者被教唆犯罪的;②主动投案、全部退赃或者退赔的;③被胁迫参加抢夺,没有分赃或者获赃较少的;④其他情节轻微,危害不大的。

(2) 罪数。依据《解释》的规定,实施抢夺公私财物行为,构成抢夺罪,同时造成被害人重伤、死亡等后果,构成过失致人重伤罪、过失致人死亡罪等犯罪的,依照处罚较重的规定定罪处罚。

(3) 此罪与彼罪。主要是区分抢夺罪与抢劫罪的界限。相同之处在于客观上都实施了"抢"的行为,主观上都是故意,且都具有非法占有公私财物的目的。区别在于实施犯罪的手段不同,抢夺是"公然夺取"财物,而抢劫则是使用"暴力、胁迫或者其他方法"取得财物。

(四) 刑事责任

刑法第267条第1款规定,犯本罪的,处3年以下有期徒刑、拘役或者管制,并处或者单处罚金,数额巨大或者有其他严重情节的,处3年以上10年以下有期徒刑,并处罚金;数额特别巨大或者有其他特别严重情节的,处10年以上有期徒刑或者无期徒刑,并处罚金或者没收财产。

三、聚众哄抢罪

(一) 定义

聚众哄抢罪,是指以非法占有为目的,聚集多人公然夺取公私财物,数额较大或者情节严重的行为。

(二) 构成要件

(1) 客观方面表现为聚众哄抢公私财物,数额较大或者有其他严重情节的行为。所谓聚众,是指聚集多人,少则数人,多则数十人,上百人甚至上千人。所谓哄抢,是指因人数众多,公私财物的所有人或保管人防护或者管理财物的能力有限,一旦众人一哄而上,财物的所有人或保管人难以阻止,众人便当着财物所有人或保管人的面,公然将公私财物抢去。值得注意的是,在聚众哄抢过程中,必须没有使用侵犯他人人身的暴力、胁迫或者其他方法。如果在聚众哄抢过程中,行为人选择使用暴力、胁迫或其他方法侵犯了他人的人身安全,则应以抢劫罪论。

(2) 主体为一般主体。即具有刑事责任能力的自然人。不过,并非所有参加聚众哄抢的行为人都可以构成本罪,而是只有其中的首要分子或者积极参加的人才能成为本罪的主体。所谓首要分子,是指在聚众哄抢犯罪活动中起组织、策划、指挥作用的人。所谓积极参加者,是指在聚众哄抢中,积极出主意,起骨干带头作用,哄抢财物较多的人。

(3) 主观方面表现为故意,且具有非法占有公私财物的目的。

(三) 刑事责任

刑法第 268 条规定,犯本罪的,对首要分子和积极参加的,处 3 年以下有期徒刑、拘役或者管制,并处罚金;数额巨大或者有其他特别严重情节的,处 3 年以上 10 年以下有期徒刑,并处罚金。

四、敲诈勒索罪

(一) 定义

敲诈勒索罪,是指以非法占有为目的,以对被害人实施威胁或者要挟的方法,强索公私财物,数额较大的行为。

(二) 构成要件

(1) 客观方面表现为对被害人使用威胁或要挟的方法,对其强行索取数额较大的财物的行为。威胁、要挟的内容包括暴力伤害、毁坏被害人的人格、名誉、揭发被害人的隐私、毁坏被害人的重要财物、栽赃陷害等。威胁、要挟的方法是多种多样的,可以是面对被害人直接使用,也可以是通过第三者或者用书信等方式发出;可以是明示,也可以是暗示。威胁和要挟,都是能够引起他人心理上恐惧的精神强制方法。威胁和要挟的方法,都属于恐吓的方法或者胁迫的方法,二者没有本质区别。略有不同的是,所谓威胁方法,通常是以将要对被害人实施暴力、破坏其名誉或毁坏其财产相威胁。所谓要挟方法,通常是指抓住被害人的某些把柄或者制造某种迫使其交付财物的借口,如以揭发嫖娼、贪污等违法犯罪事实或生活作风腐败等相要挟。一般来说,威胁、要挟内容的实现不具有当场、当时性。但行为人取得财物可以是当场、当时,也可以是在限定的时间、地点。但是,如果行为人为了迫使被害人答应在日后某个时间、地点交付财物而当场对被害人使用了暴力,其暴力实际起的是与以实施暴力相威胁一样的胁迫作用,只是因为其不是作为当场占有他人财物的手段,所以,不能认定为抢劫罪。如果其暴力尚未造成被害人严重伤残或者死亡,可以认定为敲诈勒索罪;如果造成被害人严重伤残或者死亡的,可根据案件具体情况认定为故意伤害罪或者故意杀人罪。另外,敲诈勒索公私财物还必须是数额较大,才能构成犯罪。根据2000年5月18日施行的最高人民法院《关于敲诈勒索罪数额认定标准问题的规定》,敲诈勒索公私财物"数额较大",以1 000元至3 000元为起点。

(2) 主体为一般主体。即具有刑事责任能力的自然人。

(3) 主观方面表现为故意,且具有非法占有公私财物的目的。

(三) 认定

要注意区分敲诈勒索罪与抢劫罪的界限。敲诈勒索罪的威胁方法与抢劫罪的胁迫方法有类似之处,又都具有非法占有公私财物的目的,二者的区别在于:(1)威胁的内容不同。本罪威胁的内容较广泛,可以是针对人身实施暴力、伤害相威胁,也可以是以毁人名誉、毁其前途、揭发隐私等相威胁;而后者只能是针对人身实施暴力、伤害相威胁。(2)威胁的实施方式不同。本罪的威胁可以是当着被害人的面,也可以通过第三者转告或利用书信、电话等方式实施;而后者的威胁只能是当场直接向被害人发出。(3)威胁内容可能实施的时间不同。本罪的威胁内容一般是在将来某个时间实施;而后者的威胁内容一般是当场予以实施。(4)威胁索取的利益性质不同。本罪索取的可以是动产,也可以是不动产;而后者索取的只能是动产。(5)非法取得利益的时间不同。本罪非法取得利益的时间,有时是当场,更多的是在将来某个时间;而后者非法取得利益的时间,只能是当场。

(四) 刑事责任

刑法第274条规定,犯本罪的,处3年以下有期徒刑、拘役或者管制;数额巨大或者有其他严重情节的,处3年以上10年以下有期徒刑。

【案例分析】

案例1

[案情] 甲、乙、丙共谋犯罪。某日,三人拦截了丁,对丁使用暴力,然后强行抢走

丁的钱包,但钱包内只有少量现金,并有一张银行借记卡。于是甲将丁的借记卡抢走,乙、丙逼迫丁说出密码。丁说出密码后,三人带着丁去附近的自动取款机上取钱。取钱时发现密码不对,三人又对丁进行殴打,丁为避免遭受更严重的伤害,说出了正确的密码,三人取出现金5 000元。问题:甲、乙、丙的行为如何定性?

［分析］ 甲、乙、丙的行为构成抢劫罪。本案中,甲、乙、丙以非法占有为目的,多次对丁使用暴力、胁迫的手段,最终当场取得财物,他们的行为已经构成抢劫罪。值得注意的是,本案中,甲、乙、丙的"冒用他人的信用卡"的行为只是整个抢劫行为的一部分,不构成信用卡诈骗罪。

案例2

［案情］ 某日,贾某从某政府机关门前路过时,发现该单位门口宣传橱窗里,贴有该单位一位女领导的头像,照片下面是该领导的姓名、职务、个人简介及其先进事迹。手中正缺钱的贾某看到后,突然产生了一个"生财"的念头。他回家拿来相机,将这名女领导的照片翻拍下来。随后,他又来到另一政府机关,又从单位门前的宣传橱窗里,翻拍下一位男领导的照片。回家后,贾某从网上下载了大量淫秽图片,之后找到一家图文制作公司,要求将两位领导的头像从原图中剪切下来,移植到淫秽图片中。几天后,贾某将制作成的"艳照"打印出22张,从中挑选出了几张后,分别寄给了两名领导,并向两人先后索要98 800元。贾某在信中警告两人,"如果不给钱,就把艳照放在网上传播"。其间,贾某还分别与两人的单位联系,要到了两人的手机号码,并多次给两人发送短信,以加大要挟力度。问题:贾某的行为如何定性?

［分析］ 贾某的行为构成敲诈勒索罪。贾某以非法占有为目的,采用要挟的手段,强行索取他人财物,数额巨大,其行为已构成敲诈勒索罪。

案例3

［案情］ 某晚,甲潜入乙家中行窃,被发现后携所窃赃物(价值3 000余元)逃跑,乙紧追不舍。甲见杂货店旁有一辆未熄火摩托车,车主丙正站在车旁吸烟,便骑上摩托车继续逃跑,乙朝摩托车扑去想抓住甲,结果摔成重伤。次日,丙在街上发现自己的摩托车和甲,欲将甲扭送公安局,甲一拳将丙打伤,后经法医鉴定为轻伤。问题:甲的行为能否转化为抢劫罪?

［分析］ 甲的行为不能转化为抢劫罪,而应该分别定为盗窃罪、抢夺罪和故意伤害罪,数罪并罚。本案中,甲没有对乙使用暴力,其盗窃罪不能转化抢劫罪;甲没有当场对丙使用暴力,其抢夺罪不能转化抢劫罪。

第三节 窃取、骗取型财产犯罪

一、盗窃罪

(一) 定义

盗窃罪,是指以非法占有为目的,秘密窃取公私财物,数额较大或者多次盗窃的行为。

(二) 构成要件

(1) 客观方面表现为秘密窃取数额较大的公私财物或者多次盗窃的行为。所谓秘密窃取,是指行为人采取自认为不会被财物的所有人、保管人察觉的方法,将财物非法占有的行为。秘密窃取具有主观性和相对性特点。所谓主观性,是指行为人主观上自认为是在秘密窃取,即使客观上已被财物所有人、保管人发觉或注视,不影响盗窃性质的认定。所谓相对性,是指秘密窃取是相对于财物所有人、保管人而言的。在秘密窃取财物时即使被财物所有人、保管人之外的人发觉或注视,不影响盗窃罪的成立。秘密窃取,可以是财物所有人、保管人不在场时实施,也可以是财物所有人、保管人在场,乘其不备时实施。

秘密窃取的方式主要有以下几种:①单纯窃取,指的是单纯地通过财物的转移,使财物所有人或占有人丧失对财物的控制,并将财物置于本人控制之下;②入室盗取,指的是采取溜门撬锁的手段潜入他人住宅或者办公场所等,秘密窃取他人的财物;③破坏窃取,指的是为实现非法占有的目的,在财物处于某种附属状态或者固定状态的情况下,行为人采取破坏性手段,非法占有公私财物;④杀生窃取,指的是为窃取活物,先将其杀死,然后将其窃取;⑤信息窃取,指的是采取某种秘密手段窃取某种信息,然后利用这种信息获取某种利益;⑥电信窃取,指的是以牟利为目的,盗接他人通信密码、复制他人电信码号或者明知是盗接、复制的电信设备、设施而使用;⑦电脑窃取,指的是利用计算机实施的盗窃;⑧扒窃窃取,指的是采用掏包、割包、拎包的方式窃取他人随身携带的财物。

数额较大,是指个人盗窃公私财物价值人民币500元至2 000元。多次盗窃,是指1年内入户盗窃或者在公共场所扒窃3次以上。

（2）主体为一般主体。即具有刑事责任能力的自然人。根据刑法规定，单位不能成为盗窃罪主体。依据2002年8月9日最高人民检察院《关于单位有关人员组织实施盗窃行为如何适用法律问题的批复》的规定，单位有关人员为谋取单位利益组织实施盗窃行为，情节严重的，应当依照刑法第264条的规定以盗窃罪追究直接责任人员的刑事责任。

（3）主观方面表现为故意，且具有非法占有公私财物的目的。

（三）认定

（1）罪与非罪。①根据1997年11月14日最高人民法院《关于审理盗窃案件具体应用法律若干问题的解释》（以下简称《解释》）的规定，偷拿自己家的财物或者近亲属的财物，一般可不按犯罪处理；对确有追究刑事责任必要的，处罚时也应与在社会上作案的有所区别。②根据2006年1月11日最高人民法院《关于审理未成年人刑事案件具体应用法律若干问题的解释》的规定，已满16周岁不满18周岁的人实施盗窃行为未超过三次，盗窃数额虽已达到"数额较大"标准，但案发后能如实供述全部盗窃事实并积极退赃，且具有下列情形之一的，可以认定为"情节显著轻微危害不大"，不认为是犯罪：系又聋又哑的人或者盲人；在共同盗窃中起次要或者辅助作用，或者被胁迫；具有其他轻微情节的。另外，已满16周岁不满18周岁的人盗窃未遂或者中止的，可不认为是犯罪。已满16周岁不满18周岁的人盗窃自已家庭或者近亲属财物，或者盗窃其他亲属财物但其他亲属要求不予追究的，可不按犯罪处理。

（2）犯罪对象的认定。盗窃罪的对象是公私所有的各种有价值的财物，但是，刑法另有规定的，依照规定（如盗窃商业秘密的，以侵犯商业秘密罪论处）。作为盗窃对象的财物，不仅指有体物，而且包括无体物，如电力、煤气、天然气、热能等。此外，刑法及相关司法解释还规定了若干新型的盗窃对象：刑法第265条规定，以牟利为目的，盗接他人通信线路，复制他人电信码号，或明知是盗接、复制的电信设备、设施而使用的，以盗窃罪定罪处罚；刑法第196条规定，盗窃信用卡并使用的，以盗窃罪定罪处罚；刑法第210条规定，盗窃增值税专用发票或者可以用于骗取出口退税、抵扣税款的其他发票的，以盗窃罪定罪处罚；2000年4月28日最高人民法院《关于审理扰乱电信市场管理秩序案件具体应用法律若干问题的解释》规定：将电信卡非法充值后使用，造成电信资费损失数额较大的，以盗窃罪定罪处罚；盗用他人公共信息网络上网账号、密码上网，造成他人电信资费损失数额较大的，以盗窃罪定罪处罚。

（3）盗窃数额的计算。根据《解释》的规定，被盗物品的数额，按照下列方法计算：①被盗物品的价格，应当以被盗物品价格的有效证明确定。对于不能确定的，应当区别情况,根据作案当时、当地的同类物品的价格,并按照一定核价方法,以人民币分别计算。②有价支付凭证、有价证券、有价票证,按下列方法计算:第一,不记名、不挂失的有价支付凭证、有价证券、有价票证,不论能否即时兑现,均按票面数额和案发时应得的孳息、奖金或者奖品等可得收益一并计算。股票按被盗当日证券交易所公布的该种股票成交的平均价格计算。第二,记名的有价支付凭证、有价证券、有价票证,如果票面价值已定并能即时兑现的,如活期存折、已到期的定期存折和已填上金额的支票,以及不需证明手续即可提取货物的提货单等,按票面数额和案发时应得的利息或者可提货物的价值计算。如果票面价值未定,但已经兑现的,按实际兑现的财物价值计算;尚未兑现的,可作为定罪量刑的情节。不能即时兑现的记名有价支付凭证、有价证券、有价票证或者能即时兑现的有价支付凭证、有价证券、有价票证已被销毁、丢弃,而失主可以通过挂失、补领、补办手续等方式避免实际损失的,票面数额不作为定罪量刑的标准,但可作为定罪量刑的情节。③邮票、纪念币等收藏品、纪念品,按国家有关部门核定的价格计算。④同种类的大宗被盗物品,失主以多种价格购进,能够分清的,分别计算;难以分清的,应当按此类物品的中等价格计算。⑤被盗物品已被销赃、挥霍、丢弃、毁坏的,无法追缴或者几经转手,最初形态被破坏的,应当根据失主、证人的陈述、证言和提供的有效凭证以及被告人的供述,按本条第①项规定的核价方法,确定原被盗物品的价值。⑥失主以明显低于被盗当时、当地市场零售价购进的物品,应当按本条第①项规定的核价方法计算。⑦销赃数额高于按本解释计算的盗窃数额的,盗窃数额按销赃数额计算。⑧盗窃违禁品,按盗窃罪处理的,不计数额,根据情节轻重量刑。⑨被盗物品价格不明或者价格难以确定的,应当按国家计划委员会、最高人民法院、最高人民检察院、公安部《扣押、追缴、没收物品估价管理办法》的规定,委托指定的估价机构估价。⑩对已陈旧、残损或者使用过的被盗物品,应当结合作案当时、当地同类物品的价格和被盗时的残旧程度,按本条第⑨项的规定办理。⑪残次品,按主管部门核定的价格计算;废品,按物资回收利用部门的收购价格计算;假、劣物品,有价值的,按本条第⑨项的规定办理,以实际价值计算。⑫多次盗窃构成犯罪,依法应当追诉的,或者最后一次盗窃构成犯罪,前次盗窃行为在一年以内的,应当累计其盗窃数额。⑬盗窃行为给失主造成的损失大于盗窃数额的,损失数额可作为量刑的情节。另外,盗窃信用卡使用的,其盗窃数额应当根据行为人盗窃信用卡使用的数额认定。

(4) 罪数。根据《解释》的规定:①盗窃广播电视设施、公用电信设施价值数额不大,但是构成危害公共安全犯罪的,依照刑法第124条的规定定罪处罚;盗窃广播电视设施、公用电信设施同时构成盗窃罪和破坏广播电视设施、公用电信设施罪的,择一重罪处罚。②盗窃使用中的电力设备,同时构成盗窃罪和破坏电力设备罪的,择一重罪处罚。③为盗窃其他财物,盗窃机动车辆当犯罪工具使用的,被盗机动车辆的价值计入盗窃数额;为实施其他犯罪盗窃机动车辆的,以盗窃罪和所实施的其他犯罪实行数罪并罚。为实施其他犯罪,偷开机动车辆当犯罪工具使用后,将偷开的机动车辆送回原处或者停放到原处附近,车辆未丢失的,按照其所实施的犯罪从重处罚。④为练习开车、游乐等目的,多次偷开机动车辆,并将机动车辆丢失的,以盗窃罪定罪处罚;在偷开机动车辆过程中发生交通肇事构成犯罪,又构成其他罪的,应当以交通肇事罪和其他罪实行数罪并罚;偷开机动车辆造成车辆损坏的,按照刑法第275条的规定定罪处罚;偶尔偷开机动车辆,情节轻微的,可以不认为是犯罪。⑤实施盗窃犯罪,造成公私财物损毁的,以盗窃罪从重处罚;又构成其他犯罪的,择一重罪从重处罚;盗窃公私财物未构成盗窃罪,但因采用破坏性手段造成公私财物损毁数额较大的,以故意毁坏财物罪定罪处罚。盗窃后,为掩盖盗窃罪行或者报复等,故意破坏公私财物构成犯罪的,应当以盗窃罪和构成的其他罪实行数罪并罚。

(5) 既遂与未遂。根据《解释》的规定,盗窃未遂,情节严重,如以数额巨大的财物或者国家珍贵文物等为盗窃目标的,应当定罪处罚。可见,并非所有盗窃未遂都应予以处罚,只有那些情节严重的盗窃未遂才应当追究刑事责任。至于盗窃罪的未遂与既遂的区分标准,理论界存在以下观点:①接触说,该说以行为人是否接触被盗对象为标准,判断盗窃罪的既遂或未遂。凡是已经实际接触到目的物的是盗窃既遂,没有实际接触到目的物的是盗窃未遂。②隐匿说,该说认为应以行为人是否将目的物隐匿起来作为判断盗窃既遂还是未遂的标志。凡是已将财物隐匿起来的就是盗窃既遂,未将财物隐匿起来的就是盗窃未遂。③转移说,该说认为应以行为人是否将财物移离现场作为判断盗窃既遂与未遂的标志。凡财物被转移离原来场所的是盗窃既遂,没有移离原来场所的则是盗窃未遂。④取得说,该说认为应以行为人是否将他人财物置于自己掌握之下作为判断盗窃既遂或未遂的标准。只要财物到手,不论是否离开现场,都认为是盗窃既遂,财物没有掌握的则为盗窃未遂。⑤控制说,该说认为应以行为人是否已实际控制所盗窃财物为标准判断盗窃既遂与未遂。凡行为人已经实际控制盗窃所得财物的是盗窃既遂,没有实际控制所得财物的是盗窃未遂。⑥失控说,该说认为以失主是否已丧失了对财物的控制为标准来控制盗窃既遂与未遂。凡失主已丧失了对财物的实际控制的是盗窃既遂,未丧失实际控制的是盗窃未遂。⑦失控加控制说,该说认为应以被盗财物是否脱离所有人或占有人的控制和行为人实际控制财物为标准判断盗窃既遂与未遂。凡在失主已对财物失去控制并且财物已为行为人实际所控制的情况下,就是盗窃既遂,否则就是盗窃未遂。我们主张在盗窃罪的未遂与既遂的区分标准上采失控说。

(四) 刑事责任

刑法第264条第1款规定,犯本罪的,处3年以下有期徒刑、拘役或者管制,并处或者单处罚金。数额巨大或者有其他严重情节的,处3年以上10年以下有期徒刑,并处罚金,数额特别巨大或者有其他特别严重情节的,处10年以上有期徒刑或无期徒刑,并处罚金或者没收财产,有下列情形之一的,处无期徒刑或者死刑,并处没收财产:(1)盗窃金融机构,数额特别巨大的;(2)盗窃珍贵文物,情节严重的。

认定盗窃罪的刑事责任应注意两点:(1)根据《解释》的规定,"盗窃金融机构"是指盗窃金融机构的经营资金、有价证券和客户的资金等,如储户的存款、债券、其他款物,企业的结算资金、股票,不包括盗窃金融机构的办公用品、交通工具等财物的行为。"数额特别巨大"是指个人盗窃公私财物价值人民币3万元至10万元以上的。(2)根据《解释》的规定,"盗窃珍贵文物,情节严重",主要是指盗窃国家一级文物后造成损毁、流失,无法追回;盗窃国家二级文物三件以上或者盗窃国家一级文物一件以上,并具有本解释第六条第(三)项第1、3、4、8目规定情形之一的行为。

二、诈骗罪

(一) 定义

诈骗罪,是指以非法占有为目的,用虚构事实或者隐瞒真相的方法,骗取数额较大的公私财物的行为。

(二) 构成要件

(1) 客观方面表现为以虚构事实或者隐瞒真相的办法,骗取数额较大的公私财物的行为。诈骗方法可以是多种多样的,但是概括起来应当包括两种类型:一是虚构事实,即故意编造虚假情况,无中生有,骗取财物;二是隐瞒真相,即掩盖事实真相,使被害人误以为实际存在的事实是不存在的,骗取财物。行为人使用上述方法,使公私财物的所有人或者保管人信以为真,从而将公私财物"自愿"交给行为人。但是,这种自愿并不是财物所有人或者保管人的真实意愿,而是被犯罪人制造的假象所迷惑而上当受骗的结果。刑法及相关司法解释明确把以下行为规定为诈骗罪:刑法第210条第2款规定,使用欺骗手段骗取增值税专用发票或者可以用于骗取出口退税、抵扣税款的其他发票的;1999年10月9日最高人民法院、最高人民检察院《关于办理组织和利用邪教组织犯罪案件具体应用法律若干问题的解释》第6条规定,组织和利用邪教组织以各种欺骗手段,收取他人财物的;2000年4月28日最高人民法院《关于审理扰乱电信市场管理秩序案件具体应用法律若干问题的解释》第 9 条规定,以虚假、冒用的身份证办理入网手续并使用移动电话,造成电信资费损失数额较大的;2002 年 4 月 8 日最高人民法院《关于审理非法生产、买卖武装部队车辆号牌等刑事案件具体应用法律若干问题的解释》第 3 条第 2 款规定,使用伪造、变造、盗窃的武装部队车辆号牌,骗免养路费、通行费等各种规费,数额较大的。

(2) 主体为一般主体。即具有刑事责任能力的自然人。根据刑法规定,单位不能成为盗窃罪主体。依据 1996 年 12 月 16 日最高人民法院《关于审理诈骗罪案件具体应用法律的若干问题的解释》(以下简称《解释》)的规定,单位直接负责的主管人员和其他直接责任人员以单位名义实施诈骗行为,诈骗所得归单位所有,数额在 5 万至 10 万元以上的,应以诈骗罪追究上述人员"数额较大"的刑事责任;数额在 20 万至 30 万元以上的,应以诈骗罪追究上述人员"数额巨大"的刑事责任。

(3) 主观方面表现为故意,且具有非法占有公私财物的目的。

(三) 认定

(1) 既遂与未遂。根据《解释》的规定,已经着手实行诈骗行为,只是由于行为人意志以外的原因而未获取财物的,是诈骗未遂。诈骗未遂,情节严重的,也应当定罪并依法处罚。根据这一规定,诈骗罪的未遂与既遂,应以是否获取财物为标准。同时,诈骗未遂,只有情节严重的才处罚。这里的情节严重,是指其所诈骗的数额巨大或者诈骗未遂但造成其他严重后果的等。

(2) 法条竞合。①从属关系的法条竞合。刑法第 266 条规定,对于诈骗罪,本法另有规定的,依照规定。这是对从属关系的法条竞合的规定。我国刑法规定了一些特殊类型的诈骗罪,包括集资诈骗罪、贷款诈骗罪、票据诈骗罪、金融凭证诈骗罪、信用证诈骗罪、信用卡诈骗罪、有价证券诈骗罪、保险诈骗罪、骗取出口退税罪、合同诈骗罪等。这些诈骗犯罪与本罪之间存在特别法与普通法法条竞合关系,按照特别条款优于普通条款的原则,应以特殊类型的诈骗罪论处。②交叉关系的法条竞合。主要是本罪与招摇撞骗罪的竞合。如果冒充国家机关工作人员,骗取他人财物的,既可以构成诈骗罪,又可以构成招摇撞骗罪,对此,按交叉关系的法条竞合情形下适用的原则,即重法优于轻法的原则处理。

(四) 刑事责任

刑法第 266 条规定,犯本罪的,处 3 年以下有期徒刑、拘役或者管制,并处或者单处罚金;数额巨大或者有其他严重情节的,处 3 年以上 10 年以下有期徒刑,并处罚金;数额特别巨大或者其他特别严重情节的,处 10 年以上有期徒刑或者无期徒刑,并处罚金或者没收财产。

【案例分析】

案例1

［案情］ 陈某在商场金店发现柜台内放有一条重12克、价值3 600元的纯金项链,与自己所戴的镀金项链样式相同。陈某以挑选金项链为名,乘售货员不注意,用自己的镀金项链调换了上述纯金项链。问题:陈某的行为构成盗窃罪还是诈骗罪?

［分析］ 陈某的行为构成盗窃罪。本案中,陈某的行为分为两个阶段:第一阶段是采取欺骗方法,以挑选为由暂时将项链占有,这种占有是在售货员的视线内的暂时占有,售货员并没有因陈某的言行对项链的所有权进行处分,此时项链的所有权归属金店所有,此阶段的行为不构成诈骗罪,只是为实现盗窃行为的一个辅助行为;第二阶段是在售货员不注意的情况下的"暗中调包",这是在售货员不知情情况下的秘密窃取行为,该行为构成盗窃罪。

案例2

［案情］ 某日晚10点,许某在住所附近的一个自动取款机上取钱,他的工资卡里只剩下170多元,他本来想取100元,但多按了一个"0",就取出1 000元,他再次把卡插进取款机,结果竟然发现卡上的余额只少了一元钱。于是许某如此反复操作50多次,取了5万多元。意犹未尽的许某把此事告诉了同事郭某。凌晨1点左右,许某和郭某相约来到取款机前,这一次,许某连续取款102次,他先后一共取出了17.5万元,郭某则取款1.8万元。此后两人分别潜逃。之后不久,郭某自首。而许某在潜逃一年后被抓获。问题:许某的行为如何定性?

［分析］ 许某的行为构成盗窃罪。本案中,许某以非法占有为目的,在自认为银行工作人员不会当场发觉的情况下,利用银行自动柜员机程序升级出错之机,多次恶意取款,且数额特别巨大,其行为已经构成盗窃罪。

第四节 侵占、挪用型财产犯罪

一、侵占罪

(一) 定义

侵占罪,是指以非法占有为目的,将他人保管的财物或者他人的遗忘物、埋藏物占为己有,数额较大且拒不退还或者拒不交出的行为。

(二)构成要件

(1)客观方面表现为将代为保管的他人财物或者他人的遗忘物、埋藏物非法占为己有,数额较大,拒不退还或者拒不交出的行为。应该从三个方面理解侵占罪的客观要件:首先,行为人必须具有非法占有他人财物的行为,这是构成侵占罪的前提条件。这里所说的非法占有,是指行为人侵犯他人的财产利益,侵吞、占有、使用或者处分他人的财物。他人的财物是指:①他人委托自己代为保管的他人财物。这里的他人财物,既可以是他人的个人财物,也可以是单位的财物。②他人的遗忘物。遗忘物是指财物的所有人或者持有人由于不慎而暂时失去占有、控制的财物。遗忘物不同于遗失物,前者是刚遗忘,随即想起即可很快恢复对其的控制,后者一般是由于失主大意,对已经丢失的财物,不好恢复对其的控制。③埋藏物。埋藏物是指埋藏于地下的财物,埋藏物除了有明确个人归属的以外,所有权都属于国家。其次,侵占的财物必须达到数额较大的程度,这是构成侵占罪的数额条件。第三,行为人必须具有拒不退还或者拒不交出的行为,这是构成侵占罪的行为条件。如果行为人虽然有非法占有自己代为保管的他人财物、遗忘物、埋藏物的行为,但一经要求其退还或者交出立即退还或者交出,则不构成侵占罪。

(2)主体为一般主体。即具有刑事责任能力的自然人。

(3)主观方面表现为故意,且具有非法占有公私财物的目的。

(三)认定

在认定这类案件时,要注意区分本罪与盗窃罪的界限。一般而言,本罪与盗窃罪的界限是清楚的,比较复杂的是,当犯罪对象是遗忘物还是占有物难以区分时,在确定行为性质时应该注意以下几点:①(1)只要是在他人的事实支配领域内的财物,即使他人没有现实地握有或监视,也属于他人占有。例如,他人住宅内、车内的财物,即使他人完全忘记其存在,也属于他人占有的财物。行为人取走这些财物的,成立盗窃而非侵占。(2)虽然处于他人支配领域之外,但存在可以推知由他人事实上支配的状态时,也属于他人占有的财物。例如,他人门前停放的自行车,即使没有上锁,也应认为由他人占有。以非法占有目的取得这些财物的,应认定为盗窃罪,而非侵占罪。(3)主人饲养的、具有回到原处能力或习性的宠物,不管宠物处于何处,都应认定为饲主占有。行

① 参见张明楷:《侵犯财产罪的疑难问题》,载《华东刑事司法评论》2004年第1期,第109—110页。

为人非法取得该宠物的,成立盗窃罪。(4)即使原占有者丧失了占有,但当该财物转移为建筑物的管理者或者第三者占有时,也应认定为他人占有的财物。例如,乘客遗忘在出租车内的财物,属于出租车司机占有,虽然相对于乘客而言属于遗忘物,但相对于出租车司机而言,则是其占有的财物。所以,第三者从出租车内取走该财物的行为,应认定为盗窃罪。

(四) 刑事责任

刑法第 270 条第 2 款规定,犯本罪的,处 2 年以下有期徒刑、拘役或者罚金;数额巨大或者有其他严重情节的,处 2 年以上 5 年以下有期徒刑,并处罚金。第 3 款规定,犯本罪的,告诉的才处理。

二、本节其他罪名

(一) 职务侵占罪

1. 定义

职务侵占罪,是指公司、企业或者其他单位的人员,利用职务上的便利,将本单位财物非法占为己有,数额较大的行为。

2. 认定

如果是国有公司、企业或者其他国有单位中从事公务的人员和国有公司、企业或者其他国有单位委派到非国有公司、企业以及其他单位从事公务的人员,有利用职务上的便利将本单位财物非法占为己有行为的,依照贪污罪的规定定罪处罚。

3. 刑事责任

刑法第 271 条第 1 款规定,犯本罪的,处 5 年以下有期徒刑或者拘役;数额巨大的,处 5 年以上有期徒刑,可以并处没收财产。

(二) 挪用资金罪

1. 定义

挪用资金罪,是指公司、企业或者其他单位的工作人员,利用职务上的便利,挪用单位资金归个人使用或者借贷给他人,数额较大,超过 3 个月未还的,或者虽然未超过 3 个月,但数额较大,进行营利活动或者非法活动的行为。

2. 刑事责任

刑法第 272 条第 1 款规定,犯本罪的,处 3 年以下有期徒刑或者拘役;挪用本单位资金数额巨大的,或者数额较大不退还的,处 3 年以上 10 年以下有期徒刑。

(三) 挪用特定款物罪

1. 定义

挪用特定款物罪,是指违反国家财经管理制度,挪用用于救灾、抢险、防汛、优抚、扶贫、移民、救济款物,情节严重,致使国家和人民群众利益遭受重大损害的行为。

2. 认定

根据 2003 年 1 月 13 日最高人民检察院《关于挪用失业保险基金和下岗职工基本生活保障资金的行为适用法律问题的批复》的规定,失业保险基金和下岗职工基本生活保障资金属于救济款物。挪用上述资金的,也可以构成本罪。如果挪用保险基金和下岗职工基本生活保障资金归个人使用的,以挪用公款罪论处。

3. 刑事责任

刑法第 273 条规定,犯本罪的,对直接责任人员,处 3 年以下有期徒刑或者拘役;情节特别严重的,处 3 年以上 7 年以下有期徒刑。

【案例分析】

案例 1

[案情] 某日,赖某到银行取钱,发现柜台边用报纸包着 1 万元现金,于是迅速拿走离开了银行。第二天,失主陈某发现从银行取的钱少了 1 万元,立即电话告知银行工作人员,在银行的录像中发现是赖某拿走的,于是找到赖某要求其交出,但赖某认为钱是其捡到的,拒绝交出。不久,陈某以赖某犯侵占遗忘物罪为由向法院提起自诉,要求追究赖某的刑事责任。问题:赖某的行为如何定性?

[分析] 赖某的行为构成侵占罪。本案中,一方面,赖某具有非法占有 1 万元现金的目的,具有侵占罪的主观要件,另一方面,这 1 万元现金属于陈某的遗忘物,在陈某找到赖某要求其交出时,赖某拒绝交出,其行为已经符合侵占罪的客观要件。

案例 2

[案情] 1998 年,某乡进行移民建镇工程,根据乡政府规定,该乡某村的移民建镇工作由行为人高某、喻某、高某某具体负责。在 1998 年至 2000 年期间,行为人高某、喻某、高某某利用领取及发放移民资金机会,将代领的移民资金不及时发放给农户,由行为人高某、喻某牵头并决定,行为人高某某经手将未发放的移民资金 25 万余元用于该村集体开支,具体用于村委会上交 1998 年至 2000 年度的乡财贸任务、付村委会欠旧债

还款、付村组干部工资、付村委会防洪费用开支、付村委会办理移民建镇工作费用开支等方面。因村干部挪用移民资金用于村集体开支,致群众意见很大,引起群体上访。问题:高某、喻某、高某某的行为如何定性?

[**分析**] 高某、喻某、高某某的行为构成挪用特定款物罪。本案中,高某、喻某、高某某在负责某村移民建镇工作期间,违反国家专款专用管理制度,将25万余元移民建镇资金用于村集体的其他开支,情节严重,且给国家和人民群众利益造成了重大损失,完全符合挪用特定款物罪的构成要件。

第五节 毁坏、破坏型财产犯罪

一、故意毁坏财物罪

(一) 定义

故意毁坏财物罪,是指故意毁灭或者损坏公私财物,数额较大或者情节严重的行为。

(二) 构成要件

(1) 客观方面表现为毁灭或损坏公私财物数额较大或有其他严重情节的行为。所谓毁灭,是指用焚烧、摔砸等方法使物品全部丧失其价值或使用价值。所谓损坏,是指物品部分丧失其价值或使用价值。犯罪对象是公私财物,包括动产和不动产。如果故意毁坏的是刑法另有规定的特定财物,例如交通工具、交通设施、电力设备、易燃易爆设备等构成其他犯罪的,应按照刑法规定论处。

(2) 主体为一般主体。即具有刑事责任能力的自然人。

(3) 主观方面表现为故意,且具有将财物毁坏的目的。

(三) 刑事责任

刑法第275条规定,犯本罪的,处3年以下有期徒刑、拘役或者罚金;数额巨大或者有其他特别严重情节的,处3年以上7年以下有期徒刑。

二、破坏生产经营罪

(一) 定义

破坏生产经营罪,是指由于泄愤报复或者其他个人目的,毁坏机器设备、残害耕畜或者以其他方法破坏生产经营的行为。

(二) 构成要件

(1) 客观方面表现为毁坏机器设备、残害耕畜或者以其他方法破坏生产经营的行为。所谓毁坏机器设备,是指毁坏在生产经营中的各种机器、仪器、仪表等。所谓残害耕畜,是指残害用来进行生产的耕牛、耕马、骡子、驴子等牲畜。所谓其他方法,是指刑法列举的上述两种方法以外的破坏生产经营的方法,如破坏电源,制造停电事故,破坏水源,制造停水事故;破坏种子、秧苗;毁灭庄稼、果树;制造设备事故或者质量事故;等等。

(2) 主体为一般主体。即具有刑事责任能力的自然人。

(3) 主观方面表现为故意,且具有泄愤报复或者其他个人目的。

(三) 刑事责任

刑法第276条规定,犯本罪的,处3年以下有期徒刑、拘役或者管制;情节严重的,处3年以上7年以下有期徒刑。

【案例分析】

案例1

[案情] 2006年5月10日10时许,著名摇滚歌手窦某因对某报社的有关报道不满,前去该报社交涉,在交涉过程中,他把办公室内的DVD机、电脑、电视机等物品予以摔毁,经鉴定价值1 644元。当日17时许,窦某再次来到该报社,并往报社职工停放在门前的轿车上泼洒汽油,然后用打火机点燃,损坏价值5 379元。问题:窦某的行为如何定性?

[分析] 窦某的行为构成故意毁坏财物罪。本案中,窦某主观上具有将他人财物毁坏的目的,客观上实施了将某报社办公室内的DVD机、电脑、电视机等物品摔毁,将报社职工停放在门前的轿车点燃的破坏财物行为,且数额较大,其行为已构成故意毁

坏财物罪。

案例 2

[案情]　罗某以某钟表公司欠其工资为由,伙同该公司员工杨某,破坏公司设施以泄私愤。从某年7月初至8月8日,多次由杨某在墙外望风,罗某爬窗进入该车间,将布条系在电线上,点燃后爬窗逃跑。公司因该行为共发生火灾6次,停产20余天,造成直接经济损失共计人民币20余万元。8月8日中午,罗某、杨某准备再次作案时,被当场抓获,并在案发现场缴获蘸有煤油的布条两块。问题:罗某、杨某的行为如何定性?

[分析]　罗某、杨某的行为构成破坏生产经营罪。本案中,罗某、杨某主观上具有泄愤报复的个人目的,客观上实施了将蘸有煤油的布条投放正在生产的车间,然后点燃放火烧毁公私财物,使公司经营中断的行为,他们的行为已构成破坏生产经营罪。

【本章小结】

侵犯财产罪,是指以非法占有为目的,采用抢劫、盗窃、抢夺、诈骗等方法攫取公私财物,以及挪用、毁坏公私财物或者破坏生产经营的行为。本类犯罪侵犯的客体主要是公私财产所有权。可以将本章具体罪名分为四类:一是暴力、胁迫型财产犯罪;二是窃取、骗取型财产犯罪;三是侵占、挪用型财产犯罪;四是毁坏、破坏型财产犯罪。

本章思考题

1. 认定抢劫罪应注意哪几方面问题?
2. 认定抢夺罪应注意哪几方面问题?
3. 如何区分敲诈勒索罪与抢劫罪的界限?
4. 认定盗窃罪应注意哪几方面问题?
5. 认定诈骗罪应注意哪几方面问题?
6. 如何区分侵占罪与盗窃罪的界限?
7. 什么是职务侵占罪?
8. 什么是挪用资金罪?
9. 什么是挪用特定款物罪?
10. 什么是故意毁坏财物罪?

第二十一章　妨害社会管理秩序罪

【本章学习目的】

通过本章的学习，了解妨害社会管理秩序罪的定义、具体罪名和同类客体；掌握各种重点讲授的妨害社会管理秩序罪具体罪名的定义、构成要件；理解认定有关妨害社会管理秩序罪具体罪名时应当区别的各种界限和应当注意的问题。

第一节　妨害社会管理秩序罪概述

一、定义

妨害社会管理秩序罪，是指妨害国家机关对社会的管理活动，破坏社会秩序，情节严重的行为。

二、具体罪名

根据刑法分则第六章、《刑法修正案（三）》、《刑法修正案（六）》及《刑法修正案（七）》的规定，妨害社会管理秩序罪包括125个具体罪名。

刑法把本章具体罪名分为九类：一是扰乱公共秩序罪。具体包括妨害公务罪，招摇撞骗罪，组织、领导、参加黑社会性质组织罪，煽动暴力抗拒法律实施罪，伪造、变造、买卖国家机关公文、证件、印章罪，盗窃、抢夺、毁灭国家机关公文、证件、印章罪，伪造公司、企业、事业单位、人民团体印章罪，伪造、变造居民身份证罪，非法生产、买卖警用装备罪，非法获取国家秘密罪，非法持有国家绝密、机密文件、资料、物品罪，非法生产、销售间谍专用器材罪，非法使用窃听、窃照专用器材罪，非法侵入计算机信息系统罪，非法获取计算机信息系统数据、非法控制计算机信息系统罪，提供侵入、非法控制计算机信息系统罪，破坏计算机信息系统罪，扰乱无线电通讯管理秩序罪，聚众扰乱社会秩序罪，聚众冲击国家机关罪，聚众扰乱公共场所秩序、交通秩序罪，投放虚假危险物质罪，编造、故意传播虚假恐怖信息罪，聚众斗殴罪，寻衅滋事罪，入境发展黑社会组织罪，包庇、纵容黑社会性质组织罪，传授犯罪方法罪，非法集会、游行、示威罪，非法携带武器、管制刀具、爆炸物参加集会、游行、示威罪，破坏集会、游行、示威罪，侮辱国旗、国徽罪，组织、利用会道门、邪教组织、利用迷信破坏法律实施罪，组织、利用会道门、邪教组织、利用迷信致人死亡罪，聚众淫乱罪，引诱未成年人聚众淫乱罪，盗窃、侮辱尸体罪，赌博罪，开设赌场罪，故意延误投递邮件罪。二是妨害司法罪。具体包括伪证罪，窝藏、包庇罪，辩护人、诉讼代理人毁灭证据、伪造证据、妨害作证罪，妨害作证罪，帮助毁灭、伪造证据罪，打击报复证人罪，扰乱法庭秩序罪，拒绝提供间谍犯罪证据罪，掩饰、隐瞒犯罪所得、犯罪所得收益罪，拒不执行判决、裁定罪，非法处置查封、扣押、冻结的财产罪，破坏监管秩序罪，脱逃罪，劫夺被押解人员罪，组织越狱罪，暴动越狱罪，聚众持械劫狱罪。三是妨害国（边）境管理罪。具体包括组织他人偷越国（边）境罪，骗取出境证件罪，提供伪造、变造的出入境证件罪，出售出入境证件罪，运送他人偷越国（边）境罪，偷越国（边）境罪，破坏界碑、界桩罪，破坏永久性测量标志罪。四是妨害文物管理罪。具体包括故意损毁文物罪，故意损毁名胜古迹罪，过失损毁文物罪，非法向外国人出售、赠送珍贵文物罪，倒卖文物罪，非法出售、私赠文物藏品罪，盗掘古文化遗址、古墓葬罪，盗掘古人类化石、古脊椎动物化石罪，抢夺、窃取国有档案罪，擅自出卖、转让国有档案罪。五是危害公共卫生罪。具体包括医疗事故罪，非法行医罪，妨害传染病防治罪，传染病菌种、毒种扩散罪，妨害国境卫生检疫罪，非法组织卖血罪，强迫卖血罪，非法采集、供应血液、制作、供应血液制品罪，采集、供应血液、制作、供应血液制品事故罪，非法进行节育手术罪，妨害动植物防疫、检疫罪。六是破坏环境资源保护罪。具体包括重大环境污染事故罪，非法处置进口的固体废物罪，擅自进口固体废物罪，非法捕捞水产品罪，非法猎捕、杀害珍贵、濒危野生动物罪，非法收购、运输、出售珍贵、濒危野生动物、珍贵、濒危野生动物制品罪，非法狩猎罪，非法占用农用地罪，非法采矿罪，破坏性采矿罪，非法采伐、毁坏国家重点保护植物罪，非法收购、运输、加工、出售国家重点保护植物、国家重点保护植物制品罪，盗伐林木罪，滥伐林木罪，非法收购、运输盗伐、滥伐的林木罪。七是走私、贩卖、运输、制造毒品罪。具体包括走私、贩卖、运输、制造毒品罪，非法持有毒品罪，包庇毒品犯罪分子罪,窝藏、转移、隐瞒毒品、毒赃罪,走私制毒物品罪,非法买卖制毒物品罪,非法种植毒品原植物罪,非法买卖、运输、携带、持有毒品原植物种子、幼苗罪,引诱、教唆、欺骗他人吸毒罪,强迫他人吸毒罪,容留他人吸毒罪,非法提供麻醉药品、精神药品罪。八是组织、强迫、引诱、容留介绍卖淫罪。具体包括组织卖淫罪,强迫卖淫罪,协助组织卖淫罪,引诱、容留、介绍卖淫罪,引诱幼女卖淫罪,传播性病罪,嫖宿幼女罪。九是制作、贩卖、传播淫秽物品罪。具体包括制作、复制、出版、贩卖、传播淫秽物品牟利罪,为他人提供书号出版淫秽书刊罪,传播淫秽物品罪,组织播放淫秽音像制品罪,组织淫秽表演罪。

三、同类客体

本类犯罪侵犯的客体是社会管理秩序,即国家机关依法对社会进行管理而形成的正常的社会秩序。社会秩序是一个含义非常广泛的概念。它包括社会秩序、生产秩序、工作秩序、教学科研秩序和人民群众的生活秩序。从本质上讲,一切犯罪都是对社会管理秩序的侵害。但是,由于刑法对侵害或者破坏国家安全、社会公共安全、市场经济、人身权利、家庭婚姻、公私财产、国防与军事利益以及国家机关正常活动等社会秩序的行为列入了刑法分则的其他章节,故本章所规定的犯罪所侵犯的同类客体是国家对社会的日常管理活动和秩序,换言之,是刑法分则其他各章规定之罪所侵犯的同类客体以外的国家对社会的日常管理活动与秩序。

第二节 扰乱公共秩序罪

一、妨害公务罪

(一)定义

妨害公务罪,是指以暴力、威胁方法阻碍国家机关工作人员依法执行职务,阻碍人民代表大会代表依法执行代表职务,阻碍红十字会工作人员依法履行职责的行为;或者故意阻碍国家安全机关、公安机关依法执行国家安全工作任务,未使用暴力、威胁方法,造成严重后果的行为。

(二) 构成要件

(1) 客观方面表现为以暴力、威胁的方法阻碍国家机关工作人员、全国人民代表大会和地方各级人民代表大会代表、红十字会工作人员依法执行职务的行为;或者虽未使用暴力、威胁方法,但故意阻碍国家安全机关、公安机关依法执行国家安全工作任务,造成严重后果的行为。由此可见,妨害公务罪的手段既可以是使用暴力、威胁方法构成,也可以是未使用暴力、威胁方法。所谓暴力,是指对正在依法执行职务、履行职责的国家机关工作人员、人大代表、红十字会工作人员的身体实行打击或者强制,例如捆绑、殴打、伤害等。所谓威胁,是指以杀害、伤害、毁坏财产、损害名誉等进行精神上的恫吓。根据妨害公务的对象不同,妨害公务行为可以分为以下四种情形:①以暴力、威胁方法阻碍国家机关工作人员依法执行职务。②以暴力、威胁方法阻碍人民代表大会代表依法执行代表职务。③在自然灾害和突发性事件中,以暴力、威胁方法阻碍红十字会工作人员依法履行职责。④故意阻碍国家安全机关、公安机关的工作人员依法执行国家安全工作任务。在这种情况下,未使用暴力、威胁方法也可以构成本罪,但必须造成严重后果。这里的严重后果,是指国家安全机关、公安机关执行国家安全工作任务受到严重妨害,例如犯罪嫌疑人逃跑,侦查线索中断,犯罪证据灭失,赃款赃物转移,严重妨害对危害国家安全犯罪案件的侦破,或者造成严重的政治影响等。

(2) 主体为一般主体。即具有刑事责任能力的自然人。

(3) 主观方面表现为故意。即明知是妨害公务行为而有意实施的主观心理态度。

(三) 刑事责任

刑法第 277 条第 1 款规定,犯本罪的,处 3 年以下有期徒刑、拘役、管制或者罚金。

二、招摇撞骗罪

(一) 定义

招摇撞骗罪,是指以谋取非法利益为目的,冒充国家机关工作人员招摇撞骗的行为。

(二) 构成要件

(1) 客观方面表现为冒充国家机关工作人员进行招摇撞骗的行为。所谓冒充国家机关工作人员,是指非国家机关工作人员假冒国家机关工作人员的身份、职位,或者某一国家机关工作人员冒充其他国家机关工作人员的身份、职位。如果行为人冒充非国家机关工作人员的身份或职称,如冒充民主党派干部、高干亲属等进行诈骗活动的,不构成本罪。所谓招摇撞骗,是指以假冒的国家机关工作人员的身份进行炫耀,利用人们对国家机关工作人员的信任,以骗取非法利益。

(2) 主体为一般主体。即具有刑事责任能力的自然人。

(3) 主观方面表现为故意,且具有谋取非法利益的目的。这里的非法利益包括荣誉称号、政治待遇、职位、学位、经济待遇、城市户口、婚姻以及钱财等。

(三) 刑事责任

刑法第279条第1款规定,犯本罪的,处3年以下有期徒刑、拘役、管制或者剥夺政治权利;情节严重的,处3年以上10年以下有期徒刑。第2款规定,冒充人民警察招摇撞骗的,从重处罚。

三、组织、领导、参加黑社会性质组织罪

(一) 定义

组织、领导、参加黑社会性质组织罪,是指组织、领导、参加以暴力威胁或者其他手段,有组织地进行违法犯罪活动,称霸一方,为非作歹,欺压、残害群众为内容的,严重破坏经济、社会秩序的黑社会性质组织的行为。

(二) 构成要件

(1) 客观方面表现为组织、领导、参加黑社会性质组织的行为。所谓组织黑社会性质组织,是指倡导、发起、策划、安排、建立黑社会性质组织。所谓领导黑社会性质组织,是指在黑社会性质组织中处于领导地位,对该组织的活动进行策划、决策、指挥、协调。所谓参加黑社会性质组织,是指加入黑社会性质组织,成为其成员,并参加其活动。

根据相关立法解释的规定,黑社会性质的组织应当同时具备以下特征:①形成较稳定的犯罪组织,人数较多,有明确的组织者、领导者,骨干成员基本固定;②有组织地通过违法犯罪活动或者其他手段获取经济利益,具有一定的经济实力,以支持该组织的活动;③以暴力、威胁或者其他手段,有组织地多次进行违法犯罪活动,为非作恶,欺压、残害群众;④通过实施违法犯罪活动,或者利用国家工作人员的包庇或者纵容,称霸一方,在一定区域或者行业内,形成非法控制或者重大影响,严重破坏经济、社会生活秩序。

(2) 主体为一般主体。即具有刑事责任能力的自然人。

(3) 主观方面表现为故意。即明知是组织、领导、参加黑社会性质组织行为而有意实施的主观心理态度。

(三) 认定

组织、领导和参加黑社会性质的组织是刑法上独立的犯罪,因此,犯组织、领导、参加黑社会性质组织罪,又有其他犯罪行为的,如指使组织成员杀人、放火或者接受组织派遣任务实行杀人、放火等犯罪行为的,应当实行数罪并罚。

(四) 刑事责任

刑法第 294 条第 1 款规定,犯本罪的处 3 年以上 10 年以下有期徒刑;其他参加的,处 3 年以下有期徒刑、拘役、管制或者剥夺政治权利。第 3 款规定,犯本罪又有其他犯罪行为的,依照数罪并罚的规定处罚。

四、本节其他罪名

(一) 煽动暴力抗拒法律实施罪

1. 定义

煽动暴力抗拒法律实施罪,是指故意煽动群众暴力抗拒国家法律、行政法规实施,扰乱公共秩序的行为。

2. 认定

注意区分煽动暴力抗拒法律实施罪与煽动分裂国家罪和煽动颠覆国家政权罪的界限。主要在于目的和煽动的内容不同,煽动暴力抗拒法律实施罪是以阻碍法律、法规实施为目的,煽动群众使用暴力抗拒法律、法规的实施;而煽动分裂国家罪和煽动颠覆国家政权罪,则是以分裂国家或者倾覆国家政权和社会主义制度为目的,煽动民族分裂、地方割据或者煽动推翻人民民主专政政权和社会主义制度。

3. 刑事责任

刑法第 278 条规定,犯本罪的,处 3 年以下有期徒刑、拘役、管制或者剥夺政治权利;造成严重后果的,处 3 年以上 7 年以下有期徒刑。

(二) 伪造、变造、买卖国家机关公文、证件、印章罪

1. 定义

伪造、变造、买卖国家机关公文、证件、印章罪,是指伪造、变造、买卖国家机关的公文、证件、印章的行为。

2. 认定

如果为了进行诈骗、招摇撞骗等犯罪活动而伪造、变造、买卖国家机关的公文、证

件、印章，按牵连犯处理。

3. 刑事责任

刑法第280条第1款规定，犯本罪的，处3年以下有期徒刑、拘役、管制或者剥夺政治权利；情节严重的，处3年以上10年以下有期徒刑。

(三) 盗窃、抢夺、毁灭国家机关公文、证件、印章罪

1. 定义

盗窃、抢夺、毁灭国家机关公文、证件、印章罪，是指盗窃、抢夺、毁灭国家机关的公文、证件、印章的行为。

2. 刑事责任

刑法第280条第1款规定，犯本罪的，处3年以下有期徒刑、拘役、管制或者剥夺政治权利；情节严重的，处3年以上10年以下有期徒刑。

(四) 伪造公司、企业、事业单位、人民团体印章罪

1. 定义

伪造公司、企业、事业单位、人民团体印章罪，是指伪造公司、企业、事业单位、人民团体的印章的行为。

2. 刑事责任

刑法第280条第2款规定，犯本罪的，处3年以下有期徒刑、拘役、管制或者剥夺政治权利。

(五) 伪造、变造居民身份证罪

1. 定义

伪造、变造居民身份证罪，是指伪造、变造居民身份证的行为。

2. 刑事责任

刑法第280条第3款规定，犯本罪的，处3年以下有期徒刑、拘役、管制或者剥夺政治权利；情节严重的，处3年以上7年以下有期徒刑。

(六) 非法生产、买卖警用装备罪

1. 定义

非法生产、买卖警用装备罪，是指违反国家规定，未经许可生产、买卖人民警察制式服装、车辆号牌等专用标志、警械，情节严重的行为。

2. 刑事责任

刑法第 281 条第 1 款规定，犯本罪的，处 3 年以下有期徒刑、拘役或者管制，并处或者单处罚金。第 2 款规定，单位犯本罪的，对单位判处罚金，并对其直接负责的主管人员和其他直接责任人员，依照个人犯罪的规定处罚。

（七）非法获取国家秘密罪

1. 定义

非法获取国家秘密罪，是指以窃取、刺探、收买方法，非法获取国家秘密的行为。

2. 认定

注意区分非法获取国家秘密罪与为境外非法提供国家秘密、情报罪的界限。关键在于是否为境外的机构、组织、个人实施非法获取国家秘密或者是否将非法获取的国家秘密故意向境外的机构、组织、个人非法提供。

3. 刑事责任

刑法第 282 条第 1 款规定，犯本罪的，处 3 年以下有期徒刑、拘役、管制或者剥夺政治权利；情节严重的，处 3 年以上 7 年以下有期徒刑。

（八）非法持有国家绝密、机密文件、资料、物品罪

1. 定义

非法持有国家绝密、机密文件、资料、物品罪，是指非法持有属于国家绝密、机密的文件、资料或者其他物品，拒不说明来源与用途的行为。

2. 刑事责任

刑法第 282 条第 2 款规定，犯本罪的，处 3 年以下有期徒刑、拘役或者管制。

（九）非法生产、销售间谍专用器材罪

1. 定义

非法生产、销售间谍专用器材罪，是指非法生产、销售窃听、窃照等间谍专用器材的行为。

2. 刑事责任

刑法第 283 条规定，犯本罪的，处 3 年以下有期徒刑、拘役或者管制。

（十）非法使用窃听、窃照专用器材罪

1. 定义

非法使用窃听、窃照专用器材罪，是指非法使用窃听、窃照专用器材，造成严重后

果的行为。

2. 刑事责任

刑法第284条规定，犯本罪的，处2年以下有期徒刑、拘役或者管制。

（十一）非法侵入计算机信息系统罪

1. 定义

非法侵入计算机信息系统罪，是指违反国家规定，故意侵入国家事务、国防建设、尖端科学技术领域的计算机信息系统的行为。

2. 认定

侵入国家重点保护的计算机信息系统窃取国家秘密或实施其他犯罪的，按牵连犯处理。

3. 刑事责任

刑法第285条规定，犯本罪的，处3年以下有期徒刑或者拘役。

（十二）非法获取计算机信息系统数据、非法控制计算机信息系统罪

1. 定义

非法获取计算机信息系统数据、非法控制计算机信息系统罪，是指违反国家规定，侵入国家事务、国防建设、尖端科学技术领域以外的计算机信息系统或者采用其他技术手段，获取该计算机信息系统中存储、处理或者传输的数据，或者对该计算机信息系统实施非法控制，情节严重的行为。

2. 刑事责任

《刑法修正案（七）》第9条第1款规定，犯本罪的，处3年以下有期徒刑或者拘役，并处或者单处罚金；情节特别严重的，处3年以上7年以下有期徒刑，并处罚金。

（十三）提供侵入、非法控制计算机信息系统程序、工具罪

1. 定义

提供侵入、非法控制计算机信息系统程序、工具罪，是指提供专门用于侵入、非法控制计算机信息系统的程序、工具，或者明知他人实施侵入、非法控制计算机信息系统的违法犯罪行为而为其提供程序、工具，情节严重的行为。

2. 刑事责任

《刑法修正案（七）》第9条第2款规定，犯本罪的，处3年以下有期徒刑或者拘役，并处或者单处罚金；情节特别严重的，处3年以上7年以下有期徒刑，并处罚金。

（十四）破坏计算机信息系统罪

1. 定义

破坏计算机信息系统罪，是指违反国家规定，对计算机信息系统功能和信息系统中存储、处理、传输的数据和应用程序进行破坏，造成计算机信息系统不能正常运行，后果严重的行为。破坏计算机信息系统行为表现为以下三种情形：(1)违反国家规定，使用删除、修改、增加、干扰等技术操作方法，造成计算机信息系统不能正常运行，后果严重的；(2)违反国家规定，对计算机信息系统中存储、处理或者传输的数据应用程序进行删除、修改、增加的操作，后果严重的；(3)制作、传播计算机病毒等破坏性程序，影响计算机系统正常运行，后果严重的。

2. 认定

利用计算机实施金融诈骗、盗窃、贪污、挪用公款、窃取国家秘密或者其他犯罪的，依照刑法有关规定定罪处罚。

3. 刑事责任

刑法第 286 条规定，犯本罪的，处 5 年以下有期徒刑或者拘役；后果特别严重的，处 5 年以上有期徒刑。

（十五）扰乱无线电通讯管理秩序罪

1. 定义

扰乱无线电通讯管理秩序罪，是指违反国家规定，擅自设置、使用无线电台(站)，或者擅自占用频率，经责令停止使用后拒不停止使用，干扰无线电通讯正常运行，造成严重后果的行为。

2. 刑事责任

刑法第 288 条第 1 款规定，犯本罪的，处 3 年以下有期徒刑、拘役或者管制，并处或者单处罚金。第 2 款规定，单位犯本罪的，对单位判处罚金，并对其直接负责的主管人员或者直接责任人员，依照个人犯罪的规定处罚。

（十六）聚众扰乱社会秩序罪

1. 定义

聚众扰乱社会秩序罪，是指组织、策划、指挥或者积极参加聚众扰乱社会秩序的活动，情节严重，致使工作、生产、营业和教学、科研无法进行，造成严重损失的行为。

2. 刑事责任

刑法第 290 条第 1 款规定，犯本罪的，对首要分子处 3 年以上 7 年以下有期徒刑；

对其他积极参加的,处 3 年以下有期徒刑、拘役、管制或者剥夺政治权利。

(十七) 聚众冲击国家机关罪

1. 定义

聚众冲击国家机关罪,是指组织、策划、指挥或者积极参加聚众冲击国家机关的活动,致使国家机关工作无法进行,造成严重损失的行为。

2. 刑事责任

刑法第 290 条第 2 款规定,犯本罪的,对首要分子,处 5 年以上 10 年以下有期徒刑;对其他积极参加的,处 5 年以下有期徒刑、拘役、管制或者剥夺政治权利。

(十八) 聚众扰乱公共场所秩序、交通秩序罪

1. 定义

聚众扰乱公共场所秩序、交通秩序罪,是指组织、策划、指挥聚众扰乱车站、码头、民用航空站、商场、公园、影剧院、展览会、运动场以及其他公共场所秩序,或者聚众堵塞交通或者破坏交通秩序,抗拒、阻碍国家治安管理人员依法执行职务,情节严重的行为。

2. 刑事责任

刑法第 291 条规定,犯本罪的,对首要分子处 5 年以下有期徒刑、拘役或者管制。

(十九) 投放虚假危险物质罪

1. 定义

投放虚假危险物质罪,是指投放虚假的爆炸性、毒害性、放射性、传染病病原体等物质,严重扰乱社会秩序的行为。

2. 刑事责任

刑法第 191 条之一(《刑法修正案(三)》第 8 条)规定,犯本罪的,处 5 年以下有期徒刑、拘役或者管制;造成严重后果的,处 5 年以上有期徒刑。

(二十) 编造、故意传播虚假恐怖信息罪

1. 定义

编造、故意传播虚假恐怖信息罪,是指编造爆炸威胁、生化威胁、放射威胁等恐怖信息,或者明知是编造的恐怖信息而故意传播,严重扰乱社会秩序的行为。

2. 刑事责任

刑法第 191 条之一(《刑法修正案(三)》第 8 条)规定,犯本罪的,处 5 年以下有期

徒刑、拘役或者管制;造成严重后果的,处5年以上有期徒刑。

(二十一) 聚众斗殴罪

1. 定义

聚众斗殴罪,是指故意组织、策划、指挥或者积极参加聚众斗殴的行为。

2. 认定

聚众斗殴致人轻伤的,应认定为聚众斗殴罪,不需另定故意伤害罪;在聚众斗殴的过程中致人重伤、死亡的,应当以故意伤害罪或者故意杀人罪论处。

3. 刑事责任

刑法第292条第1款之规定,犯本罪的,对首要分子和其他积极参加的,处3年以下有期徒刑、拘役或者管制。有下列情形之一的,对首要分子和其他积极参加的,处3年以上10年以下有期徒刑:(1)多次聚众斗殴的;(2)聚众斗殴人数多,规模大,社会影响恶劣的;(3)在公共场所或者交通要道聚众斗殴,造成社会秩序严重混乱的;(4)持械聚众斗殴的。第2款规定,聚众斗殴;致人重伤、死亡的,依照本法第234条、第232条的规定定罪处罚。

(二十二) 寻衅滋事罪

1. 定义

寻衅滋事罪,是指寻衅滋事,扰乱公共秩序的行为。寻衅滋事行为具有下列四种情形:(1)随意殴打他人,情节恶劣的;(2)追逐、拦截、辱骂他人,情节恶劣的;(3)强拿硬要或者任意毁损、占用公私财物,情节严重的;(4)在公共场所起哄闹事,造成公共场所秩序严重混乱的。

2. 认定

因寻衅滋事致人轻伤的,仍构成寻衅滋事罪;致人重伤、死亡的,则应以故意伤害罪、故意杀人罪论处。

3. 刑事责任

刑法第293条规定,犯本罪的,处5年以下有期徒刑、拘役或者管制。

(二十三) 入境发展黑社会组织罪

1. 定义

入境发展黑社会组织罪,是指境外的黑社会组织的人员到中华人民共和国境内发展组织成员的行为。

2. 认定

境外的黑社会组织人员到中国境内发展组织成员的,即构成犯罪,如果又有其他犯罪行为的,应当依照数罪并罚的规定处罚。

3. 刑事责任

刑法第 294 条第 2 款规定,犯本罪的,处 3 年以上 10 年以下有期徒刑。

(二十四) 包庇、纵容黑社会性质组织罪

1. 定义

包庇、纵容黑社会性质组织罪,是指国家机关工作人员包庇黑社会性质组织,或者纵容黑社会性质组织进行违法犯罪活动的行为。

2. 刑事责任

刑法第 294 条第 4 款规定,犯本罪的,处 3 年以下有期徒刑、拘役或者剥夺政治权利,情节严重的,处 3 年以上 10 年以下有期徒刑。

(二十五) 传授犯罪方法罪

1. 定义

传授犯罪方法罪,是指用语言、文字、动作或者其他方法把某种具体犯罪的方法传授给他人的行为。

2. 刑事责任

刑法第 295 条规定,犯本罪的,处 5 年以下有期徒刑、拘役或者管制;情节严重的,处 5 年以上有期徒刑;情节特别严重的,处无期徒刑或者死刑。

(二十六) 非法集会、游行、示威罪

1. 定义

非法集会、游行、示威罪,是指举行集会、游行、示威未依照法律规定申请或者申请未经许可,或者未按照主管机关许可的时间、地点、路线进行,又拒不服从解散命令,严重破坏社会秩序的行为。

2. 刑事责任

刑法第 296 条规定,犯本罪的,对集会、游行、示威的负责人和直接责任人员,处 5 年以下有期徒刑、拘役、管制或者剥夺政治权利。

（二十七）非法携带武器、管制刀具、爆炸物参加集会、游行、示威罪

1. 定义

非法携带武器、管制刀具、爆炸物参加集会、游行、示威罪，是指违反法律规定，携带武器、管制刀具或者爆炸物参加集会、游行、示威的行为。

2. 刑事责任

刑法第 297 条规定，犯本罪的，处 3 年以下有期徒刑、拘役、管制或者剥夺政治权利。

（二十八）破坏集会、游行、示威罪

1. 定义

破坏集会、游行、示威罪，是指扰乱、冲击或者以其他方法破坏依法举行的集会、游行、示威，造成公共秩序混乱的行为。

2. 刑事责任

刑法第 298 条规定，犯本罪的，处 5 年以下有期徒刑、拘役、管制或者剥夺政治权利。

（二十九）侮辱国旗、国徽罪

1. 定义

侮辱国旗、国徽罪，是指在公众场合故意以焚烧、毁损、涂划、玷污、践踏等方式侮辱中华人民共和国国旗、国徽的行为。

2. 刑事责任

刑法第 299 条规定，犯本罪的，处 3 年以下有期徒刑、拘役、管制或者剥夺政治权利。

（三十）组织、利用会道门、邪教组织、利用迷信破坏法律实施罪

1. 定义

组织、利用会道门、邪教组织、利用迷信破坏法律实施罪，是指组织、利用会道门、邪教组织或者利用迷信破坏国家法律、法规实施的行为。

2. 认定

这里的邪教组织，根据 1999 年 10 月 9 日最高人民法院、最高人民检察院《关于办理组织和利用邪教组织犯罪案件具体应用法律若干问题的解释》第 1 条的规定，是指冒用宗教、气功或者其他名义建立，神化首要分子，利用制造、散布迷信邪说等手段蛊

惑、蒙骗他人,发展、控制成员,危害社会的非法组织。根据该解释第2条的规定,组织、利用邪教组织并具有下列情形之一的,构成本罪:(1)聚众围攻、冲击国家机关、企业事业单位,扰乱国家机关、企业事业单位的工作、生产、经营、教学和科研秩序的;(2)非法举行集会、游行、示威、煽动、欺骗、组织其成员或者其他人聚众围攻、冲击、强占、哄闹公共场所及宗教活动场所,扰乱社会秩序的;(3)抗拒有关部门取缔或者已经被有关部门取缔,又恢复或者是另行建立邪教组织,或者继续进行邪教组织的;(4)煽动、欺骗、组织其成员或者其他人不履行法定义务,情节严重的;(5)出版、印刷、复制、发行宣扬邪教内容出版物,以及印制邪教组织标识的;(6)其他破坏国家法律、行政法规实施行为的。根据2001年5月10日最高人民法院、最高人民检察院《关于办理组织和利用邪教组织犯罪案件具体应用法律若干问题的解释(二)》第1条的规定,制作、传播邪教宣传品,宣扬邪教,破坏法律、行政法规实施,具有下列情形之一的,构成本罪:(1)制作、传播邪教传单、图片、标语、报纸300份以上,书刊100册以上,光盘100张以上,录音、录像带100盒以上的;(2)制作、传播宣扬邪教的DVD、VCD、CD光盘的;(3)利用互联网制作、传播邪教组织信息的;(4)在公共场所悬挂横幅、条幅,或者以书写、喷涂标语等方式宣扬邪教,造成严重社会影响的;(5)因制作、传播邪教宣传品受过刑事处罚或者行政处罚又制作、传播的;(6)其他制作、传播邪教宣传品,情节严重的。

3. 刑事责任

刑法第300条第1款规定,犯本罪的,处3年以上7年以下有期徒刑;情节特别严重的,处7年以上有期徒刑。

(三十一)组织、利用会道门、邪教组织、利用迷信致人死亡罪

1. 定义

组织、利用会道门、邪教组织、利用迷信致人死亡罪,是指组织和利用会道门、邪教组织或者利用迷信欺骗他人,致人死亡的行为。

2. 刑事责任

刑法第300条第2款规定,犯本罪的,依照前款的规定处罚,即处3年以上7年以下有期徒刑;情节特别严重的,处7年以上有期徒刑。

(三十二)聚众淫乱罪

1. 定义

聚众淫乱罪,是指聚集3人或3人以上进行淫乱活动的行为。

2. 刑事责任

刑法第 301 条第 1 款规定，犯本罪的，对首要分子或者多次参加的，处 5 年以下有期徒刑、拘役或者管制。

（三十三）引诱未成年人聚众淫乱罪

1. 定义

引诱未成年人聚众淫乱罪，是指引诱未成年人参加聚众淫乱活动的行为。

2. 刑事责任

刑法第 301 条第 2 款规定，犯本罪的，依照前款的规定从重处罚，即处 5 年以下有期徒刑、拘役或者管制，并从重处罚。

（三十四）盗窃、侮辱尸体罪

1. 定义

盗窃、侮辱尸体罪，是指秘密窃取尸体或者公然侮辱尸体的行为。

2. 刑事责任

刑法第 302 条规定，犯本罪的，处 3 年以下有期徒刑、拘役或者管制。

（三十五）赌博罪

1. 定义

赌博罪，是指以营利为目的，聚众赌博或者以赌博为业的行为。

2. 认定

根据 2005 年 5 月 11 日最高人民法院、最高人民检察院《关于办理赌博刑事案件具体应用法律若干问题的解释》的规定：明知他人实施赌博犯罪活动，而为其提供资金、计算机网络、通讯、费用结算等直接帮助的，以赌博罪的共犯论处；未经国家批准擅自发行、销售彩票，构成犯罪的，依照刑法第 225 条第（四）项的规定，以非法经营罪定罪处罚；通过赌博或者为国家工作人员赌博提供资金的形式实施行贿、受贿行为，构成犯罪的，依照刑法关于贿赂犯罪的规定定罪处罚；不以营利为目的，进行带有少量财物输赢的娱乐活动，以及提供棋牌室等娱乐场所只收取正常的场所和服务费用的经营行为等，不以赌博论处。

3. 刑事责任

刑法第 303 条第 1 款规定，犯本罪的，处 3 年以下有期徒刑、拘役或者管制，并处罚金。

（三十六）开设赌场罪

1. 定义

开设赌场罪，是指以营利为目的，设立、承包、租赁专门用于赌博活动场所，提供赌博用具的行为。

2. 认定

赌博场所既包括较为常见的进行赌博活动的固定或者不固定、常设或者不常设的场所，也包括近些年来出现的在网络上进行赌博活动的场所，根据2005年5月11日最高人民法院、最高人民检察院《关于办理赌博刑事案件具体应用法律若干问题的解释》的规定，以营利为目的，在计算机网络上建立赌博网站，或者为赌博网站担任代理，接受投注的，属于刑法第303条规定的"开设赌场"。

3. 刑事责任

刑法第303条第2款（《刑法修正案（六）》第18条第2款）规定，犯本罪的，处3年以下有期徒刑、拘役或者管制，并处罚金；情节严重的处3年以上10年以下有期徒刑，并处罚金。

（三十七）故意延误投递邮件罪

1. 定义

故意延误投递邮件罪，是指邮政工作人员严重不负责任，故意延误投递邮件，致使公共财产、国家和人民利益遭受重大损失的行为。

2. 刑事责任

刑法第304条规定，犯本罪的，处2年以下有期徒刑或者拘役。

【案例分析】

案例1

［案情］ 某日上午9时许，某市公安局某分局接到群众举报，称有人在文明街某发廊开场设赌，便组织便衣前往抓赌。民警赶到赌博现场，表明身份后，当场抓获涉赌人员苏某和符某。当民警将2人押上面包车准备离开时，好赌的王大便冲到车前将车拦住，不让开走。同时，还大呼"警察打人了"，煽动周围的群众将车堵住。此时，王二、王三也冲了过来，并在面包车侧门带头起哄，引来更多不明真相的群众，将执行任务的面包车团团围住。王二还叫符某下车，不要跟警察走，并威胁说，要与民警单挑。民警再次向王家三兄弟表明身份，并告知是在执行公务。但王氏兄弟置之不理，继续带头

围堵起哄。在王氏兄弟的煽动下,执行任务的面包车右侧的滑动车门被人强行拆下扔在地上,已抓获的涉赌人员苏某和符某也在混乱中逃脱。随后,王二、王三继续煽动不明真相的群众强行将面包车掀翻,面包车的后玻璃窗也被人打破。由于受到群众的阻挠,致使公安机关此次公务行动被迫终止。问题:王家三兄弟的行为如何定性?

[分析] 王家三兄弟的行为构成妨碍公务罪。本案中,王家三兄弟客观上实施了以暴力、威胁方法阻碍人民警察依法执行公务的行为,主观上具有故意,他们的行为已经构成妨碍公务罪。

案例2

[案情] 某年3月间,行为人陈某在"雪卿发廊"、"小旺发廊",要求发廊小姐为他全身按摩。按摩后,陈某出示随身携带的假"公安工作证",冒充公安机关执法人员,借口发廊搞色情按摩,要处以罚款。陈某以此为手段,骗得两家发廊经营者的人民币共2 850元。同年5月11日,陈某在"新宫理发店"再次行骗时被当场抓获,伪造的"公安工作证"一本被收缴。问题:陈某的行为如何定性?

[分析] 陈某的行为构成招摇撞骗罪。本案中,陈某以谋取非法利益为目的,冒充公安机关执法人员,借口发廊搞色情按摩,骗得两家发廊经营者的人民币共2 850元,其行为已经构成招摇撞骗罪。

案例3

[案情] 莫某、翁某、陈某、戈某以营利为目的,在某经济开发区的一处住宅内开设赌场,一些赌博人员以"筒子二八"形式进行赌博。而莫某等人按照庄家赢钱数10%的比例抽头,非法获利共计59 000元。问题:莫某、翁某、陈某、戈某的行为如何定性?

[分析] 莫某、翁某、陈某、戈某的行为构成开设赌场罪。本案中,莫某、翁某、陈某、戈某以营利为目的,在住宅内开设赌场,他们的行为已经构成开设赌场罪。

第三节 妨害司法罪

一、伪证罪

(一) 定义

伪证罪,是指在刑事诉讼中,证人、鉴定人、记录人、翻译人对与案件有重要关系的情节,故意作虚假证明、鉴定、记录、翻译,意图陷害他人或者隐匿罪证的行为。

(二) 构成要件

(1) 客观方面表现为在刑事诉讼中,对与案件有重要关系的情节,作虚假证明、鉴定、记录、翻译,意图陷害他人或者隐匿罪证。由此可见,本罪的行为具有以下两种情形:①陷害的伪证,即对与案件有重要关系的情节,作虚假证明、鉴定、记录、翻译,意图陷害他人。这里的陷害,既包括证无罪为有罪,也包括证轻罪为重罪。②包庇的伪证,即隐匿罪证。这里的包庇,既包括证有罪为无罪,也包括证重罪为轻罪。

(2) 主体是特殊主体。即刑事诉讼中的证人、鉴定人、记录人、翻译人。所谓证人,是指知道案件情况,并向司法机关作出陈述的人。所谓鉴定人,是指根据司法机关的指定,对案件中的某些专门性问题进行鉴定,并作出鉴定结论的人。所谓记录人,是指在司法机关对案件进行侦查、起诉和审判的过程中,为调查、搜查、询问证人、被害人或者审讯被告人担任文字记录的人。所谓翻译人,是指在刑事诉讼中,受司法机关指派或者聘请担任外国语、民族语或者哑语翻译的人。

(3) 主观方面表现为故意,且具有陷害他人或者隐匿罪证的目的。伪证罪的动机多种多样,或是出于亲友关系帮助犯罪人逃避法律制裁而作伪证,或为报复、泄愤而作伪证。无论动机如何,不影响本罪的成立。

(三) 认定

(1) 罪与非罪。如果证人如实地根据自己的经验、记忆作出了陈述,即使事后被证明与案件的客观事实有出入,也不能认定为犯罪;如果鉴定人、记录人、翻译人不是有意作伪证,而是由于业务水平不高或工作疏忽,而提供了错误的鉴定结论、记录、翻译的,不能认定为犯罪。

(2) 既遂与未遂。本罪为行为犯,只要刑事诉讼的证人、鉴定人、记录人、翻译人对与案件有重要关系的情节,实行了故意作虚假证明、鉴定、记录、翻译,意图陷害他人或者隐藏罪证的行为,即为既遂。至于该行为是否实际影响到案件的正确处理,不妨碍本罪的成立。

(四) 刑事责任

刑法第 305 条规定,犯本罪的,处 3 年以下有期徒刑或者拘役;情节严重的,处 3 年以上 7 年以下有期徒刑。

二、窝藏、包庇罪

（一）定义

窝藏、包庇罪，是指明知是犯罪的人而为其提供隐藏处所、财物，帮助其逃匿或者作假证明包庇的行为。

（二）构成要件

（1）客观方面表现为为犯罪的人提供隐藏处所、财物，帮助其逃匿或者作假证明包庇的行为。本罪的行为具有以下两种情形：①窝藏行为，即为犯罪人提供隐藏处所、财物，帮助犯罪人逃匿。②包庇行为，即非以证人的身份向司法机关提供虚假的证明材料为犯罪分子掩盖罪行。

（2）主体为一般主体。即具有刑事责任能力的自然人。在实践中多为犯罪人的亲属、朋友等。犯罪人本人不能成为本罪的主体，共同犯罪人相互之间也不能成为本罪的主体。

（3）主观方面表现为故意，且具有使犯罪人逃避法律制裁的目的。

（三）认定

（1）罪与非罪。①如果行为人确实不知对方是犯罪人，或者受欺骗、蒙蔽而为其提供隐藏处所、财物，帮助其逃匿或作虚假证明包庇的，不构成犯罪。②对于知情不举，但没有为犯罪的人提供隐藏处所或者财物，或以作假证明方式掩盖罪行，而仅仅是消极地不予检举揭发的，除刑法另有特别规定的以外，不能以犯罪论处。

（2）此罪与彼罪。①区分窝藏、包庇罪与伪证罪的界限。作假证明包庇的行为与伪证行为相似，关键在于犯罪主体和犯罪时间不同：包庇罪是一般主体，伪证罪是特殊主体；包庇罪可以在刑事诉讼过程中实施，也可以在此之前实施，而伪证罪只能在刑事诉讼过程中实施。因此，特定的主体在刑事诉讼中作伪证以包庇犯罪分子的，是伪证罪，其他人在刑事诉讼之前或之中提供假证明包庇犯罪分子的，是包庇罪。②区分窝藏、包庇罪与帮助毁灭、伪造证据罪的界限。关键在于发生的场合和犯罪对象不同，包庇罪的作假证明限于在刑事诉讼中为犯罪分子作假证明；而帮助毁灭、伪造证据罪的伪造证据，可以是在任何诉讼案件中伪造任何证据（包括伪造假证明）。作假证明实际上是伪造证据的情况之一。帮助当事人毁灭罪证、湮灭罪迹的行为，应属于帮助毁灭、伪造证据罪的行为之一，对这种行为应以帮助毁灭、伪造证据罪论处，不再以包庇罪论处。

(3) 共犯。刑法第310条第2款规定:“犯前款罪,事前通谋的,以共同犯罪论处。”这里涉及窝藏、包庇罪与其所窝藏、包庇的犯罪人所犯之罪的共犯之间的界限。窝藏、包庇罪是在他人犯罪以后为使其逃避刑事追究而予以窝藏或者包庇,因而是一种妨害司法活动的犯罪。然而,如果事前通谋而在他人犯罪后又予以窝藏或者包庇的,则构成共同犯罪。

(四) 刑事责任

刑法第310条第1款之规定,犯本罪的,处3年以下有期徒刑、拘役或者管制;情节严重的,处3年以上10年以下有期徒刑。

三、本节其他罪名

(一) 辩护人、诉讼代理人毁灭证据、伪造证据、妨害作证罪

1. 定义

辩护人、诉讼代理人毁灭证据、伪造证据、妨害作证罪,是指在刑事诉讼中,辩护人、诉讼代理人毁灭、伪造证据,帮助当事人毁灭、伪造证据,威胁、引诱证人违背事实改变证言或者作伪证的行为。

2. 认定

刑法第306条第2款规定:“辩护人、诉讼代理人提供、出示、引用的证人证言或者其他证据失实,不是有意伪证的,不属于伪造证据。”

3. 刑事责任

刑法第306条第1款规定,犯本罪的,处3年以下有期徒刑或者拘役;情节严重的,处3年以上7年以下有期徒刑。

(二) 妨害作证罪

1. 定义

妨害作证罪,是指以暴力、威胁、贿买等方法阻止证人作证或者指使他人作伪证的行为。

2. 刑事责任

刑法第307条第1款规定,犯本罪的,处3年以下有期徒刑或者拘役;情节严重的,处3年以上7年以下有期徒刑。第3款规定,司法工作人员犯本罪的,从重处罚。

（三）帮助毁灭、伪造证据罪

1. 定义

帮助毁灭、伪造证据罪，是指其他人帮助当事人毁灭、伪造证据，情节严重的行为。

2. 刑事责任

刑法第307条第2款规定，犯本罪的，处3年以下有期徒刑或者拘役。第3款规定，司法工作人员犯本罪的，从重处罚。

（四）打击报复证人罪

1. 定义

打击报复证人罪，是指故意对证人进行打击报复的行为。

2. 刑事责任

刑法第308条规定，犯本罪的，处3年以下有期徒刑或者拘役；情节严重的，处3年以上7年以下有期徒刑。

（五）扰乱法庭秩序罪

1. 定义

扰乱法庭秩序罪，是指聚众哄闹、冲击法庭或者殴打司法工作人员，严重扰乱法庭秩序的行为。

2. 刑事责任

刑法第309条规定，犯本罪的，处3年以下有期徒刑、拘役、管制或者罚金。

（六）拒绝提供间谍犯罪证据罪

1. 定义

拒绝提供间谍犯罪证据罪，是指明知他人有间谍犯罪行为，在国家安全机关向其调查有关情况、收集有关证据时，拒绝提供，情节严重的行为。

2. 刑事责任

刑法第311条规定，犯本罪的，处3年以下有期徒刑、拘役或者管制。

（七）掩饰、隐瞒犯罪所得、犯罪所得收益罪

1. 定义

掩饰、隐瞒犯罪所得、犯罪所得收益罪，是指明知是犯罪所得的赃物而予以窝藏、转移、收购、代为销售或者以其他方法掩饰、隐瞒的行为。

2. 认定

根据2007年最高人民法院、最高人民检察院《关于办理与盗窃、抢劫、诈骗、抢夺机动车相关刑事案件具体应用法律若干问题的解释》第1条的规定,明知是盗窃、抢劫、诈骗、抢夺的机动车,实施下列行为之一的,依照刑法第312条的规定,以掩饰、隐瞒犯罪所得、犯罪所得收益罪定罪,处3年以下有期徒刑、拘役或者管制,并处或者单处罚金:(1)买卖、介绍买卖、典当、拍卖、抵押或者用其抵债的;(2)拆解、拼装或者组装的;(3)修改发动机号、车辆识别代号的;(4)更改车身颜色或者车辆外形的;(5)提供或者出售机动车来历凭证、整车合格证、号牌以及有关机动车的其他证明和凭证的;(6)提供或者出售伪造、变造的机动车来历凭证、整车合格证、号牌以及有关机动车的其他证明和凭证的。该解释第6条规定,涉及的机动车有下列情形之一的,应当认定行为人主观上属于上述条款所称"明知":(1)没有合法有效的来历凭证;(2)发动机号、车辆识别代号有明显更改痕迹,没有合法证明的。

3. 刑事责任

刑法第312条(《刑法修正案(六)》第19条)规定,犯本罪的,处3年以下有期徒刑、拘役或者管制,并处或者单处罚金;情节严重的,处3年以上7年以下有期徒刑,并处罚金。《刑法修正案(七)》第10条规定,单位犯本罪的,对单位判处罚金,并对其直接负责的主管人员和其他直接责任人员依照个人犯罪的规定处罚。

(八) 拒不执行判决、裁定罪

1. 定义

拒不执行判决、裁定罪,是指对人民法院的判决、裁定有能力执行而拒不执行,情节严重的行为。

2. 认定

根据2002年8月29日全国人大常委员《关于〈中华人民共和国刑法〉第313条的解释》的规定,这里的人民法院的判决、裁定,是按人民法院依法作出的具有执行内容并已发生法律效力的判决、裁定。人民法院为依法执行支付令、生效的调解书、仲裁裁决、公证债权文书等所作的裁定属于该条规定的裁定。

3. 刑事责任

刑法第313条规定,犯本罪的,处3年以下有期徒刑、拘役或者罚金。

（九）非法处置查封、扣押、冻结的财产罪

1. 定义

非法处置查封、扣押、冻结的财产罪，是指对司法机关已经查封、扣押、冻结的财产，隐藏、转移、变卖或者故意毁损，情节严重的行为。

2. 认定

行为人为了拒不执行判决、裁定，在判决、裁定生效以后隐藏、转移、变卖、毁损已经被司法机关查封、扣押、冻结的财产，对抗判决、裁定执行的，应当以拒不执行判决、裁定罪定罪处罚；如果是在判决、裁定生效之前就实施了妨害已被查封、扣押、冻结的财产的行为，导致判决、裁定无法执行的，应以本罪论处。

3. 刑事责任

刑法第 314 条规定，犯本罪的，处 3 年以下有期徒刑、拘役或者罚金。

（十）破坏监管秩序罪

1. 定义

破坏监管秩序罪，是指依法被关押的罪犯，破坏监管秩序，情节严重的行为。根据刑法规定，包括以下四种情形：(1)殴打监管人员的；(2)组织其他被监管人破坏监管秩序的；(3)聚众闹事，扰乱正常监管秩序的；(4)殴打、惩罚或者指使他人殴打、惩罚其他被监管人的。

2. 刑事责任

刑法第 315 条规定，犯本罪的，处 3 年以下有期徒刑。

（十一）脱逃罪

1. 定义

脱逃罪，是指依法被关押的罪犯、被告人、犯罪嫌疑人从羁押、刑罚执行场所或者押解途中逃走的行为。

2. 认定

犯罪主体是特殊主体。即依法被逮捕、关押的罪犯、被告人、犯罪嫌疑人。包括已经拘留、逮捕而尚未判决的未决犯和已被判处拘役以上剥夺自由刑罚的罪犯。被劳动教养或者行政拘留的人，被司法机关采取拘传、取保候审、监视居住等强制措施的犯罪嫌疑人、被告人，被判处管制、判处拘役、有期徒刑宣告缓刑的罪犯以及被假释的罪犯不是本罪的主体。另外，这里的依法被关押的罪犯、被告人、犯罪嫌疑人，都必须是实施了犯罪行为的人。如果是被错误羁押的人，不能成为

本罪的主体。

3. 刑事责任

刑法第316条第1款规定，犯本罪的，处5年以下有期徒刑或者拘役。

（十二）劫夺被押解人员罪

1. 定义

劫夺被押解人员罪，是指使用暴力、胁迫或者其他方法劫夺押解途中的罪犯、被告人、犯罪嫌疑人的行为。

2. 刑事责任

刑法第316条第2款规定，犯本罪的，处3年以上7年以下有期徒刑；情节严重的，处7年以上有期徒刑。

（十三）组织越狱罪

1. 定义

组织越狱罪，是指依法被关押的犯罪分子，在为首分子的组织、策划、指挥下，有组织、有计划地以非暴动方式越狱逃跑的行为。

2. 刑事责任

刑法第317条第1款之规定，犯本罪的，对首要分子和积极参加的，处5年以上有期徒刑；其他参加的，处5年以下有期徒刑或者拘役。

（十四）暴动越狱罪

1. 定义

暴动越狱罪，是指依法被关押的犯罪分子，以有组织或者聚众的形式集体使用暴力手段强行越狱的行为。

2. 刑事责任

刑法第317条第2款之规定，犯本罪的，对首要分子和积极参加的，处10年以上有期徒刑或者无期徒刑；情节特别严重的，处死刑；其他参加的，处3年以上10年以下有期徒刑。

（十五）聚众持械劫狱罪

1. 定义

聚众持械劫狱罪，是指狱外的人聚众持械劫夺被依法关押在狱中的犯罪分子的行为。

2. 刑事责任

刑法第317条第2款规定，犯本罪的，对首要分子和积极参加的，处10年以上有期徒刑或者无期徒刑；情节特别严重的，处死刑；其他参加的，处3年以上10年以下有期徒刑。

【案例分析】

案例1

［案情］　行为人李某受江苏省扬州市某区人民法院委托，在负责鉴定盗窃信用卡诈骗案被告人陈某有无刑事责任能力时，受郝某、焦某的托请，明知陈某有完全刑事责任能力，却违背事实，故意鉴定为“精神分裂症（早期），无刑事责任能力”，意图使被告人陈某逃避法律制裁。后经江苏省精神病司法鉴定委员会技术鉴定组复鉴，“被鉴定人陈某无精神病，作案时有责任能力”。问题：李某的行为如何定性？

［分析］　李某的行为构成伪证罪。本案中，李某身为鉴定人，却故意作虚假鉴定，意图使被告人陈某逃避法律制裁，其行为已经构成伪证罪。

案例2

［案情］　行为人赖某某的儿子赖某因涉嫌强奸同乡的一名妇女林某某而被公安机关刑事拘留。赖某某为了使儿子免受刑事处罚，动员被害人的亲属多次来到林某某家中，劝说被害人将被赖某强奸一事说成是两人通奸。此外，赖某某还授意他人以被害人及其丈夫的名义写下了所谓的“撤诉书”，并唆使被害人在“撤诉书”上签字并按了指印。赖某某自以为做得天衣无缝，就在儿子强奸案开庭前，将该“撤诉书”交给了儿子的辩护律师。在赖某强奸案庭审过程中，赖某的辩护人向法庭出示了该份“撤诉书”，这使案件突然出现了重大的变化。由于涉及赖某是否有罪的定论，法官在分析了案件的事实及有关证据后，认为此案存在较多的疑点，于是当庭决定延期审理，由公诉机关进行补充侦查。事情的真相很快被查明。赖某最后因强奸罪被人民法院依法判处有期徒刑4年6个月。问题：赖某某的行为如何定性？

［分析］　赖某某的行为构成妨害作证罪。本案中，赖某某为了帮助其儿子逃避法律制裁，唆使他人出具虚假证明，严重扰乱了司法机关正常的诉讼活动，其行为已构成妨害作证罪。

案例3

［案情］　某日凌晨3时许，朱某伙同他人窜至上海市某区某家具有限公司租

借的厂房,将连在电动机上的价值人民币5 800元的铜芯电线100千克窃走。后朱某联系行为人甘某,要求其帮助运输。甘某在明知是赃物的情况下,用汽车将朱某等人和赃物送走,甘某收取朱某运赃费人民币800元。问题:甘某的行为如何定性?

[分析] 甘某的行为构成掩饰、隐瞒犯罪所得罪。本案中,甘某在明知是赃物的情况下,用汽车将朱某等人和赃物送走,属于转移赃物的行为,其行为已经构成掩饰、隐瞒犯罪所得罪。

第四节 妨害国(边)境管理罪

一、组织他人偷越国(边)境罪

(一) 定义

组织他人偷越国(边)境罪,是指违反国家出入国(边)境管理法规,非法组织他人偷越我国国境或边境的行为。

(二) 构成要件

(1) 客观方面表现为非法组织他人偷越我国国境或边境的行为。所谓组织他人偷越国(边)境,根据2002年1月30日最高人民法院《关于审理组织、运送他人偷越国(边)境等刑事案件适用法律若干问题的解释》第1条的规定,是指领导、策划、指挥他人偷越国(边)境或者在首要分子指挥下,实施拉拢、引诱、介绍他人偷越国(边)境。

(2) 主体为一般主体。即具有刑事责任能力的自然人。

(3) 主观方面表现为故意。即明知是组织他人偷越国(边)境的行为而有意实施的主观心理态度。

(三) 认定

犯组织他人偷越国(边)境罪,对被组织人有杀害、伤害、强奸、拐卖等犯罪行为,或者对检查人员有杀害、伤害等犯罪行为的,依照数罪并罚的规定处罚。

(四) 刑事责任

刑法第318条第1款规定,犯本罪的,处2年以上7年以下有期徒刑,并处罚金;有下列情形之一的,处7年以上有期徒刑或者无期徒刑,并处罚金或者没收财产:(1)组织他人偷越国(边)境的首要分子;(2)多次组织他人偷越国(边)境或者组织他人偷越国(边)境人数众多的;(3)造成被组织人重伤、死亡的;(4)剥夺或者限制被组织人人身自由的;(5)以暴力、威胁方法抗拒检查的;(6)违法所得数额巨大的;(7)有其他特别严重情节的。第2款规定,犯前款罪,对被组织人有杀害、伤害、强奸、拐卖等犯罪行为,或者对检查人员有杀害、伤害等犯罪行为的,依照数罪并罚的规定处罚。

二、本节其他罪名

(一) 骗取出境证件罪

1. 定义

骗取出境证件罪,是指以劳务输出、经贸往来或者其他名义,弄虚作假,骗取护照、签证等出境证件,为组织他人偷越国(边)境使用的行为。

2. 刑事责任

刑法第319条第1款规定,犯本罪的,处3年以下有期徒刑,并处罚金;情节严重的,处3年以上10年以下有期徒刑,并处罚金。第2款规定,单位犯本罪的,对单位判处罚金,并对直接负责的主管人员和其他直接责任人员,依照个人犯罪的规定处罚。

(二) 提供伪造、变造的出入境证件罪

1. 定义

提供伪造、变造的出入境证件罪,是指为他人提供伪造、变造的护照、签证等出入境证件的行为。

2. 刑事责任

刑法第320条规定,犯本罪的,处5年以下有期徒刑,并处罚金;情节严重的,处5年以上有期徒刑,并处罚金。

(三) 出售出入境证件罪

1. 定义

出售出入境证件罪,是指出售护照、签证等出入境证件的行为。

2. 刑事责任

刑法第320条规定,犯本罪的,处5年以下有期徒刑,并处罚金;情节严重的,处5年以上有期徒刑,并处罚金。

(四) 运送他人偷越国(边)境罪

1. 定义

运送他人偷越国(边)境罪,是指非法将偷越国(边)境的人员送出或者送入国(边)境的行为。

2. 刑事责任

刑法第321条第1款规定,犯本罪的,处5年以下有期徒刑、拘役或者管制,并处罚金;有下列情形之一的,处5年以上10年以下有期徒刑,并处罚金:(1)多次实施运送行为或者运送人数众多的;(2)所使用的船只、车辆等交通工具不具备必要的安全条件,足以造成严重后果的;(3)违法所得数额巨大的;(4)有其他特别严重情节的。第2款规定,在运送他人偷越国(边)境中造成被运送人重伤、死亡,或者以暴力、威胁方法抗拒检查的,处7年以上有期徒刑,并处罚金。第3款规定,犯前两款罪,对被运送人有杀害、伤害、强奸、拐卖等犯罪行为,或者对检查人员有杀害、伤害等犯罪行为的,依照数罪并罚的规定处罚。

(五) 偷越国(边)境罪

1. 定义

偷越国(边)境罪,是指违反国(边)境管理法规,偷越国(边)境,情节严重的行为。

2. 刑事责任

刑法第322条规定,犯本罪的,处1年以下有期徒刑、拘役或者管制,并处罚金。

(六) 破坏界碑、界桩罪

1. 定义

破坏界碑、界桩罪,是指故意破坏国家边境界碑、界桩的行为。

2. 刑事责任

刑法第323条规定,犯本罪的,处3年以下有期徒刑或者拘役。

(七) 破坏永久性测量标志罪

1. 定义

破坏永久性测量标志罪,是指故意破坏国家设立的永久性测量标志的行为。

2. 刑事责任

刑法第323条规定，犯本罪的，处3年以下有期徒刑或者拘役。

【案例分析】

［案情］　行为人何某为牟取暴利，在其所在公司无对外劳务输出经营权的情况下，擅自招收工人，收取每人2万元至3万元人民币的劳务费，通过南通某国际旅行社、上海某国际旅行社东南亚二部以及马来西亚驻北京、上海领事馆办理旅游、商务签证，以出境旅游、商务的名义组织袁某、吴某、丁某等46人非法赴马来西亚打工。其后，部分工人因无工可做而返回，袁某、丁某被马来西亚警方抓获后遣返。问题：何某的行为如何定性？

［分析］　何某的行为构成组织他人偷越国（边）境罪。本案中，何某为牟取暴利，在其所在公司无对外劳务输出经营权的情况下，违反国家出入国（边）境管理法规，以出境旅游、商务的名义组织46人非法赴马来西亚打工，其行为已经构成组织他人偷越国（边）境罪。

第五节　妨害文物管理罪

一、故意损毁文物罪

（一）定义

故意损毁文物罪，是指故意损毁国家保护的珍贵文物或者被确定为全国重点文物保护单位、省级文物保护单位的文物的行为。

（二）构成要件

（1）客观方面表现为实施了损毁国家保护的珍贵文物和国家级、省级文物保护单位的文物的行为。所谓损毁，是指捣毁、焚烧、污损、拆除、挖掘等破坏行为，使文物丧失或者部分丧失其价值。损毁的对象包括两类：一类是可移动的国家保护的珍贵文物，根据文物保护法及其实施细则的规定，珍贵文物包括具有重大历史、科学、艺术价值的纪念物、艺术品、工艺美术品、革命文献资料、手稿、古旧图书资料以及代表性实物等文物。珍贵文物依法分为一、二、三级，是否属于珍贵文物由有关部门鉴定确认。此外，具有科学价值的古脊椎动物化石和古人类化石同文物一样受国家保护。另一类是不可移动的珍贵文物，即全国重点文物保护单位和省级文物保护单位的文物。

(2) 主体为一般主体。即具有刑事责任能力的自然人。

(3) 主观方面表现为故意。即明知是国家保护的珍贵文物或者被确定为全国重点文物保护单位、省级文物保护单位的文物而有意加以损毁的主观心理态度。

(三) 刑事责任

刑法第324条第1款规定，犯本罪的，处3年以下有期徒刑或者拘役，并处或者单处罚金；情节严重的，处3年以上10年以下有期徒刑，并处罚金。

二、本节其他罪名

(一) 故意损毁名胜古迹罪

1. 定义

故意损毁名胜古迹罪，是指故意损毁国家保护的名胜古迹，情节严重的行为。

2. 刑事责任

刑法第324条第2款规定，犯本罪的，处5年以下有期徒刑或者拘役，并处或者单处罚金。

(二) 过失损毁文物罪

1. 定义

过失损毁文物罪，是指过失损毁国家保护的珍贵文物或者被确定为全国重点文物保护单位、省级文物保护单位的文物，造成严重后果的行为。

2. 刑事责任

刑法第324条规定，犯本罪的，处3年以下有期徒刑或者拘役。

(三) 非法向外国人出售、赠送珍贵文物罪

1. 定义

非法向外国人出售、赠送珍贵文物罪，是指违反文物保护法规，将收藏的国家禁止出口的珍贵文物私自出售或者私自赠送给外国人的行为。

2. 刑事责任

刑法第325条第1款规定，犯本罪的，处5年以下有期徒刑或者拘役，可以并处罚金。第2款规定，单位犯本罪的，对单位判处罚金，并对其直接负责的主管人员和其他直接责任人员依照个人犯罪的规定处罚。

（四）倒卖文物罪

1. 定义

倒卖文物罪，是指以牟利为目的，倒卖国家禁止经营的文物，情节严重的行为。

2. 刑事责任

刑法第326条规定，犯本罪的，处5年以下有期徒刑或者拘役，并处罚金；情节特别严重的，处5年以上10年以下有期徒刑，并处罚金。第2款规定，单位犯本罪的，对单位判处罚金，并对其直接负责的主管人员和其他直接责任人员依照个人犯罪的规定处罚。

（五）非法出售、私赠文物藏品罪

1. 定义

非法出售、私赠文物藏品罪，是指国有博物馆、图书馆等单位，违反文物保护法规，将国家保护的文物藏品出售或者私自赠送给非国有单位或者个人的行为。

2. 刑事责任

刑法第327条规定，犯本罪的，对单位判处罚金，并对其直接负责的主管人员和其他直接责任人员，处3年以下有期徒刑或者拘役。

（六）盗掘古文化遗址、古墓葬罪

1. 定义

盗掘古文化遗址、古墓葬罪，是指盗掘具有历史、艺术、科学价值的古文化遗址、古墓葬的行为。

2. 认定

盗掘古文化遗址、古墓葬并窃取文物的，仍以本罪论处；盗掘其他墓葬窃取财物数额较大的，以盗窃罪论处；窃取他人已挖掘出来的珍贵文物的，也应当以盗窃罪论处。

3. 刑事责任

刑法第328条第1款规定，犯本罪的，处3年以上10年以下有期徒刑，并处罚金；情节较轻的，处3年以下有期徒刑，拘役或者管制，并处罚金。有下列情形之一的，处

10年以上有期徒刑、无期徒刑或者死刑,并处罚金或者没收财产:(1)盗掘确定为全国重点文物保护单位和省级文物保护单位的古文化遗址、古墓葬;(2)盗掘古文化遗址、古墓葬集团的首要分子;(3)多次盗掘古文化遗址、古墓葬的;(4)盗掘古文化遗址、古墓葬,并盗窃珍贵文物或者造成珍贵文物严重破坏的。

(七)盗掘古人类化石、古脊椎动物化石罪

1. 定义

盗掘古人类化石、古脊椎动物化石罪,是指盗掘国家保护的具有科学价值的古人类化石和古脊椎动物化石的行为。

2. 刑事责任

刑法第328条第2款规定,犯本罪的,依照前款的规定处罚,即处3年以上10年以下有期徒刑,并处罚金;情节较轻的,处3年以下有期徒刑、拘役或者管制,并处罚金;有下列情形之一的,处10年以上有期徒刑、无期徒刑或者死刑,并处罚金或者没收财产:(1)盗掘确定为全国重点文物保护单位和省级文物保护单位的古人类化石和古脊椎动物化石的;(2)盗掘古人类化石和古脊椎动物化石集团的首要分子;(3)多次盗掘古人类化石和古脊椎动物化石的;(4)盗掘并盗窃古人类化石和古脊椎动物化石或者造成古人类化石和古脊椎动物化石严重破坏的。

(八)抢夺、窃取国有档案罪

1. 定义

抢夺、窃取国有档案罪,是指以非法占有为目的,抢夺、窃取国家所有的档案的行为。

2. 刑事责任

刑法第329条第1款规定,犯本罪的,处5年以下有期徒刑或者拘役。第3款规定,犯本罪,同时又构成其他犯罪的,依照处罚较重的规定定罪处罚。

(九)擅自出卖、转让国有档案罪

1. 定义

擅自出卖、转让国有档案罪,是指违反档案法的规定,擅自出卖、转让国家所有的档案,情节严重的行为。

2. 刑事责任

刑法第329条第2款规定,犯本罪的,处3年以下有期徒刑或者拘役。第3款规

定,犯本罪,同时又构成其他犯罪的,依照处罚较重的规定定罪处罚。

【案例分析】

[案情] 行为人张某听说奉化市白杜乡古墓葬群有文物出土,便想盗掘古墓内的文物,供自家室内摆设。当天,张某和毛某进行了策划,窥视了作案地点。某日上午8时许,毛某携带锄头、铁锹等作案工具,随同张某到白杜乡南岙古墓葬群(系奉化市重点文物保护单位)内,对事先选定的一座古墓进行挖掘。到当天下午3时许,共掘得宋代银盒1只,大观通宝等钱币6枚半。宋代银盒在出土后,被现场围观群众触摸而破损。盗掘后,张某将1枚钱币带回家中藏匿,其余文物均存于毛某处。案发后,赃物已全部退回。经浙江省文物鉴定委员会和宁波市文物鉴定小组鉴定:被盗掘的古墓为宋墓,银盒(完整器)为三级文物,钱币为一般文物。问题:张某、毛某的行为如何定性?

[分析] 张某、毛某的行为构成盗掘古墓葬罪。本案中,张某、毛某有预谋地对宋墓进行挖掘,掘得宋代银盒1只,大观通宝等钱币6枚半,他们的行为已经构成盗掘古墓葬罪。

第六节　危害公共卫生罪

一、医疗事故罪

(一) 定义

医疗事故罪,是指医务人员由于严重不负责任,造成就诊人死亡或者严重损害就诊人身体健康的行为。

(二) 构成要件

(1) 客观方面表现为严重不负责任,致使就诊人死亡或者健康受到严重损害的行为。所谓严重不负责任,是指在诊疗护理工作中,违反规章制度和诊疗护理常规。行为方式包括作为和不作为。所谓作为,就是指医务人员积极实施诊疗护理的规章制度和常规所禁止的行为。所谓不作为,就是指医务人员本应履行应尽的职责而没有履行,如值班人员擅离职守,致使急诊的危重病人没有得到及时的抢救而死亡的等。

(2) 主体为特殊主体。即医务人员,包括国家、集体医疗单位的医生、护士、药剂人员,以及经主管部门批准开业的个体行医人员。

(3) 主观方面表现为过失。即行为人应当预见自己严重不负责的行为可能造成就诊人死亡或者严重损害就诊人的身体健康,但因疏忽大意而没有预见,或者已经预见而轻信可以避免,从而发生就诊人死亡或者身体健康严重受损害的结果。至于是否故意违反规章制度,不影响本罪的构成。

(三) 刑事责任

刑法第 335 条规定,犯本罪的,处 3 年以下有期徒刑或者拘役。

二、非法行医罪

(一) 定义

非法行医罪,是指未取得医生执业资格的人非法行医,情节严重的行为。

(二) 构成要件

(1) 客观方面表现为未取得医生执业资格而非法行医的行为。无医生执业资格从事营利性的诊疗活动,包括在医疗机构中从事诊疗活动和擅自开业从事诊疗活动。

(2) 主体为一般主体。即具有刑事责任能力的自然人。

(3) 主观方面表现为故意。即明知是非法行医而有意实施的主观心理态度。

(三) 认定

根据 2003 年 5 月 14 日最高人民法院、最高人民检察院《关于办理妨害预防、控制突发传染病疫情等灾害的刑事案件具体应用法律若干问题的解释》的规定,未取得医师执业资格非法行医,具有造成突发传染病病人、病原携带者、疑似突发传染病病人贻误诊治或者造成交叉感染等严重情节的,依照刑法第 336 条第一款的规定,以非法行医罪定罪,依法从重处罚。

(四) 刑事责任

刑法第 336 条第 1 款规定,犯本罪的,处 3 年以下有期徒刑、拘役或者管制,并处或者单处罚金;严重损害就诊人身体健康的,处 3 年以上 10 年以下有期徒刑,并处罚金;

造成就诊人死亡的,处10年以上有期徒刑,并处罚金。

三、本节其他罪名

(一) 妨害传染病防治罪

1. 定义

妨害传染病防治罪,是指违反传染病防治法的规定,引起甲类传染病传播或者有传播严重危险的行为。刑法规定了下述四种违反传染病防治法规定的行为:(1)供水单位供应的饮用水不符合国家规定的卫生标准的;(2)拒绝按照卫生防疫机构提出的卫生要求,对传染病病原体污染的污水、污物、粪便进行消毒处理的;(3)准许或者纵容传染病病人、病原携带者和疑似传染病病人从事国务院卫生行政部门规定禁止从事的易使传染病扩散的工作的;(4)拒绝执行卫生防疫机构依照传染病防治法提出的预防、控制措施的。

2. 刑事责任

刑法第330条第1款规定,犯本罪的,处3年以下有期徒刑或者拘役;后果特别严重的,处3年以上7年以下有期徒刑。第2款规定,单位犯本罪的,对单位判处罚金,并对其直接负责的主管人员和其他直接责任人员,依照个人犯罪的规定处罚。

(二) 传染病菌种、毒种扩散罪

1. 定义

传染病菌种、毒种扩散罪,是指从事实验、保藏、携带、运输传染病菌种、毒种的人员,违反国务院行政部门的有关规定,过失造成传染病菌种、毒种扩散,后果严重的行为。

2. 刑事责任

刑法第331条规定,犯本罪的,处3年以下有期徒刑或者拘役;后果特别严重的,处3年以上7年以下有期徒刑。

(三) 妨害国境卫生检疫罪

1. 定义

妨害国境卫生检疫罪,是指违反国境卫生检疫规定,引起检疫传染病传播或者有传播危险的行为。

2. 刑事责任

刑法第332条第1款规定,犯本罪的,处3年以下有期徒刑或者拘役,并处或者单处罚金。第 2 款规定，单位犯本罪的，对单位判处罚金，并对其直接负责的主管人员和其他直接责任人员，依照个人犯罪的规定处罚。

(四) 非法组织卖血罪

1. 定义

非法组织卖血罪，是指违反血液制品管理法规，擅自组织他人采集体内血浆出售的行为。

2. 刑事责任

刑法第 333 条第 1 款规定，犯本罪的，处 5 年以下有期徒刑，并处罚金。

(五) 强迫卖血罪

1. 定义

强迫卖血罪，是指以暴力、威胁方法强迫他人出卖血液的行为。

2. 认定

刑法规定，强迫他人卖血，对他人造成伤害的，应当以故意伤害罪追究刑事责任。

3. 刑事责任

刑法第 333 条第 1 款规定，犯本罪的，处 5 年以上 10 年以下有期徒刑，并处罚金。

(六) 非法采集、供应血液、制作、供应血液制品罪

1. 定义

非法采集、供应血液、制作、供应血液制品罪，是指违反血液制品管理法规，未经有关机构许可，擅自采集、供应血液或者擅自制作、供应血液制品，不符合国家规定的标准，足以危害人体健康的行为。

2. 刑事责任

刑法第 334 条第 1 款规定，犯本罪，足以危害人体健康的，处 5 年以下有期徒刑或者拘役，并处罚金；对人体健康造成严重危害的，处 5 年以上 10 年以下有期徒刑，并处罚金；造成特别严重后果的，处 10 年以上有期徒刑或者无期徒刑，并处罚金或者没收财产。

(七) 采集、供应血液、制作、供应血液制品事故罪

1. 定义

采集、供应血液、制作、供应血液制品事故罪，是指经国家主管部门批准采集、供应

血液或者制作、供应血液制品的部门，不依照规定进行检测或者违背其他操作规定，严重危害他人身体健康的行为。

2. 刑事责任

刑法第 334 条第 2 款规定，犯本罪的，对单位判处罚金，并对其直接负责的主管人员和其他直接责任人员，处 5 年以下有期徒刑或者拘役。

（八）非法进行节育手术罪

1. 定义

非法进行节育手术罪，是指无医生执业资格的人擅自为他人进行节育复通手术、假节育手术、终止妊娠手术或者摘取宫内节育器，情节严重的行为。

2. 刑事责任

刑法第 336 条第 2 款规定，犯本罪的，处 3 年以下有期徒刑、拘役或者管制，并处或者单处罚金；严重损害就诊人身体健康的，处 3 年以上 10 年以下有期徒刑，并处罚金；造成就诊人死亡的，处 10 年以上有期徒刑，并处罚金。

（九）妨害动植物防疫、检疫罪

1. 定义

妨害动植物防疫、检疫罪，是指违反有关动植物防疫、检疫的国家规定，引起重大动植物疫情的，或者有引起重大动植物疫情危险，情节严重的行为。

2. 刑事责任

刑法第 337 条第 1 款（《刑法修正案（七）》第 11 条）规定，犯本罪的，处 3 年以下有期徒刑或者拘役，并处或者单处罚金。第 2 款规定，单位犯本罪的，对单位判处罚金，并对其直接负责的主管人员和其他直接责任人员，处 3 年以下有期徒刑或者拘役，并处或者单处罚金。

【案例分析】

案例 1

［案情］　某日 13 时许，行为人李某在其所属某村卫生所给前来看病的被害人赵某进行治疗，并开具静脉滴注双黄连 2 支等诊断处方，随即进行输液治疗。在赵某输液过程中，李某擅离职守，留下没有行医资格的李某勇（李某之子）照看其卫生所，出去理发。后赵某在输液中死亡。经某市病理检验研究中心鉴定，赵某符合双黄连过敏致

急性过敏性休克死亡。经某市医学会鉴定,李某擅离职守,抢救措施不力导致被害人赵某死亡,属一级甲等医疗事故,应负主要责任。问题:李某的行为如何定性?

[分析] 李某的行为构成医疗事故罪。本案中,李某在给被害人赵某治疗过程中,擅离职守,抢救措施不力导致被害人赵某死亡,其行为已经构成医疗事故罪。

案例2

[案情] 行为人胡某在未取得医生职业资格的情况下,在某煤矿家属区多次擅自开展诊疗活动。某月26日,被害人杨某因感冒到胡某处治疗,26、27日胡某给杨某输液治疗,27日14时许,杨某死亡。经鉴定,杨某在身前患有肝硬化、慢性肾炎、出血性肺炎、矽肺等多种疾病的基础上因身体不适前去就医,由于胡某的误诊,在输用双黄连和清开灵注射液时出现药物过敏性休克而死亡。问题:胡某的行为如何定性?

[分析] 胡某的行为构成非法行医罪。本案中,胡某在未取得医生执业资格的情况下非法行医,由于胡某的误诊,在给被害人杨某输用双黄连和清开灵注射液时出现药物过敏性休克而死亡的结果,其行为已经构成非法行医罪。

第七节 破坏环境资源保护罪

一、重大环境污染事故罪

(一) 定义

重大环境污染事故罪,是指违反国家规定,向土地、水体、大气排放、倾倒或者处置有放射性的废物、含传染病病原体的废物、有毒物质或者其他危险废物,造成重大环境污染事故,致使公共财产遭受重大损失或者人身伤亡的严重后果的行为。

(二) 构成要件

(1) 客观方面表现为违反国家规定,向土地、水体、大气排放、倾倒或者处置有放射性废物、含传染病病原体的废物、有毒物质或者其他危险废物,造成重大环境污染事故,致使公私财产遭受重大损失或者人身伤亡的严重后果的行为。所谓排放,是指将废物排入水体,包括泵出、溢出、泄出、喷出等。所谓倾倒,是指通过船舶、航空器、平台或者其他运载工具向水体处置危险废物。所谓处置,是指以焚烧、填埋等方式处置危险废物。

(2) 主体为一般主体。既可以是自然人也可以是单位。司法实践中主要是指那些违反规定任意向水体、大气、土地排放、倾倒或者处置危险废物的单位,以及单位中的直接的相关人员。

(3) 主观方面表现为过失。即应当预见自己的行为可能造成重大环境污染事故,由于疏忽大意而没有预见,或者已经预见,但轻信能够避免的心理态度。这里的过失,是指行为人对重大环境污染事故后果而言的,对于违反国家规定倾倒、排放或者处置危险废物这一点行为人则可能是故意的。

(三) 认定

本罪是结果犯,只有造成重大环境污染事故,致使公共财产遭受重大损失或者人身伤亡的严重后果的才构成犯罪。根据2006年7月12日最高人民法院《关于审理环境污染刑事案件具体应用法律若干问题的解释》的规定,这里的“公私财产遭受重大损失”是指:(1)致使公私财产损失30万元以上的;(2)致使基本农田、防护林地、特种用途林地5亩以上,其他农用地10亩以上,其他土地20亩以上基本功能丧失或者遭受永久性破坏的;(3)致使森林或者其他林木死亡50立方米以上,或者幼树死亡2 500株以上的。这里的“人身伤亡的严重后果”或者“严重危害人体健康”是指:(1)致使1人以上死亡、3人以上重伤、10人以上轻伤,或者1人以上重伤并且5人以上轻伤的;(2)致使传染病发生、流行或者人员中毒达到《国家突发公共卫生事件应急预案》中突发公共卫生事件分级Ⅲ级情形,严重危害人体健康的;(3)其他致使“人身伤亡的严重后果”或者“严重危害人体健康”的情形。

(四) 刑事责任

刑法第338条规定,犯本罪的,处3年以下有期徒刑或者拘役,并处或者单处罚金;后果特别严重的,处3年以上7年以下有期徒刑,并处罚金。刑法第346条规定,单位犯本罪的,对单位判处罚金,并对其直接负责的主管人员和其他直接责任人员,依照个人犯罪的规定处罚。

二、本节其他罪名

(一) 非法处置进口的固体废物罪

1. 定义

非法处置进口的固体废物罪,是指违反国家规定,将境外的固体废物进境倾倒、堆放、处置的行为。

2. 刑事责任

刑法第339条第1款规定,犯本罪的,处5年以下有期徒刑或者拘役,并处罚金;造成重大环境污染事故,致使公私财产遭受重大损失或者严重危害人体健康的,处5年以上10年以下有期徒刑,并处罚金;后果特别严重的,处10年以上有期徒刑,并处罚金。刑法第346条规定,单位犯本罪的,对单位判处罚金,并对其直接负责的主管人员和其他直接责任人员,依照个人犯罪的规定处罚。

(二) 擅自进口固体废物罪

1. 定义

擅自进口固体废物罪,是指未经国务院有关主管部门许可,擅自进口固体废物用作原料,造成重大环境污染事故,致使公私财产遭受重大损失或者严重危害人体健康的行为。

2. 认定

进口固体废物罪与非法处置进口的固体废物罪的主要区别在于目的不同,本罪具有利用废物作原料的目的,而后罪则是以将境外的固体废物进境倾倒、堆放、处置为目的;擅自进口固体废物罪与走私固体废物罪的主要区别在于是否逃避海关监管,走私固体废物罪必须有逃避海关监管的行为,而本罪没有逃避海关监管的行为;以原料利用为名,进口不能用作原料的固体废物、液态废物和气态废物的,依照刑法第152条规定的走私废物罪定罪处罚。

3. 刑事责任

刑法第339条第2款规定,犯本罪的,处5年以下有期徒刑或者拘役,并处罚金;后果特别严重的,处5年以上10年以下有期徒刑,并处罚金。刑法第346条规定,单位犯本罪的,对单位判处罚金,并对其直接负责的主管人员和其他直接责任人员,依照个人犯罪的规定处罚。

(三) 非法捕捞水产品罪

1. 定义

非法捕捞水产品罪,是指违反水产资源保护法规,在禁渔区、禁渔期或者使用禁用的工具、方法捕捞水产品,情节严重的行为。

2. 刑事责任

刑法第340条规定,犯本罪的,处3年以下有期徒刑、拘役、管制或者罚金。刑法第

346 条规定,单位犯本罪的,对单位判处罚金,并对其直接负责的主管人员和其他直接责任人员,依照个人犯罪的规定处罚。

(四) 非法猎捕、杀害珍贵、濒危野生动物罪

1. 定义

非法猎捕、杀害珍贵、濒危野生动物罪,是指违反野生动物保护法规,未经有关部门批准,非法猎捕、杀害国家重点保护的珍贵、濒危野生动物的行为。

2. 认定

2000 年 11 月 17 日最高人民法院《关于审理破坏野生动物资源刑事案件具体应用法律若干问题的解释》规定:(1)这里的珍贵、濒危野生动物,根据 2000 年 11 月 17 日最高人民法院《关于审理破坏野生动物资源刑事案件具体应用法律若干问题的解释》第 1 条的规定,是指列入国家重点保护野生动物名录的国家一、二级保护野生动物、列入《濒危野生动植物种国际贸易公约》附录一、附录二的野生动物以及驯养繁殖的上述物种。(2)使用爆炸、投毒、设置电网等危险方法破坏野生动物资源,构成非法猎捕、杀害珍贵、濒危野生动物罪或者非法狩猎罪,同时又构成刑法第 114 条或者第 115 条规定之罪的,依照处罚较重的规定定罪处罚。(3)实施本罪,又以暴力、威胁方法抗拒查处,构成其他犯罪的,依照数罪并罚的规定处罚。

3. 刑事责任

刑法第 341 条第 1 款规定,犯本罪的,处 5 年以下有期徒刑或者拘役,并处罚金;情节严重的,处 5 年以上 10 年以下有期徒刑,并处罚金;情节特别严重的,处 10 年以上有期徒刑,并处罚金或者没收财产。刑法第 346 条规定,单位犯本罪的,对单位判处罚金,并对其直接负责的主管人员和其他直接责任人员,依照个人犯罪的规定处罚。

(五) 非法收购、运输、出售珍贵、濒危野生动物、珍贵、濒危野生动物制品罪

1. 定义

非法收购、运输、出售珍贵、濒危野生动物、珍贵、濒危野生动物制品罪,是指违反野生动物保护法规,未经有关部门批准,非法收购、运输、出售国家重点保护的珍贵、濒危野生动物、珍贵、濒危野生动物制品的行为。

2. 刑事责任

刑法第 341 条规定,犯本罪的,处 5 年以下有期徒刑或者拘役,并处罚金;情节严重的,处 5 年以上 10 年以下有期徒刑,并处罚金;情节特别严重的,处 10 年以上有期徒

刑,并处罚金或者没收财产。刑法第346条规定,单位犯本罪的,对单位判处罚金,并对其直接主管的责任人员和其他直接人员,依照个人犯罪的规定处罚。

(六)非法狩猎罪

1. 定义

非法狩猎罪,是指违反狩猎法规,在禁猎区、禁猎期或者使用禁用的工具、方法进行狩猎,破坏野生动物资源,情节严重的行为。

2. 刑事责任

刑法第341条第2款规定,犯本罪的,处3年以下有期徒刑、拘役、管制或者罚金。刑法第346条规定,单位犯本罪的,对单位判处罚金,并对其直接负责的主管人员和其他直接责任人员,依照个人犯罪的规定处罚。

(七)非法占用农用地罪

1. 定义

非法占用农用地罪,是指违反土地管理法规,非法占用耕地、林地等农用地,改变被占用土地用途,数量较大,造成耕地、林地等农用地大量毁坏的行为。

2. 刑事责任

刑法第342条(《刑法修正案(二)》)规定,犯本罪的,处5年以下有期徒刑或者拘役,并处或者单处罚金。刑法第346条规定,单位犯本罪的,对单位判处罚金,并对其直接负责的主管人员和其他直接责任人员,依照个人犯罪的规定处罚。

(八)非法采矿罪

1. 定义

非法采矿罪,是指违反矿产资源法的规定,未取得采矿许可证擅自采矿的,擅自进入国家规划矿区,对国民经济具有重要价值的矿区和他人矿区范围采矿的,擅自开采国家规定实行保护性开采的特定矿种,经责令停止开采后拒不停止开采,造成矿产资源破坏的行为。

2. 刑事责任

刑法第343条第1款规定,犯本罪的,处3年以下有期徒刑、拘役或者管制,并处或者单处罚金;造成矿产资源严重破坏的,处3年以上7年以下有期徒刑,并处罚金。刑法第346条规定,单位犯本罪的,对单位判处罚金,并对其直接负责的主管人员和其他直接责任人员,依照个人犯罪的规定处罚。

（九）破坏性采矿罪

1. 定义

破坏性采矿罪，是指违反矿产资源法的规定，采取破坏性的开采方法开采矿产资源，造成矿产资源严重破坏的行为。

2. 刑事责任

刑法第 343 条第 2 款规定，犯本罪的，处 5 年以下有期徒刑或者拘役，并处罚金，刑法第 346 条规定，单位犯本罪的，对单位判处罚金，并对其直接负责的主管人员和其他直接责任人员，依照个人犯罪的规定处罚。

（十）非法采伐、毁坏国家重点保护植物罪

1. 定义

非法采伐、毁坏国家重点保护植物罪，是指违反国家规定，非法采伐、毁坏珍贵树木或者国家重点保护的其他植物的行为。

2. 刑事责任

刑法第 344 条（《刑法修正案（四）》第 6 条）规定，犯本罪的，处 3 年以下有期徒刑、拘役或者管制，并处罚金，情节严重的，处 3 年以上 7 年以下有期徒刑，并处罚金。刑法第 346 条规定，单位犯本罪的，对单位判处罚金，并对其直接负责的主管人员和其他直接责任人员，依照个人犯罪的规定处罚。

（十一）非法收购、运输、加工、出售国家重点保护植物、国家重点保护植物制品罪

1. 定义

非法收购、运输、加工、出售国家重点保护植物、国家重点保护植物制品罪，是指违反国家规定，非法收购、运输、加工、出售珍贵树木或者国家重点保护的其他植物及其制品的行为。

2. 刑事责任

刑法第 344 条（《刑法修正案（四）》第 6 条）规定，犯本罪的，处 3 年以下有期徒刑、拘役或者管制，并处罚金；情节严重的，处 3 年以上 7 年以下有期徒刑，并处罚金。刑法第 346 条规定，单位犯本罪的，对单位判处罚金，并对其直接负责的主管人员和其他直接责任人员，依照个人犯罪的规定处罚。

（十二）盗伐林木罪

1. 定义

盗伐林木罪，是指以非法占有为目的，盗伐国家、集体所有的森林或者其他林木，以及盗伐他人自留山上成片林木，数量较大，破坏森林资源的行为。

2. 认定

2000 年 11 月 17 日最高人民法院《关于审理破坏森林资源刑事案件具体应用法律若干问题的解释》规定：(1)盗伐林木行为具有以下三种情形：擅自砍伐国家、集体、他人所有或者他人承包经营管理的森林或者其他林木的；擅自砍伐本单位或者本人承包经营管理的森林或者其他林木的；在林木采伐许可证规定的地点以外采伐国家、集体、他人所有或者他人承包经营管理的森林或者其他林木的。(2)盗伐林木“数量较大”，以 2—5 立方米或者幼树 100—200 株为起点。(3)盗伐、滥伐珍贵树木，同时触犯刑法第 344 条、第 345 条规定的，依照处罚较重的规定定罪处罚。(4)将国家、集体、他人所有并已经伐倒的树木窃为己有，以及偷砍他人房前屋后、自留地种植的零星树木，数额较大的，依照刑法第 264 条的规定，以盗窃罪定罪处罚。

3. 刑事责任

刑法第 345 条(《刑法修正案(四)》第 7 条)第 1 款规定，犯本罪的，处 3 年以下有期徒刑、拘役或者管制，并处或者单处罚金；数量巨大的，处 3 年以上 7 年以下有期徒刑，并处罚金；数量特别巨大的，处 7 年以上有期徒刑，并处罚金。

（十三）滥伐林木罪

1. 定义

滥伐林木罪，是指违反森林法及其他保护森林法规，未经林业行政主管部门及法律规定的其他主管部门批准并核发采伐许可证，或者虽持有采伐许可证，但违背采伐证所规定的地点、数量、树种、方式而任意采伐本单位所有或管理的林木，以及本人自留山上的森林或者其他林木，数量较大的行为。

2. 刑事责任

刑法第 345 条(《刑法修正案(四)》第 7 条)第 2 款规定，犯本罪的，处 3 年以下有期徒刑、拘役或者管制，并处或者单处罚金；数量巨大的，处 3 年以上 7 年以下有期徒刑，并处罚金。刑法第 346 条规定，单位犯本罪的，对单位判处罚金，并对其直接负责的主管人员和其他直接负责人员，依照个人犯罪的规定处罚。

（十四）非法收购、运输盗伐、滥伐的林木罪

1. 定义

非法收购、运输盗伐、滥伐的林木罪，是指以牟利为目的，非法收购、运输明知是盗伐、滥伐的林木，情节严重的行为。

2. 认定

2000年11月17日最高人民法院《关于审理破坏森林资源刑事案件具体应用法律若干问题的解释》规定，非法收购明知是盗伐、滥伐的林木中的“明知”，是指知道或者应当知道。具有下列情形之一的，可以视为应当知道，但是有证据证明确属被蒙骗的除外：(1)在非法的木材交易场所或者销售单位收购木材的；(2)收购以明显低于市场价格出售的木材的；(3)收购违反规定出售的木材的。

3. 刑事责任

刑法第345条第3款（《刑法修正案（四）》第7条）规定，犯本罪的，处3年以下有期徒刑、拘役或者管制，并处或者单处罚金；情节特别严重的，处3年以上7年以下有期徒刑，并处罚金。刑法第346条规定，单位犯本罪的，对单位判处罚金，并对其直接负责的主管人员和其他直接人员，依照个人犯罪的规定处罚。

【案例分析】

案例1

[**案情**] 吴某购得旧氯气罐3只，并被告知其中1只罐内装有残存的有毒气体氯气，并且不能排放。吴某欲以900元价格将该3只氯气罐卖给专营收购旧物品的王某。因王某得知罐内有氯气不好处理不愿购买，吴某便与王某商定：由吴某将装有氯气的罐子运至王某家并在王某家后水沟中将残存氯气排放至水中，王某安排他人帮吴排放氯气。后吴某按约定将氯气罐运至某三轮车停放点，王某电话通知其妻姜某为吴某带路将氯气罐运至王家屋后。姜某借来扳手让吴自主放掉罐内氯气。吴某将氯气罐阀门打开使罐内氯气排放至沟内的水中。被排放入水体中的氯气散发到空气中后，致使某小学204名师生出现呕吐、头晕等中毒症状，花去医疗费共计人民币8万余元；同时造成当地127.9亩农作物受损和1头猪被毒死，直接经济损失价值人民币9万余元。问题：吴某的行为如何定性？

[**分析**] 吴某的行为构成重大环境污染事故罪。本案中，吴某违反国家规定，向水体倾倒有毒物质，致使某小学204名师生出现呕吐、头晕等中毒症状，直接经济损失价值人民币9万余元，其行为已经构成重大环境污染事故罪。值得注意的是，重大环

境污染事故罪是过失犯罪,这里的过失,是指行为人对重大环境污染事故后果而言的,对于违反国家规定倾倒、排放或者处置危险废物这一点行为人则可能是故意的,显然,本案中,吴某排放氯气的行为是故意的,但对小学204名师生中毒等后果则是过失的。

案例2

[案情] 李某多次尾随盗伐林木人员,将其砍倒尚未运走的林木偷偷运走,销赃获利数千元。此外,他还盗伐了他人自留地、责任田等地边田坎种植的零星树木5个多立方米。问题:李某的行为如何定性?

[分析] 李某的行为构成盗窃罪。相关司法解释规定,将国家、集体、他人所有并已经伐倒的树木窃为己有,以及偷砍他人房前屋后、自留地种植的零星树木,数额较大的,以盗窃罪定罪处罚。本案中,李某将已经砍倒尚未运走的林木偷偷运走,并且盗伐了他人自留地、责任田等地边田坎种植的零星树木5个多立方米,其行为已经构成盗窃罪。

第八节 走私、贩卖、运输、制造毒品罪

一、走私、贩卖、运输、制造毒品罪

(一) 定义

走私、贩卖、运输、制造毒品罪,是指明知是毒品而故意实施走私、贩卖、运输、制造的行为。

(二) 构成要件

(1) 客观方面表现为走私、贩卖、运输、制造毒品的行为。所谓走私毒品,是指违反海关法规,逃避海关监管,非法运输、携带、邮寄毒品进出国(边)境的行为。所谓贩卖毒品,是指非法销售或以贩卖为目的而非法收买毒品的行为,包括转手倒卖、自制自销、批发、零售等。所谓运输毒品,是指采用携带、邮寄、利用他人或使用交通工具等方法非法将毒品从一地运送至另一地的行为。所谓制造毒品,是指非法用毒品原植物直接提炼或用化学方法加工、配制毒品的行为。司法实践中,走私、贩卖、运输、制造毒品

的行为往往结合在一起,也可能分别独立存在。但只要行为人实施了四种行为之一,即构成本罪。如果行为人实施了两种或两种以上的行为,如制造毒品后又贩卖的,应按贩毒、制造毒品罪一罪定罪处罚,而不实行数罪并罚。所谓毒品,根据刑法第357条第1款的规定,是指鸦片、海洛因、甲基苯丙胺(冰毒)、吗啡、大麻、可卡因以及国家规定管制的其他能够使人形成瘾癖的麻醉药品和精神药品。

(2) 主体为一般主体。既可以是自然人也可以是单位。自然人作为犯罪主体的,就走私、运输、制造毒品罪而言,只能由已满16周岁的人构成;而贩卖毒品罪的主体,根据刑法第17条第2款的规定,可以是已满14周岁未满16周岁的人。

(3) 主观方面表现为故意,且必须明知自己走私、贩卖、运输、制造的是毒品。行为人如将假毒品误认为真毒品进行走私、贩卖、运输、制造的,以犯罪未遂论处。行为人明知是假毒品,而冒充真毒品进行贩卖的案件,应以诈骗罪定罪处罚。

(三) 认定

(1) 毒品数量、纯度认定。刑法第347条第7款规定:“对多次走私、贩卖、运输、制造毒品,未经处理的,毒品数量累计计算。”刑法第357条第2款规定:“毒品的数量以查证属实的走私、贩卖、运输、制造、非法持有毒品的数量计算,不以纯度折算。”

(2) 罪数。根据2000年4月4日《全国法院审理毒品犯罪案件工作座谈会纪要》(以下简称《纪要》)的规定,盗窃、抢劫毒品的,应当分别以盗窃罪或者抢劫罪定罪。盗窃、抢劫毒品后又实施其他毒品犯罪的,则以盗窃罪、抢劫罪与实施的具体毒品犯罪,依法实行数罪并罚。因此,盗窃、抢劫毒品,又贩卖、运输毒品的,应实行数罪并罚。

(四) 刑事责任

刑法第347条第2款规定,犯本罪,有下列情形之一的,处15年以上有期徒刑、无期徒刑或者死刑,并处没收财产:(1)走私、贩卖、运输、制造鸦片1 000克以上、海洛因或者甲基苯丙胺50克以上或者其他毒品数量大的;(2)走私、贩卖、运输、制造毒品集团的首要分子;(3)武装掩护走私、贩卖、运输、制造毒品的;(4)以暴力拒绝检查、拘留、逮捕,情节严重的;(5)参与有组织的国际贩毒活动的。第3款规定,走私、贩卖、运输、制造鸦片200克以上不满1 000克、海洛因或者甲基苯丙胺10克以上不满50克或者其他毒品数量较大的,处7年以上有期徒刑,并处罚金。第4款规定,走私、贩卖、运输、制造鸦片不满200克、海洛因或者甲基苯丙胺不满10克或者其他少量毒品的,处3年以下有期徒刑、拘役或者管制,并处罚金;情节严重的,处3年以上7年以下有期徒刑、拘役或者管制,并处罚金。第5款规定,单位犯第2款、第3款、第4款罪的,对单位判处罚金,并对其直接负责的主管人员和其他直接责任人员,依照各该款的规定处罚。第6款规定,利用、教唆未成年人走私、贩卖、运输、制造毒品,或者向未成年人出售毒品的,从重处罚。刑法第356条的规定,因走私、贩卖、运输、制造毒品罪被判过刑,又犯本节规定之罪的,从重处罚。

根据《纪要》的规定,认定走私、贩卖、运输、制造毒品罪的刑事责任应注意两点:(1)运用特情侦破案件是有效打击毒品犯罪的手段。在审判实践中应当注意的是,有时存在被使用的特情未严格遵守有关规定,在介入侦破案件中有对他人实施毒品犯罪的犯意引诱和数量引诱的情况。"犯意引诱"是指行为人本没有实施毒品犯罪的主观意图,而是在特情诱惑和促成下形成犯意,进而实施毒品犯罪。对具有这种情况的被告人,应当从轻处罚,无论毒品犯罪数量多大,都不应判处死刑立即执行。"数量引诱"是指行为人本来只有实施数量较小的毒品犯罪的故意,在特情引诱下实施了数量较大甚至达到可判处死刑数量的毒品犯罪。对具有此种情况的被告人,应当从轻处罚,即使超过判处死刑的毒品数量标准,一般也不应判处死刑立即执行。(2)对于查获的毒品有证据证明大量掺假,经鉴定查明毒品含量极少,确有大量掺假成分的,在处刑时应酌情考虑。特别是掺假之后毒品的数量才达到判处死刑的标准的,对被告人可不判处死刑立即执行。为掩护运输而将毒品融入其他物品中,不应将其他物品计入毒品的数量。

二、本节其他罪名

(一)非法持有毒品罪

1. 定义

非法持有毒品罪,是指非法持有鸦片、海洛因、甲基苯丙胺或者其他毒品数量较大的行为。

2. 认定

2000年4月4日《全国法院审理毒品犯罪案件工作座谈会纪要》规定:(1)非法持有毒品达到刑法第348条规定的构成犯罪的数量标准,没有证据证明实施了走私、贩卖、运输、制造毒品等犯罪行为的,以非法持有毒品罪定罪。(2)吸毒者在购买、运输、存储毒品过程中被抓获的,如没有证据证明被告人实施了其他毒品犯罪行为的,一般不应定罪处罚,但查获的毒品数量大的,应当以非法持有毒品罪定罪;毒品数量未超过刑法第348条规定数量最低标准的,不定罪处罚。对于以贩养吸的被告人,被查获的毒品应认定为其犯罪的数量,但量刑时应考虑被告人吸食毒品的情节。(3)有证据证明行为人不是以营利为目的，为他人代买仅用于吸食的毒品，毒品数量超过刑法第 348 条规定数量最低标准，构成犯罪的，托购者、代购者均构成非法持有毒品罪。

3. 刑事责任

刑法第 348 条规定，犯本罪的，处 7 年以上有期徒刑或者无期徒刑，并处罚金；非法持有鸦片 200 克以上不满 1 000 克、海洛因或者甲基苯丙胺 10 克以上不满 50 克或者其他毒品数量较大的，处 3 年以下有期徒刑、拘役或者管制，并处罚金，情节严重的，处 3 年以上 7 年以下有期徒刑，并处罚金。刑法第 356 条规定，因非法持有毒品罪被判过刑，又犯本节规定之罪的，从重处罚。

(二) 包庇毒品犯罪分子罪

1. 定义

包庇毒品犯罪分子罪，是指明知是走私、贩卖、运输、制造毒品的犯罪分子，而向司法机关作虚假证明掩盖其罪行，或者帮助其湮灭罪证，以使其逃避法律制裁的行为。

2. 认定

刑法第 349 条第 3 款规定，犯本罪，事先通谋的，以走私、贩卖、运输、制造毒品罪的共犯论处。这里的事先通谋，是指事先与毒品犯罪分子共同策划，允诺事后帮助毒品犯罪分子逃避法律制裁，因而应以毒品犯罪的共犯论处。

3. 刑事责任

刑法第 349 条第 1 款规定，犯本罪的，处 3 年以下有期徒刑、拘役或者管制；情节严重的，处 3 年以上 10 年以下有期徒刑。第 2 款规定，缉毒人员或者其他国家机关工作人员掩护、包庇走私、贩卖、运输、制造毒品的犯罪分子的，依照前款的规定从重处罚。

(三) 窝藏、转移、隐瞒毒品、毒赃罪

1. 定义

窝藏、转移、隐瞒毒品、毒赃罪，是指明知是毒品或者毒品犯罪所得的财物而为犯罪分子窝藏、转移、隐瞒的行为。

2. 认定

刑法第 349 条第 3 款规定，犯本罪，事先通谋的，以走私、贩卖、运输、制造毒品犯罪的共犯论处。这里的事先通谋，是指事先与毒品犯罪分子共同策划，允诺事后帮助毒品犯罪分子窝藏、转移、隐瞒毒品、毒赃，因而应以毒品犯罪的共犯论处。

3. 刑事责任

刑法第349条第1款规定，犯本罪的，处3年以下有期徒刑、拘役或者管制；情节严重的，处3年以上10年以下有期徒刑。

（四）走私制毒物品罪

1. 定义

走私制毒物品罪，是指违反国家规定，非法运输、携带醋酸酐、乙醚、三氯甲烷或者其他用于制造毒品的原料或者配剂进出境的行为。

2. 认定

刑法第350条第2款规定："明知他人制造毒品而为其提供前款规定的物品的，以制造毒品罪的共犯论处。"

3. 刑事责任

刑法第350条第1款规定，犯本罪的，处3年以下有期徒刑、拘役或者管制，并处罚金；数量大的，处3年以上10年以下有期徒刑，并处罚金。第3款规定，单位犯本罪的，对单位判处罚金，并对其直接负责的主管人员和其他直接责任人员，依照个人犯罪的规定处罚。

（五）非法买卖制毒物品罪

1. 定义

非法买卖制毒物品罪，是指违反国家规定，在境内非法买卖醋酸酐、乙醚、三氯甲烷或者其他用于制造毒品的原料或者配剂的行为。

2. 刑事责任

刑法第350条第1款规定，犯本罪的，处3年以下有期徒刑、拘役或者管制，并处罚金；数量大的，处3年以上10年以下有期徒刑，并处罚金。第3款规定，单位犯本罪的，对单位判处罚金，并对直接负责的主管人员和其他直接责任人员，依照个人犯罪的规定处罚。

（六）非法种植毒品原植物罪

1. 定义

非法种植毒品原植物罪，是指明知是罂粟、大麻等毒品原植物而非法种植且数量较大，或者经公安机关处理后又种植，或者抗拒铲除的行为。

2. 刑事责任

刑法第351条第1款规定，犯本罪的，处5年以下有期徒刑、拘役或者管制，并处罚金。第2款规定,非法种植罂粟3 000株以上或者其他毒品原植物数量大的,处5年以上有期徒刑,并处罚金或者没收财产。第3款规定,非法种植罂粟或者其他毒品原植物,在收获前自动铲除的,可以免除处罚。

(七) 非法买卖、运输、携带、持有毒品原植物种子、幼苗罪

1. 定义

非法买卖、运输、携带、持有毒品原植物种子、幼苗罪,是指非法买卖、运输、携带、持有未经灭活的罂粟等毒品原植物种子或者幼苗,数量较大的行为。

2. 刑事责任

刑法第352条规定,犯本罪的,处3年以下有期徒刑、拘役或者管制,并处或者单处罚金。

(八) 引诱、教唆、欺骗他人吸毒罪

1. 定义

引诱、教唆、欺骗他人吸毒罪,是指通过引诱、教唆、欺骗的方法使他人吸食、注射毒品的行为。

2. 认定

根据1993年7月24日公安部《关于坚决制止、查处在食品中掺用罂粟壳违法犯罪行为的通知》的规定,在食品中掺用罂粟壳来招徕顾客、吸引回头客,属于欺骗他人吸食毒品的违法犯罪行为。对曾使用、现自行停止并表示悔改的,可不予追究;对继续使用的,要依据有关法规严厉惩处。

3. 刑事责任

刑法第353条第1款规定,犯本罪的,处3年以下有期徒刑、拘役或者管制,并处罚金;情节严重的,处3年以上7年以下有期徒刑,并处罚金。第3款规定,引诱、教唆、欺骗未成年人吸食、注射毒品的,从重处罚。

(九) 强迫他人吸毒罪

1. 定义

强迫他人吸毒罪,是指违背他人意志,迫使他人吸食、注射毒品的行为。

2. 刑事责任

刑法第353条第2款规定,犯本罪的,处3年以上10年以下有期徒刑,并处罚金。第3款规定,强迫未成年人吸食、注射毒品的,从重处罚。

(十) 容留他人吸毒罪

1. 定义

容留他人吸毒罪,是指为他人吸食、注射毒品提供场所的行为。

2. 刑事责任

刑法第354条规定,犯本罪的,处3年以下有期徒刑、拘役或者管制,并处罚金。

(十一) 非法提供麻醉药品、精神药品罪

1. 定义

非法提供麻醉药品、精神药品罪,是指依法从事生产、运输、管理、使用国家管制的麻醉药品、精神药品的单位和人员,违反国家规定,明知他人是吸食、注射毒品的人,而向其提供国家管制的能够使人形成瘾癖的麻醉药品、精神药品的行为。

2. 刑事责任

刑法第355条第1款规定,犯本罪的,处3年以下有期徒刑或者拘役,并处罚金;情节严重的,处3年以上7年以下有期徒刑,并处罚金。第2款规定,单位犯本罪的,对单位判处罚金,并对其直接负责的主管人员和其他直接责任人员,依照个人犯罪的规定处罚。

【案例分析】

案例1

[案情] 某日下午5时许,行为人王某与吸毒人员陈某电话约定进行毒品交易。当王某如约携带1包海洛因到自己租住屋贩卖给正在屋内的吸毒人员陈某、王某、林某等人时,被公安人员当场抓获,并缴获毒品1小包(经鉴定,该毒品为海洛因,重6.38克),人民币1 100元,手机一部;从陈某身上提取到毒品2小包,经鉴定,该毒品为海洛因,重12克。问题:王某的行为如何定性?

[分析] 王某的行为构成贩卖毒品罪。本案中,王某通过与吸毒人员陈某电话约定,并携带1包海洛因到自己租住屋贩卖给正在屋内的吸毒人员,具备了贩卖毒品罪的主客观要件,其行为已经构成贩卖毒品罪。

案例2

[案情] 周某有个表弟专做毒品生意,为方便出货,把周某也列入了联系人名单,给了周一个“老主顾”的电话。后来周某的表弟因贩毒被抓。周某通过表弟留下的号码,与南京的买主接上了头。为了骗点钱花,周到药店买了曲马多、氯霉素、脑复康、卜尔敏等6种药,都是白色片剂,又到小粮行买了点面粉,拎回了宿舍。把报纸铺在地

上,用啤酒瓶将药片一一碾碎,炮制出了 50 克“海洛因”。周某到了南京,以每克 220 元的价格卖给了买主,得了 11 000 元。周某再次交易时,被公安干警抓获,当场缴获其随身携带的 1 袋白色粉状物,重 360 克。后经鉴定,不含任何已知的毒品成分。问题:周某的行为如何定性?

[分析]　周某的行为构成诈骗罪。行为人明知是假毒品,而冒充真毒品进行贩卖的案件,应以诈骗罪定罪处罚。本案中,周某为了骗点钱花,制作不含任何已知的毒品成分的假毒品,骗取 11 000 元,其行为已经构成诈骗罪。

第九节　组织、强迫、引诱、容留介绍卖淫罪

一、组织卖淫罪

(一) 定义

组织卖淫罪,是指以招募、雇用、纠集、强迫、引诱、容留等手段,控制多人从事卖淫的行为。

(二) 构成要件

(1) 客观方面表现为组织他人卖淫的行为。所谓组织,是指以招募、雇用、强迫、引诱、容留等手段,控制多人从事卖淫活动。所谓招募,是指在社会上物色、网罗、招收、聚集他人卖淫。所谓雇用,是指用金钱收买他人从事卖淫活动。所谓强迫,是指违背他人意志,用精神威胁、肉体折磨、摧残等方法,迫使他人卖淫。所谓引诱,是指用欺骗和诱惑、勾引的方法,促使他人卖淫。所谓容留,是指为他人卖淫提供场所。控制多人从事卖淫活动,是指控制三人以上,设置卖淫场所或者没有固定场所而通过控制卖淫人员有组织地进行卖淫活动。所谓他人,既包括女性,也包括男性。

(2) 主体为一般主体。即具有刑事责任能力的自然人。只有卖淫活动组织者才会构成本罪,被组织卖淫的人不能成为本罪的主体。

(3) 主观方面表现为故意。即明知是组织卖淫的行为而有意实施的主观心理态度。

(三) 认定

(1) 罪与非罪。组织卖淫罪要求被组织者是卖淫而非其他。如果被组织者从事的不是卖淫活动而是卖淫以外的其他活动,就不能构成本罪。2001 年 2 月 18 日公安部《关于对同性之间以钱财为媒介的性行为定性处理问题的批复》规定,不特定的异性之间或者同性之间以金钱、财物为媒介发生不正当性关系的行为,都属于卖淫嫖娼行为,对行为人应当依法处理。据此,除了传统意义上的性交之外,嫖客与卖淫者之间发生的口淫、手淫、鸡奸等行为也属于卖淫嫖娼行为,而亲吻、搂抱、抠摸等下流的猥亵行为不是卖淫的内容,只是一般的色情服务。

(2) 罪数。在组织卖淫的犯罪活动中,同时对被组织卖淫的人有强迫、引诱、容留、介绍卖淫行为的或者强奸后迫使卖淫的,应当作为组织卖淫罪的量刑情节考虑,不按照数罪并罚处理。

(四) 刑事责任

刑法第 358 条第 1 款规定,犯本罪的,处 5 年以上 10 年以下有期徒刑,并处罚金;情节严重的,处 10 年以上有期徒刑或者无期徒刑,并处罚金或者没收财产。第 2 款规定,犯本罪,情节特别严重的,处无期徒刑或者死刑,并处没收财产。刑法第 361 条规定,旅馆业、饮食服务业、文化娱乐业、出租汽车业等单位的人员,利用本单位的条件,组织他人卖淫的,按照自然人犯组织卖淫罪的规定处罚;前述单位的主要负责人犯本罪的,从重处罚。

二、本节其他罪名

(一) 强迫卖淫罪

1. 定义

强迫卖淫罪,是指违背他人的意志,迫使他人卖淫的行为。

2. 刑事责任

刑法第 358 条第 1 款规定,犯本罪的,处 5 年以上 10 年以下有期徒刑,并处罚金;有下列情形之一的,处 10 年以上有期徒刑或者无期徒刑:(1)强迫不满 14 周岁的幼女卖淫的;(2)强迫多人卖淫或者多次强迫他人卖淫的;(3)强奸后迫使卖淫的;(4)造成被强迫卖淫的人重伤、死亡或者其他严重后果的。第 2 款规定,犯本罪,情节特别严重的,处无期徒刑或者死刑,并处没收财产。刑法第 361 条规定,旅馆业、饮食服务业、文化娱乐业、出租汽车业等单位的人员,利用本单位的条件,强迫他人卖淫的，按照自然人犯强迫卖淫罪的规定处罚；前述单位的主要负责人犯本罪的，从重处罚。

（二）协助组织卖淫罪

1．定义

协助组织卖淫罪，是指帮助组织者组织他人卖淫的行为。

2．认定

要注意区分协助组织卖淫罪与组织卖淫罪的界限。协助行为表现为帮助组织者引诱、介绍、强迫他人卖淫。对协助组织卖淫的行为，不能以组织卖淫罪的共犯定罪处罚，刑法已经将这种共犯行为规定为独立的犯罪，应当以协助组织卖淫罪定罪处罚。

3．刑事责任

刑法第358条第3款规定，犯本罪的，处5年以下有期徒刑，并处罚金；情节严重的，处5年以上有期徒刑，并处罚金。

（三）引诱、容留、介绍卖淫罪

1．定义

引诱、容留、介绍卖淫罪，是指利用金钱、物质等手段诱使他人卖淫，或者提供场所给他人卖淫使用，或者使卖淫人员与嫖客发生联系，得以实现卖淫嫖娼的行为。

2．刑事责任

刑法第359条第1款规定，犯本罪的，处5年以下有期徒刑、拘役或者管制，并处罚金；情节严重的，处5年以上有期徒刑，并处罚金。刑法第361条规定，旅馆业、饮食服务业、文化娱乐业、出租汽车业等单位的人员，利用本单位的条件，引诱、容留、介绍他人卖淫的，按照自然人犯的引诱、容留、介绍卖淫罪规定处罚；前述单位的主要负责人犯本罪的，从重处罚。

（四）引诱幼女卖淫罪

1．定义

引诱幼女卖淫罪，是指引诱不满14周岁的幼女进行卖淫的行为。

2．刑事责任

刑法第359条第2款规定，犯本罪的，处5年以上有期徒刑，并处罚金。刑法第361条规定，旅馆业、饮食服务业、文化娱乐业、出租汽车业等单位的人员，利用本单位的条件,引诱幼女卖淫的,按照自然人犯引诱幼女卖淫罪的规定处罚;前述单位的主要负责人犯本罪的,从重处罚。

(五)传播性病罪

1. 定义

传播性病罪,是指明知自己患有梅毒、淋病等严重性病而进行卖淫嫖娼的行为。

2. 刑事责任

刑法第360条第1款规定,犯本罪的,处5年以下有期徒刑,拘役或者管制,并处罚金。

(六)嫖宿幼女罪

1. 定义

嫖宿幼女罪,是指在嫖娼时,与不满14周岁的卖淫幼女发生性行为的行为。

2. 认定

2001年6月4日最高人民检察院《关于构成嫖宿幼女罪主观上是否需要具备明知要件的解释》明确规定,行为人知道被害人是或者可能是不满14周岁幼女而嫖宿的,以嫖宿幼女罪追究刑事责任。

3. 刑事责任

刑法第360条第2款规定,犯本罪的,处5年以上有期徒刑,并处罚金。

【案例分析】

案例1

[案情] 张某、王某和杨某看着别人事业有成,心里很不平衡,张某提出通过控制少女卖淫来挣钱,他们一拍即合。某年8月21日,3人将4名十七八岁的在校学生郭某、韩某、谢某、孙某骗出,住进一出租屋,王和杨与四名被害人同住负责看管和接送四被害人,张负责联系嫖客和统一支配使用卖淫所得。3人还印制了上门按摩的名片向路人派发。后来,4名少女逃脱向警方报案,警方将张某、王某和杨某抓获。警方查明,至案发时,4名少女被强迫卖淫53次,卖淫所得均交给张某支配使用。在此期间,张和王还强暴了郭某和韩某。问题:张某、王某和杨某的行为如何定性?

[分析] 张某、王某和杨某的行为构成组织卖淫罪。本案中,张某、王某和杨某采

用强迫的方法，组织四名被害少女卖淫，他们的行为已经构成组织卖淫罪。值得注意的是，本案中，张某、王某和杨某的强迫少女卖淫行为，以及张和王强暴郭某和韩某的行为，应当作为组织卖淫罪的量刑情节考虑，不按照数罪并罚处理。

案例 2

［案情］　某年5月至8月间，行为人陈某雇用林某、吴某、徐某到其开在某省道"212"公路边"日月星"饭店做小工。同年7、8月开始，林某、吴某、徐某先后在该饭店内对过往的司机和本地的村民高某、陈某某等人卖淫，期间陈某也在嫖客和卖淫者之间牵线促成卖淫。林某、吴某、徐某在每次卖淫后将所得款按20%—30%不等交给陈某。问题：陈某的行为如何定性？

［分析］　陈某的行为构成容留、介绍卖淫罪。本案中，陈某既实施了容留林某、吴某、徐某在其饭店内卖淫的行为，又实施了在嫖客和卖淫者之间牵线搭桥的介绍卖淫行为，其行为已经构成容留、介绍卖淫罪。

案例 3

［案情］　全某吸毒成瘾，为应付日常吸毒的花费，在广州某桑拿中心当上了小姐。某次全某去医院检查时发现得了性病梅毒，并住院治疗了一个多月，由于经济原因，全某性病没有痊愈就出院。出院后，全某为了挣钱看病，继续操起皮肉生意。为了防止嫖客感染性病，在每次性交易时，全某都让嫖客采取保护措施。问题：全某的行为如何定性？

［分析］　全某的行为构成传播性病罪。本案中，全某明知自己患有性病梅毒，依然从事卖淫活动，其行为已经构成传播性病罪。值得注意的是，传播性病罪是行为犯，即使没有发生性病传播出去的结果，只要行为人实施了传播性病行为就构成犯罪。本案中，虽然全某为了防止嫖客感染性病，在每次性交易时，都让嫖客采取保护措施，但这并不影响传播性病罪的成立。

第十节　制作、贩卖、传播淫秽物品罪

一、制作、复制、出版、贩卖、传播淫秽物品牟利罪

(一) 定义

制作、复制、出版、贩卖、传播淫秽物品牟利罪，是指以牟利为目的，制作、复制、出

版、贩卖、传播淫秽物品的行为。

(二) 构成要件

(1) 客观方面表现为实施了制作、复制、出版、贩卖、传播淫秽物品的行为。本罪的行为具有以下五种情形:①制作淫秽物品。这里的制作,是指生产、录制、摄制、编写、译著、绘画、印刷、刻印、洗印等。②复制淫秽物品。这里的复制,是指复印、拓印、翻印、复写、复录、抄写等。③出版淫秽物品。这里的出版,是指编辑、印刷等。④贩卖淫秽物品。这里的贩卖,是指发行、批发、零售、倒卖等。⑤传播淫秽物品。这里的传播,是指播放、放映、出租、出借、承运、邮寄等。

根据2000年12月28日全国人民代表大会常务委员会《关于维护互联网安全的决定》和2004年7月19日最高人民法院、最高人民检察院、公安部《关于依法开展打击淫秽色情网站专项行动有关工作的通知》的相关规定,在互联网上建立淫秽网站、网页,提供淫秽站点链接服务,或者传播淫秽书刊、影片、音像、图片的,应当根据其具体实施的行为,分别以制作、复制、出版、贩卖、传播淫秽物品牟利罪、传播淫秽物品罪、组织播放淫秽音像制品罪及刑法规定的其他有关罪名,依法追究刑事责任。根据2004年9月3日最高人民法院、最高人民检察院《关于办理利用互联网、移动通讯终端、声讯台制作、复制、出版、贩卖、传播淫秽电子信息刑事案件具体应用法律若干问题的解释》(以下简称《解释》)的相关规定:①以牟利为目的,利用互联网、移动通讯终端制作、复制、出版、贩卖、传播淫秽电子信息的,以制作、复制、出版、贩卖、传播淫秽物品牟利罪定罪处罚。②以牟利为目的,利用聊天室、论坛、即时通信软件、电子邮件等方式传播淫秽电子信息的,以传播淫秽物品牟利罪定罪处罚。③以牟利为目的,通过声讯台传播淫秽语音信息的,对直接负责的主管人员和其他直接责任人员以传播淫秽物品牟利罪定罪处罚。

(2) 主体为一般主体。既可以是自然人也可以是单位。

(3) 主观方面表现为故意,并且具有牟利的目的。

(三) 认定

这里的淫秽物品,根据刑法第367条的规定,是指具体描绘性行为或者露骨宣扬色情的诲淫性的书刊、影片、录像带、录音带、图片及其他淫秽物品。有关人体生理、医学知识的科学著作不是淫秽物品。包含有色情内容的有艺术价值的文学、艺术作品不视为淫秽物品。根据《解释》的规定,刑法第367条规定的"其他淫秽物品",包括具体描绘性行为或者露骨宣扬色情的诲淫性的视频文件、音频文件、电子刊物、图片、文章、短信息等互联网、移动通讯终端电子信息和声讯台语音信息。有关人体生理、医学知识的电子信息和声讯台语音信息不是淫秽物品。包含色情内容的有艺术价值的电子文学、艺术作品不视为淫秽物品。

（四）刑事责任

刑法第 363 条第 1 款规定，犯本罪的，处 3 年以下有期徒刑、拘役或者管制，并处罚金；情节严重的，处 3 年以上 10 年以下有期徒刑，并处罚金；情节特别严重的，处 10 年以上有期徒刑或者无期徒刑，并处罚金或者没收财产。第 366 条规定，单位犯本罪的，对单位判处罚金，并对其直接负责的主管人员和其他直接责任人员，依照个人犯罪的规定处罚。

二、本节其他罪名

（一）为他人提供书号出版淫秽书刊罪

1. 定义

为他人提供书号出版淫秽书刊罪，是指违反国家关于书号管理的规定，向其他单位或者个人提供书号，致使淫秽书刊得以出版的行为。

2. 刑事责任

刑法第 363 条第 2 款规定，犯本罪的，处 3 年以下有期徒刑、拘役或者管制，并处或者单处罚金。刑法第 366 条规定，单位犯本罪的，对单位判处罚金，并对其直接负责的主管人员和其他直接责任人员，依照个人犯罪的规定处罚。

（二）传播淫秽物品罪

1. 定义

传播淫秽物品罪，是指传播淫秽的书刊、影片、音像、图片或者其他淫秽物品，情节严重的行为。

2. 刑事责任

刑法第 364 条第 1 款规定，犯本罪的，处 2 年以下有期徒刑、拘役或者管制。刑法第 366 条规定，单位犯本罪的，对单位判处罚金，并对其直接负责的主管人员和其他直接责任人员，依照个人犯罪的规定处罚。

（三）组织播放淫秽音像制品罪

1. 定义

组织播放淫秽音像制品罪，是指召集多人播放淫秽电影、录像等音像制品的行为。

2. 刑事责任

刑法第364条第2款规定，犯本罪的，处3年以下有期徒刑、拘役或者管制，并处罚金；情节严重的，处3年以上10年以下有期徒刑，并处罚金。第3款规定，制作、复制淫秽的电影、录像等音像制品组织播放的，依照组织播放淫秽音像制品罪的规定，从重处罚。第4款规定，向不满18周岁的未成年人传播淫秽物品的，从重处罚。刑法第366条规定，单位犯本罪的，对单位判处罚金，并对其直接负责的主管人员和其他直接责任人员，依照个人犯罪的规定处罚。

（四）组织淫秽表演罪

1. 定义

组织淫秽表演罪，是指以招募、雇用、强迫、引诱等手段控制、管理他人进行淫秽表演的行为。

2. 刑事责任

刑法第365条规定，犯本罪的，处3年以下有期徒刑、拘役或者管制，并处罚金；情节严重的，处3年以上10年以下有期徒刑，并处罚金。刑法第366条规定，单位犯本罪的，对单位判处罚金，并对其直接负责的主管人员和其他直接责任人员，依照个人犯罪的规定处罚。

【案例分析】

案例1

［案情］ 2004年5月，陈某以牟利为目的，通过与境外联系设立，着手开办经营“情色六月天”网站，自称“华人第一成人社区”。该网站所使用的服务器均在国外，使用的域名、服务器、IP地址频繁变换，对国内的打击具有明显的对抗性。由于“业务”不断扩大，陈某一边搞网站技术维护，同时又提供网站收费账号，收取网站会员注册资金、广告资金，金钱源源不断地流入陈某的口袋。为能扩大收入，2005年7月，陈某找到“情色六月天”网站服务器的提供者张某，又从“星空互联”租用了10台在美国的服务器，开设了“天上人间”、“情色海岸线”和“华人伊甸园”等3个色情网站。这4个色情网站起初为扩大“知名度”，以免费注册的方式吸收了大约20多万名会员，后来想要入会的人必须付费，注册费每年199元、266元不等，终身会员会费为666元，最高达3 999元，网站收取的广告费用为每月1 000元至3 000元不等。到陈某落网时，这4个色情网站的注册会员已达到60余万人，发帖900余万条，点击1 100多万次。注册会

员涉及全国20多个省(区、市),以年轻人居多,很多都是在校学生。问题:陈某的行为如何定性?

[分析]　陈某的行为构成传播淫秽物品牟利罪。本案中,陈某以牟利为目的,开办4个色情网站,大肆传播淫秽物品,其行为已经构成传播淫秽物品牟利罪。

案例2

[案情]　某日7时许,彭某以出场表演费人民币200元雇请舞女王某某,在其独资经营的兴隆槟榔园歌舞厅进行裸体舞表演,并组织约100名游客观看,每人收取门票款人民币200元。在淫荡的音乐声中,舞女王某某脱光衣服,向在场观众做各种淫秽动作,时间约15分钟,随即被公安干警当场抓获。问题:彭某的行为如何定性?

[分析]　彭某的行为构成组织淫秽表演罪。本案中,彭某以营利为目的,雇请舞女王某某在其独资经营的兴隆槟榔园歌舞厅进行裸体舞表演,并组织约100名游客观看,其行为已经构成组织淫秽表演罪。

【本章小结】

妨害社会管理秩序罪,是指妨害国家机关对社会的管理活动,破坏社会秩序,情节严重的行为。本类犯罪侵犯的客体是社会管理秩序。刑法把本章具体罪名分为九类:一是扰乱公共秩序罪;二是妨害司法罪;三是妨害国(边)境管理罪;四是妨害文物管理罪;五是危害公共卫生罪;六是破坏环境资源保护罪;七是走私、贩卖、运输制造毒品罪;八是组织、强迫、引诱、容留介绍卖淫罪;九是制作、贩卖、传播淫秽物品罪。

本章思考题

1. 什么是妨害公务罪?
2. 什么是招摇撞骗罪?
3. 什么是黑社会性质组织?
4. 什么是非法获取国家秘密罪?
5. 什么是投放虚假危险物质罪?
6. 认定伪证罪应注意哪几方面问题?

7. 什么是组织他人偷越国(边)境罪?
8. 什么是故意损毁文物罪?
9. 什么是医疗事故罪?
10. 什么是非法行医罪?
11. 什么是重大环境污染事故罪?
12. 认定走私、贩卖、运输、制造毒品罪应注意哪几方面问题?
13. 什么是组织卖淫罪?
14. 什么是传播性病罪?
15. 什么是组织淫秽表演罪?

第二十二章　危害国防利益罪

【本章学习目的】

通过本章的学习，了解危害国防利益罪的定义、具体罪名和同类客体；掌握各种重点讲授的危害国防利益罪具体罪名的定义、构成要件；理解认定有关危害国防利益罪具体罪名时应当区别的各种界限和应当注意的问题。

第一节　危害国防利益罪概述

一、定义

危害国防利益罪，是指违反国防管理法规，危害国防利益，依照法律应当受刑罚处罚的行为。

二、具体罪名

根据刑法分则第七章、《刑法修正案（五）》的规定，危害国防利益罪包括23个具体罪名。

可以将本章具体罪名分为两类：一是平时危害国防利益的犯罪。具体包括阻碍军人执行职务罪，阻碍军事行动罪，破坏武器装备、军事设施、军事通信罪，过失损坏武器装备、军事设施、军事通信罪，故意提供不合格武器装备、军事设施罪，过失提供不合格武器装备、军事设施罪，聚众冲击军事禁区罪，聚众扰乱军事管理区秩序罪，冒充军人招摇撞骗罪,煽动军人逃离部队罪,雇用逃离部队军人罪,接送不合格兵员罪,伪造、变造、买卖武装部队公文、证件、印章罪,盗窃、抢夺武装部队公文、证件、印章罪,非法生产、买卖武装部队制式服装罪,伪造、盗窃、买卖、非法提供、非法使用武装部队专用标志罪。二是战时危害国防利益的犯罪。具体包括战时拒绝、逃避征召、军事训练罪,战时拒绝、逃避服役罪,战时故意提供虚假敌情罪,战时造谣扰乱军心罪,战时窝藏逃离部队军人罪,战时拒绝、故意延误军事订货罪,战时拒绝军事征用罪。

三、同类客体

本类犯罪侵犯的客体是国防利益。国防利益,是指为防备和抵抗外来侵略,制止武装颠覆,保卫国家的主权、统一、领土完整和安全所进行的军事活动,以及与军事有关的政治、经济、外交、科技、教育等方面活动的利益。它包括国防资产、国防建设方面的利益、国防管理秩序、武装力量建设、作战和军事行动方面的利益等。

第二节 平时危害国防利益的犯罪

一、阻碍军人执行职务罪

(一) 定义

阻碍军人执行职务罪,是指以暴力、威胁方法阻碍军人依法执行职务的行为。

(二) 构成要件

(1) 客观方面表现为以暴力、威胁方法阻碍军人依法执行职务的行为。所谓暴力,是指对依法执行职务的军人的人身进行袭击或者强制的方法,通常表现为攻击、殴打、伤害、捆绑、拘禁。所谓威胁,是指以侵害人身、财产、毁损名誉等相要挟、恫吓,进行精神强制,逼迫依法执行职务的军人屈服而不敢执行职务。所谓军人,根据刑法第450条的解释,是指中国人民解放军的现役军官、文职干部、士兵及具有军籍的学员和中国人民武装警察部队的现役警官、文职干部、士兵及具有武警学籍的学员。执行军事任务的预备役人员和其他人员,以军人论。所谓军人执行职务,是指军人根据其所担任的职务和所执行的任务而依法进行的职责活动。如军人指挥作战、抢险救灾、组织军事训练;军人组织教学、科研、生产;军人值勤、值班、巡逻;军队医务人员救治伤病人员以及军人执行其他任务的活动等。

(2) 主体为一般主体。即具备刑事责任能力的自然人。

(3) 主观方面表现为故意。即明知是阻碍军人执行职务的行为而有意实施的主观心理态度。

(三) 刑事责任

刑法第368条第1款规定,犯本罪的,处3年以下有期徒刑、拘役、管制或者罚金。

二、本节其他罪名

(一) 阻碍军事行动罪

1. 定义

阻碍军事行动罪,是指故意阻碍武装部队的军事行动,造成严重后果的行为。

2. 刑事责任

刑法第368条第2款规定,犯本罪的,处5年以下有期徒刑或者拘役。

(二) 破坏武器装备、军事设施、军事通信罪

1. 定义

破坏武器装备、军事设施、军事通信罪,是指行为人出于泄愤报复或者其他个人目的,破坏武器装备、军事设施、军事通信的行为。

2. 刑事责任

刑法第369条第1款规定,犯本罪的,处3年以下有期徒刑、拘役或者管制;破坏重要武器装备、军事设施、军事通信的,处3年以上10年以下有期徒刑;情节特别严重的,处10年以上有期徒刑、无期徒刑或者死刑。战时从重处罚。

(三) 过失损坏武器装备、军事设施、军事通信罪

1. 定义

过失损坏武器装备、军事设施、军事通信罪,是指过失损坏武器装备、军事设施、军事通信,造成严重后果的行为。

2. 刑事责任

刑法第369条第2款(《刑法修正案(五)》第3条)规定,犯本罪的,处3年以下有期徒刑或者拘役;造成特别严重后果的,处3年以上10年以下有期徒刑。战时犯本罪的,从重处罚。

(四) 故意提供不合格武器装备、军事设施罪

1. 定义

故意提供不合格武器装备、军事设施罪,是指明知是不合格的武器装备、军事设施而提供给武装部队的行为。

2. 刑事责任

刑法第370条第1款规定,犯本罪的,处5年以下有期徒刑或者拘役;情节严重的,处5年以上10年以下有期徒刑;情节特别严重的,处10年以上有期徒刑、无期徒刑或者死刑。第3款规定,单位犯本罪的,对单位判处罚金,并对其直接负责的主管人员和其他直接责任人员,依照个人犯罪的规定处罚。

(五) 过失提供不合格武器装备、军事设施罪

1. 定义

过失提供不合格武器装备、军事设施罪,是指违反武器装备、军事设施的质量管理规定,因为过失将不合格的武器装备、军事设施提供给武装部队,造成严重后果的行为。

2. 刑事责任

刑法第370条第2款规定,犯本罪的,处3年以下有期徒刑或者拘役;造成特别严重后果的,处3年以上7年以下有期徒刑。

(六) 聚众冲击军事禁区罪

1. 定义

聚众冲击军事禁区罪,是指聚众冲击军事禁区,严重扰乱军事禁区秩序的行为。

2. 刑事责任

刑法第371条第1款规定,犯本罪的,对首要分子,处5年以上10年以下有期徒刑;对其他积极参加的,处5年以下有期徒刑、拘役、管制或者剥夺政治权利。

(七) 聚众扰乱军事管理区秩序罪

1. 定义

聚众扰乱军事管理区秩序罪,是指聚众扰乱军事管理区秩序,情节严重,致使军事

管理区工作无法进行,造成严重损失的行为。

2. 刑事责任

刑法第371条第2款规定,犯本罪的,对首要分子,处3年以上7年以下有期徒刑;对于其他积极参加的,处3年以下有期徒刑、拘役、管制或者剥夺政治权利。

(八) 冒充军人招摇撞骗罪

1. 定义

冒充军人招摇撞骗罪,是指以谋取非法利益为目的,冒充军人招摇撞骗的行为。

2. 刑事责任

刑法第372条规定,犯本罪的,处3年以下有期徒刑、拘役、管制或者剥夺政治权利;情节严重的,处3年以上10年以下有期徒刑。

(九) 煽动军人逃离部队罪

1. 定义

煽动军人逃离部队罪,是指煽动军人逃离部队,情节严重的行为。

2. 刑事责任

刑法第373条规定,犯本罪的,处3年以下有期徒刑、拘役或者管制。

(十) 雇用逃离部队军人罪

1. 定义

雇用逃离部队军人罪,是指明知是逃离部队的军人而雇用,情节严重的行为。

2. 刑事责任

刑法第373条规定,犯本罪的,处3年以下有期徒刑、拘役或者管制。

(十一) 接送不合格兵员罪

1. 定义

接送不合格兵员罪,是指在征兵工作中徇私舞弊,接送不合格兵员,情节严重的行为。

2. 刑事责任

刑法第374条规定,犯本罪的,处3年以下有期徒刑或者拘役;造成特别严重后果的,处3年以上7年以下有期徒刑。

（十二）伪造、变造、买卖武装部队公文、证件、印章罪

1. 定义

伪造、变造、买卖武装部队公文、证件、印章罪，是指伪造、变造、买卖武装部队公文、证件、印章的行为。

2. 刑事责任

刑法第375条第1款规定，犯本罪的，处3年以下有期徒刑、拘役、管制或者剥夺政治权利；情节严重的，处3年以上10年以下有期徒刑。

（十三）盗窃、抢夺武装部队公文、证件、印章罪

1. 定义

盗窃、抢夺武装部队公文、证件、印章罪，是指以秘密手段窃取或者公然夺取武装部队公文、证件、印章的行为。

2. 刑事责任

刑法第375条第1款规定，犯本罪的，处3年以下有期徒刑、拘役、管制或者剥夺政治权利；情节严重的，处3年以上10年以下有期徒刑。

（十四）非法生产、买卖武装部队制式服装罪

1. 定义

非法生产、买卖武装部队制式服装罪，是指非法生产、买卖武装部队制式服装，情节严重的行为。

2. 刑事责任

刑法第375条第2款规定，犯本罪的，处3年以下有期徒刑、拘役或者管制，并处或者单处罚金。第3款规定，单位犯本罪的，对单位判处罚金，并对其直接负责的主管人员和其他直接责任人员，依照个人犯罪的规定处罚。

（十五）伪造、盗窃、买卖、非法提供、非法使用武装部队专用标志罪

1. 定义

伪造、盗窃、买卖、非法提供、非法使用武装部队专用标志罪，是指伪造、盗窃、买卖或者非法提供、使用武装部队车辆号牌等专用标志，情节严重的行为。

2. 刑事责任

《刑法修正案(七)》第12条第2款规定，犯本罪的，处3年以下有期徒刑、拘役或者管制，并处或者单处罚金。第3款规定，单位犯本罪的，对单位判处罚金，并对其直

接负责的主管人员和其他直接责任人员，依照个人犯罪的规定处罚。

【案例分析】

案例 1

［案情］ 2006 年 9 月 11 日凌晨，行为人李某喜、李某齐、范某经预谋，驾驶三轮摩托车窜至某区路南街道永福村二号桥附近，公然不顾挂有“军用电缆”、“法律保护”的警示标牌，爬上线杆用钢筋剪剪断电缆，窃走海军部队正在使用的 200 对专用通信电缆线 100 余米，价值人民币 5 225 元。造成军事通信中断 11 小时，延误战机起飞。次月 27 日凌晨，李某喜、李某齐、范某经预谋，驾驶浙 JE6470 号小货车，又窜至以上地点，爬上线杆用钢筋剪剪断电缆线，窃走海军部队正在使用的 200 对专用电缆线 180 米，价值人民币 9 349 元。造成军事通信中断 10 小时，导致正在执行重大军事演习的任务延误 40 余分钟。问题：李某喜、李某齐、范某的行为如何定性？

［分析］ 李某喜、李某齐、范某的行为构成破坏军事设施、军事通信罪。本案中，李某喜、李某齐、范某以非法占有为目的，窃走海军部队正在使用的 200 对专用通信电缆线共计 280 多米，严重侵犯了我国国防利益，他们的行为已经构成破坏军事设施、军事通信罪。

案例 2

［案情］ 2007 年 4 月至 6 月期间，行为人叶某、李某伙同他人经事先商量，由李某驾驶一辆换上“沪 A”开头假牌号的桑塔纳普通型小客车（真牌号为苏 JL××××），先后共同至某市青浦区、闵行区、嘉定区、宝山区等地，手持对讲机，胸挂“工作证”，冒充中国人民武装警察部队某市消防总队“市消防安全检测中心”、“某市消防安全服务中心”的工作人员对多家个体经营的废品收购站、饮食店进行检查，以交纳消防安全设施费、办证费、管理费和罚款等为由，骗取多名被害人共计人民币 7 400 元，并开具假的“某市消防服务中心统一票据”。问题：叶某、李某的行为如何定性？

［分析］ 叶某、李某的行为构成冒充军人招摇撞骗罪。本案中，叶某、李某以谋取非法利益为目的，冒充中国人民武装警察部队某市消防总队“市消防安全检测中心”、“某市消防安全服务中心”的工作人员，进行招摇撞骗，他们的行为已经构成冒充军人招摇撞骗罪。

第三节　战时危害国防利益的犯罪

一、战时拒绝、逃避征召、军事训练罪

(一) 定义

战时拒绝、逃避征召、军事训练罪,是指预备役人员在战时拒绝、逃避征召、军事训练,情节严重的行为。

(二) 构成要件

(1) 客观方面表现为在战时拒绝、逃避征召、军事训练,情节严重的行为。所谓征召,是指兵役机关依法对预备役人员发出通知,要求其按规定时间和地点报到,准备服现役的活动。所谓军事训练,是指军事理论教育和作战技能教练的活动。所谓拒绝征召、军事训练,是指接到征召、军事训练通知后,拒不报到或者拒不参加军事训练。所谓逃避征召、军事训练,是指以谎报年龄、假装病残、外出藏匿、找人顶替等方法躲避征召、军事训练。

(2) 主体是特殊主体。即预备役人员,指的是编入民兵组织或者经过登记服预备役的人员,分为预备役军官和预备役士兵。

(3) 主观方面表现为故意。行为人动机是多种多样的,但是动机如何,并不影响本罪的成立。

(三) 刑事责任

刑法第 376 条第 1 款规定,犯本罪的,处 3 年以下有期徒刑或者拘役。

二、本节其他罪名

(一) 战时拒绝、逃避服役罪

1. 定义

战时拒绝、逃避服役罪,是指公民战时拒绝、逃避服兵役,情节严重的行为。

2. 刑事责任

刑法第 376 条第 2 款规定,犯本罪的,处 2 年以下有期徒刑或者拘役。

（二）战时故意提供虚假敌情罪

1. 定义

战时故意提供虚假敌情罪，是指战时故意向武装部队提供虚假敌情，造成严重后果的行为。

2. 刑事责任

刑法第377条规定，犯本罪的，处3年以上10年以下有期徒刑；造成特别严重后果的，处10年以上有期徒刑或者无期徒刑。

（三）战时造谣扰乱军心罪

1. 定义

战时造谣扰乱军心罪，是指战时造谣惑众，扰乱军心的行为。

2. 刑事责任

刑法第378条规定，犯本罪的，处3年以下有期徒刑、拘役或者管制；情节严重的，处3年以上10年以下有期徒刑。

（四）战时窝藏逃离部队军人罪

1. 定义

战时窝藏逃离部队军人罪，是指战时明知是逃离部队的军人而为其提供隐蔽住所、财物，情节严重的行为。

2. 刑事责任

刑法第379条规定，犯本罪的，处3年以下有期徒刑或者拘役。

（五）战时拒绝、故意延误军事订货罪

1. 定义

战时拒绝、故意延误军事订货罪，是指在战时无正当理由而拒绝或者故意延误军事订货，情节严重的行为。

2. 刑事责任

刑法第380条规定，犯本罪的，对单位判处罚金，并对其直接负责的主管人员和其他直接责任人员，处5年以下有期徒刑或者拘役；造成严重后果的，处5年以上有期徒刑。

（六）战时拒绝军事征用罪

1. 定义

战时拒绝军事征用罪，是指战时拒绝军事征用，情节严重的行为。

2. 刑事责任

刑法第381条规定,犯本罪的,处3年以下有期徒刑或者拘役。

【本章小结】

危害国防利益罪,是指违反国防管理法规,危害国防利益,依照法律应当受刑罚处罚的行为。本类犯罪侵犯的客体是我国的国防利益。可以将本章具体罪名分为两类:一是平时危害国防利益的犯罪。二是战时危害国防利益的犯罪。

本章思考题

1. 什么是破坏武器装备、军事设施、军事通信罪?
2. 什么是冒充军人招摇撞骗罪?
3. 什么是聚众冲击军事禁区罪?
4. 什么是接送不合格兵员罪?

第二十三章 贪污贿赂罪

【本章学习目的】

通过本章的学习，了解贪污贿赂罪的定义、具体罪名和同类客体；掌握各种重点讲授的贪污贿赂罪具体罪名的定义、构成要件；理解认定有关贪污贿赂罪具体罪名时应当区别的各种界限和应当注意的问题。

第一节 贪污贿赂罪概述

一、定义

贪污贿赂罪，是指国家工作人员利用职务上的便利，非法占有、使用公共财物，收受贿赂或者取得其他非法利益，侵害职务行为廉洁性的行为。

二、具体罪名

根据刑法分则第八章、《刑法修正案（七）》的规定，贪污贿赂罪包括13个具体罪名。

可以将本章具体罪名分为两类：一是贪污、挪用型犯罪。具体包括贪污罪，挪用公款罪，私分国有资产罪，私分罚没财物罪，巨额财产来源不明罪，隐瞒境外存款罪。二是贿赂型犯罪。具体包括受贿罪，利用影响力受贿罪，单位受贿罪，行贿罪，对单位行贿罪，单位行贿罪，介绍贿赂罪。

三、同类客体

本类犯罪侵犯的客体主要是国家工作人员公务行为的廉洁性，多数犯罪同时也侵犯了公共财产或者国有资产的所有权，少数犯罪如贿赂犯罪则属于典型的权钱交易型犯罪，行为人在中饱私囊、亵渎公务行为的廉洁性的同时，也间接侵犯了公共财产或者他人财产所有权。

第二节 贪污、挪用型犯罪

一、贪污罪

（一）定义

贪污罪，是指国家工作人员或者受委托管理、经营国有财产的人员利用职务上的便利，侵吞、窃取、骗取或者以其他手段非法占有公共财物的行为。

（二）构成要件

（1）客观方面表现为利用职务上的便利，侵吞、窃取、骗取或者以其他手段非法占有公共财物的行为。

所谓利用职务上的便利，是指利用本人职务范围内主管、管理、经手公共财物的便利条件。具体分为三种情形：①利用主管公共财物的便利。这里的主管，是指国家工作人员不具体负责经手、管理公共财物，但依其职权范围具有调拨、使用或者以其他方式支配公共财物的权力。②利用管理公共财物的便利。这里的管理，是指具有监守或保管公共财物的职权。③利用经手公共财物的便利。这里的经手，是指具有领取、支出等经办公共财物的流转事项的权限，经手人虽然不负责公共财物的管理和处置，但具有基于职务产生的对公共财物的临时控制权。

刑法列举了贪污行为的四种手段：①侵吞。侵吞是指利用职务上的便利，采取涂改账目、收入不记账等方法，将本人依职务主管、管理、经手的公共财物非法占为已有。②窃取。窃取是指利用职务上的便利，采取监守自盗的方法，将本人依职务主管、管理、经手的公共财物非法占为己有。③骗取。骗取是指利用职务上的便利,虚构事实或者隐瞒真相的方法,将本人依职务主管、管理、经手的公共财物非法占为己有。④其他手段。其他手段是指采取侵吞、窃取、骗取以外的方法。根据刑法第394条的规定,国家工作人员在国内公务活动或者在对外交往中接受礼物,依照规定应当交公而不交公的,以贪污罪论处。

犯罪对象是公共财物。根据刑法第91条规定:公共财物包括以下财产:①国有财产;②劳动群众集体所有的财产;③用于扶贫和其他公益事业的社会捐助或者专职基金的财产;④在国家机关、国有公司、企业、集体企业和人民团体管理、使用或者运输中的私人财产。

(2)主体是特殊主体。即国家工作人员或者受委托管理、经营国有财产的人员。具体包括两种人:

① 国家工作人员。根据刑法第93条的规定,国家工作人员,是指在国家机关中从事公务的人员。国有公司、企业、事业单位、人民团体中从事公务的人员和国家机关、国有公司、企业、事业单位委派到非国有公司、企业、事业单位、社会团体从事公务的人员,以及其他依照法律从事公务的人员,以国家工作人员论。由此可见,我国刑法中的国家工作人员又可以分为以下四种人员:第一,国家机关工作人员。2003年11月13日最高人民法院《关于全国法院审理经济犯罪案件工作座谈会纪要》(以下简称《纪要》)规定:刑法中所称的国家机关工作人员,是指在国家机关中从事公务的人员,包括在各级国家权力机关、行政机关、司法机关和军事机关中从事公务的人员。根据有关立法解释的规定,在依照法律、法规规定行使国家行政管理职权的组织中从事公务的人员,或者在受国家机关委托代表国家行使职权的组织中从事公务的人员、或者虽未列入国家机关人员编制但在国家机关中从事公务的人员,视为国家机关工作人员。在乡(镇)以上中国共产党机关、人民政协机关中从事公务的人员,司法实践中也应当视为国家机关工作人员。第二,国有公司、企业、事业单位、人民团体中从事公务的人员。这里的国有公司,是指依照公司法成立,财产全部属于国家所有的公司。国有资本控股及参股的股份有限公司不属于国有公司。国有企业,是指财产全部属于国家所有,从事生产、经营活动的营利性的非公司化经济组织。国有事业单位,是指受国家机关领导,财产属于国家所有的非生产、经营性单位,包括国有医院、科研机构、体育、广播电视、新闻出版等单位。人民团体,是指由国家组织成立的、财产属于国家所有的各种群众性组织,包括乡级以上工会、共青团、妇联等组织。第三,国家机关、国有公司、企业、事业单位委派到非国有公司、企业、事业单位、社会团体从事公务的人员。根据《纪要》规定:所谓委派,即委任、派遣,其形式多种多样,如任命、指派、提名、批准等。不论

被委派的人身份如何,只要是接受国家机关、国有公司、企业、事业单位委派,代表国家机关、国有公司、企业、事业单位在非国有公司、企业、事业单位、社会团体中从事组织、领导、监督、管理等工作,都可以认定为国家机关、国有公司、企业、事业单位委派到非国有公司、企业、事业单位、社会团体从事公务的人员。如国家机关、国有公司、企业、事业单位委派在国有控股或者参股的股份有限公司从事组织、领导、监督、管理等工作的人员,应当以国家工作人员论;国有公司、企业改制为股份有限公司后原国有公司、企业的工作人员和股份有限公司新任命的人员中,除代表国有投资主体行使监督、管理职权的人外不以国家工作人员论。第四,其他依照法律从事公务的人员。根据《纪要》规定:其他依照法律从事公务的人员应当具有两个特征:一是在特定条件下行使国家管理职能;二是依照法律规定从事公务。具体包括:第一,依法履行职责的各级人民代表大会代表;第二,依法履行审判职责的人民陪审员;第三,协助乡镇人民政府、街道办事处从事行政管理工作的村民委员会、居民委员会等农村和城市基层组织人员;第四,其他由法律授权从事公务的人员。2000 年 4 月 29 日全国人大常委会《关于刑法第 93 条第 2 款的立法解释》规定:村民委员会等村基层组织人员协助人民政府从事下列行政管理工作,属于刑法第 93 条第 2 款规定的"其他依照法律从事公务的人员":救灾、抢险、防风、优抚、扶贫、移民、救济款物的管理;社会捐助公益事业款物的管理;国有土地的经营和管理;土地征用补偿费用的管理;代征、代缴税款;有关计划生育、户籍、征兵工作;协助人民政府从事的其他行政管理工作。

② 受委托管理、经营国有财产的人员。受委托管理、经营国有财产,是指因承包、租赁、临时聘用等管理、经营国有财产。必须指出,受国家机关、国有公司、企业、事业单位、人民团体委托管理、经营国有财产的人员与受委派从事公务人员是有所不同的,受委托人员,不仅在被委托前不是国家工作人员,在被委托后也不是国家工作人员。因为委托是平等主体之间的一种民事法律关系。而受委派人员,无论在被委派前是否系国家工作人员,在被委派后就成为国家工作人员。因为委派是一种行政法律关系、委派单位与被委派人员之间存在行政上的隶属关系。

(3) 主观方面表现为故意,且具有非法占有公共财物的目的。

(三) 认定

(1) 罪与非罪。根据 1999 年 9 月 16 日最高人民检察院《关于人民检察院直接受理立案侦查案件立案标准的规定(试行)》的规定,涉嫌下列情形之一的,应予立案:①个人贪污数额在 5 000 元以上的;②个人贪污数额不满 5 000 元,但具有贪污救灾、抢险、防汛、防疫、优抚、扶贫、移民、救济款物及募捐款物、赃款赃物、罚没款物、暂扣款物,以及贪污手段恶劣、毁灭证据、转移赃物等情节的。

(2) 共犯。刑法第382条第3款规定:非国家工作人员与国家工作人员和受委托管理、经营国有财产的人员勾结,伙同贪污的,以贪污罪共犯论处。2000年6月27日最高人民法院《关于审理贪污、职务侵占案件如何认定共同犯罪几个问题的解释》进一步规定:①行为人与国家工作人员勾结,利用国家工作人员的职务便利,共同侵吞、窃取、骗取或者以其他手段非法占有公共财物的,以贪污罪共犯论处;②公司、企业或者其他单位中,不具有国家工作人员身份的人与国家工作人员勾结,分别利用各自的职务便利,共同将本单位财物非法占为己有的,按照主犯的犯罪性质定罪。根据《纪要》规定,司法实践中,如果根据案件的实际情况,各共同犯罪人在共同犯罪中的地位、作用相当,难以区分主从犯的,可以贪污罪定罪处罚。

(3) 既遂与未遂。根据《纪要》规定,贪污罪是一种以非法占有为目的的财产性职务犯罪,与盗窃、诈骗、抢夺等侵犯财产罪一样,应当以行为人是否实际控制财物作为区分贪污罪既遂与未遂的标准。对于行为人利用职务上的便利,实施了虚假平账等贪污行为,但公共财物尚未实际转移,或者尚未被行为人控制就被查获的,应当认定为贪污未遂;行为人控制公共财物后,是否将财物据为己有,不影响贪污既遂的认定。

(4) 此罪与彼罪。主要是区分贪污罪与职务侵占罪的界限。①对象不同。贪污罪的对象是公共财产,职务侵占罪的对象是本单位的财产。②主体不同。贪污罪的主体是国家工作人员和"受国家机关、国有公司、企业、事业单位、人民团体委托管理、经营国有财产的人员",职务侵占罪的主体是上述贪污罪主体范围以外的公司、企业或者其他单位的人员。

(5) 数额。刑法第383条第3款规定,对多次贪污未经处理的,按照累计贪污数额处罚。

(四) 刑事责任

刑法第383条规定,对犯贪污罪的,根据情节轻重,分别依照下列规定处罚。(1)个人贪污数额在10万元以上的,处10年以上有期徒刑或者无期徒刑,可以并处没收财产;情节特别严重的,处死刑,并处没收财产。(2)个人贪污数额在5万元以上不满10万元的,处5年以上有期徒刑,可以并处没收财产;情节特别严重的,处无期徒刑,并处没收财产。(3)个人贪污数额在5 000元以上不满5万元的,处1年以上7年以下有期徒刑;情节严重的,处7年以上10年以下有期徒刑。个人贪污数额在5 000元以上不满1万元,犯罪后有悔改表现、积极退赃的,可以减轻处罚或者免予刑事处罚,由其所在单位或者上级主管机关给予行政处分。(4)个人贪污数额不满5 000元,情节较重的,处2年以下有期徒刑或者拘役;情节较轻的,由其所在单位或者上级主管机关酌情给予行政处分。

二、挪用公款罪

(一) 定义

挪用公款罪,是指国家工作人员利用职务上的便利,挪用公款归个人使用,进行非法活动的,或者挪用公款数额较大、进行营利活动的,或者挪用公款数额较大、超过3个月未还的行为。

(二) 构成要件

(1) 客观方面表现为利用职务上的便利,挪用公款归个人使用,进行非法活动的,或者挪用公款数额较大、进行营利活动的,或者挪用公款数额较大、超过3个月未还的行为。

所谓利用职务上的便利,是指国家工作人员利用自己职务范围内的权力和地位所形成的便利条件,即利用自己主管、经手、管理公款的便利条件。

挪用行为的具体表现形式有以下三种:①挪用公款归个人使用,进行非法活动的;②挪用公款数额较大,归个人进行营利活动的;③挪用公款归个人使用,数额较大,超过3个月未还的。

所谓归个人使用,根据相关立法解释规定,包括三种情形:①将公款供本人、亲友或者其他自然人使用的;②以个人名义将公款供其他单位使用的;③个人决定以单位名义将公款借其他单位使用,谋取个人利益的。

犯罪对象是公款。公款的表现形式,一般是指现金,但也可以是股票、国库券、债券等有价证券,或者定期存单等金融凭证。挪用公物的行为分两种情形定性:①挪用非特定公物的,不构成挪用公款罪。2000年3月15日最高人民检察院《关于国家工作人员挪用非特定公物能否定罪的请示的批复》规定:"刑法第384条规定的挪用公款罪中未包括挪用非特定公物归个人使用的行为,对该行为不以挪用公款罪论处。如构成其他犯罪的,依照刑法的相关规定定罪处罚。"②挪用救灾、抢险、防汛、优抚、扶贫、移民、救济等特定公物的归个人使用的,构成挪用公款罪,并且应当从重处罚。

(2) 主体是特殊主体。即国家工作人员。

(3) 主观方面表现为故意,且具有非法使用公款的目的。

(三) 认定

(1) 罪与非罪。1998年4月29日最高人民法院《关于审理挪用公款案件具体应用法律若干问题的解释》(以下简称《解释》)规定:①挪用公款进行非法活动的,以挪用公款5 000元至1万元作为构成犯罪的数额标准。②挪用公款进行营利活动的,以挪用公款1万元至3万元作为构成犯罪的数额标准。③挪用公款归个人使用的,以挪用公款1万元至3万元作为构成犯罪的数额标准。

(2) 共犯。根据《解释》的规定,挪用公款给他人使用,使用人与挪用人共谋,指使或者参与策划取得挪用款的,以挪用公款罪的共犯定罪处罚。

(3) 罪数。根据《解释》的规定,因挪用公款索取、收受贿赂构成犯罪的,依照数罪并罚的规定处罚。挪用公款进行非法活动构成其他犯罪的,依照数罪并罚的规定处罚。

(4) 转化犯。根据2003年11月13日最高人民法院《关于全国法院审理经济犯罪案件工作座谈会纪要》(以下简称《纪要》)的规定,挪用公款是否转化为贪污,应当按照主客观相一致的原则,具体判断和认定行为人主观上是否具有非法占有公款的目的。在司法实践中,具有以下情形之一的可以认定行为人具有非法占有公款的目的:①行为人携带挪用的公款潜逃的,对其携带挪用的公款部分,以贪污罪定罪处罚。②行为人挪用公款后采取虚假发票平账、销毁有关账目等手段,使所挪用的公款已难以在单位财务账目上反映出来,且没有归还行为的,应当以贪污罪定罪处罚。③行为人截取单位收入不入账,非法占有,使所占有的公款难以在单位财务账目上反映出来,且没有归还行为的,应当以贪污罪定罪处罚。④有证据证明行为人有能力归还所挪用的公款而拒不归还,并隐瞒挪用的公款去向的,应当以贪污罪定罪处罚。

(5) 挪用公款后尚未投入实际使用的行为性质的认定。根据《纪要》的规定,挪用公款后尚未投入实际使用的,只要同时具备"数额较大"和"超过3个月未还"的构成要件,应当认定为挪用公款罪,但可以酌情从轻处罚。

(四) 刑事责任

刑法第384条规定,犯本罪的,处5年以下有期徒刑或者拘役;情节严重的,处5年以上有期徒刑。挪用公款数额巨大不退还的,处10年以上有期徒刑或者无期徒刑。挪用用于救灾、抢险、防汛、优抚、扶贫、移民、救济款物归个人使用的,从重处罚。

三、本节其他罪名

(一) 私分国有资产罪

1. 定义

私分国有资产罪,是指国家机关、国有公司、企业、事业单位、人民团体,违反国家规定,以单位名义将国有资产集体私分给个人,数额较大的行为。

2. 认定

私分国有资产罪与贪污罪的区别在于,前罪是以单位名义集体私分国有财产,通常表现为由单位的负责人或者决策机构集体讨论决定,按照一定的分配方案或者分发标准将国有资产以单位名义分发给本单位职工。如果是单位的领导或者经管国有资产的少数人员利用职务之便秘密私分国有资产,应当以共同贪污罪论处。

3. 刑事责任

刑法第396条第1款规定,犯本罪的,对其直接负责的主管人员和其他直接责任人员,处3年以下有期徒刑或者拘役,并处或者单处罚金;数额巨大的,处3年以上7年以下有期徒刑,并处罚金。

(二)私分罚没财物罪

1. 定义

私分罚没财物罪,是指司法机关、行政执法机关违反国家规定,将应当上缴国家的罚没财物,以单位名义集体私分给个人的行为。

2. 刑事责任

刑法第396条第2款规定,犯本罪的,对直接负责的主管人员和其他直接责任人员,处3年以下有期徒刑或者拘役,并处或者单处罚金;数额巨大的,处3年以上7年以下有期徒刑,并处罚金。

(三)巨额财产来源不明罪

1. 定义

巨额财产来源不明罪,是指国家工作人员的财产或者支出明显超过合法收入,差额巨大,而本人又不能说明其来源合法的行为。

2. 认定

根据2003年11月13日最高人民法院《关于全国法院审理经济犯罪案件工作座谈会纪要》的规定,不能说明巨额财产来源合法中的"不能说明",包括以下情况:①行为人拒不说明财产来源;②行为人无法说明财产的具体来源;③行为人所说的财产来源经司法机关查证并不属实;④行为人所说的财产来源因线索不具体等原因,司法机关无法查实,但能排除存在来源合法的可能性和合理性的。

3. 刑事责任

刑法第395条第1款(《刑法修正案(七)》第14条)规定,犯本罪的,处5年以下有期徒刑或者拘役;差额特别巨大的,处5年以上10年以下有期徒刑。财产的差额部分予以追缴。

(四) 隐瞒境外存款罪

1. 定义

隐瞒境外存款罪,是指国家工作人员在境外存款,数额较大、隐瞒不报的行为。

2. 刑事责任

刑法第395条第2款规定,犯本罪的,处2年以下有期徒刑或者拘役;情节较轻的,由其所在单位或者上级主管机关酌情给予行政处分。

【案例分析】

案例1

[案情] 行为人赵某于2002年10月至2005年5月,利用在北京市某区社会保险基金管理中心负责办理养老保险支付业务的职务便利,将社保基金人民币441 702.75元转入北京某有限责任公司后据为己有,并以参保人员死亡或转为外籍公民的虚假理由,伪造了养老金月报外支付表、月报外支付汇总表、个人账户清算单等文件用于归档。问题:赵某的行为如何定性?

[分析] 赵某的行为构成贪污罪。本案中,赵某以非法占有为目的,利用职务便利,采用欺骗的方法,将社保基金人民币441 702.75元转入北京某有限责任公司后据为己有,其行为已经构成贪污罪。

案例2

[案情] 甲找到在某国有公司任出纳员的朋友乙,提出向该公司借款15万元用于购买毒品,并许诺出售毒品获利后给乙好处费。乙便擅自从自己管理的公司款项中借给甲15万元。甲拿到15万元后,就从外地购得毒品海洛因若干,然后在本地出售。出售一部分后,甲便送给乙4万元好处费。甲后来在贩卖毒品的过程中被公安人员抓获。乙得知甲被抓后,担心受刑罚处罚,便携带10万元公款潜逃外地,后被司法机关抓获归案。问题:甲、乙的行为如何定性?

[分析] 甲某构成挪用公款罪、贩卖毒品罪,乙某构成挪用公款罪、贩卖毒品罪、贪污罪。本案中,甲唆使乙挪用公司15万元,故甲与乙就挪用行为成立共同犯罪;乙明知甲借款用于购买毒品,却挪用15万元给甲,构成贩卖毒品罪共犯;乙携带10万元公款潜逃外地,构成贪污罪。值得注意的是,乙收取4万元应当看作贩卖毒品罪的非

法所得,而不是贿赂款。因为甲劝乙挪用公款时就说通过贩卖毒品可以获利。这种获利是犯罪的利益,而不是行贿的贿赂物。所以,甲不构成行贿罪,乙也不构成受贿罪。

第三节 贿赂型犯罪

一、受贿罪

(一) 定义

受贿罪,是指国家工作人员利用职务上的便利,索取他人财物,或者非法收受他人财物,为他人谋取利益的行为。

(二) 构成要件

(1) 客观方面表现为利用职务上的便利,索取他人财物或者非法收受他人财物,为他人谋取利益的行为。

所谓利用职务上的便利,是指利用本人职务范围内的权力,即自己职务上主管、负责或者承办某项公共事务的职权及其所形成的便利条件。利用职务上的便利,既包括利用本人职务上主管、负责、承办某项公共事务的职权,也包括利用职务上有隶属、制约关系的其他国家工作人员的职权。

刑法规定了受贿行为的四种方式:①索取他人财物。索取是指主动索要并收取。索取他人财物的,不论是否"为他人谋取利益",均可构成受贿罪。②收受他人财物。收受是指被动地收取。非法收受他人财物的,必须同时具备"为他人谋取利益"的条件,才能构成受贿罪。但是为他人谋取的利益是否正当,为他人谋取的利益是否实现,不影响受贿罪的认定。为他人谋取利益包括承诺、实施和实现三个阶段的行为。只要具有其中一个阶段的行为,如国家工作人员收受他人财物时,根据他人提出的具体请托事项,承诺为他人谋取利益的,就具备了为他人谋取利益的要件。明知他人有具体请托事项而收受其财物的,视为承诺为他人谋取利益。③经济受贿。经济受贿是受贿罪的一种特殊表现形式,指国家工作人员在经济往来中,违反国家规定,收受各种名义的回扣、手续费,归个人所有的行为。这里的违反国家规定,是指违反法律、行政法规的规定。例如1993年12月1日施行的《反不正当竞争法》第8条规定:“经营者不得采用财物或者其他手段进行贿赂以销售或者购买商品。在账外暗中给予对方单位或者个人回扣的,以行贿论处;对方单位或者个人在账外暗中收受回扣的,以受贿论处。”根据这一法律规定,账外暗中收受回扣是违法的,应以受贿论处。④斡旋受贿。斡旋受贿是受贿罪的一种特殊表现形式,指国家工作人员利用本人职权或者地位形成的便利条件,通过其他国家工作人员职务上的行为,为请托人谋取不正当利益,索取请托人财物或者收受请托人财物的行为。这里的利用本人职权或者地位形成的便利条件,是指行为人与被其利用的国家工作人员之间在职务上虽然没有隶属、制约关系,但是行为人利用了本人职权或者地位产生的影响和一定的工作联系,如单位内不同部门的国家工作人员之间、上下级单位没有职务上隶属、制约关系的国家工作人员之间、有工作联系的不同单位的国家工作人员之间等。

贿赂的内容是财物。根据2008年11月20日最高人民法院、最高人民检察院《关于办理商业贿赂刑事案件适用法律若干问题的意见》(以下简称《商业贿赂案件意见》)的规定,既包括金钱和实物,也包括可以用金钱计算数额的财产性利益,如提供房屋装修、含有金额的会员卡、代币卡(券)、旅游费用等。具体数额以实际支付的资费为准。收受银行卡的,不论受贿人是否实际取出或者消费,卡内的存款数额一般应全额认定为受贿数额。使用银行卡透支的,如果由给予银行卡的一方承担还款责任,透支数额也应当认定为受贿数额。收受非财产性利益,如性贿赂不构成受贿罪。2007年7月8日最高人民法院、最高人民检察院《关于办理受贿刑事案件适用法律若干问题的意见》(以下简称《受贿案件意见》)对贿赂内容的一些特殊表现形式进行了归纳:①以交易形式收受贿赂。国家工作人员利用职务上的便利为请托人谋取利益,以下列交易形式收受请托人财物的,以受贿论处:以明显低于市场的价格向请托人购买房屋、汽车等物品的;以明显高于市场的价格向请托人出售房屋、汽车等物品的;以其他交易形式非法收受请托人财物的。受贿数额按照交易时当地市场价格与实际支付价格的差额计算。②收受干股。干股是指未出资而获得的股份。国家工作人员利用职务上的便利为请托人谋取利益,收受请托人提供的干股的,以受贿论处。③以开办公司等合作投资名义收受贿赂。国家工作人员利用职务上的便利为请托人谋取利益,由请托人出资,“合作”开办公司或者进行其他“合作”投资的,以受贿论处。受贿数额为请托人给国家工作人员的出资额。国家工作人员利用职务上的便利为请托人谋取利益,以合作开办公司或者其他合作投资的名义获取“利润”,没有实际出资和参与管理、经营的,以受贿论处。④以委托请托人投资证券、期货或者其他委托理财的名义收受贿赂。国家工作人员利用职务上的便利为请托人谋取利益,以委托请托人投资证券、期货或者其他委托理财的名义,未实际出资而获取“收益”,或者虽然实际出资,但获取“收益”明显高于出资应得收益的,以受贿论处。⑤以赌博形式收受贿赂。国家工作人员利用职务上的便利为请托人谋取利益,通过赌博方式收受请托人财物的,构成受贿。⑥特定关系人“挂名”领取薪酬。国家工作人员利用职务上的便利为请托人谋取利益,要求或者接受请托人以给特定关系人安排工作为名,使特定关系人不实际工作却获取所谓薪酬的,以受贿论处。

(2) 主体为特殊主体,即国家工作人员。认定受贿罪主体,应该注意以下几方面的特别规定:①特定关系人。《刑法修正案(七)》第13条第1款规定,国家工作人员的近亲属或者其他与该国家工作人员关系密切的人,通过该国家工作人员职务上的行为,或者利用该国家工作人员职权或者地位形成的便利条件,通过其他国家工作人员职务上的行为,为请托人谋取不正当利益,索取请托人财物或者收受请托人财物,数额较大或者有其他较重情节的,以受贿论处。②离职国家工作人员。《刑法修正案(七)》第13条第2款规定,离职的国家工作人员或者其近亲属以及其他与其关系密切的人,利用该离职的国家工作人员原职权或者地位形成的便利条件实施前款行为的,以受贿论处。③其他单位中的工作人员。根据《商业贿赂案件意见》的规定:第一,医疗机构中的国家工作人员,在药品、医疗器械、医用卫生材料等医药产品采购活动中,利用职务上的便利,索取销售方财物,或者非法收受销售方财物,为销售方谋取利益,构成犯罪的,依照刑法第385条的规定,以受贿罪定罪处罚。第二,学校及其他教育机构中的国家工作人员,在教材、教具、校服或者其他物品的采购等活动中,利用职务上的便利,索取销售方财物,或者非法收受销售方财物,为销售方谋取利益,构成犯罪的,依照刑法第385条的规定,以受贿罪定罪处罚。第三,依法组建的评标委员会、竞争性谈判采购中谈判小组、询价采购中询价小组中国家机关或者其他国有单位的代表,在招标、政府采购等事项的评标或者采购活动中,索取他人财物或者非法收受他人财物,为他人谋取利益,数额较大的,依照刑法第385条的规定,以受贿罪定罪处罚。

(3) 主观方面表现为故意。即明知是利用职务上的便利索取他人财物或者收受他人财物为他人谋取利益的行为而有意实施的主观心理态度。

(三) 认定

(1) 罪与非罪。根据1999年9月16日最高人民检察院《关于人民检察院直接受理立案侦查案件立案标准的规定(试行)》的规定,涉嫌下列情形之一的,应予立案:①个人受贿数额在5 000元以上的;②个人受贿数额不满5 000元,但具有下列情形之一的:因受贿行为而使国家或者社会利益遭受重大损失的;故意刁难、要挟有关单位、个人,造成恶劣影响的;强行索取财物的。另外,根据《受贿案件意见》的规定,国家工作人员收受请托人财物后及时退还或者上交的,不是受贿。国家工作人员受贿后,因自身或者与其受贿有关联的人、事被查处,为掩饰犯罪而退还或者上交的,不影响认定受贿罪。

(2) 共犯。①根据《纪要》的规定,非国家工作人员与国家工作人员勾结伙同受贿的,应当以受贿罪的共犯追究刑事责任。非国家工作人员是否构成受贿罪共犯,取决于双方有无共同受贿的故意和行为,国家工作人员的近亲属向国家工作人员代为转达请托事项,收受请托人财物并告知该国家工作人员。或者国家工作人员明知其近亲属收受了他人财物,仍按照近亲属的要求利用职权为他人谋取利益的,对该国家工作人员应认定为受贿罪,其近亲属以受贿罪共犯论处。近亲属以外的其他人与国家工作人员通谋,由国家工作人员利用职务上的便利为请托人谋取利益,收受请托人财物后双方共同占有的,构成受贿罪共犯。②根据《商业贿赂案件意见》的规定,公司、企业或者其他单位中,非国家工作人员与国家工作人员通谋,共同收受他人财物,构成共同犯罪的,根据双方利用职务便利的具体情形分别定罪追究刑事责任:利用国家工作人员的职务便利为他人谋取利益的,以受贿罪追究刑事责任;利用非国家工作人员的职务便利为他人谋取利益的,以非国家工作人员受贿罪追究刑事责任;分别利用各自的职务便利为他人谋取利益的,按照主犯的犯罪性质追究刑事责任,不能分清主从犯的,可以受贿罪追究刑事责任。

(四) 刑事责任

刑法第 386 条规定,犯本罪的,根据受贿所得数额及情节,依照本法第 383 条的规定处罚。索贿的从重处罚。据此,受贿罪应分别以下情形处罚:①个人受贿数额在 10 万元以上的,处 10 年以上有期徒刑或者无期徒刑,可以并处没收财产;情节特别严重的,处死刑,并处没收财产。②个人受贿数额在 5 万元以上不满 10 万元的,处 5 年以上有期徒刑,可以并处没收财产;情节特别严重的,处无期徒刑,并处没收财产。③个人受贿数额在 5 000 元以上不满 5 万元的,处 1 年以上 7 年以下有期徒刑;情节严重的,处 7 年以上 10 年以下有期徒刑。个人受贿数额在 5 000 元以上不满 1 万元,犯罪后有悔改表现、积极退赃的,可以减轻处罚或者免予刑事处罚,由其所在单位或者上级主管机关给予行政处分。④个人受贿数额不满 5 000 元,情节较重的,处 2 年以下有期徒刑或者拘役;情节较轻的,由其所在单位或者上级主管机关酌情给予行政处分。

二、本节其他罪名

(一) 单位受贿罪

1. 定义

单位受贿罪,是指国家机关、国有公司、企业、事业单位、人民团体,索取、非法收受他人财物,为他人谋取利益,情节严重的行为。

2. 认定

根据1999年9月16日最高人民检察院《关于人民检察院直接受理立案侦查案件立案标准的规定(试行)》的规定:(1)索取他人财物或者非法收受他人财物,必须同时具备为他人谋取利益的条件,且是情节严重的行为,才能构成单位受贿罪。(2)国家机关、国有公司、企业、事业单位、人民团体,在经济往来中,在账外暗中收受各种名义的回扣、手续费的,以单位受贿罪追究刑事责任。(3)涉嫌下列情形之一的,应予立案:单位受贿数额在10万元以上的;单位受贿数额不满10万元,但具有下列情形之一的:①故意刁难、要挟有关单位、个人,造成恶劣影响的;②强行索取财物的;③致使国家或者社会利益遭受重大损失的。

3. 刑事责任

刑法第387条规定,犯本罪的,对单位判处罚金,并对其直接负责的主管人员和其他直接责任人员,处5年以下有期徒刑或者拘役。

(二) 行贿罪

1. 定义

行贿罪,是指为谋取不正当利益,给予国家工作人员以财物的行为。

2. 认定

(1) 根据2008年11月20日最高人民法院、最高人民检察院《关于办理商业贿赂刑事案件适用法律若干问题的意见》,在行贿犯罪中,“谋取不正当利益”,是指行贿人谋取违反法律、法规、规章或者政策规定的利益,或者要求对方违反法律、法规、规章、政策、行业规范的规定提供帮助或者方便条件。在招标投标、政府采购等商业活动中,违背公平原则,给予相关人员财物以谋取竞争优势的,属于“谋取不正当利益”。(2)刑法第389条规定,在经济往来中,违反国家规定,给予国家工作人员以财物,数额较大的,或者违反国家规定,给予国家工作人员以各种名义的回扣、手续费的,以行贿罪追究刑事责任。(3)刑法第389条规定,因勒索给予国家工作人员以财物,没有获得不正当利益的,不是行贿。(4)1999年9月16日最高人民检察院《关于人民检察院直接受理立案侦查案件立案标准的规定(试行)》规定,涉嫌下列情形之一的,应予立案:行贿数额在1万元以上的;行贿数额不满1万元,但具有下列情形之一的:①为谋取非法利益而行贿的;②向3人以上行贿的;③向党政领导、司法工作人员、行政执法人员行贿的;④致使国家或者社会利益遭受重大损失的。

3. 刑事责任

刑法第390条第1款规定,犯本罪的,处5年以下有期徒刑或者拘役;因行贿谋取不正当利益,情节严重的,或者使国家利益遭受重大损失的,处5年以上10年以下有期徒刑;情节特别严重的,处10年以上有期徒刑或者无期徒刑,可以并处没收财产。第2款规定,行贿人在被追诉前主动交代行贿行为的,可以减轻处罚或者免除处罚。

(三) 对单位行贿罪

1. 定义

对单位行贿罪,是指为谋取不正当利益,给予国家机关、国有公司、企业、事业单位、人民团体以财物的,或者在经济往来中,违反国家规定,给予上述单位各种名义的回扣、手续费的行为。

2. 认定

1999年9月16日最高人民检察院《关于人民检察院直接受理立案侦查案件立案标准的规定(试行)》规定,涉嫌下列情形之一的,应予立案:①个人行贿数额在10万元以上、单位行贿数额在20万元以上的;②个人行贿数额不满10万元、单位行贿数额在10万元以上不满20万元,但具有下列情形之一的:①为谋取非法利益而行贿的;②向三个以上单位行贿的;③向党政机关、司法机关、行政执法机关行贿的;④致使国家或者社会利益遭受重大损失的。

3. 刑事责任

刑法第391条规定,犯本罪的,处3年以下有期徒刑或者拘役。第2款规定,单位犯前款罪的,对单位判处罚金,并对其直接负责的主管人员和其他直接责任人员,依照前款的规定处罚。

(四) 单位行贿罪

1. 定义

单位行贿罪,是指公司、企业、事业单位、机关、团体为谋取不正当利益而行贿,或者违反国家规定,给予国家工作人员以回扣、手续费,情节严重的行为。

2. 认定

1999年9月16日最高人民检察院《关于人民检察院直接受理立案侦查案件立案标准的规定(试行)》规定,涉嫌下列情形之一的,应予立案:①单位行贿数额在20万元以上的;②单位为谋取不正当利益而行贿,数额在10万元以上不满20万元,但具有下列情形之一的:①为谋取非法利益而行贿的;②向3人以上行贿的;③向党政领导、司法工作人员、行政执法人员行贿的;④致使国家或者社会利益遭受重大损失的。

3. 刑事责任

刑法第393条规定,犯本罪的,对单位判处罚金,并对其直接负责的主管人员和其他直接责任人员,处5年以下有期徒刑或者拘役。

(五)介绍贿赂罪

1. 定义

介绍贿赂罪,是指向国家工作人员介绍贿赂,情节严重的行为。

2. 认定

1999年9月16日最高人民检察院《关于人民检察院直接受理立案侦查案件立案标准的规定(试行)》规定,涉嫌下列情形之一的,应予立案:(1)介绍人向国家工作人员行贿,数额在2万元以上的;介绍单位向国家工作人员行贿,数额在20万元以上的;(2)介绍贿赂数额不满上述标准,但具有下列情形之一的:①为使行贿人获取非法利益而介绍的;②3次以上或者为3人以上介绍贿赂的;③向党政领导、司法工作人员、行政执法人员介绍贿赂的;④致使国家或者社会利益遭受重大损失的。

3. 刑事责任

刑法第392条第1款规定,犯本罪的,处3年以下有期徒刑或者拘役。第2款规定,介绍贿赂人在被追诉前主动交代介绍贿赂行为的,可以减轻处罚或者免除处罚。

(六)利用影响力受贿罪

1. 定义

利用影响力受贿罪,是指国家工作人员的近亲属或者其他与该国家工作人员关系密切的人,通过该国家工作人员职务上的行为,或者利用该国家工作人员职权或者地位形成的便利条件,通过其他国家工作人员职务上的行为,以及离职的国家工作人员或者其近亲属以及其他与其关系密切的人,利用该离职的国家工作人员原职权或地位形成的便利条件,为请托人谋取不正当利益,索取请托人财物或者收受请托人财物,数额较大或者有其他较重情节的行为。

2. 刑事责任

刑法第388条之一(《刑法修正案(七)》第13条)规定,犯本罪的,处3年以下有期徒刑或者拘役,并处罚金;数额巨大或者有其他严重情节的,处3年以上7年以下有期徒刑,并处罚金;数额特别巨大或者有其他特别严重情节的,处7年以上有期徒刑,并处罚金或者没收财产。

【案例分析】

案例1

[案情] 甲为使其弟乙逃脱处罚,送给正在审理乙涉嫌非法拘禁一案的合议庭审判长丙5万元。在审判委员会上,丙试图为乙开脱罪责,但未能得逞,于是丙将收受的5万元退还给甲。甲经过思想斗争,到司法机关主动交代了自己向丙行贿的行为。问题:甲的行为如何定性?

[分析] 甲的行为构成行贿罪。本案中,甲为了牟取不正当利益,给予合议庭审判长丙5万元,其行为已经构成行贿罪。另外,甲经过思想斗争,到司法机关主动交代了自己向丙行贿的行为,属于"行贿人在被追诉前主动交代行贿行为",根据刑法规定,可以减轻处罚或者免除处罚。

案例2

[案情] 1997年6月至2006年12月,行为人郑某某在担任国家医药管理局局长、国家药品监督管理局局长、国家食品药品监督管理局局长期间,利用职务上的便利,为双鸽集团有限公司、浙江康裕制药有限公司等八个单位在药品、医疗器械的审批等方面谋取利益,直接或通过其子郑海某、其妻刘某某非法收受上述单位负责人的财物人民币500.314 6万元、港币100万元(折合人民币105.53万元)、美元3万元(折合人民币24.831 2万元)和奥迪牌轿车一辆(价值人民币18.5万元),共计折合人民币649.175 8万元。问题:郑某某的行为如何定性?

[分析] 郑某某的行为构成受贿罪。本案中,郑某某在担任国家医药管理局局长、国家药品监督管理局局长、国家食品药品监督管理局局长期间,利用职务上的便利,为双鸽集团有限公司、浙江康裕制药有限公司等八个单位在药品、医疗器械的审批等方面谋取利益,直接或通过特定关系人收受他人财物共计折合人民币649.175 8万元,其行为已经构成受贿罪。

【本章小结】

贪污贿赂罪,是指国家工作人员利用职务上的便利,非法占有、使用公共财物,收受贿赂或者取得其他非法利益,侵害职务行为廉洁性的行为。本类犯罪侵犯的客体主要是国家工作人员公务行为的廉洁性,多数犯罪同时也侵犯了公共财产或者国有资产的所有权,少数犯罪如贿赂犯罪则属于典型的权钱交易型犯罪,行为人在中饱私囊、亵渎公务行为的廉洁性的同时,也间接侵犯了公共财产或者他人财产所有权。可以将本章具体罪名分为两类:一是贪污、挪用型犯罪;二是贿赂型犯罪。

本章思考题

1. 如何理解贪污行为的四种手段?
2. 如何理解贪污罪的犯罪主体要件?
3. 如何理解挪用公款罪的客观方面要件?
4. 认定挪用公款罪应注意哪几方面问题?
5. 如何理解受贿行为的四种方式?
6. 认定受贿罪应注意哪几方面问题?
7. 什么是行贿罪?
8. 什么是私分国有资产罪?
9. 什么是单位受贿罪?
10. 什么是介绍贿赂罪?
11. 什么是巨额财产来源不明罪?

第二十四章　渎　职　罪

【本章学习目的】

通过本章的学习,了解渎职罪的定义、具体罪名和同类客体;掌握各种重点讲授的渎职罪具体罪名的定义、构成要件;理解认定有关渎职罪具体罪名时应当区别的各种界限和应当注意的问题。

第一节　渎职罪概述

一、定义

渎职罪,是指国家机关工作人员利用职务上的便利,滥用职权、玩忽职守、徇私舞弊,妨害国家机关的正常活动,致使国家和人民的利益遭受重大损失的行为。

二、具体罪名

根据刑法分则第九章、《刑法修正案(四)》及《刑法修正案(六)》的规定,渎职罪包括36个具体罪名。

可以将本章具体罪名分为三类:一是一般国家机关工作人员的渎职罪。具体包括滥用职权罪,玩忽职守罪,故意泄露国家秘密罪,过失泄露国家秘密罪,国家机关工作人员签订、履行合同失职被骗罪,非法批准征用、占用土地罪,非法低价出让国有土地使用权罪,招收公务员、学生徇私舞弊罪,失职造成珍贵文物损毁、流失罪。二是司法工作人员的渎职罪。具体包括徇私枉法罪,枉法仲裁罪,民事、行政枉法裁判罪,执行判决、裁定失职罪,执行判决、裁定滥用职权罪,私放在押人员罪,失职致使在押人员脱逃罪,徇私舞弊减刑、假释、暂予监外执行罪。三是特定国家机关工作人员的渎职罪。具体包括徇私舞弊不移交刑事案件罪,滥用管理公司、证券职权罪,徇私舞弊不征、少征税款罪,徇私舞弊发售发票、抵扣税款、出口退税罪,违法提供出口退税凭证罪,违法发放林木采伐许可证罪,环境监管失职罪,传染病防治失职罪,放纵走私罪,商检徇私舞弊罪,商检失职罪,动植物检疫徇私舞弊罪,动植物检疫失职罪,放纵制售伪劣商品犯罪行为罪,办理偷越国(边)境人员出入境证件罪,放行偷越国(边)境人员罪,不解救被拐卖、绑架妇女儿童罪,阻碍解救被拐卖、绑架妇女儿童罪,帮助犯罪分子逃避处罚罪。

三、同类客体

本类犯罪侵犯的客体是国家机关的正常活动。由于本类罪的犯罪主体是国家机关工作人员,其滥用职权、玩忽职守、徇私舞弊等行为,不仅妨碍国家机关的正常管理活动,使国家机关的形象和威信受到损害,而且也会给国家和人民的利益带来严重损害。

第二节　一般国家机关工作人员的渎职罪

一、滥用职权罪

(一) 定义

滥用职权罪,是指国家机关工作人员滥用职权,致使公共财产、国家和人民利益遭受重大损失的行为。

(二) 构成要件

(1) 客观方面表现为滥用职权,致使公共财产和人民利益遭受重大损失的行为。所谓滥用职权,是指国家机关工作人员超越职权,违法决定、处理其无权决定、处理的事项，或者违反规定处理公务，致使公共财产、国家和人民利益遭受重大损失的行为。可见，滥用职权行为在客观上表现为两种情形：一是违反法律规定的权限行使职权；二是违反法律规定的程序行使职权。

（2）主体是特殊主体。即国家机关工作人员。2003 年 11 月 13 日最高人民法院《关于全国法院审理经济犯罪案件工作座谈会纪要》（以下简称《纪要》）规定：刑法中所称的国家机关工作人员，是指在国家机关中从事公务的人员，包括在各级国家权力机关、行政机关、司法机关和军事机关中从事公务的人员。根据有关立法解释的规定，在依照法律、法规规定行使国家行政管理职权的组织中从事公务的人员，或者在受国家机关委托代表国家行使职权的组织中从事公务的人员、或者虽未列入国家机关人员编制但在国家机关中从事公务的人员，视为国家机关工作人员。在乡（镇）以上中国共产党机关、人民政协机关中从事公务的人员，司法实践中也应当视为国家机关工作人员。

（3）主观方面表现为过失。即行为人应当预见自己滥用职权的行为可能致使公共财产、国家和人民利益遭受重大损失，或者已经预见而轻信能够避免，以致这种重大损失发生的严重不负责任的心理态度。行为人滥用职权的行为是故意的，但对损害结果的发生是过失的。

（三）认定

（1）罪与非罪。根据2006 年 7 月最高人民检察院《关于渎职侵权犯罪案件立案标准的规定》的规定，滥用职权涉嫌下列情形之一的，应予立案：①造成死亡 1 人以上，或者重伤 2 人以上，或者重伤 1 人、轻伤 3 人以上，或者轻伤 5 人以上的；②导致 10 人以上严重中毒的；③造成个人财产直接经济损失 10 万元以上，或者直接经济损失不满 10 万元，但间接经济损失 50 万元以上的；④造成公共财产或者法人、其他组织财产直接经济损失 20 万元以上，或者直接经济损失不满 20 万元，但间接经济损失 100 万元以上的；⑤虽未达到③、④两项数额标准，但③、④两项合计直接经济损失 20 万元以上，或者合计直接经济损失不满 20 万元，但合计间接经济损失 100 万元以上的；⑥造成公司、企业等单位停业、停产 6 个月以上，或者破产的；⑦弄虚作假，不报、缓报、谎报或者授意、指使、强令他人不报、缓报、谎报情况，导致重特大事故危害结果继续、扩大，或者致使抢救、调查、处理工作延误的；⑧严重损害国家声誉，或者造成恶劣社会影响的；⑨其他致使公共财产、国家和人民利益遭受重大损失的情形。

（2）法条竞合。刑法第 397 条的“本法另有规定的，依照规定”，是对滥用职权罪的法条竞合的规定，按特别条款优于普通条款的原则处理。刑法另有规定的滥用职权的犯罪，如徇私枉法罪，民事、行政枉法裁判罪，私放在押人员罪，徇私舞弊减刑、假释、暂予监外执行罪,徇私舞弊不移交刑事案件罪,徇私舞弊不征、少征税款罪,徇私舞弊发售发票、抵扣税款、出口退税罪,非法提供出口退税罪,违法发放林木采伐许可证罪,非法批准征用、占用土地罪,非法低价出让国有土地使用权罪,放纵走私罪,商检徇私舞弊罪,动植物检疫徇私舞弊罪等等,是特别条款,滥用职权罪是普通条款。

(四)刑事责任

刑法第397条第1款规定,犯本罪的,处3年以下有期徒刑或者拘役;情节特别严重的,处3年以上7年以下有期徒刑。第2款规定,国家机关工作人员徇私舞弊,犯前款罪的,处5年以下有期徒刑或者拘役;情节特别严重的,处5年以上10年以下有期徒刑。

二、玩忽职守罪

(一)定义

玩忽职守罪,是指国家机关工作人员严重不负责任,不履行或者不正确履行职责,致使公共财产、国家和人民的利益遭受重大损失的行为。

(二)构成要件

(1) 客观方面表现为严重不负责任,不履行或者不认真履行职责,致使公共财产、国家和人民利益遭受重大损失的行为。可见,玩忽职守行为可以分为两种情形:一是不履行职责,这是一种不作为的玩忽职守行为,表现为行为人应当履行而且能够履行但不履行其职责。这种情形,包括擅离职守、放弃职守、拒绝履行职守和不及时履行职守等。二是不正确履行职责。在这种情况下,行为人虽然履行了职责,但不严肃认真地对待其职责,以致错误地履行了职守。

(2) 主体是特殊主体。即国家机关工作人员。

(3) 主观方面表现为过失。即行为人应当预见自己玩忽职守的行为可能致使公共财产、国家和人民利益遭受重大损失,或者已经预见而轻信能够避免,以致这种重大损失发生的严重不负责任的心理态度。

(三)认定

(1) 罪与非罪。根据2006年7月最高人民检察院《关于渎职侵权犯罪案件立案标准的规定》的规定,玩忽职守涉嫌下列情形之一的,应予立案:①造成死亡1人以上,或者重伤3人以上,或者重伤2人、轻伤4人以上,或者重伤1人、轻伤7人以上,或者轻伤10人以上的;②导致20人以上严重中毒的;③造成个人财产直接经济损失15万元以上,或者直接经济损失不满15万元,但间接经济损失75万元以上的;④造成公共财产或者法人、其他组织财产直接经济损失30万元以上,或者直接经济损失不满30万元,但间接经济损失150万元以上的;⑤虽未达到③、④两项数额标准,但③、④两项合计直接经济损失30万元以上,或者合计直接经济损失不满30万元,但合计间接经济损失150万元以上的;⑥造成公司、企业等单位停业、停产1年以上,或者破产的;⑦海关、外汇管理部门的工作人员严重不负责任,造成100万美元以上外汇被骗购或者逃汇1 000万美元以上的;⑧严重损害国家声誉,或者造成恶劣社会影响的;⑨其他致使公共财产、国家和人民利益遭受重大损失的情形。

(2) 此罪与彼罪。①区分玩忽职守罪与滥用职权罪的界限。玩忽职守罪与滥用职权罪在犯罪主体、犯罪客体、罪过性质、犯罪结果、加重情节等方面是相同的。二者的主要区别是渎职的客观行为方式不同。玩忽职守罪主要表现为以作为或者不作为的方式不履行职责或者怠于履行职责;滥用职权罪主要表现为以作为的方式超越权限处理无权处理的事务或者不顾职责的程序随心所欲地进行处理。②区分玩忽职守罪与责任事故犯罪的界限。玩忽职守罪以造成重大损失为构成要件,本质上也属于一种责任事故型犯罪,与其他事故型犯罪(如重大责任事故罪、重大劳动安全事故罪等)所不同的,在于它是公务型责任事故,其主体是国家机关工作人员。

(3) 法条竞合。刑法第397条的"本法另有规定的,依照规定",是对玩忽职守罪的法条竞合的规定,按特别条款优于普通条款的原则处理。刑法另有规定的具有玩忽职守性质的渎职犯罪,如过失泄露国家秘密罪,失职致使在押人员脱逃罪,国家机关工作人员签订、履行合同失职被骗罪,环境监管失职罪,传染病防治失职罪,商检失职罪等,是特别条款,玩忽职守犯罪是普通条款。

(四) 刑事责任

刑法第397条第1款规定,犯本罪的,处3年以下有期徒刑或者拘役;情节特别严重的,处3年以上7年以下有期徒刑。

三、本节其他罪名

(一) 故意泄露国家秘密罪

1. 定义

故意泄露国家秘密罪,是指国家机关工作人员违反保守国家秘密法的规定,故意泄露国家秘密,情节严重的行为。

2. 认定

刑法规定,非国家机关工作人员犯本罪的,也以本罪定罪处罚。

3. 刑事责任

刑法第398条规定,犯本罪的,处3年以下有期徒刑或者拘役;情节特别严重的,处3年以上7年以下有期徒刑。

(二)过失泄露国家秘密罪

1. 定义

过失泄露国家秘密罪,是指国家机关工作人员违反保守国家秘密法的规定,过失泄露国家秘密,情节严重的行为。

2. 认定

刑法规定,非国家机关工作人员犯本罪的,也以本罪定罪处罚。

3. 刑事责任

刑法第398条规定,犯本罪的,处3年以下有期徒刑或者拘役;情节特别严重的,处3年以上7年以下有期徒刑。

(三)国家机关工作人员签订、履行合同失职被骗罪

1. 定义

国家机关工作人员签订、履行合同失职被骗罪,是指国家机关工作人员在签订、履行合同过程中,因严重不负责任被诈骗,致使国家利益遭受重大损失的行为。

2. 认定

本罪与签订、履行合同失职被骗罪的区别在于主体不同。本罪主体是国家机关工作人员,而后罪的主体为国有公司、企业、事业单位直接负责的主管人员。

3. 刑事责任

刑法第406条规定,犯本罪的,处3年以下有期徒刑或者拘役;致使国家利益遭受特别重大损失的,处3年以上7年以下有期徒刑。

(四)非法批准征用、占用土地罪

1. 定义

非法批准征用、占用土地罪,是指国家机关工作人员徇私舞弊,违反土地管理法规,无权或者超越自己的职责权限批准征用、占用土地,情节严重的行为。

2. 刑事责任

刑法第410条规定，犯本罪的，处3年以下有期徒刑或者拘役；致使国家或者集体利益遭受特别重大损失的，处3年以上7年以下有期徒刑。

(五) 非法低价出让国有土地使用权罪

1. 定义

非法低价出让国有土地使用权罪，是指国家机关工作人员徇私舞弊，违反土地管理法规，非法低价出让国有土地使用权，情节严重的行为。

2. 刑事责任

刑法第410条规定，犯本罪的，处3年以下有期徒刑或者拘役；致使国家或者集体利益遭受特别重大损失的，处3年以上7年以下有期徒刑。

(六) 招收公务员、学生徇私舞弊罪

1. 定义

招收公务员、学生徇私舞弊罪，是指国家机关工作人员在招收公务员、学生工作中徇私舞弊，情节严重的行为。

2. 刑事责任

刑法第418条规定，犯本罪的，处3年以下有期徒刑或者拘役。

(七) 失职造成珍贵文物损毁、流失罪

1. 定义

失职造成珍贵文物损毁、流失罪，是指国家机关工作人员严重不负责任，造成珍贵文物损毁或者流失，后果严重的行为。

2. 刑事责任

刑法第419条规定，犯本罪的，处3年以下有期徒刑或者拘役。

【案例分析】

案例1

[**案情**]　行为人李某某在担任四川省人民政府副省长期间，受四川省委、省人民政府指派，担任为处理乌干达欧文电站承包工程合同纠纷而成立的领导小组组长，具体负责管理专门用于解决欧文电站索赔问题的专项资金及相关善后工作。1999年12

月至2000年1月,李某某的女儿李某、学生贾某等人受他人的委托,请求李某某帮助中川国际公司动用解决欧文电站索赔问题的专项资金。为此,李某某违背国务院确定的专项资金使用原则,违反四川省委、省人民政府作出的专项资金划入专户储存并不得动用的决定,无视省财政厅等单位和部门提出的反对动用专项资金的意见,以解决企业困难为由,隐瞒真实情况,影响其他省领导同意动用专项资金4 290 431.49美元,致使其中3 849 985美元(折合人民币31 877 490.8元)被挪用后损失。案发后,已追缴119 972美元(折合人民币992 996.25元)。问题:李某某的行为如何定性?

[分析] 李某某的行为构成滥用职权罪。本案中,李某某身为国家机关工作人员,徇私舞弊,滥用职权,致使国有财产遭受重大损失,其行为已构成滥用职权罪。

案例2

[案情] 行为人商某在担任某市邮政局某支局局长期间,未按规定监督邮政储蓄挂失业务的处理情况和检查各项储蓄报表,未认真检查邮政储蓄普通柜员、综合柜员是否按规定办理业务。2005年11月至2007年1月,该支局普通柜员付某采取冒用在该局存款的储户名义取款及伪造挂失存单、提取储户存款等手段,挪用该支局储蓄存款30笔,共计131.1万余元。案发后,追回赃款20.3万余元,尚有110.8万余元至今无法追回,给国家造成重大经济损失。问题:商某的行为如何定性?

[分析] 商某的行为构成玩忽职守罪。本案中,商某在任职期间,对工作严重不负责任,不能认真履行职责,致使国家利益遭受重大损失,情节特别严重,其行为已构成玩忽职守罪。

第三节 司法工作人员的渎职罪

一、徇私枉法罪

(一) 定义

徇私枉法罪,是指司法工作人员徇私枉法、徇情枉法,对明知是无罪的人而使他受追诉,对明知是有罪的人而故意包庇使他不受追诉,或者在刑事审判活动中故意违背事实和法律作枉法裁判的行为。

(二) 构成要件

(1) 客观方面表现为利用职务上的便利进行枉法追诉或者枉法裁判的行为。徇私枉法行为包括以下两种情形:一是对明知是无罪的人而使他受追诉,或者对明知是有罪的人而故意包庇不使他受追诉。这里的追诉,是指从立案到向法院提起公诉的司法行为,因此,这种行为的主体一般是承担追诉职责的侦查、检察和监管人员。二是在刑事审判活动中故意违背事实和法律作枉法裁判。这里的枉法裁判包括把有罪的人判为无罪,把无罪的人判为有罪,轻罪重判或者重罪轻判。因此,这一行为的主体是审判人员。

(2) 主体是特殊主体。即司法工作人员,指的是有侦查、检察、审判、监管职责的工作人员。

(3) 主观方面表现为故意。犯罪动机是徇私、徇情,徇私是指徇个人私利,徇情是指徇亲友私情。

(三) 认定

(1) 罪与非罪。根据2006年7月最高人民检察院《关于渎职侵权犯罪案件立案标准的规定》的规定,涉嫌下列情形之一的,应予立案:①对明知是没有犯罪事实或者其他依法不应当追究刑事责任的人,采取伪造、隐匿、毁灭证据或者其他隐瞒事实、违反法律的手段,以追究刑事责任为目的立案、侦查、起诉、审判的;②对明知是有犯罪事实需要追究刑事责任的人,采取伪造、隐匿、毁灭证据或者其他隐瞒事实、违反法律的手段,故意包庇使其不受立案、侦查、起诉、审判的;③采取伪造、隐匿、毁灭证据或者其他隐瞒事实、违反法律的手段,故意使罪重的人受较轻的追诉,或者使罪轻的人受较重的追诉的;④在立案后,采取伪造、隐匿、毁灭证据或者其他隐瞒事实、违反法律的手段,应当采取强制措施而不采取强制措施,或者虽然采取强制措施,但中断侦查或者超过法定期限不采取任何措施,实际放任不管,以及违法撤销、变更强制措施,致使犯罪嫌疑人、被告人实际脱离司法机关侦控的;⑤在刑事审判活动中故意违背事实和法律,作出枉法判决、裁定,即有罪判无罪、无罪判有罪,或者重罪轻判、轻罪重判的;⑥其他徇私枉法应予追究刑事责任的情形。

(2) 此罪与彼罪。①区分本罪与帮助毁灭、伪造证据罪的界限。区别在于:本罪的毁灭、伪造证据行为是作为徇私枉法犯罪的方法行为,在实行徇私枉法犯罪过程中实施的;而后罪则不是在徇私枉法犯罪过程中实施的。本罪毁灭、伪造证据的行为必须利用司法职权;而后罪没有这样的限制。②区分本罪与伪证罪的界限。区别在于:本罪限于利用司法职务的便利条件;而伪证罪则不需要利用任何职务上的便利条件。本罪的主体限于有侦查、起诉、审判等司法职责的人员;而伪证罪的主体为证人、鉴定人、记录人、翻译人。

(3) 罪数。司法工作人员贪赃枉法,有徇私枉法行为的,同时又构成本法第385条规定之罪的,依照处罚较重的规定定罪处罚。

(四) 刑事责任

刑法第399条第1款(《刑法修正案(四)》第8条)规定,犯本罪的,处5年以下有期徒刑或者拘役;情节严重的,处5年以上10年以下有期徒刑;情节特别严重的,处10年以上有期徒刑。

二、本节其他罪名

(一) 枉法仲裁罪

1. 定义

枉法仲裁罪,是指依法承担仲裁职责的人员,在仲裁活动中故意违背事实和法律作枉法仲裁,情节严重的行为。

2. 刑事责任

刑法第399条之一(《刑法修正案(六)》第20条)规定,犯本罪,情节严重的,处3年以下有期徒刑或者拘役;情节特别严重的,处3年以上7年以下有期徒刑。

(二) 民事、行政枉法裁判罪

1. 定义

民事、行政枉法裁判罪,是指审判人员在民事、行政审判活动中故意违背事实和法律作枉法裁判,情节严重的行为。

2. 刑事责任

刑法第399条第2款(《刑法修正案(四)》第8条)规定,犯本罪的,处5年以下有期徒刑或者拘役;情节特别严重的,处5年以上10年以下有期徒刑。

(三) 执行判决、裁定失职罪

1. 定义

执行判决、裁定失职罪,是指在执行判决裁定活动中,严重不负责任,不依法采取诉讼保全措施,不履行法定执行职责,致使当事人或者其他人的利益遭受重大损失的行为。

2. 刑事责任

刑法第399条第3款(《刑法修正案(四)》第8条)规定,犯本罪的,处5年以下有期徒刑或者拘役;致使当事人或者其他人的利益遭受特别重大损失的,处5年以上10年以下有期徒刑。

(四) 执行判决、裁定滥用职权罪

1. 定义

执行判决、裁定滥用职权罪,是指在执行判决、裁定活动中,滥用职权,违法采取诉讼保全措施、强制执行措施,致使当事人或者其他人的利益遭受重大损失的行为。

2. 刑事责任

刑法第399条第3款(《刑法修正案(四)》第8条)规定,犯本罪的,处5年以下有期徒刑或者拘役;致使当事人或者其他人的利益遭受特别重大损失的,处5年以上10年以下有期徒刑。

(五) 私放在押人员罪

1. 定义

私放在押人员罪,是指司法工作人员利用职务上的便利,非法私自将被关押的犯罪嫌疑人、被告人或罪犯放走,使其逃离监管的行为。

2. 刑事责任

刑法第400条第1款规定,犯本罪的,处5年以下有期徒刑或者拘役;情节严重的,处5年以上10年以下有期徒刑;情节特别严重的,处10年以上有期徒刑。

(六) 失职致使在押人员脱逃罪

1. 定义

失职致使在押人员脱逃罪,是指司法工作人员由于严重不负责任,致使在押的犯罪嫌疑人、被告人或者罪犯脱逃,造成严重后果的行为。

2. 刑事责任

刑法第400条第2款规定,犯本罪的,处3年以下有期徒刑或者拘役;造成特别严重后果的,处3年以上10年以下有期徒刑。

(七) 徇私舞弊减刑、假释、暂予监外执行罪

1. 定义

徇私舞弊减刑、假释、暂予监外执行罪,是指司法工作人员对不符合减刑、假释、暂

予监外执行条件的罪犯,予以减刑、假释或者暂予监外执行的行为。

2. 刑事责任

刑法第401条规定,犯本罪的,处3年以下有期徒刑或者拘役;情节严重的,处3年以上7年以下有期徒刑。

【案例分析】

[案情] 某年11月,某县青峰镇某村村民王某用刀将同村村民许某刺成重伤,许某2个月后死亡。时任青峰派出所所长的付某两次接警后,本应立即派员出警,调查取证,但碍于情面,一直没有立案侦查,仅对王某作治安案件处理,致使犯罪嫌疑人王某逍遥法外达8年之久,在社会上造成了极坏影响。问题:付某的行为如何定性?

[分析] 付某的行为构成徇私枉法罪。本案中,付某明知王某涉嫌犯罪,却碍于情面,一直没有立案侦查,仅对王某作治安案件处理,其行为已经构成徇私枉法罪。

第四节 特定国家机关工作人员的渎职罪

一、徇私舞弊不移交刑事案件罪

(一) 定义

徇私舞弊不移交刑事案件罪,是指行政执法人员徇私舞弊,对依法应当移交司法机关追究刑事责任的案件不移交,情节严重的行为。

(二) 构成要件

(1) 客观方面表现为利用行政执法的职权舞弊枉法,对依法应当移交司法机关追究刑事责任的不移交,情节严重的行为。所谓依法应当移交,是指根据法律规定已经构成犯罪需要移交司法机关追究刑事责任。所谓不移交,是指不向司法机关移送案件。本罪的行为方式是不作为,即不履行移交义务。

(2) 主体是特殊主体。即行政执法人员,包括在公安、工商、税务、海关、检疫等行政机关中依法行使行政职权的国家机关工作人员。

（3）主观方面表现为故意。

（三）认定

根据2006年7月最高人民检察院《关于渎职侵权犯罪案件立案标准的规定》的规定，涉嫌下列情形之一的，应予立案：①对依法可能判处3年以上有期徒刑、无期徒刑、死刑的犯罪案件不移交的；②不移交刑事案件涉及3人次以上的；③司法机关提出意见后，无正当理由仍然不予移交的；④以罚代刑，放纵犯罪嫌疑人，致使犯罪嫌疑人继续进行违法犯罪活动的；⑤行政执法部门主管领导阻止移交的；⑥隐瞒、毁灭证据，伪造材料，改变刑事案件性质的；⑦直接负责的主管人员和其他直接责任人员为牟取本单位私利而不移交刑事案件，情节严重的；⑧其他情节严重的情形。

（四）刑事责任

刑法第402条规定，犯本罪的，处3年以下有期徒刑或者拘役；造成严重后果的，处3年以上7年以下有期徒刑。

二、本节其他罪名

（一）滥用管理公司、证券职权罪

1. 定义

滥用管理公司、证券职权罪，是指国家有关主管部门的国家机关工作人员，徇私舞弊，滥用职权，对不符合法律规定的公司设立、登记申请或者股票债券发行上市申请，予以批准或者登记，致使公共财产、国家和人民利益遭受重大损失的行为。

2. 刑事责任

刑法第403条规定，犯本罪的，处5年以下有期徒刑或者拘役。上级部门强令登记机关及其工作人员实施上述行为的，对其直接负责的主管人员，依照上述规定处罚。

（二）徇私舞弊不征、少征税款罪

1. 定义

徇私舞弊不征、少征税款罪，是指税务机关工作人员为徇私情私利，对纳税人应当依法缴纳的税款故意不征或者少征，致使国家税收遭受重大损失的行为。

2. 刑事责任

刑法第404条规定，犯本罪的，处5年以下有期徒刑或者拘役；造成特别重大损失的,处5年以上有期徒刑。

(三) 徇私舞弊发售发票、抵扣税款、出口退税罪

1. 定义

徇私舞弊发售发票、抵扣税款、出口退税罪,是指税务机关的工作人员违反法律、行政法规的规定,在办理发售发票、抵扣税款、出口退税工作中,为徇私情私利,对明知不符合条件的单位或者个人发售发票、抵扣税款、出口退税,致使国家利益遭受重大损失的行为。

2. 刑事责任

刑法第405条规定,犯本罪的,处5年以下有期徒刑或者拘役;致使国家利益遭受特别重大损失的,处5年以上有期徒刑。

(四) 违法提供出口退税凭证罪

1. 定义

违法提供出口退税凭证罪,是指国家机关工作人员违反国家规定,在提供出口货物报关单、出口收汇核销单等出口退税凭证的工作中,徇私舞弊,致使国家利益遭受特别重大损失的行为。

2. 刑事责任

刑法第405条规定,犯本罪的,处5年以下有期徒刑或者拘役;致使国家利益遭受特别重大损失的,处5年以上有期徒刑。

(五) 违法发放林木采伐许可证罪

1. 定义

违法发放林木采伐许可证罪,是指林业主管部门的工作人员违反森林法的规定,超过批准的年采伐限额发放林木采伐许可证或者违反规定滥发林木采伐许可证,情节严重,致使森林遭受严重破坏的行为。

2. 刑事责任

刑法第407条规定,犯本罪的,处3年以下有期徒刑或者拘役。

(六) 环境监管失职罪

1. 定义

环境监管失职罪,是指负有环境保护监督管理职责的国家机关工作人员严重不负

责任,导致发生重大环境污染事故,致使公私财产遭受重大损失或者造成人身伤亡的严重后果的行为。

2. 刑事责任

刑法第408条规定,犯本罪的,处3年以下有期徒刑或者拘役。

(七)传染病防治失职罪

1. 定义

传染病防治失职罪,是指从事传染病防治的政府卫生行政部门的工作人员严重不负责任,导致传染病传播或者流行,情节严重的行为。

2. 刑事责任

刑法第409条规定,犯本罪的,处3年以下有期徒刑或拘役。

(八)放纵走私罪

1. 定义

放纵走私罪,是指海关工作人员为贪图钱财、袒护亲友或者其他私情私利,明知是走私行为而予以放纵,使之不受追究,情节严重的行为。

2. 刑事责任

刑法第411条规定,犯本罪的,处5年以下有期徒刑或者拘役;情节特别严重的,处5年以上有期徒刑。

(九)商检徇私舞弊罪

1. 定义

商检徇私舞弊罪,是指国家商检部门、商检机构的工作人员徇私舞弊,故意伪造商品检验结果的行为。

2. 刑事责任

刑法第412条规定,犯本罪的,处5年以下有期徒刑或者拘役;造成严重后果的,处5年以上10年以下有期徒刑。

(十)商检失职罪

1. 定义

商检失职罪,是指国家商检部门、商检机构的工作人员严重不负责任,对应当检验的物品不检验,或者延误检验出证、错误出证,致使国家和人民利益遭受重大损失的行为。

2. 刑事责任

刑法第412条规定,犯本罪的,处3年以下有期徒刑或者拘役。

(十一) 动植物检疫徇私舞弊罪

1. 定义

动植物检疫徇私舞弊罪,是指动植物检疫机关的检疫人员利用职权徇私舞弊,故意伪造检疫结果的行为。

2. 刑事责任

刑法第413条规定,犯本罪的,处5年以下有期徒刑或者拘役;造成严重后果的,处5年以上10年以下有期徒刑。

(十二) 动植物检疫失职罪

1. 定义

动植物检疫失职罪,是指动植物检疫机关的检疫人员严重不负责任,对应当检疫的物品不检疫或者延误检疫出证、错误出证,致使国家利益遭受重大损失的行为。

2. 刑事责任

刑法第413条规定,犯本罪的,处3年以下有期徒刑或者拘役。

(十三) 放纵制售伪劣商品犯罪行为罪

1. 定义

放纵制售伪劣商品犯罪行为罪,是指对生产、销售伪劣商品犯罪行为负有追究责任的国家机关工作人员,徇私舞弊,不履行法律规定的追究职责,情节严重的行为。

2. 刑事责任

刑法第414条规定,犯本罪的,处5年以下有期徒刑或者拘役。

(十四) 办理偷越国(边)境人员出入境证件罪

1. 定义

办理偷越国(边)境人员出入境证件罪,是指负责办理护照、签证以及其他出入境证件的国家机关工作人员,对明知是企图偷越国(边)境的人员予以办理出入境证件的行为。

2. 刑事责任

刑法第415条规定,犯本罪的,处3年以下有期徒刑或者拘役;情节严重的,处3年以上 7 年以下有期徒刑。

（十五）放行偷越国（边）境人员罪

1. 定义

放行偷越国（边）境人员罪，是指边防、海关等国家机关工作人员，对明知是偷越国（边）境的人员，予以放行的行为。

2. 刑事责任

刑法第 415 条规定，犯本罪的，处 3 年以下有期徒刑或者拘役；情节严重的，处 3 年以上 7 年以下有期徒刑。

（十六）不解救被拐卖、绑架妇女、儿童罪

1. 定义

不解救被拐卖、绑架妇女、儿童罪，是指对被拐卖的妇女、儿童负有解救职责的国家机关工作人员，接到被拐卖妇女、儿童及其家属的解救要求或者接到其他人的举报，而对被拐卖、绑架的妇女、儿童不进行解救，造成严重后果的行为。

2. 刑事责任

刑法第 416 条规定，犯本罪的，处 5 年以下有期徒刑或者拘役。

（十七）阻碍解救被拐卖、绑架妇女、儿童罪

1. 定义

阻碍解救被拐卖、绑架妇女、儿童罪，是指对被拐卖、绑架的妇女、儿童负有解救职责的国家机关工作人员，利用职务阻碍解救的行为。

2. 刑事责任

刑法第 416 条规定，犯本罪的，处 2 年以上 7 年以下有期徒刑；情节较轻的，处 2 年以下有期徒刑或者拘役。

（十八）帮助犯罪分子逃避处罚罪

1. 定义

帮助犯罪分子逃避处罚罪，是指有查禁犯罪活动职责的国家机关工作人员，向犯罪分子通风报信、提供便利，帮助犯罪分子逃避处罚的行为。

2. 刑事责任

刑法第 417 条规定，犯本罪的，处 3 年以下有期徒刑或者拘役；情节严重的，处 3 年

以上10年以下有期徒刑。

【案例分析】

[案情] 某年7月间,某市烟草专卖局专卖稽查大队一中队中队长洪某,在查处颜某、许某无证贩运350条盖有"中华"牌(专供)香烟(价值8.4万元)案件过程中,在明知颜某、许某的违法行为已经构成犯罪,依照有关法律法规的规定,应当移交公安机关追究刑事责任的情况下,为了徇私,指使并伙同一中队稽查员郭某销毁原有的证据材料,重新制作扣押财物通知单、询问笔录,并虚构伪造另一名货主曾某的笔录,从而改变刑事案件的性质,致使颜某、许某当时逃避了刑事追究。后此案被举报。问题:洪某、郭某的行为如何定性?

[分析] 洪某、郭某的行为构成徇私舞弊不移交刑事案件罪。本案中,洪某、郭某身为行政执法人员,在查处无证贩运卷烟案件过程中,徇私舞弊,毁灭证据,伪造材料,改变刑事案件性质,情节严重,他们的行为已构成徇私舞弊不移交刑事案件罪。

【本章小结】

渎职罪,是指国家机关工作人员利用职务上的便利,滥用职权、玩忽职守、徇私舞弊,妨害国家机关的正常活动,致使国家和人民的利益遭受重大损失的行为。本类犯罪侵犯的客体是国家机关的正常活动。可以将本章具体罪名分为三类:一是一般国家机关工作人员的渎职罪;二是司法工作人员的渎职罪;三是特定国家机关工作人员的渎职罪。

本章思考题

1. 认定滥用职权罪应注意哪几方面问题?
2. 如何区分玩忽职守罪与滥用职权罪的界限?
3. 什么是故意泄露国家秘密罪?
4. 如何区分徇私枉法罪与帮助毁灭、伪造证据罪的界限?
5. 什么是徇私舞弊不移交刑事案件罪?

6. 什么是国家机关工作人员签订、履行合同失职被骗罪?
7. 什么是招收公务员、学生徇私舞弊罪?
8. 什么是阻碍解救被拐卖、绑架妇女儿童罪?
9. 什么是帮助犯罪分子逃避处罚罪?

第二十五章　军人违反职责罪

【本章学习目的】

通过本章的学习，了解军人违反职责罪的定义、具体罪名和同类客体；掌握各种重点讲授的军人违反职责罪具体罪名的定义、构成要件；理解认定有关军人违反职责罪具体罪名时应当区别的各种界限和应当注意的问题。

第一节　军人违反职责罪概述

一、定义

军人违反职责罪，是指军人违反职责，危害国家军事利益，依照法律应当受刑罚处罚的行为。

二、具体罪名

根据刑法分则第十章的规定，军人违反职责罪包括31个具体罪名。

可以将本章具体罪名分为五类：一是危害作战利益的犯罪。具体包括战时违抗命令罪，隐瞒、谎报军情罪，拒传、假传军令罪，投降罪，战时临阵脱逃罪，违令作战消极罪，拒不救援友邻部队罪，战时造谣惑众罪，战时自伤罪。二是违反部队管理制度的犯罪。具体包括擅离、玩忽军事职守罪，阻碍执行军事职务罪，指使部属违反职责罪，军人叛逃罪，逃离部队罪，私放俘虏罪。三是危害军事秘密的犯罪。具体包括非法获取军事秘密罪,为境外窃取、刺探、收买、非法提供军事秘密罪,故意泄露军事秘密罪,过失泄露军事秘密罪。四是危害部队物资保障的犯罪。具体包括武器装备肇事罪,擅自改变武器装备编配用途罪,盗窃、抢夺武器装备、军用物资罪,非法出卖、转让武器装备罪,遗弃武器装备罪,遗失武器装备罪,擅自出卖、转让军队房地产罪。五是侵犯部属、伤病军人、居民、俘虏利益的犯罪。具体包括虐待部属罪,遗弃伤病军人罪,战时拒不救治伤病军人罪,战时残害居民、掠夺居民财物罪,虐待俘虏罪。

三、同类客体

本类犯罪侵犯的客体是国家的军事利益。所谓军事利益,是指与军事活动直接有关的国家利益。它主要包括国家在国防建设、作战行动、战备值勤、演习训练、军队物质保障、军事机要、军事科研等方面的利益。根据侵犯国家军事利益的对象和范围不同,危害国家军事利益可分为危害作战利益、危害军事机密、侵犯军队战斗力的物质保障利益、妨害军队勤务的正常活动、违反军队的内务行政管理制度、违反国家兵役制度、妨害国(边)境的管理活动以及侵犯国家的对外军事关系。军人违反职责的行为,必然造成危害国家军事利益的后果。

第二节 危害作战利益的犯罪

一、战时违抗命令罪

(一) 定义

战时违抗命令罪,是指战时故意违背并抗拒执行上级的命令,对作战造成危害的行为。

(二) 构成要件

(1) 客观方面表现为战时违抗作战命令,对作战造成危害的行为。所谓战时,是指国家宣布进入战争状态、部队受领作战任务或者遭敌人突然袭击之时;部队执行戒严任务或者处置突发暴力事件之时,以战时论。所谓违抗命令,是指行为人对上级的命令、指示故意违抗、拒不执行。其具体表现形式可分为作为和不作为两大类。不作为的违抗命令在实践中比较常见,比如不服从调遣,拒不接受上级部署的任务,该发起进攻而不发起进攻,该撤出阵地而拒不撤出等。作为的违抗作战命令实践中也有发生,比如擅自改变行军路线和推进速度,擅自改变攻击目标等。

(2) 主体为特殊主体。即军职人员,主要是参加战斗的现役官兵、文职干部、执行军事任务的预备役人员和其他人员,并且这些人员相对其上级来说,处于部属地位。

(3) 主观方面表现为故意。战时违抗作战命令的动机是多种多样的,有的是贪生怕死,畏惧战斗;有的是对上级不满,泄愤报复;有的是居功自傲,不服指挥;有的是贪功心切,不顾大局。无论动机如何,都不影响本罪的成立。

(三) 刑事责任

刑法第 421 条规定,犯本罪的,处 3 年以上 10 年以下有期徒刑;致使战斗、战役遭受重大损失的,处 10 年以上有期徒刑、无期徒刑或者死刑。

二、本节其他罪名

(一) 隐瞒、谎报军情罪

1. 定义

隐瞒、谎报军情罪,是指故意将应向上级报告的军情隐而不报,或者将编造、篡改的军情向上级报告,对作战造成危害的行为。

2. 刑事责任

刑法第 422 条规定,犯本罪的,处 3 年以上 10 年以下有期徒刑;致使战斗、战役遭受重大损失的,处 10 年以上有期徒刑、无期徒刑或者死刑。

(二) 拒传、假传军令罪

1. 定义

拒传、假传军令罪,是指拒绝传递或者假传军令,对作战造成危害的行为。

2. 刑事责任

刑法第 422 条规定,犯本罪的,处 3 年以上 10 年以下有期徒刑;致使战斗、战役遭受重大损失的,处 10 年以上有期徒刑、无期徒刑或者死刑。

（三）投降罪

1. 定义

投降罪，是指在战场上贪生怕死，自动放下武器，向敌人投降的行为。

2. 刑事责任

刑法第 423 条规定，犯本罪的，处 3 年以上 10 年以下有期徒刑；情节严重的，处 10 年以上有期徒刑或者无期徒刑。投降后为敌人效劳的，处 10 年以上有期徒刑、无期徒刑或者死刑。

（四）战时临阵脱逃罪

1. 定义

战时临阵脱逃罪，是指战时面临战斗任务而脱离岗位逃避参加战斗的行为。

2. 刑事责任

刑法第 424 条规定，犯本罪的，处 3 年以下有期徒刑；情节严重的，处 3 年以上 10 年以下有期徒刑；致使战斗、战役遭受重大损失的，处 10 年以上有期徒刑、无期徒刑或者死刑。

（五）违令作战消极罪

1. 定义

违令作战消极罪，是指指挥人员违抗命令，临阵畏缩，作战消极，造成严重后果的行为。

2. 刑事责任

刑法第 428 条规定，犯本罪的，处 5 年以下有期徒刑；致使战斗、战役遭受重大损失有其他特别严重情节的，处 5 年以上有期徒刑。

（六）拒不救援友邻部队罪

1. 定义

拒不救援友邻部队罪，是指指挥人员在战场上明知友邻部队处境危急请求救援，能救援而不救援，致使友邻部队遭受重大损失的行为。

2. 刑事责任

刑法第 429 条规定，犯本罪的，对指挥人员处 5 年以下有期徒刑。

（七）战时造谣惑众罪

1. 定义

战时造谣惑众罪，是指战时军人造谣惑众，动摇军心的行为。

2. 刑事责任

刑法第433条规定，犯本罪的，处3年以下有期徒刑；情节严重的，处3年以上10年以下有期徒刑。勾结敌人造谣惑众，动摇军心的，处10年以上有期徒刑或者无期徒刑；情节特别严重的，可以判处死刑。

（八）战时自伤罪

1. 定义

战时自伤罪，是指战时自伤身体，逃避军事义务的行为。

2. 刑事责任

刑法第434条规定，犯本罪的，处3年以下有期徒刑；情节严重的，处3年以上10年以下有期徒刑。

第三节　违反部队管理制度的犯罪

一、擅离、玩忽军事职守罪

（一）定义

擅离、玩忽军事职守罪，是指指挥人员或者值班、值勤人员，擅离职守或者玩忽军事职守，造成严重后果的行为。

（二）构成要件

（1）客观方面表现为擅离职守或者玩忽职守，造成严重后果的行为。所谓擅离职守，是指指挥和值班、值勤人员，违背指挥和值班、值勤规章制度，擅自离开正在履行职责的岗位；所谓玩忽职守，是指指挥和值班值勤人员在履行职责的岗位上，严重不负责任，不履行或者不正确履行职责。

（2）主体是特殊主体。即军队中的指挥人员和值班、值勤人员。

(3) 主观方面表现为过失。即行为人应当预见自己的擅离职守或玩忽职守的行为可能会造成严重后果,但因为疏忽大意而没有预见,或者已经预见而轻信能够避免,以致发生这种严重后果。

(三) 刑事责任

刑法第425条规定,犯本罪的,处3年以下有期徒刑或者拘役;造成特别严重后果的,处3年以上7年以下有期徒刑。战时犯前款罪的,处5年以上有期徒刑。

二、本节其他罪名

(一) 阻碍执行军事职务罪

1. 定义

阻碍执行军事职务罪,是指以暴力、威胁方法阻碍指挥人员或者值班、值勤人员执行职务的行为。

2. 刑事责任

刑法第426条规定,犯本罪的,处5年以下有期徒刑或者拘役;情节严重的,处5年以上有期徒刑;致人重伤、死亡的,或者有其他特别严重情节的,处无期徒刑或者死刑。战时从重处罚。

(二) 指使部属违反职责罪

1. 定义

指使部属违反职责罪,是指滥用职权,指使部属进行违反职责的活动,造成严重后果的行为。

2. 刑事责任

刑法第427条规定,犯本罪的,处5年以下有期徒刑或者拘役;情节特别严重的,处5年以上10年以下有期徒刑。

(三) 军人叛逃罪

1. 定义

军人叛逃罪,是指军人在履行公务期间,擅离岗位,叛逃境外或者在境外叛逃,危害国家军事利益的行为。

2. 刑事责任

刑法第430条规定,犯本罪的,处5年以下有期徒刑或者拘役;情节严重的,处5年以上有期徒刑。驾驶航空器、舰船叛逃的,或者有其他特别严重情节的,处10年以上有期徒刑、无期徒刑或者死刑。

(四) 逃离部队罪

1. 定义

逃离部队罪,是指违反兵役法规,逃离部队,情节严重的行为。

2. 刑事责任

刑法第435条规定,犯本罪的,处3年以下有期徒刑或者拘役。战时犯前款罪的,处3年以上7年以下有期徒刑。

(五) 私放俘虏罪

1. 定义

私放俘虏罪,是指私自将俘虏放走的行为。

2. 刑事责任

刑法第447条规定,犯本罪的,处5年以下有期徒刑;私放重要俘虏、私放俘虏多人或者有其他严重情节的,处5年以上有期徒刑。

第四节　危害军事秘密的犯罪

一、非法获取军事秘密罪

(一) 定义

非法获取军事秘密罪,是指以窃取、刺探、收买的方法,非法获取军事秘密的行为。

(二) 构成要件

(1) 客观方面表现为以窃取、刺探、收买方法,非法获取军事秘密的行为。所谓窃取,是指秘密获取。所谓刺探,是指四处打听、观察、探知等。所谓收买,是指以财物交换。所谓非法获取,是上述三种手段的共同特征,即行为人没有知悉军事秘密的正当理由和合法依据,而通过不正当手段获取军事秘密。所谓军事秘密,是指在一定时间内,只限一定范围人员知悉的关系国防和军队安全利益的事项,其具体内容由保密条例加以规定。

(2) 主体是特殊主体。即军职人员。

(3) 主观方面表现为故意。行为人的犯罪动机是多种多样的,有的是为了炫耀自己的能力,有的是为了搞交易,有的是为了谋取经济利益,等等,无论动机如何,都不影响本罪的成立。

(三) 刑事责任

刑法第431条规定,犯本罪的,处5年以下有期徒刑;情节严重的,处5年以上10年以下有期徒刑;情节特别严重的,处10年以上有期徒刑。

二、本节其他罪名

(一) 为境外窃取、刺探、收买、非法提供军事秘密罪

1. 定义

为境外窃取、刺探、收买、非法提供军事秘密罪,是指为境外的机构、组织、人员窃取、刺探、收买、非法提供军事秘密的行为。

2. 刑事责任

刑法第431条规定,犯本罪的,处10年以上有期徒刑、无期徒刑或者死刑。

(二) 故意泄露军事秘密罪

1. 定义

故意泄露军事秘密罪,是指违反国家保密法规,故意泄露军事秘密,情节严重的行为。

2. 刑事责任

刑法第432条规定,犯本罪的,处5年以下有期徒刑或者拘役;情节特别严重的,处5年以上10年以下有期徒刑。战时犯前款罪的,处5年以上10年以下有期徒刑;情节特别严重的,处10年以上有期徒刑或者无期徒刑。

（三）过失泄露军事秘密罪

1. 定义

过失泄露军事秘密罪，是指违反国家保密法规，过失泄露军事秘密，情节严重的行为。

2. 刑事责任

刑法第432条规定，犯本罪的，处5年以下有期徒刑或者拘役；情节特别严重的，处5年以上10年以下有期徒刑。战时犯前款罪的，处5年以上10年以下有期徒刑；情节特别严重的，处10年以上有期徒刑或者无期徒刑。

第五节　危害部队物资保障的犯罪

一、武器装备肇事罪

（一）定义

武器装备肇事罪，是指违反武器装备使用规定，情节严重，因而发生责任事故，致人重伤、死亡或者造成其他严重后果的行为。

（二）构成要件

（1）客观方面表现为违反武器装备使用规定，情节严重，因而发生责任事故，致人重伤、死亡或者造成其他严重后果的行为。所谓武器装备，是指部队用于实施和保障作战行动的武器、武器系统和军事技术装备，通常包括冷兵器、枪械、火炮、导弹、弹药、爆破器材、化学武器、生物武器、核武器、坦克、装甲车辆及其他军用车辆、作战飞机及其他军用飞机、作战舰艇及勤务舰船、通信指挥装备、侦察情报装备、测绘气象装备、电子对抗装备、工程装备、三防装备、后勤装备等。

（2）主体是特殊主体。即军职人员。在司法实践中，武器装备肇事罪多发生在武器装备的日常养护和操作使用过程中，其主体一般是武器装备的操作使用人员。

（3）主观方面表现为过失。即行为人应当预见到违反武器装备使用规定可能发生责任事故，造成严重后果，因疏忽大意而没有预见，或者已经预见但轻信能够避免，以致发生这种结果的主观心理态度。

（三）刑事责任

刑法第 436 条规定，犯本罪的，处 3 年以下有期徒刑或者拘役；后果特别严重的，处 3 年以上 7 年以下有期徒刑。

二、本节其他罪名

（一）擅自改变武器装备编配用途罪

1. 定义

擅自改变武器装备编配用途罪，是指违反武器装备管理规定，擅自改变武器装备的编配用途，造成严重后果的行为。

2. 刑事责任

刑法第 437 条规定，犯本罪的，处 3 年以下有期徒刑或者拘役；后果特别严重的，处 3 年以上 7 年以下有期徒刑。

（二）盗窃、抢夺武器装备、军用物资罪

1. 定义

盗窃、抢夺武器装备、军用物资罪，是指以非法占有为目的，秘密窃取或者公然夺取部队武器装备或者军用物资的行为。

2. 刑事责任

刑法第 438 条规定，犯本罪的，处 5 年以下有期徒刑或者拘役；情节严重的，处 5 年以上 10 年以下有期徒刑；情节特别严重的，处 10 年以上有期徒刑、无期徒刑或者死刑。

盗窃、抢夺枪支、弹药、爆炸物的，按照刑法第 127 条规定的盗窃、抢夺枪支、弹药、爆炸物罪处罚。

（三）非法出卖、转让武器装备罪

1. 定义

非法出卖、转让武器装备罪，是指非法将部队的武器装备出卖或者转让他人的行为。

2. 刑事责任

刑法第 439 条规定，犯本罪的，处 3 年以上 10 年以下有期徒刑；出卖、转让大量武器装备或者有其他特别严重情节的，处 10 年以上有期徒刑、无期徒刑或者死刑。

(四) 遗弃武器装备罪

1. 定义

遗弃武器装备罪,是指违抗命令,遗弃武器装备的行为。

2. 刑事责任

刑法第440条规定,犯本罪的,处5年以下有期徒刑或者拘役;遗弃重要或者大量武器装备的,或者有其他严重情节的,处5年以上有期徒刑。

(五) 遗失武器装备罪

1. 定义

遗失武器装备罪,是指遗失武器装备,不及时报告或者有其他严重情节的行为。

2. 刑事责任

刑法第441条规定,犯本罪的,处3年以下有期徒刑或者拘役。

(六) 擅自出卖、转让军队房地产罪

1. 定义

擅自出卖、转让军队房地产罪,是指违反军队房地产管理规定,擅自出卖、转让军队房地产,情节严重的行为。

2. 刑事责任

刑法第442条规定,犯本罪的,对直接责任人员,处3年以下有期徒刑或者拘役;情节特别严重的,处3年以上10年以下有期徒刑。

第六节　侵犯部属、伤病军人、居民、俘虏利益的犯罪

一、虐待部属罪

(一) 定义

虐待部属罪,是指滥用职权,虐待部属,情节恶劣,因而致人重伤或者造成其他严重后果的行为。

(二) 构成要件

(1) 客观方面表现为滥用职权,虐待部属,情节恶劣,致人重伤或者造成其他严重后果的行为。虐待的方式多种多样,如经常殴打、冻饿、体罚、恫吓、人格侮辱、有病不予治疗、随意克扣薪金或津贴等。

(2) 主体是特殊主体。即处于领导地位的军职人员。

(3) 主观方面表现为故意。

(三) 刑事责任

刑法第443条规定,犯本罪的,处5年以下有期徒刑或者拘役;致人死亡的,处5年以上有期徒刑。

二、本节其他罪名

(一) 遗弃伤病军人罪

1. 定义

遗弃伤病军人罪,是指在战场上故意遗弃伤病军人,情节恶劣的行为。

2. 刑事责任

刑法第444条规定,犯本罪的,对直接责任人员,处5年以下有期徒刑。

(二) 战时拒不救治伤病军人罪

1. 定义

战时拒不救治伤病军人罪,是指战时在救护治疗职位上,有条件救治而拒不救治危重伤病军人的行为。

2. 刑事责任

刑法第445条规定,犯本罪的,处5年以下有期徒刑或者拘役;造成伤病军人重残、死亡或者有其他严重情节的,处5年以上10年以下有期徒刑。

(三) 战时残害居民、掠夺居民财物罪

1. 定义

战时残害居民、掠夺居民财物罪,是指战时在军事行动地区,残害无辜居民,或者掠夺无辜居民财物的行为。

2. 刑事责任

刑法第446条规定,犯本罪的,处5年以下有期徒刑;情节严重的,处5年以上10年以下有期徒刑;情节特别严重的,处10年以上有期徒刑、无期徒刑或者死刑。

(四)虐待俘虏罪

1. 定义

虐待俘虏罪,是指虐待俘虏,情节恶劣的行为。

2. 刑事责任

刑法第448条规定,犯本罪的,处3年以下有期徒刑。

【本章小结】

军人违反职责罪,是指军人违反职责,危害国家军事利益,依照法律应当受刑罚处罚的行为。本类犯罪侵犯的客体是国家的军事利益。可以将本章具体罪名分为五类:一是危害作战利益的犯罪;二是违反部队管理制度的犯罪;三是危害军事秘密的犯罪;四是危害部队物资保障的犯罪;五是侵犯部属、伤病军人、居民、俘虏利益的犯罪。

本章思考题

1. 什么是违抗命令罪?
2. 什么是擅离、玩忽军事职守罪?
3. 什么是战时自伤罪?
4. 什么是故意泄露军事秘密罪?
5. 什么是私放俘虏罪?
6. 什么是遗弃武器装备罪?
7. 什么是虐待俘虏罪?

参考文献

陈明华主编:《刑法学》,中国政法大学出版社1999年版。

陈兴良主编:《刑法学》,复旦大学出版社2003年版。

陈兴良著:《本体刑法学》,商务印书馆2001年版。

陈兴良著:《刑法哲学》,中国政法大学出版社1992年版。

储槐植著:《美国刑法》,北京大学出版社1996年版。

高铭暄、马克昌主编:《刑法学》,北京大学出版社2007年版。

何秉松主编:《刑法教科书》,中国法制出版社2000年版。

李海东著:《刑法原理入门》,法律出版社1998年版。

李晓明主编:《刑法学》(上、下),法律出版社2001年版。

刘守芬主编:《刑法学概论》,北京大学出版社2000年版。

刘宪权主编:《中国刑法学》,上海人民出版社2008年版。

刘艳红主编:《刑法学总论》,北京大学出版社2004年版。

马克昌主编:《犯罪通论》,武汉大学出版社1990年版。

马克昌主编:《刑罚通论》,武汉大学出版社2000年版。

马克昌著:《外国刑法学总论(大陆法系)》,中国人民大学出版社2009年版。

齐文远主编:《刑法学》,法律出版社1999年版。

苏惠渔主编:《刑法学》,中国政法大学出版社1999年版。

王仲兴编著:《刑法学》,中山大学出版社2008年版。

张明楷著:《刑法学》,法律出版社2007年版。

赵秉志主编:《当代刑法学》,中国政法大学出版社2009年版。

赵秉志主编:《犯罪总论问题探索》,法律出版社2003年版。

赵秉志主编:《外国刑法原理》,中国人民大学出版社2000年版。

赵长青主编:《刑法学》,法律出版社2000年版。

[德]李斯特·施密特著:《德国刑法教科书》,徐久生译,法律出版社2000年版。

[美]戴维·波普诺:《社会学》(第十版),李强等译,中国人民大学出版社1999年版。

[美]理查德·昆尼等著:《新犯罪学》,陈兴良等译,中国国际广播出版社1988年版。

[日]大冢仁著:《刑法概略》,冯军译,中国人民大学出版社2003年版。

[意]贝卡利亚:《论犯罪与刑罚》,黄风译,中国大百科全书出版社1993年版。

图书在版编目(CIP)数据

刑法学/汪明亮编著.—上海:格致出版社:上海人民出版社,2009.10

高等院校法学精品课教材

ISBN 978-7-5432-1677-8

Ⅰ.刑… Ⅱ.汪… Ⅲ.刑法-法的理论-中国-高等学校-教材 Ⅳ.D924.01

中国版本图书馆 CIP 数据核字(2009)第 183020 号

责任编辑 张菲娜
美术编辑 路 静

高等院校法学精品课教材
刑法学
汪明亮 编著

出　版 世纪出版集团 www.ewen.cc
格致出版社 www.hibooks.cn
上海人民出版社
(200001 上海福建中路193号24层)

编辑部热线 021-63914988
市场部热线 021-63914081

发　行 世纪出版集团发行中心
印　刷 上海书刊印刷有限公司
开　本 787×1092 毫米 1/16
印　张 32.25
插　页 1
字　数 423,000
版　次 2009 年 11 月第 1 版
印　次 2009 年 11 月第 1 次印刷

ISBN 978-7-5432-1677-8/D·29

定　价 48.00 元